子の利益のための面会交流

フランス訪問権論の視点から

栗林佳代 著 Kayo Kuribayashi

法律文化社

　　　　　は　し　が　き

　本書は，2009年3月に九州大学より博士号（法学）を授与された学位論文「面接交渉権論の帰趨——フランス訪問権論からの比較法的考察」を基に執筆したものである。学位論文以降に発表された論考や裁判例，そしてフランスでの法改正を取り込み，加筆した。
　面接交渉権は，民法766条を根拠に，主に離婚後の父母を念頭に置いて形成されてきた解釈上の権利である。この面接交渉権については，近年の離婚の増加や再構成家族の増加などの社会的状況の変化に伴い，必要性が高まっており，また，立法化の動きも盛んになっている。私は，これまで従来の面接交渉権論を子の利益の視点から再考察してきたが，近年の社会的情勢のなかで一助となることを期待して，この度，研究成果を本書として上梓する次第である。
　私は，面接交渉権論を検討するにあたって，実定法上の根拠のみに依拠することなく，同権利を親子だけでなく祖父母・孫なども含めた個々の関係から成る家族の絆を保障するものとして位置づけたいと考えている。また，血族だけでなく，子を監護したことなどから子と情愛で結ばれた第三者と子との絆も保障するものとして，同権利を考えたい。そして，フランス法を比較の対象として同権利を考察するなかで，これまでの子の利益の視点に加え，もう1つの新しい視点を得ることができた。それは，家族の調和という視点である。こうした研究で得られた家族の絆，調和，子の利益という視点を失うことなく，今後も家族をテーマに研究を進めていきたいと思う。そして，拙いものではあるが本書が，研究書というだけでなく，家族関係を模索する方にとって，少しでも道を照らすものであってくれればと願う。
　本書の完成に至るまでには，大変多くの方々にお世話になった。ここですべ

ての方を挙げさせていただくことはできないが，心より深く感謝の意を表したい。なかでも，大阪大学法学部のゼミの教官であった松川正毅先生に，家族法の面白さを教えていただいたことにより，研究者への道を進むことになった。そして，九州大学大学院法学府に入学してからは，伊藤昌司先生，河内宏先生を師と仰ぎ，本格的なご指導を賜った。両先生は，大変濃やかなご指導のもと，今日まで温かく励まし導いてくださった。どのような感謝の言葉をもってしても言い表せないほどの学恩を受けた。九州大学では，ほかの先生方からも分け隔てなくご指導いただき，また，仲間にも恵まれて勉学に励むことができた。さらに，九州大学の名誉教授であられた故有地亨先生にも大変有り難いご指導を賜った。とりわけ，フランス留学中に先生からいただいた研究についての詳細な手紙は今も大切にしている。今日の私があるのも，ひとえに先生方の熱心で温かいご指導の賜である。改めて心よりの感謝を捧げたい。

また，2006年4月に佐賀大学経済学部に就職してからは，同大学で素晴らしい研究環境を与えていただいている。そして，本書の刊行にあたっては，佐賀大学経済学会より助成を受けた。大学ならびに先生方，関係者各位に心より深く感謝を申し上げたい。

そして，法律文化社代表取締役社長田靡純子氏は，本書の刊行をお引き受けくださり，濃やかなご配慮のもと編集を進めてくださった。また，同社編集部瀧本佳代氏にもご助力いただいた。両氏に厚く御礼を申し上げたい。

最後に，学部時代から今日まで長きに渡り，私を根気強く支えてくれた家族にお礼を言いたい。両親は，常に私をそばで励まし，何にも優先して献身的に支えてくれた。そして，本書の刊行を心待ちにしてくれていた母と天国の父に，心からの感謝を表したい。ありがとう。

2011年4月5日　研究室にて

栗林　佳代

目　次

はしがき

はじめに ——————————————————————— 1
1　問題の所在　1
2　フランス法を比較の対象とする理由　4
3　本書の構成　7

第 I 部　日　本　法

第 1 章　序　論 ——————————————————— 15
1　面会交流序論　15
　(1)　「面接交渉権」とは　15
　(2)　面会交流をめぐる社会的状況の変化　16
　(3)　「面接交渉」に関する実態調査　19
2　旧法上および現行法上における「面接交渉権」の位置づけ　21
　(1)　「家族」モデルと「面接交渉権」　21
　(2)　親権および監護と非監護親の「面接交渉権」　23
3　小　括　29

第 2 章　父母の「面接交渉権」————————————— 35
1　「面接交渉」の権利性　35
　(1)　裁　判　例　35
　(2)　学　説　38

2　「面接交渉権」の法的性質　41
　　　3　小　　括　44

第3章　子のための面会交流 ―――――――――――49
　　1　「子の福祉」の判断基準　49
　　　　(1)　裁判例にみる「面接交渉」　50
　　　　(2)　子の意思の尊重　65
　　2　子のための面会交流の実現に向けて　67
　　　　(1)　実体法的な保障――「面接交渉権」と親の義務　67
　　　　(2)　手続法的な保障　69
　　3　小　　括　70

第4章　「面接交渉権」の権利主体 ―――――――――75
　　1　現状と権利主体の拡張の必要性　75
　　2　民法766条の申立権者の問題　79
　　　　(1)　民法766条の監護者の範囲　79
　　　　(2)　民法766条の申立権者および適用場面　79
　　　　(3)　「面接交渉権」を子の権利とした場合の子の申立権について　84
　　3　小　　括　86

日本法まとめ ―――――――――――――――――92

第Ⅱ部　フランス法

第1章　序　　論 ――――――――――――――――97
　　1　訪問権とは　97
　　2　訪問権をめぐる社会的状況の変化　99

第2章　解釈上の訪問権──1970年の立法化以前── 102

1 父母について　102
  (1) 父権とは　102
  (2) 監督権の一態様としての父母の訪問権　108
2 祖父母について　123
  (1) 父権の制限と祖父母の訪問権の承認　124
  (2) 祖父母の権利としての訪問権　128
  (3) 祖父母・孫関係　150
3 第三者について　153
  (1)「育ての親」の訪問権　154
  (2) 姦生子の親の訪問　169
  (3) 従来の訪問権と「訪問の職務」　174
4 訪問権の法的性質および根拠　184
  (1) 訪問権の法的性質と実定法上の根拠　184
  (2) 訪問権の法的性質と超実定法上の根拠　188
5 小　括　189

第3章　訪問権の立法的承認──1970年の法改正とその後── 205

1 1970年法の概要　205
2 父母の訪問権　206
  (1) 1970年法が承認した父母の訪問権　206
  (2) 1987年法および1993年法により導入された共同親権制度と訪問権への影響　209
3 祖父母と第三者の訪問権　212
  (1) 1970年法が承認した祖父母と第三者の訪問権　212
  (2) 1970年法の訪問権の立法過程における議論　218
  (3) 1970年法による訪問権の立法化直後の実態調査　223
4 立法的承認が訪問権の法的性質と根拠にもたらした変化　226
5 小　括　227

第4章 子の権利としての訪問権──2002年の法改正とその後──235

1 2002年法の概要　235
　(1) 親子の紐帯に対する法的保護の強化　237
　(2) 「第三者」の介入　244

2 子の権利としての訪問権　248
　(1) 2002年法による共同親権制度のなかでの父母の訪問権　248
　(2) 2002年法による祖父母と第三者の訪問権　252
　(3) 兄弟姉妹の訪問権　259

3 訪問権の実効性の確保　260
　(1) 親に対する措置　260
　(2) 子に対する措置　261

4 2007年法および2010年法による訪問権の改正　263
　(1) 父母の訪問権　263
　(2) 祖父母と第三者の訪問権　266

5 小　括　268

フランス法まとめ──281

おわりに──287

1 日本法への示唆──比較法的検討　287
　(1) 父母の「面接交渉権」の法的性質　287
　(2) 祖父母と第三者の「面接交渉権」の法的性質　288
　(3) 複合的権利としての「面接交渉権」　291

2 結　語　293

判例索引
事項索引

はじめに

1 問題の所在

　わが国には,「面接交渉権（面会交流）[1]」に関する明文の規定はないものの,「面接交渉権」は,これまで裁判例や学説において解釈により認められ,発展させられてきた。そして,法務大臣の諮問機関である法制審議会民法部会において婚姻制度等に関する改正が審議され,1996（平8）年1月16日に総会にて「民法の一部を改正する法律案要綱」（以下,民法改正要綱という）が可決され,法務大臣に答申された。この民法改正要綱において「面会及び交流」という表現のもと,従来の議論にいう「面接交渉権」に関する規定が次のとおり設けられた。

「民法の一部を改正する法律案要綱[2]」
　第六　協議上の離婚
　一　子の監護に必要な事項の定め
　1　父母が協議上の離婚をするときは,子の監護をすべき者,父又は母と子との面会及び交流,子の監護に要する費用の分担その他の監護について必要な事項は,その協議でこれを定めるものとする。この場合においては,子の利益を最も優先して考慮しなければならないものとする。
　2　1の協議が調わないとき,又は協議をすることができないときは,家庭裁判所が,1の事項を定めるものとする。
　3　家庭裁判所は,必要があると認めるときは,1又は2による定めを変更し,その他監護について相当な処分を命ずることができるものとする。
　4　1から3までは,監護の範囲外では,父母の権利義務に変更を生ずることがないものとする。

　このように,これまで解釈によって認められてきた「面接交渉権」が明文化される方針が示された。しかし,この要綱による民法改正には,その全体について慎重な意見もあり,現在までに法制化には至っていない[3]。
　民法改正要綱は,以上のように,裁判例や学説において生成および形成され

てきた「面接交渉権」を承認するかたちで面会交流について規定する。すなわち，この要綱によれば，面会交流は，まず第1に，両親の離婚に際し子の監護者とならなかった父または母に認められるものであること，第2に，それゆえ，離婚法の領域に規定されるものであることが示されている。この要綱における面会交流については，それを明文化しようとする方向性自体は評価できるが，次の点において問題があると思われる。

　まず，1つ目として，ここで予定されている面会交流の主体は，父母のみであり，父母以外の祖父母や子の監護に携わる第三者[4]が含まれていない，という点である。この民法改正要綱によれば，面会交流の問題が離婚法の領域に限局され，その主体も父母に限られることになり，従来の民法766条に仮託した解釈による利点，すなわち，子の利益に適うならば父母以外の者を面会交流の主体に取り込むということが困難になるのではないか，という危惧を感じる。

　今日，わが国において，子の監護をめぐる場面では，とりわけ祖父母と孫の関係の重要性が指摘できる。これには，後述するように，近年の家族をめぐる社会的状況の変化が関係し，これまでのような「子の監護者＝親」という図式は単純には成り立たなくなり，子の監護の場面に，祖父母や第三者が一時的または継続的に事実上の監護者として現れることが関係する。このような場合，子からみれば，祖父母や第三者は「育ての親」として重要な存在となる。ところが，現行法は，このような父母以外の者が事実上の監護者になることに関連して生じうる諸問題には，十分に対応しきれていない。すなわち，祖父母や第三者により事実上の子の監護が行われている場合でも，親が子の引渡しを要求し，引渡し後は祖父母や第三者と子との交流の中止を要求すれば，当然のごとく認められるであろうし，少なくとも，このような要求への歯止めはない。そして，法的な監護者指定のための申立てについても，特段の事情がない限り，親権行使を妨げることはできないという理由により，制限的になるのが従来の解釈である。これは，わが国の民法解釈において，婚姻家族ないし核家族こそが法律の保護に値する家族であると考えられたことと無関係ではないと思われるが，今後，面会交流に関する規定が新しく設けられる際には，家族観がいかなるものであれ，何らか1つの家族観に依拠するのではなく，あくまでも子を

中心に考えて規定されるのが望ましいと考える。

　次に，2つ目として，民法改正要綱における面会交流は，規定上では「権利」と明記されていない点である。「権利」と書かずとも，明文化されることで「権利」として扱われることもあり，これは単なる規定の仕方の問題に過ぎないのかもしれない。しかし，「婚姻制度等に関する民法改正要綱試案」に対する意見の概要をみると，面会交流について明文で規定する方向自体には積極的である意見が多数を占めるが，「権利」として規定すべきだという強い主張はみられない。それどころか，むしろ権利性を承認することで生じうる弊害の方を危惧し，権利性を否定する消極派の意見が目を引く。また，後述するように，家事事件の特質から，とりわけ家族の人間関係に関する紛争においては，権利性を前面に出して争うよりも当事者の互譲による合意による方が真の解決に結びつくことが多いと従来から指摘されるところである。これらの理由から民法改正要綱では，むしろ意識的に面会交流の権利性の承認について消極的態度がとられたのであろう。しかし，「面接交渉権」が裁判所で争われる局面においては互譲が困難な場合もあり，父母以外の主体も含めて，面会交流は誰のいかなる性質の「権利」であるのか明記すべきではないだろうか。また，「権利」として規定することは，本来，「権利」がもつ請求権としての意味だけでなく，規範としての意味をもたせるためにも必要なのではないだろうか。

　さらに，3つ目として，民法改正要綱における面会交流の認否の基準として，従来の解釈と同じく「子の利益」が最優先されるべき考慮事項になっているものの，子は面会交流の客体としてのみ規定されているように思われる。このことは，規定が設けられる法領域とも関連する。すなわち，民法改正要綱では，従来どおり，離婚法の領域に面会交流に関する規定が置かれることが予定されている。実際にも，現行法では，離婚によって生ずる子の監護の問題は，訴訟手続上は付帯処分として審理することが可能であると規定される（人事訴訟法32条1項）。しかしながら，面会交流の問題は，夫婦間の問題を扱う離婚法の領域ではなく，本来，親権法の領域に規定されるべきである。今後，これを立法化する場合，実体法としては，子の利益のために存在すると解される親権法の領域において規定されるべきであると考える。なぜなら，面会交流が子の利

益のために存在するものと考えるなら，夫婦間の問題とは切り離して親権法の領域に規定を置き，さらに，子を権利行使の客体としてではなく，主体的存在として積極的に認めるべきではないだろうか（子の意見聴聞や子の申立権の問題）。少なくとも理念的には子の権利として面会交流を構成することを検討する余地があるのではないか。

　民法改正要綱は，これまでの裁判例や学説による「面接交渉権」に関する理論を法的に承認しようとするものである。したがって，以上のような3つの視点を中心に，従来の解釈論を批判的に検討し，そのうえで，いわゆる面接交渉権論の再検討を行い，立法的解決の方向性も検討したい。そして，これらの検討に際しては，フランス法を比較の対象として進めていく。

　なお，1996（平8）年の民法改正要綱から10年余りが経ち，この民法改正要綱を再検討する論考がみられる。とりわけ2009（平21）年には，各種のシンポジウムにおいて家族法改正についての議論がなされている[7]。そのなかで面会交流に関する試案も示されている。特に「民法改正委員会家族法作業部会」による改正提案では，水野教授が現行民法819条に関して，離婚後の親権行使の態様を定める規定を設け，そのなかで父母の面会交流についても定める。そして，その説明として「面接交渉権の権利性を高める」ためとする。さらに，別の規定として，祖父母と第三者の面会交流に関する規定を，フランス法を参照して置くことを提案している[8]。こうした流れの追い風を受けて本研究を進めていきたい。

2　フランス法を比較の対象とする理由

　本研究は，わが国の裁判例や学説における従来の「面接交渉権」に関する法理論，いわゆる面接交渉権論を検討および再構築し，立法論としてはその方向性を検討することを目的とする。これらの検討のために，フランス法における訪問権（わが国でいう「面接交渉権」）を比較検討の対象とする。

　わが国の「面接交渉権」に関する論議は，1950年代終わり頃から1960年代初め頃にかけて始まったが，その議論がよって立つ民法766条は，1947（昭

22)年に改正されたもので，「面接交渉権」に関する議論が始まった当時にはすでに陳腐化していた。なぜなら，この議論の到達点として，今日の解釈論のうえで「面接交渉権」の根拠はそこに求めるしかないとされている民法766条は，後述の「家」制度下の旧法812条[9]の規定を，そのままの位置で，ほとんどそのままの内容と文言において，わずかばかりの改変を施したものに過ぎないからである。わが国の解釈論は，こういう絶対的な制約のもとに置かれたまま20世紀の後半を経過し，さらに，今世紀においてもなお変わらぬ状況下に置かれている。

　もともと，旧法812条の規定は，「家」を同じくする親のみが親権と監護権を有することを当然の前提とし，離婚により「家」を出る子の母に事実上の監護を委ねることがあってもやむをえないとする考えから出たものであった。このような規定に若干の手を加えたに過ぎない現行の民法766条，および，これに基づく手続規定を手掛かりにして構築されてきたわが国の解釈論が，その後の社会的状況の変化にうまく適応できたはずはなく，そこには，おのずから限界があったといわなければならない。

　他方，フランスにおいては，第二次世界大戦後，わが国と同様に，産業構造の面では工業化が進み，人口移動の面および世帯構成の面でも大都市における夫婦中心の二世代世帯が大多数者の家族生活の基本となる変化が生じている[10]。しかも，子の監護の問題に大きく影響する男女関係の非婚化，少子化，離婚数の拡大などの諸現象は，わが国よりも遥かに先んじた変化を経験しているのであるが[11]，わが国とは異なり，立法は，このような社会変化に遅れずに対応している。すなわち，フランスでは，1964年から1975年までの12年間のうちにジャン・カルボニエ教授が起草者となり全面的な家族法改正を行い，カルボニエ教授による改革以降は，1980年代中頃から1990年代前半にかけて司法省主導の法改正が続き，その後，家族法関連では，1998年のイレーヌ・テリー教授による報告書[12]と1999年のフランソワ・ドゥクヴェール・デフォッセ教授による報告書[13]が政府に提出され，また，議員提出の改正法案による法改正が次々となされた（離婚給付，相続，子の姓の選択，親権に関する法改正など）[14]。

　そして，訪問権の規定は，それが属する親権法および近接する法律の法改正

のなかで改正されてきた。1970年の訪問権の立法化以前は，わが国と同様にフランスにおいても訪問権は解釈によって認められ，判例および学説で形成されてきた。しかし，その一方で，フランス法の訪問権は，その形成の過程において，「子の利益」の観点から，とりわけ権利主体と内容において拡張されていき，1970年に立法的承認を受ける。さらに，訪問権が明文化された1970年以降においては，父母の訪問権では，1987年法および1993年法により共同親権の制度が導入され，2002年法により子の交替居所の制度が導入されたことが重要な変化をもたらしている。また，祖父母と第三者の訪問権では，2002年法および2007年法による改正で「子の利益」の観点が強化されているのである。これらのフランスにおける法改正を検討するにあたって，とりわけ注目すべき点は，1989年の第44回国連総会において採択され，わが国もフランスも批准している児童の権利に関する条約（以下，児童の権利条約という）が，フランスでは訪問権を含めた家族法の改正に強く影響しているのに対し，わが国では未だなお法改正をもたらすには至っていないことである。このように，フランスにおける訪問権の議論は，より現代的な立法を基礎にして，わが国よりも高いレベルで展開されている。

　したがって，わが国の面接交渉権論の再構築を検討し，立法の方向性を考察するにあたっては，フランス法を比較の対象とするのは大いに意義がある。わが国の面接交渉権論は，前述のような制約のなかで試行錯誤のうえ構築されてきた。そして，近年では子の権利として，「面接交渉権」を捉えようとする見解が有力に主張されている。しかし，民法766条の制約のなかでの解釈論には限界があり，また，このような解釈論は経験からではなく，理念的に過ぎない面が否めない。面接交渉権論を，おのずから枠づける限界を打破するためには，わが国よりも遙かに先を行くフランスにおいて，社会的状況の変化に対応すべく行われてきた法改正の数々と，その経験から導き出される解釈論とその現状を参照することが有益であると考える。

3　本書の構成

　本研究では，わが国の従来の面接交渉権論を批判的に検討し，その問題点を明らかにしたうえで，フランス法における訪問権論との比較法的考察により，面接交渉権論の帰趨を探るのが目的である。したがって，次の手順により検討を行う。

　「第Ⅰ部　日本法」では，これまでのわが国における面接交渉権論を検討し，問題点を明らかにする。まず，面接交渉権論の具体的検討に入る前の序論では，「家族」をめぐる社会的状況の変化を統計資料などから明らかにし，また，「面接交渉」に関する実態調査を検討することで，とりわけ近年における，この問題の重要性の高まりについて明らかにする。そして，序論として，旧法上の「面接交渉権」の位置づけ，および，「面接交渉権」としばしば関連づけられる親権および監護について，旧法および現行法での内容を明らかにし，「面接交渉権」との関係のなかでの変化を検討する（第1章）。

　次に，本論で「面接交渉権」に関する具体的検討を行う。まず，現行法上での父母の「面接交渉権」について検討する。わが国には明文の規定がないために，「面接交渉権」は，実体法上は民法766条を根拠とする解釈により裁判例や学説において認められてきた。ゆえに，「面接交渉権」に関する初期の議論は，その権利性と法的性質に関する理論上のものが中心となった。そこで，こうした初期の議論について裁判例および学説を鳥瞰し，整理したうえで，「面接交渉」の権利性を検討し，その法的性質論を親権および監護との関係から検討する（第2章）。

　さらに，近年では議論の対象として，「面接交渉権」の実質的側面に関心が移ってきている。すなわち，「面接交渉」の認否の基準や「面接交渉」に関する司法の役割などについてである。これらの問題について，子の福祉および子の意思の尊重ということを視点に，学説および裁判例を検討する。そして，子のために「面接交渉権」の実効性を確保するには，いかなる方法があるのか検討する（第3章）。

最後に,「面接交渉権」の権利主体の拡張の問題を検討する。「面接交渉権」の権利主体を父母以外の者にも拡張するには,実体法上の解釈の問題と家事審判特有の手続上の問題の双方から検討する必要がある。前者については,祖父母や継親などの第三者の「面接交渉」の認否に関する裁判例および従来の学説の議論について,子の利益の観点から再検討し,後者については,現行法上では,「面接交渉権」に関する家事審判を行う際の実定上の唯一の根拠となる民法766条の申立権者および適用範囲の拡張の可否の問題として検討する（第4章）。

　「第Ⅱ部　フランス法」では,これまでのフランス法の訪問権に関する議論について検討し,その変遷を明らかにする。ただし,わが国における「面接交渉権」と比べると,訪問権が認められた初期の段階においてすでに権利主体の範囲が異なり,また訪問権が立法化された後は法状況が異なるために,検討する手順は「第Ⅰ部　日本法」とは,おのずから異なってくる。したがって,フランス法の訪問権論の検討は,権利主体については,父母,祖父母,第三者に分けて,時間軸は法改正を基点として,訪問権論の変遷を次のように検討する。まず,訪問権の具体的検討に入る前に,序論において,訪問権の定義および現在のフランスの「家族」をめぐる社会的状況の変化と家族法改正の必要性について検討する（第1章）。

　次に,本論において,訪問権のそれぞれの権利主体および法改正についての訪問権の具体的検討を行う。最初に,1970年の立法化以前における父母,祖父母,第三者の訪問権に関する検討をそれぞれ行う。わが国における「面接交渉権」とは法的状況が異なるものの,フランス法の訪問権も立法化以前は判例および学説において生成および形成された権利であり,初期の段階では,その権利性や法的性質についての議論が中心であった。訪問権は,そもそも,父権（1970年法以降は親権という）に対峙するものとして現れ,1857年の破毀院判決で祖母の孫に対する「訪問」として認められたのが最初である。このような出発点を持つ訪問権は,その後も祖父母の訪問権という局面において議論されることが多かった。こうした経緯から,祖父母の訪問権に関しては,父権および監護権との対峙のなかでの権利性承認の過程や法的性質などに着目して検討を

する。父母の訪問権に関する初めての裁判例は，公表されているものでは，祖父母に数年遅れて19世紀中頃に登場する。父母の訪問権は，離婚後に子の監護をしない親に認められる監督権の行使の一態様として認められてきた。監督権は父権の属性の1つとして考えられるために，訪問権について，父権および監護権との関係を明らかにしつつ検討する。さらに，第三者の訪問権に関しては，20世紀中頃から，とりわけ「育ての親」と姦生子の親の訪問権に関する裁判例が登場し始めたので，これらを中心に検討する（第2章）。

さらに，1970年に訪問権が立法的承認を得た後は，立法化後の訪問権論の変化について，2002年の法改正に至るまでを検討する。1970年法以降は，実定法上の根拠が明らかになったために，訪問権に関する議論は，これまでの権利性や法的性質に関する理論的なものから実質的なものへと重心が移ってきている。そして，法改正を経るごとに，各権利主体の訪問権に関する法状況が異なってくるために個別具体的に検討する。そこで，まず，1970年法による訪問権の立法化について概観し，さらに立法直後の学説の反応や実態調査から当時の訪問権をめぐる法状況を検討する。そして，それ以降の，2002年法までの訪問権の変遷について，特に1987年法および1993年法による共同親権制度の導入が父母の訪問権に与えた影響に着目して検討する（第3章）。

最後に，子の権利としての訪問権について，2002年の法改正を中心に検討する。2002年には親権法の大改正が行われた。この改正には，児童の権利条約に由来する，「親であることの共同性」の原則が影響を及ぼす。まず，こうした影響により2002年の法改正に先立って前述の共同親権制度が導入された。そして，その実効性確保のために2002年法により子の交替居所制度が導入された。これらの制度は父母の訪問権の実定法上の位置づけにさらなる影響を与えるため，これらの検討を行う。さらに，父母の訪問権に関しては，続く2007年および2010年の法改正においても改正されているため，これらの法改正による変化についても概観する。また，真の子の権利の追求を目指した2002年の法改正において，祖父母の訪問権は，子の権利として規定され直すことになり，第三者の訪問権も，子の利益の観点から改正されている。さらに2007年の法改正においても，これらの者の訪問権の規定は改正されている。

こうした規定上の変化が実際いかなる影響をもたらしたのか検討する。さらに，1996 年には兄弟姉妹の訪問権が新たに規定されたので，こうした訪問権についても検討を行う。なお，近年では，訪問権の実効性の確保が重視されてきているので，これについても検討を行う（第 4 章）。

以上のフランス法の検討を踏まえ，わが国の面接交渉権論の帰趨を検討する。わが国では，「面接交渉権」に関する紛争を家事審判の手続にのせるためには，家事審判法 9 条 1 項乙類 4 号の事件として扱わなければならないという特有の制約はあるが，フランス法を参照しつつ，子のための面会交流という観点から，とりわけ「面接交渉権」の権利主体の範囲について，従来の解釈論を批判的に検討し，父母以外の者を含めた「面接交渉権」として，新たな解釈論を考察したい。また，解釈論では収まらない部分については立法論を検討する（おわりに）。

なお，家族の構成員の呼称は世代間の相対的な関係で変化するが，本書では，祖父母，親，孫の 3 世代について，原則として，親子間では「子」・「父母」または「両親」とし，孫と祖父母の間では，「孫」・「祖父母」という表現を用いることとする。さらに，1 つの場面に同時に 3 世代が登場する場合には，原則として，子は「孫」ではなく「子」と表記することとする。

1) 近年，「面接交渉」ではなく，「面会交流」という表現が使われることが増えてきている。「面会交流」は子との相互的な関係をより的確に表しているとされる一方で，「面接交渉」という言葉は子を客体にした印象があるとされる。また，「面接交渉」という言葉は日常生活に馴染み難いとの指摘もある。二宮周平『家族法』（新世社，2006 年）128 頁。したがって，本書では，原則として「面会交流」という表現を用いることとするが，従来の学説の議論や裁判例の検討の場面および引用部分では，従来どおり「面接交渉」という表現を用いることとする。なお，「面接交渉」と表現する場合には，これに「 」を付して表現し，かつ，本書では権利性を認める方向で論じるため，支障のない限り「面接交渉権」と表すこととする。
2) 法務省民事局参事官室「民法の一部を改正する法律案要綱案について」戸籍時報 457 号（1996 年）5, 6 頁。ジュリスト 1084 号（1996 年）126, 127 頁。直近の状況としては，2010 年秋に，法務省が「親子の面会交流を実現するための制度等に関する調査研究」に着手した。また，2010 年 12 月 24 日に，法制審議会が「家事事件手続きに関する要綱案」を公表した。なお，法制審議会は，この要綱案中の子の監護に関する処分の審判に関する条項において，「面接交渉権」を「面会及びその他の交流」と表現している。
3) 本書の刊行直前の 2011（平 23）年 5 月 27 日に「民法等の一部を改正する法律案」が

参議院で可決され，成立した。これにより，民法766条において，民法改正要綱で示されたとおりの父母の面会交流が明文化されることになった。
4) 本書では，祖父母を第三者に含めずに扱うこととする。祖父母を含める際にはその旨を明示し，「　」を付して表記する。
5) 法務省民事局参事官室編『婚姻制度に関する民法改正要綱試案』（日本加除出版，1994年）67頁。ジュリスト1075号（1995年）73，74頁。
6) 駒村絢子「離婚後の子の監護法制に関する一考察—オーストラリア連邦家族法における離別後の共同養育推進を手がかりに」法学政治学論究84号（2010年）181頁以下。オーストラリアでは1995年の法改正により父母の離別後の共同養育推進の一環として「面会交流権」が明文化された。その結果，別居親の「権利」意識が刺激され，子への「権利」をめぐる紛争は激化した側面があったという。面会交流が紛争の手段として請求されることがあったようである。しかし，問題を是正するために，2006年の法改正では，家族センターが新設され，法や支援機関による後見的な介入が強化された。特にDV（ドメスティックバイオレンス）のような場合には裁判所が介入する。そして，事件を選別するのは，家族センターを中心とする後方支援機関である。面会交流に関しても，安全性が懸念される場合には，第三者を介した子の引渡しや，面会交流の監視を行っているようである。こうしたオーストラリアの状況からも，「面接交渉」を「権利」として承認したうえで，司法の介入を認め法に基づき的確な判断をし，当事者を支援するのがよいのではないだろうか。
7) 2009年10月の私法学会のシンポジウムでは「家族法改正」がテーマの1つとして扱われた。同年11月には家族〈社会と法〉学会において「子の監護—離婚の効果と子の福祉」がテーマとして扱われ，犬伏由子「親権・面会交流権の立法課題」の報告において面会交流を立法化する方向性が示された。さらに，同年12月には，ジェンダー法学会において「家族法改正—ジェンダーの視点から」がテーマとなっていた。なお，2008年にも家族〈社会と法〉学会においては「親権法のあるべき姿を求めて」がテーマとされており，そのなかで面会交流についても取り上げられている。
8) 水野紀子「家族法改正—離婚・親子法を中心に　親権法」ジュリスト1384号（2009年）68-72頁。
9) 本書では，現在では規定自体が存在しない，あるいは規定の内容が全く変わっている場合には，規定に「旧」を付して表記する。ただし，「第Ⅱ部　フランス法」においては，多くの法改正を扱うため，特に年代を明らかにする場合には，規定の前に年代を付し，「旧」は付さないこととする。なお，裁判例においては原文のままの表記とする。
10) フランスにおいても，わが国においても「家族」の概念は血縁を基礎とするが，フランスにおける家族的な交流は，わが国におけるよりも盛んであるといわれる。フランスとわが国では労働契約上の違いはあるものの，フランスにおいては，家族関係の尊重のため，人事異動も同じ市内に留めるなどの配慮がなされることがある。また，祖父母世帯と父母世帯の物理的な距離は，わが国に比べるとより近く，実際に交流もより頻繁である場合が多いとされる。有地亨『フランスの親子・日本の親子』（NHKブックス，1981年）。ほかに，フランスの家族を紹介したものとして，浅野素女『フランス家族事情』（岩波新書，2001年）。

11) 本文後述の PACS（民事連帯契約）の導入により，ますますフランスではカップルのあり方が多様化している。PACS は法律上の「家族」の形成とは無関係であり，婚姻を害するものではないといわれるが，婚姻以外によるカップルを公認していることも事実である。カップルの多様化は，婚姻外で生まれる子の増加にも影響しており，2004 年の統計によると，パリ首都圏において婚姻外で出生した子は全体の約 45% にのぼる。

12) Irène Théry, *Couple, Filiation et parenté aujourd'hui, le droit face aux mutations de la famille et de la vie privée*, Paris, 1998.

13) Françoise Dekeuwer-Défossez, *Rénover le droit de la famille Propositions pour un droit adapté aux réalités et aux aspirations de notre temps*, Paris, 1999.

14) 大村敦志「フランスの『人と家族の法』: 2001 年の断面―同性・異性カップルの共同生活に関するパクス法を中心に」『学術創成プロジェクト ボーダレス化時代における法システムの再構築』（2002 年）8 頁。

第 I 部

日 本 法

第1章
序　　論

　これから面会交流を検討するにあたって，その前提となる関連事項を明らかにし，従来の面接交渉権論の抱える問題について考察する。すなわち，近年の社会的状況の変化や「家族」モデルの多様化に伴う「面接交渉権」の位置づけの変化，また，旧法上および現行法上の親権および監護との関連のなかでの「面接交渉権」の位置づけの変化について考察する。

1　面会交流序論

(1)「面接交渉権」とは

　「面接交渉権」とは，親権者または監護者として，現実に自ら子を監護および教育できない親が，その子と会ったり，手紙や電話などをすることができる権利とされている[1]。諸外国には，明文の規定を設けている国も少なくないが，前述のように，わが国ではこれを認める直接の規定はない。このような「面接交渉権」が学界において認められるようになった端緒は明らかでないが，管見の限り，第二次世界大戦以前には「面接交渉」に言及する学説はみあたらない。これは，子を「家」の子とする明治以降の「家」制度の影響があったからといわれる。「家」制度が確立されたため，子は「家」に所属するとの観念が強く，親権を有しない親，すなわち，子と同じ「家」に属さない親は，子と何らかの交流をもつことが許されるはずもなかった[2]。

　戦後では，初期の学説に，離婚によって親権者および監護者とならなかった親とその子との身上の関係を「面会」として紹介するものや，「交渉通行権」として紹介するものがある。後者の論者は，親権者および監護者とならなかった親も，将来，子のために必要があれば親権者変更により親権者となる身分お

よび地位にあることを理由に「交渉通行権」は理由なく遮断されるべきでないとする[3]。

裁判例では，後述の1964（昭39）年12月14日の東京家庭裁判所の審判において，監護親とならなかった母に子と「面接ないし交渉する権利」が認められたのが初めてである。この1964年の東京家裁の審判の後，「面接交渉」に関する審判がみられるようになり，学説においても，「面接交渉権」に関する理論的および実証的な研究が盛んになった。

(2) 面会交流をめぐる社会的状況の変化

「面接交渉」が裁判例や学説に登場するようになったのは，1950年代終わりから1960年代初め頃にかけてであるが，当時と比べると，近年の家族的および社会的状況はかなり変化している。このような変化のなかでも，とりわけ子の監護の状況に変化をもたらす要因となり，また，「面接交渉」に関係すると思われる変化は，平均寿命の延びに伴い祖父母の存在が珍しくなくなったこと[4]や，子育て世代の女性の就労が増えたこと[5]，また，近年，特に家庭内での病理現象である子の虐待が表面化していることなどである[6]。さらに，「面接交渉」の問題を顕在化させる要素であり，子の監護へ直に影響を及ぼす離婚が増加したことも重要な変化である。

離婚について，厚生労働省の2009（平21）年の「人口動態統計の年間推計」[7]によると，人口1000人当たりの離婚率は，第二次世界大戦後では，2002（平14）年の2.30‰をピークにここ数年は減少傾向にあるが，それでも，戦後最低の離婚率である1963（昭38）年の0.73‰に比べると，2009（平21）年の2.01‰は約2.5倍にもなる。数でみると，1950（昭25）年では8万3689件だったのが，1998（平10）年には24万3183件，2009（平21）年には，25万3000件と全体として増加傾向にある。

また，両親が離婚した子の数については，厚生労働省の2000（平12）年の人口動態統計特殊報告「婚姻に関する統計」[8]によると，1998（平10）年の親権を行う子がいる場合の離婚の割合は，親権を行う子がいない場合の離婚の約6割程度と調査開始当時の1950（昭25）年とほぼ変わらず推移してきているが，離

婚件数の増加に伴い，少子化にもかかわらず親の離婚に直面する子の数は増加している。両親が離婚した子の数は，調査開始時の1950（昭25）年では8万481人であったのが，1998（平10）年には24万6979人と，約3倍に増加している。割合でみると，20歳未満の人口1000人当たりの，親が離婚した子の数の比率は，1950（昭25）年では2.12‰であったのが，1998（平10）年には9.27‰と，約4.4倍となっている。

以上の統計資料が示す離婚の増加が，近年の父母間の「面接交渉権」に関する事件の増加の一因となっていることが窺える。そして，事件の増加に伴って，「面接交渉権」に再び注目が集まっている。なお，離婚に先立って夫婦が別居する場合があるが，別居期間中にも子と離れて暮らす親は子との「面接交渉」を求めることができると解されており，実際の調停や審判において，子の監護に関わる事項として「面接交渉」が請求されることがある。「面接交渉権」に関する事件の増加には，後述の実態調査から，「面接交渉権」の認知度が高まったことも関係するように思われる。

さらに，離婚や別居を原因とする家庭の崩壊が及ぼす子の監護への影響は，次のとおりである。家庭の崩壊後は，子は父母のどちらかに監護されることとなるが，前述の「婚姻に関する統計」によると，1950（昭25）年から1965（昭40）年までは，離婚に際して「夫が全児の親権を行う場合」の方が「妻が全児の親権を行う場合」より多かったが，これは1966（昭41）年に逆転し，「妻が全児の親権を行う場合」の方が年々多くなっている。1998（平10）年では，「妻が全児の親権を行う場合」79.2％，「夫が全児の親権を行う場合」16.5％となっている。この統計資料から約8割の子が母に引き取られることが窺えるが，子を引き取った親が父または母のいずれの場合であっても，家庭崩壊後は子を連れて実家で暮らすことがある。厚生労働省の1997（平9）年の人口動態社会経済面調査「離婚家庭の子ども[9]」によると，離婚後に子の親権者が父となった場合には，離婚前は自分の親兄弟と同居する割合が21.7％（配偶者の親兄弟との同居割合は3.3％）であったのが，離婚後は35.1％に増えている。親権者が母となった場合，離婚前の自分の親兄弟との同居は6.3％（配偶者の親兄弟との同居割合は9.4％）であったのが，離婚後では自分の親兄弟と同居する割合が27.8％と増え

ている。このような場合には，祖父母や兄弟姉妹などの第三者が一時的または継続的に子の事実上の監護に携わることとなる。

　ところで，家庭の崩壊はなく，両親のもとで子が育てられる場合であっても，前述の統計資料でも示されているように，子の両親がその親，つまり子の祖父母と同居している世帯が一定数あり，このような場合には，子の監護に祖父母が関与することが推測される。実際に，厚生労働省の1998（平10）年の「国民生活基礎調査」[10]によると，同居数および同居率は，65歳以上の者2062万人（全人口に占める割合16.5％）のうち，「子と同居」は1037万4000人（65歳以上の者の50.3％）となっている。

　そして，同居または別居にかかわらず，2008（平20）年に実施された，厚生労働省の「第4回全国家庭動向調査」[11]では，祖父母の援助，とりわけ祖母の援助が，その子世代夫婦の子育てに重要であることが指摘される。この調査資料によると，20歳から49歳までの調査対象となった夫婦の総数のうち，出産時の援助を行った父方の祖父母は18.2％，母方の祖父母は61.5％，孫に対する費用の援助を行った父方の祖父母は27.5％，母方の祖父母は29.8％，孫の世話に関する援助を行った父方の祖父母は25.4％，母方の祖父母は43.0％である。そして，これらの割合はいずれも，5年前に実施された前回の調査結果に比べて上昇している。

　さらに，子の監護に特化してみれば，前述の1998（平10）年の「国民生活基礎調査」によると，乳幼児の日中における保育を行う者を構成割合でみると，「父母」が全体の66.0％，「保育所（認可）」21.9％，「幼稚園」21.7％，「祖父母」11.6％となっている。また，子の母が専業主婦である場合には，祖父母に保育等をされる乳幼児数の割合は5.7％に留まるのに対して，母に仕事がある場合には，この割合は23.9％にも及ぶ。そして，2003（平15）年に実施された，厚生労働省の「第3回全国家庭動向調査」[12]によると，1歳未満の第一子の平日の昼間の世話に関する調査で，同居または別居にかかわらず，祖父母を優先順位の1位に挙げた子の母は6991人中854人いた。総数に対する割合でみると，約12％である。祖父母以外の第三者では，兄弟姉妹などの親族を挙げた子の母は58人，近所の者などの親族でない第三者を挙げた母は13人いた。これら

の第三者の合計は71人となり，総数に対する割合は，祖父母と比べると低くなり，約1％である。

　以上から，子の事実上の監護に携わる祖父母や第三者が一定数いることがわかる。そして，こうした場合，子からみれば，これらの者は「育ての親」のような重要な存在となりうる。とりわけ，このような状況を経た後に，家庭の崩壊を迎えると，「面接交渉権」は，父または母と子との交流を法的に保障するものとしてだけでなく，祖父母や第三者と子との愛情的な交流を維持する手段としても問題となる。しかし，従来の面接交渉権論は，父母を念頭に置いて構築されてきたものである。以上の統計からみた社会的状況の変化に対応しうるような新しい解釈が検討されるべきであると考える。

(3)「面接交渉」に関する実態調査

　これまでに，父母の「面接交渉権」に関する裁判例や先行研究の多くの蓄積がみられる。そのなかには，実務家による大規模な実証研究も含まれる。次に，こうした研究における実態調査を参照して，「面接交渉権」に関する社会的認識の変化をみる。

　まず最初に，1973（昭48）年の東京家庭裁判所調査官による大規模な調査とその分析を挙げることができる[13]。調査開始時の1963（昭38）年および1964（昭39）年における調停離婚で面接条項を付した事件は，200件のうち4件に過ぎなかったのが，1968（昭43）年および1969（昭44）年の事件では，200件のうち19件と，約5倍に増えている。前述の1964年の東京家裁の初の「面接交渉権」に関する審判以降，急速に，一般的に「面接交渉権」が浸透していったことが推測される。そして，1973（昭48）年に行われたアンケート調査によると，実際に離婚後に別居親と子が直接会っているのは104件のうち18件，電話および手紙で連絡をしているのは104件のうち8件であり，両者を併せると約25％の別居親が離婚後も何らかの方法で子と交流していることになる。

　次に，1986（昭61）年の総理府広報室が行った「家族・家庭に関する世論調査[14]」によると，調査対象となった全国の20歳以上の男女（有効回答数2210件）の約40％が，離婚後も子は別居親と交流を続ける方がよいと考えており，約15％

の交流しない方がよいと答えた者の割合を遥かに上回っている。そして，同じく 1986 年に調査官有志により行われた聞き取り調査では，調査対象となった離婚後に子と別居する親の 200 件のうち 84 件は，離婚後も子と交流していると回答しており，別居親の約 42％が実際に離婚後も子と交流していることになる[15]。

さらに，元裁判官や元調査官らで構成される家族法実務研究会により，1994 (平 6) 年から 1995 (平 7) 年にかけて行われたアンケート調査では，この研究会の主催するセミナーに参加した者のうちで，すでに離婚および別居している親である 48 件のうち 23 件が子との交流を行っていると回答している。割合でいうと，別居親の約 48％の者が子との交流を行っていることになる[16]。

近年では，NPO 法人 Wink が行った「面接交渉」に関する実態調査がある[17]。これは離婚経験がある子の母を対象に 2007 年 7 月 1 日から 8 月 31 日に実施されたアンケート調査である (有効回答数 328 件)。この調査では，子との「面接交渉」を「父が定期的に行っている」のが 40 件 (12％)，「不定期に行っている」のが 74 件 (23％)，「行っていないが検討したい」が 29 件 (9％)，「行っていないし今後検討の予定もない」が 185 件 (56％) である。これによると，実際に「面接交渉」を行っているのは 35％だが，「検討したい」という前向きな意見も併せると 44％となり，半数に近い。さらに，離婚時に「面接交渉」の取決めをしたかどうかについて，「取決めをした」が 152 件 (54％)，「取決めをしなかった」が 176 件 (46％) である。なお，取決めをしなかった理由については，「父が言い出さなかったから」が最も多く 77 件である。ほかに主な理由としては，「養育費の支払いをしない」43 件，「父が拒否をしている」40 件，「父が子に悪影響を与える」38 件，「DV 離婚だったから」33 件，「父に新しい家庭がある」24 件である。

以上のような実態調査から，「面接交渉権」は，一般的に浸透し，その認知度は高まっていることがわかる。そして，前述の 1996 (平 8) 年の民法改正要綱は，こうした「面接交渉」を明文化する方向性を示しており，これに先立って行われた有識者を対象とする意識調査では，「面接交渉」を「権利」として認めるか否かについては意見の対立があるものの，「面接交渉」の存在自体を

法的に認めることには肯定的な意見が多数である。このような「面接交渉権」への認知度の上昇は、家族的および社会的状況の変化と相まって、実際の「面接交渉権」の請求を増やしている。しかし、その一方で「面接交渉権」に関する立法的整備は停滞したままになっており、また、民法改正要綱で示された方向性において立法されたとしても、それは父母を中心として構築された従来の解釈論を追認するに留まり、前述の統計資料や調査資料が示すような子の監護をめぐる状況を考慮したものであるとはいえない。ここから、民法改正要綱で示された立法案の問題点は、祖父母や第三者が子の監護に携わることがあるという現実の状況が踏まえられておらず、ゆえに、父母以外の者の「面接交渉権」を法的に承認したうえで、必要であれば規制することが予定されていないことであると考える。

2 旧法上および現行法上における「面接交渉権」の位置づけ

(1)「家族」モデルと「面接交渉権」

「面接交渉権」は子と交流する者との関係の維持を法的に保障しようとするものであるが、従来の法理論では父母の権利として構成されている。父母以外の者については、子の監護に携わった祖父母や第三者の「面接交渉権」が問題となるが、現行法上では、規定どころか、確立された解釈論もない。これは、現行民法が予定すると解される従来の「家族」モデルに、祖父母や第三者が含まれないことが一因であると考える。

そもそも「家族」という概念は、社会学的には、「夫婦の婚姻と親子や兄弟の血縁とを基礎にし、夫婦と子およびそれらの一定の親族らによって営まれる生活共同体」であるとされる。[18] 法的には、その定義は多様であるとされる。広義では、血族および配偶者や姻族を含む親族を指し、狭義では、夫婦とその間の子を指していう。そして、本来は法的な概念とはならない共同生活者を、戸籍を介して「家」制度のもとに「家族」概念として取り込んだのが明治民法とされる。[19] こうした旧法上の「家族」とは、直系家族を予定していた。[20] これに対

して，現行法上の「家族」は，「家族」という直接的な表現はないものの，親族間の扶養について包括的に定める民法730条のような規定を除き[21]，夫婦間の同居・協力・扶助義務についての民法752条や，未成年子が父母の共同親権に服するという民法818条などの民法の個別規定にみられるように，婚姻家族ないし核家族を予定していると解されている[22]。現行法が予定する「家族」を，夫婦と未成熟子から成る家族を基礎とする考えは，早くから学説では承認されていた[23]。こうした「家族」を婚姻家族ないし核家族の観点から枠づけようとする見解は，明治民法における「家」制度に由来する家族イデオロギー[24]に対する反動として現れた[25]。また，現行法の起草者は，個人と個人の関係を前提とした民法を予定していたとされる[26]。そして，1947（昭22）年の民法改正の際に，「家」制度は廃止され，親子関係は「家」から解放されることになった。このことは同時に，夫婦関係および親子関係を超えた広範囲の親族に，法的に緊密な関係をもつことを廃止することとなった。

その後，大村教授により実社会における「家族」の多様化が指摘され，「家族」について多元モデルの構想が示された[27]。これは，血縁と婚姻，同居と協力，意識と制度といった複合的に絡み合う要素から「家族」を捉え，実社会の「家族」は多様な形態で存在することを認めようとするものである[28]。現行法上では，これまで，戦前の家族イデオロギーに対する反動から，理念的な家族モデルが提唱されてきたが，多元モデルは，理念だけでなく事実に着目し，「家族」を捉えようとする。なお，現行民法が予定すると解されてきた婚姻家族（conjugal family）ないし核家族（nuclear family）モデルに対しては，すでに1950年代に，実証主義の立場から，家族関係の一部を切り取ってみるためのモデルに過ぎないことが指摘されている。この指摘の妥当性は，1960年代の終わり頃までに，西欧諸国の家族社会学界で認められている[29]。そもそも，これらの家族モデルは，実証的社会調査から引き出された経験的事実ではなく，アメリカの文化人類学者が未開社会の「家族」を分類および分析した結果，社会集団として「家族」を構成する最小単位であることを発見し，そこから「家族」を分析する道具概念として用いられたのが始まりだとされる。そして，それが，いつのまにかわが国に導入されたというのである[30]。

以上のように，多元モデルを提唱する見解によれば，「家族」をみる局面に応じて，「家族」の範囲が決まることとなる。前述の統計資料に現れた3世代同居のような場合には，3世代を含めた拡大家族が「家族」となる。さらに「家族」をモデルや団体ではなく，「個」としての家族関係から捉えようとする見解がある。二宮教授は，「家族」を「個人と個人の愛情と信頼に基づく関係」として捉えることを提言している。[31] 伊藤教授は，そもそも「家族」と「世帯」は別のものだということを指摘したうえで，「家族」を個々の家族関係により繋がっているものとし，「家族」は「世帯の枠を超えて存在するものであり，その外縁にはつねに親族の関係が拡がっている」という[32]。こうした見解からは，民法上の婚姻家族ないし核家族モデルに縛られることなく，事実として存在する家族関係から生じうる諸問題，すなわち，祖父母や第三者による事実上の子の監護および子との「面接交渉」の問題などについて，法の欠缺がある以上は，解釈論による対応が図られる余地があるのではないだろうか。

(2) 親権および監護と非監護親の「面接交渉権」

父母の「面接交渉権」を検討する前提として，親権および監護の性質および関係を明らかにする必要がある。なぜなら，現在，一般的な見解によると，面接交渉権は，離婚の際の子の監護に関する事項を定める民法766条を根拠として解釈により認められ，その性質において親権および監護に関係すると考えられているからである。そこで，親権および監護について検討し，そのうえで面接交渉権との実定法上の関係についても検討する。

A) 旧法上の親権および監護と「面接交渉権」

明治民法，すなわち旧法上の親権については，旧法877条により，婚姻中は父が単独で親権を行使することが定められており，離婚後，母が「家」を去っても父の子に対する親権に変動はなかった。例外的に母が親権を行使するのは，父が入夫か婿養子である場合であり，その後，離婚により父が「家」を去った時のみである（旧法877条2項）。旧法上では，親権行使が原則として父に委ねられていたため，子は「家」にある父のもとに置かれ，離婚後は，たとえ子が

乳幼児であったとしても，母が子の監護をすることさえ難しかった。旧法上で母による子の監護が許されるのは，父母の協議により例外的に母を監護者に定める場合と（旧法812条1項），入夫もしくは婿養子である父が離婚により「家」を去った場合のみである（旧法812条2項）。前者の場合，協議が整わなかった時には父が監護を行うことになっていたので，結局のところ，現実に母が子の監護を行えるかどうかは，父の意思によるところが大きかったとされる。また，旧法812条1項により，例外的に母が子の監護を行うことになっても，監護の範囲は極めて限定的に捉えられ，母による監護には子の教育は含まず，事実上，子を養育するのみであると解されていた[33]。

　監護が親権とは区別されるようになったのは，1888（明21）年の旧民法の第一草案においてである[34]。民法編纂が始まった1870（明3）年からこの第一草案までは，離婚後の子の帰属に関して，子を「引き受ける」あるいは「養う」という表現が使われていた[35]。第一草案では，これらの文言を「監護」と改め，親権とは別の概念として扱うこととした。その一方で，第一草案では，親権と監護の帰属を一致させようとしている。すなわち，離婚後の子の帰属については，フランス民法を参照し，「離婚ノ裁判宣告ヲ得タル直者ハ子ノ監護ニ任スベシ」（草案143条）と定めており，子は離婚についての無責の配偶者に委ねられるとする。親権および監護の帰属ついては，フランス民法に規定がなかったため，「白耳義新案」に倣い[36]，「夫婦ノ中子ノ監護ニ任スル者ハ親権ヲ行フ」（草案144条）とし，子を監護する者が親権も行使すると定める[37]。このように，親権と監護の帰属を一致させようとしながらも，親権とは別に「監護」という概念を設けたのは，離婚について母が有責であっても，例外的に乳児の場合には母の監護が必要であることが認められており，その一方で，父は親権者であり続けるからである[38]。また，「何人ニ子ノ監護ヲ付シタルヲ問ハス父母ハ其子ノ養成及ヒ教育ヲ検視スルノ権利ヲ有シ各其資力ニ応シテ費用ヲ負担ス」（草案145条）に予定されるように，父母以外の者が子の監護者となる場合でも，親子関係は「天倫」であると同時に，子に対する養育や育成は「公益」であるため，父母は親権者であり続け，子に対する責任を免れないと考えられたからである[39]。

　第一草案は，個人主義的と評され，「家」の要素を有しなかった。そのため，

1889（明22）年から行われた法律取調委員会における審議では，批判が相次いだ[40]。そして，1890（明23）年の再調査案および元老院提出案について大幅な修正がなされ，親権に関して「家」との関係が明記されることとなった[41]。そして，旧民法では，離婚後の親権および監護は「家」にある父が行うとされた[42]。これにより，離婚後に母が親権者および監護者になる道はほとんど閉ざされた。唯一，母が監護者になる道は，裁判所に監護者変更を請求することであった。しかし，旧民法は法典論争により施行延期となる。法典論争では，延期派は，父権だけでなく「母権」も併せて「親権」とすることが「家」制度に反するという点，および，離婚後も母が子を扶養することは家族的紛争を生じさせかねないという点を旧民法施行の延期の理由として主張した[43]。

　法典論争を経た後，改めて民法が起草され，1898（明31）年に明治民法が公布された。延期派の批判にもかかわらず，明治民法では「親権」の規定が設けられ，旧民法同様に，親権とは別に「監護」が設けられた。そして，離婚後は，前述のように，原則として「家」にある父が親権行使および監護を行い，母は例外的に親権者となることができた。また，母には協議により子の監護者となる道が残された。このように規定されたのは，監護は，本来，親権の作用として考えられるものであり[44]，明治民法の起草者も，親権と監護は原則として一致させ，離婚後も「家」にある父に行わせることが実情にも合致すると考えたからである[45]。また，起草者は，親子関係は自然の血縁に基づく特別な関係としながらも，親権は公益規定とし，当事者の合意で親権者を変更することは適当ではなく，離婚後も変わらず父が親権を行使すべき，と考えたからである[46]。にもかかわらず，親権者とは別に監護者を定める可能性を残したのは，乳児の場合など，特に母に監護を委ねることが子の利益になることを起草者は認めていたからである[47]。

　以上みてきたように，旧法上では，「家」を去った母が親権者となることは例外的であり，また監護者となることすら父が優先していたため，いわんや「家」を去った母に，子に対する「面接交渉権」が認められる余地はなく，それが問題となることも，議論されることもなかった。

B) 現行法上の親権および監護と「面接交渉権」

1947(昭22)年の民法改正により，旧法上の親権および監護の規定は改正された。現行法では，親権は，婚姻中は父母に帰属し，共同で行使される（民法818条）。そして，親権を行う者は，子を監護および教育をする権利を有し，義務を負う（民法820条）。この民法820条と同様の規定が，前述の明治民法に置かれていた。しかし，両規定における親権の解釈は異なっており，後述するように，旧法のもとでは，親権に子に対する「親の義務」の側面を認めることには抵抗が強かったが，現行法のもとでは，子との関係では親権はむしろ義務でしかないと解されている。

こうした親権は，父母の離婚後，単独親権の原則により父または母が親権者としてこれを行使することになる（民法819条1項，2項）。そして，子の利益のために必要があれば，親権者とは別に監護者を指定することができる（民法766条）。本来，親権者は，民法820条に定められるように子の監護および教育を行うのであるから，離婚に際して，父母のいずれかを親権者として指定すれば，それ以外に監護者を設ける必要はない[48]。しかし，親権者に指定された父または母が，子の監護者として適当でない場合があり，また，逆に監護者に適していても親権者として子のための財産管理や法律行為を行うには適当でない場合もある。前述のように，親権者とは別に監護者を設けることは，旧法当時から認められていた（旧法812条）。旧法上では，離婚後の子の親権は原則として「家」にある父に委ねられることになっていたので（旧法877条1項），親権者のほかに監護者を置くことには一定の意味があった。現行法では，父母は同等に親権者となれることになったので，親権者と監護者を区別する実益はかなり失われたとされる[49]。現在では，親権争いの妥協点として離婚後の親権と監護の分属は，「親のために」利用される傾向にある[50]。とはいえ，民法766条を根拠に，いったん親権者とは別に監護者が指定されることになれば，親権と監護との関係が問題となる。すなわち，①民法766条により父母のいずれかが監護者となれば，その「監護」には，いかなる親権の属性が含まれるのかが問題となり，また，②「監護」を行うにあたって，その根拠となる権限は，親権者の親権の代行なのか，監護者自身の親権の行使なのかということが問題となる。

まず、①の民法766条にいう「監護」の範囲の問題については、民法820条の「監護」と一致させる見解と、民法820条の「監護」よりも民法766条の「監護」を広く捉える見解とに分かれる。前者の民法766条の「監護」を民法820条の「監護」と一致させる見解は、820条が「監護及び教育」と分けて規定していることから、監護と教育を一応区別し、監護者は、教育を除いた子の身上の「監護」を行うとする（監護説）。これは、旧法の父を中心とした親権制度のもとで制限的に扱われた母による監護を出発点としている。後者の民法766条の「監護」を民法820条の「監護」より広く捉える見解は、当初は、監護説を批判して登場した。この説は、監護と教育は常に1個の行為の両面として現れ、これらを峻別することは現実には不可能であることを指摘したうえで、監護者の「監護」には、監護と教育の両方が含まれ、これを遂行するうえで必要な親権の属性、すなわち、居所指定（民法821条）、懲戒（民法822条）、職業許可（民法823条）は、すべて監護者に帰属するとする（監護教育説）。その後、これらの監護および教育の性質について、親権の属性から財産管理を残して身上監護が分離され、これが監護者に帰属するとの説明がなされた（身上監護説）。

なお、親権の他の属性、すなわち、子の財産管理や身分行為の代理および同意権（民法791条2項、797条、811条）は親権者の権限に属する事項であるとされる。子の婚姻への同意権者（民法737条）は、規定上では親権者である父母に限定されていないが、実務の取扱いは親権者に属する権限としている。しかし、いずれの説にしても、子の監護および教育にあたって、具体的にどこまでが「監護」の作用であるのかを確定することは困難であるとの指摘がなされている。なぜなら、旧法812条は、戦後の法改正において、「家」制度の廃止と父母平等の観点から修正されたのみで、監護の範囲、監護者の地位や権限などについて不明確なまま民法766条に継承されたからである。

次に、②の「監護」を行う根拠となる権限については、次の2つの考え方がある。1つは、親権者とならなかった親の親権は消滅し、監護者となれば、その親は親権者の親権を代行することで監護を行うことになる、という考え方であり、もう1つは、親権は消滅するのではなく一時的に停止されるだけであるので、監護者となれば、監護者自身の親権を行使して監護を行うことになる、

という考え方である。後者の説では，逆に，親権者の親権は，「監護」の範囲で潜在的になる[58]。前述の①の監護説および監護教育説は前者の考えを前提としており，身上監護説は後者の考えを前提としているとされる[59]。なお，現在は，①，②を通じて身上監護説が通説的見解である。

以上は，父母のいずれかが監護者に指定されることを想定しているが，通説的見解では民法766条により「第三者」（ここでの第三者には祖父母も含む）も監護者に指定されうると考えられており[60]，「第三者」が監護者に指定される場合には，「監護」に関する説明が異なる。この場合の「第三者」は，親権者の親権の一部を代行することになると従来の通説では説明されてきた[61]。しかしながら，これに対して，棚村教授は，「第三者」の勝手な監護の辞任を許さないために，監護者の権限は親権に基づくものではなく，民法766条から直接に付与されたと権限であるとする[62]。

「面接交渉権」に関しては，現在の解釈論では，民法766条を実定法上の根拠とし，ここから「面接交渉権」は導かれるとされる。そして，民法766条を根拠とするため，後述するように，「面接交渉権」の法的性質に関して，親権あるいは監護に関連する権利なのかどうか議論されるところである。しかしながら，離婚後に民法766条を適用して親権者とは別に監護者が指定される場合には，親権と監護の関係や境界自体が明らかでなく，離婚後に監護者とならなかった親に認められる「面接交渉権」の法的性質に関する見解も分かれる。また，「面接交渉権」の定義だけでは，この権利の具体的機能，たとえば監護者による子への監護を監督することまで含まれるのかなど明らかにすることはできない。

以上の検討から，「面接交渉権」と親権および監護との関係を明確にすることは難しいことがわかった。しかし，あえてこれらを従来の学説に則ったうえで，「面接交渉」を請求する側からの見地で整理するならば，父母に関しては，子との「面接交渉」を請求する親が監護者ではないが親権者である場合には，「面接交渉」を通じて監護者による子への監護を監督することで，自己の親権に付随する子への責任を果たすことになるだろう。ただし，監護教育説や身上監護説からは，親権者に残される権限および義務，とりわけ子の教育の面に関して，

いかに解するかで「面接交渉権」が担うべき役割が若干異なってくると思われる。そして，「面接交渉」を請求する親が監護者でも親権者でもない場合にも，潜在的な親権という考えによれば——あるいは，このような潜在的な親権を観念するまでもなく——，子に対する責任を免れるわけではないため，結局のところ「面接交渉」の点においては親権者である場合と同じ結論になる。なお，こうした区別自体が，現在議論されている共同親権の制度が導入されることになれば不要となるであろう。

　問題は父母以外の者，すなわち祖父母や第三者に関してである。祖父母や第三者の「面接交渉権」は，棚村教授が指摘するように「第三者」の「監護」を766条から直接付与された権限として捉え，後述の「面接交渉権」の法的性質に関する学説では監護関連説に立って，祖父母や第三者の「面接交渉権」を766条の「監護」から導くのか，これを親権および監護とは全く無関係のものとして構成するのかをまず決めなければならない。しかし，従来の「面接交渉権」に関する解釈論や裁判例だけで，これを判断するのは困難であるので，後に比較法的見地から検討することとする。

3　小　　括

　以上にみてきたように，わが国における「面接交渉権」は，これを定める明文の規定はなく，第二次世界大戦後の裁判例や学説において，生成および形成されてきた。戦前は，「家」制度のもと，離婚により「家」を去った親と子が交流することは許されなかったため，「面接交渉権」が問題となることはなかった。

　戦後において，1964年の「面接交渉権」に関する初の審判の後は，とりわけ「面接交渉権」に関する研究が盛んになった。こうした先行研究の功績により，当時に比べると，「面接交渉権」に関する認知度が上がっていることが実態調査からも明らかであり，また，統計や調査資料に示されるような近年の家族的および社会的状況の変化は子の監護の状況に影響を与えていることがわかる。とりわけ子の監護の状況に関して，統計や調査資料から，近年，子の監護

に携わる祖父母や第三者の増加が窺われ，こうした変化は，従来の「面接交渉権」に関する紛争を数のうえでも質のうえでも変えるものと思われる。

　その一方で，裁判例や学説が構築してきた従来の面接交渉権論は，基本的に父母を念頭に置いて構成され，硬直的である。「面接交渉権」がこれまで父母の権利として考えられてきたのは，実定法上の根拠が影響しているだけでなく，現行民法が固持してきた理念的な「家族」モデルも無関係ではないと思われる。近年，このような単一的な「家族」モデルに対しては，事実に着目した多元モデルの構想が示されており，さらに，「家族」をモデルや団体として捉えるのではなく，「個」としての関係性から捉える見解もみられる。近年の家族的および社会的状況の変化のなかで，単一的なモデルで「家族」をみることの意義は失われてきているともいえる。

　したがって，従来の解釈論では，もはや現実の「面接交渉権」に関する紛争に十分に対応しきれないと考えられ，解釈論の再検討が必要であると思われる。父母の権利として構成されてきた従来の「面接交渉権」は，民法766条を実定法上の根拠とし，そこから親権および監護に関連する権利であると一般的に考えられている。しかし，親権と監護自体が，離婚後に両者が父母に分属することとなった場合には，その関係や境界が明確でない。そして，このことに付随して，「面接交渉権」と親権および監護との関係も明確でない。しかしながら，離婚後に親権者となろうがなるまいが，非監護親は子に対する義務を免れるわけではないことは確かであり，「面接交渉」を通じて監護者による子への監護を監督することで，子に対する責任を果たすことになるだろう。なお，親権および監護の関係をいかに解するかで，「面接交渉権」が担う役割に若干の差が出てくるものと思われる。これに対して，祖父母と第三者の「面接交渉権」については，まず，親権および監護と関連する権利であるのか否かを決めなければならず，従来の解釈論および裁判例の枠内だけで位置づけることは難しい。

1）　二宮周平『家族法』（新世社，2006年）128頁。
2）　田中實「面接交渉権―その性質と効果」谷口知平・川島武宜・加藤一郎・太田武男・島津一郎編『現代家族法大系2　婚姻・離婚』（有斐閣，1981年）249頁。

3）谷口知平『新法学全書 親族法』（評論社，1953年）92頁，村崎満「離婚と子」中川善之助・青山道夫・玉城肇・福島正夫・兼子一・川島武宜編『家族問題と家族法Ⅲ 離婚』（酒井書店，1958年）301頁。
4）2009（平21）年の簡易生命表（厚生労働省）によると，男の平均寿命は79.59年（過去最高），女の平均寿命は86.44年（過去最高）である。前年と比較すると，男は0.30年，女は0.39年上回った。国際比較でも，男女ともに上位を占める。http://www.mhlw.go.jp/toukei/saikin/hw/life/life09/index.html（2010年9月現在）
5）2006（平18）年の女性雇用管理基本調査（厚生労働省）によると，各事業所における女性労働者の割合は，企業規模および業種を問わず，増加傾向にある。また，子のいる子育て世代の女性（25-44歳）を正社員・正職員として中途採用した全体における企業割合は，2003（平15）年の23.0%に比べると，2006（平18）年では38.6%と増加している。http://www.mhlw.go.jp/houdou/2007/08/h0809-1/03.html（2010年9月現在）
6）2006（平18）年の児童相談所における児童虐待相談対応件数は，調査開始時（厚生労働省）の1990（平2）年には，児童虐待の相談件数は1101件であったのが，2002（平12）年の相談件数は1万7725件となり，2006年には3万4472件となり，1990年から比べると約31倍に増加している。http://www.mhlw.go.jp/bunya/kodomo/dv15/index.html（2010年9月現在）

なお，相談件数がそのまま実際の虐待件数となるものではないが，相談件数の急激な増加から実際の虐待件数も増えていることが窺える。そして，福岡高裁2002（平14）年9月13日決定におけるように，このような親による虐待から子を守る存在として祖父母が活躍することがある。
7）http://www.mhlw.go.jp/toukei/saikin/hw/jinkou/suikei09/index.html（2010年9月現在）
8）http://www1.mhlw.go.jp/toukei/rikon_8/index.html（2010年9月現在）
9）http://www1.mhlw.go.jp/toukei/s-keizai/mokuji.html（2010年9月現在）
10）http://www1.mhlw.go.jp/toukei/h10-ktyosa/index_8.html（2010年9月現在）
11）http://www.ipss.go.jp/ps-katei/j/NSFJ4/NSFJ4_top.asp（2010年9月現在）
12）http://www.ipss.go.jp/ps-katei/j/NSFJ3/NSFJ3_abst.asp（2010年9月現在）
13）相原尚夫「面接交渉の実務覚書」ケース研究114号（1969年）37頁，相原尚夫外「面接交渉の実態調査」調研紀要23号（1973年）15頁。
14）http://www8.cao.go.jp/survey/s60/S61-03-60-24.html（2010年9月現在）
15）この調査の対象となった離婚形態には，前述の1973年の調査と異なり，調停離婚だけでなく，協議離婚も含まれる。なお，離婚後も子と交流を続けている84件の離婚形態の内訳は，協議離婚75件（89%），調停離婚9件（11%）である。寺戸由紀子「離婚後の面接交渉権その2」川井健・利谷信義・三木妙子・久貴忠彦・野田愛子・泉久雄編『講座現代家族法第3巻 親子』（日本評論社，1992年）241頁。
16）瓜生武・山口恵美子「面接交渉の実情と実行のための援助」判例タイムズ896号（1996年）11頁。同研究会には本文後述の社団法人FPICの会員も参加している。
17）太田垣章子・榊原富士子・新川てるえ・二宮周平・本沢巳代子『離婚家庭の子どもの気持ち』（日本加除出版，2008年）158-180頁。

18) 有地亨『新版 家族法概論』(法律文化社, 2003年) 1頁。
19) 水野紀子「団体としての家族」ジュリスト1126号 (1998年) 74, 75頁。
20) 直系家族とは, 社会学的な観念であるが, 夫婦を中心として, その一方の父母, 祖父母, また, 夫婦の一方の子とその配偶者, さらに一方の孫と配偶者というように, 一方の系列を中心にタテに核家族を延長した構成を示す直系親族だけで構成される家族と定義される。有地・前掲註18) 2頁。
21) 現行民法の家族は, 婚姻家族ないし核家族を予定しているとされるが, 親族間の扶養義務を定める民法730条のような規定が残されたのは, 「家」に媒介された家族共同体を維持しようとする保守派との妥協があったからである。柳澤秀吉・緒方直人編『親族法・相続法』(嵯峨野書院, 2008年) 25-27頁。
22) 大村敦志『家族法』(有斐閣, 1999年) 23頁。また, このことは, 旧戸籍法が戸主を中心に戸主の配偶者やその子らだけでなく, 戸主の直系尊属および直系卑属と配偶者, さらに傍系血族とその配偶者といった広範な親族を一戸籍で公証していたことに対して, 現行戸籍法は民法が「家」制度を廃止したことを受けて, 一戸籍には一夫婦とその子のみを公証することにしたことにも表れている。柳澤・緒方・前掲註21) 25-27頁。
23) 我妻栄『家の制度—その理論と法理』(酣燈社, 1948年) 29頁。家族法学における事実の重要性が指摘されている。中川善之助『身分法の総則的課題—身分権及び身分行為』(岩波書店, 1941年) 5頁。なお, 「事実の先行性」というテーゼは, 本文前述の現行民法に残される「家」制度的規定に対して, 実際の核家族を重視すべきであるという効用を第1の目的としていたとされる。水野・前掲註19) 75頁。
24) 家族イデオロギーは, 明治以降の政治上の利害を伴い, 日本の教育的思想の支柱として生成された。ここでいう家族イデオロギーが拠り所とする家族秩序とは, 「家」および「家父長制」の2つの要素が強固に結びついたものとされ, 江戸時代における武士階級の家族秩序をモデルとする。すなわち, 「家」という父系の血統を中心に連続する血統集団において, 「家長」がその構成員に対して支配命令し, 構成員はこれに従うというものである。家族秩序は, 戸主権および家督相続を中心に法律に規定されていた。このような家族秩序のなかで生きる人々は, 固有の家族道徳と行動様式に拘束され, これが家族イデオロギーとなる。そして, 家族イデオロギーは, 絶対主義制を安定させるための道具として使われるようになった。川島武宜『イデオロギーとしての家族制度』(岩波書店, 1967年) 30-66頁。
25) 我妻栄『親族法』(有斐閣, 1961年) 2-8頁。
26) 川島・前掲註24) 126-191頁。
27) 大村・前掲註22) 23, 24頁。
28) 大村・前掲註22) 9-11頁。なお, いわゆる世帯を表すものとしての「家庭」と民法における「家族」は, 現行民法のもとでは一致していないことが指摘される。山中康雄「家族という概念の法的意義」有地亨・江守五夫編『家族の法と歴史〈青山道夫博士追悼論集〉』(法律文化社, 1981年) 17-22頁。また, 社会学上では「世帯」と「家族」の区別は当然の前提となっているが, 法学上ではこれらの区別が明確でないことが指摘される。伊藤昌司「相続法学への問いかけ」法律時報52巻7号 (1980年) 33, 34頁, 伊藤昌司「家族の変容と家族法」都市問題研究519号 (1994年) 84-90頁。ほかに家族構成と世帯構

成の違いを説明するものとして，正岡寛司「家族構成」比較家族史学会編『事典 家族』(弘文堂，1996年) 175頁。
29) W. J. Goode, *World Revolution and Family Patterns*, London, 1968.
30) 有地・前掲註18) 1, 2頁。
31) 二宮周平「夫婦別姓・婚外子差別と個人の尊厳」自由と正義45巻5号 (1994年) 54頁。
32) 伊藤「相続法学への問いかけ」・前掲註28) 33頁，伊藤「家族の変容と家族法」・前掲註28) 84-90頁，伊藤昌司「遺言と遺贈」大阪市立大学法学雑誌17巻3号 (1970年) 1-6頁。
33) 神谷笑子「子の監護の決定」島津一郎編『注釈民法 (21) 親族 (2)』(有斐閣, 1970年) 152, 153頁。
34) 人事編については，熊野敏三，光妙寺三郎，高野真遜が編纂を担当した。有地亨「旧民法の編纂過程にあらわれた諸草案」法政研究39巻2-4号 (1973年) 284頁。
35) 広井多鶴子「離婚後の子の帰属—明治民法はなぜ親権と監護を分離したか」比較家族史研究15号 (2001年) 75-77頁。なお，人事編草案の起草の開始は，1882 (明15) 年といわれる。高橋良彰「旧民法典中ボアソナード起草部分以外 (法令・人事編・取得編後半) の編纂過程」山形大学歴史・地理・人類学論集8号 (2007年) 57頁。
36) 熊野敏三他起稿『民法草案人事編理由書下』29頁，広井・前掲註35) 76頁。
37) 熊野敏三他起稿「民法草案人事編理由書下」石井良助編『明治文化資料叢書第参巻法律篇上』(風間書房, 1959年) 122頁，加藤正治他「民法草案人事編 (完)」法務大臣官房司法法制調査部監修『日本近代立法資料叢書16』(商事法務研究会, 1988年) 70, 71頁，熊野・前掲註36) 29, 30頁。
38) 熊野・前掲註36) 28, 29頁。
39) 熊野・前掲註36) 29, 30頁，広井・前掲註35) 76, 77頁。
40) 高橋・前掲註35) 63-65頁。
41) 加藤正治他「民法草案人事編再調査 (完)」法務大臣官房司法法制調査部監修『日本近代立法資料叢書16』(商事法務研究会, 1988年) 18頁，広井・前掲註35) 77頁。
42) 広井・前掲註35) 77, 78頁。
43) 広井・前掲註35) 79, 80頁。星野通『民法典論争資料』(日本評論社, 1969年) 175, 176頁。
44) 柳川勝二『日本親族法要義』(清水書店, 1926年) 256頁。
45) 富井政章発言「法典調査会民法議事速記録六 第百三十七回-第百六十七回」法務大臣官房司法法制調査部監修『日本近代立法資料叢書6』(商事法務研究会, 1984年) 372頁。
46) 富井発言・前掲註45) 372, 373頁。
47) 富井発言・前掲註45) 409頁,梅謙次郎『民法要義巻之四 親族編』(和仏法律学明法堂, 1899年) 206頁。こうした理解は学説にも受け入れられていたようである。柳川・前掲註44) 256頁。
48) 青山道夫『身分法概論』(法律文化社, 1951年) 133頁，我妻・前掲註25) 141頁。
49) 村崎・前掲註3) 298頁，神谷笑子「離婚後の子の監護」中川善之助教授還暦記念家族法大系刊行委員会編『家族法大系Ⅲ 離婚』(有斐閣, 1959年) 18頁。

50) 明山和夫「離婚後の親権と監護」民商法雑誌 53 巻 2 号（1965 年）156-158 頁。
51) 福島四郎「第七六六條」中川善之助編『註釈親族法上』（有斐閣，1955 年）255 頁。なお，各説の分け方については棚村教授の見解に倣った。棚村政行「離婚後の子の監護—面接交渉と共同監護の検討を中心として」石川稔・中川淳・米倉明編『家族法改正への課題』（日本加除出版，1993 年）235，236 頁。
52) 神谷・前掲註 49) 22 頁。
53) 神谷・前掲註 49) 22 頁。
54) 我妻・前掲註 25) 144 頁，深谷松男『現代家族法』（青林書院，1988 年）145 頁。
55) 村崎・前掲註 3) 301 頁。
56) 村崎・前掲註 3) 300 頁。
57) 棚村・前掲註 51) 236 頁。
58) 村崎・前掲註 3) 300 頁，鈴木ハツヨ「親権」我妻栄編『判例コンメンタール 7 親族法』（日本評論社，1970 年）351-380 頁。
59) 棚村・前掲註 51) 236 頁。
60) 我妻・前掲註 25) 142 頁，村崎・前掲註 3) 299 頁，福島・前掲註 51) 255 頁。
61) 我妻・前掲註 25) 144 頁。
62) 棚村・前掲註 51) 236 頁。

第2章
父母の「面接交渉権」

　わが国における「面接交渉権」に関する議論は，とりわけその初期の段階においては，「面接交渉権」が裁判例や学説において解釈により認められてきただけに，その権利性と法的性質に関する法理論が中心であった。すなわち，そもそも「面接交渉権」と称せられているものの，これは「権利」といえるのか，ということが議論され，そして，もし「権利」であるとするならば，これはどのような法的根拠に基づいて認められ，どのような法的性質を有するのか，ということが議論されてきた。以下に，これらの議論について裁判例および学説を検討する。

1　「面接交渉」の権利性

(1)　裁　判　例

　裁判例では，次の東京家裁1964（昭39）年12月14日審判が，「面接交渉」を「権利」として認めた初の審判として注目される。事案は，離婚に際し親権者とならなかった母が，子の監護に関する処分として「面接交渉」の審判を申し立てたものである。

東京家裁 1964（昭39）年 12 月 14 日審判[1]
　離婚に際し，調停が行われ，子（6歳）の父は，調停の席で離婚後は何時でも子を母に面接させることを約束したので，子の母は，父が親権者として子を監護および養育することに同意し，1963（昭38）年11月30日に調停による離婚が成立した。面接交渉に関する調停条項は設けられなかったが，子の母は，こうした父との約束に基づいて，離婚後に代理人を通じて，父に対して子との面接交渉を申し出たが，父は約束に反して，これを拒否した。そこで，母により，1964（昭39）年7月11日に調停が申し立てられた。この調停において，子の父は，子の母との離婚後に再婚しており，現在，その新しい家

庭で子は安定した生活をしているのであり，実母との面接交渉は子の心を動揺させ，子の福祉を害するとして面接交渉を拒否した。そして，調停は不成立となり，審判に移行した。

東京家裁は，次のように判断した。「未成熟子に対する面接ないし交渉は，親権もしくは監護権を有しない親としての最低限の要求であり，父母の離婚という不幸な出来事によって父母が共同で親権もしくは監護権を行使することが事実上不可能なために，一方の親が親権者もしくは監護者と定められ，単独で未成熟子を監護養育することになつても，他方の親権もしくは監護権を有しない親は，未成熟子と面接ないし交渉する権利を有し，この権利は，未成熟子の福祉を害することがない限り，制限されまたは奪われることはないものと考える。そしてこの権利は，監護そのものではないが，監護に関連のある権利というべきであり，この面接交渉権行使のため必要な事項は，正に民法第766条第1項による監護について必要な事項と解されるから，離婚に際し親権もしくは監護権を有しないことになつた親は，未成熟子との面接交渉権行使に必要な事項につき他方の親権もしくは監護権を有する親との協議で定めることができ，その協議が調わないとき，またはできないときは，家庭裁判所がこれを定めるべきものであり，また家庭裁判所は，離婚後子の利益のため必要があると認めるときは，未成熟子との面接交渉権行使に必要な事項について相当な処分を民法第766第2項による監護に関する処分として命ずることができると解すべきである」。そして，父が主張する面接交渉の拒否の理由について，母と面接することで，子に「多少心の動揺があるとしても」，これまでの経緯などを考慮して，母との「面接により受ける利益と比較考慮するとき」は，直ちに子の「福祉が害されるものとは認めがたい」として，母との面接により子の心が動揺し，その福祉が害されるとの父の主張には理由がないとした。以上から，東京家裁は，母による面接交渉の請求には理由があるとしたうえで，「その面接回数は，諸般の事情を考慮し，毎月1回と定めるのが相当」であり，また面接の日時および場所については，子の「年齢」，父母の「住居の距離」，子の「自由時間」，父母の「感情的対立の程度，面接に利用できる場所等たえず変動する諸事情」を考慮するために，東京家裁が，毎月その都度指定するものとし，面接の実施については，家庭裁判所調査官の指示に従うことを命ずる。そして，最後に，今後，父が面接交渉を拒否した場合について，「家事審判法第15条および民事訴訟法第734条により間接強制が命ぜられるし，またこれに従わないことは監護者変更の1つの理由となることを付言する」。

以上のように，この東京家裁は，離婚後に非監護親が子と交流することを「権利」として認め，その実定法上の根拠と法的性質に言及し，それに関する家庭裁判所の審判権の存在を明らかにした。すなわち，親権および監護権を有しない親には「親としての最低限の要求」として，子と「面接ないし交渉する権利」があることを認め，これは子の福祉を害することがない限り，制限および剥奪

されないとした。そして，この「面接交渉権」は「監護に関連のある権利」であり，夫婦の協議が調わない場合には，民法766条の監護に関する必要な事項として，離婚に際しては，同条1項により家庭裁判所がこれを定めるべきであるとした。さらに，離婚後では，子の利益のため必要がある場合には，同条2項により家庭裁判所は「面接交渉権」に関する処分を命ずることができるとした。

この東京家裁の審判の後においては，権利性を正面から否定する裁判例は少なく，むしろ権利性を積極的に認めるものが多くみられる。初の高裁レベルとなった東京高裁1967（昭42）年8月14日決定は，面接交渉権を「親子という身分関係から当然に認められる自然権的な権利」といい，大阪家裁1968（昭43）年5月28日審判は，子の福祉の観点から，実父と養母の共同親権に服する子への実母の面接交渉を結論としては全面的に否定しているものの，「面接交渉権」という表現を用いながら，これについて，親が本来的に有する権利であるとしている。東京家裁1969（昭44）年5月22日審判も，「面接交渉権」という表現を用い，これを「親として当然有する」権利であるとし，この権利は，面接交渉を申し立てた父と子との「愛情の交流」を可能にするものであり，「未成年者の人格の円満な発達にとって必要」なものであるとした。さらに，大分家裁中津支部1976（昭51）年7月22日審判は，実母の面接交渉について，親権および監護権の行使との関係において子の福祉を害する場合には制限されるとし，これを否定したものの，実母が子への「面接ないし交渉する権利」を有することは，「親として当然」であるとした。

最高裁レベルでは，2つの最高裁決定がある。これらは権利性について明確に言及するものではないが，結果として権利性を肯定する方向であるといえる。まず，最高裁1984（昭59）年7月6日決定は，協議離婚の際に親権者とならなかった父の面接交渉が原審において子の福祉を理由に認められなかったため，この決定は幸福追求権を侵害し，憲法13条に違反するとし，父が特別抗告したものである。この最高裁は，結論としては原審の判断を支持し，また，面接交渉の権利性や法的性質には直接に触れなかったものの，面接交渉を認めるとすれば，具体的内容などは民法766条に関する事件として決定しうるとした。

さらに，比較的近年のもので最高裁 2000（平 12）年 5 月 1 日決定がある[7]。これは，婚姻関係が破綻して父母が別居状態にある時に，母を相手方として，子と同居していない父が子との面接交渉を申し立てたものである。この最高裁は，父母の間で面接交渉の協議が調わない場合には，別居中であっても，家庭裁判所は民法 766 条の類推適用により面接交渉について相当な処分を命ずることができるとしたうえで，父の面接交渉の請求を認めた。

以上のように，最高裁は明確に権利性について承認しているわけではないが，下級審レベルの初期の裁判例では，「面接交渉」は，「面接ないし交渉する権利」や「親子という身分関係から当然に認められる自然権的な権利」と表されたり，あるいは，そのまま「面接交渉権」と表されたりと，表現上の違いはあるものの，親として当然に有する「権利」として形成されていった。

これに対して，正面から「面接交渉」の権利性を否定するものとして，大阪高裁 1968（昭 43）年 12 月 24 日決定がある[8]。この大阪高裁は，「面会権なるものは法律上の権利に該当するものとは解することはでき」ないとしたうえで，面接交渉が家事審判法 9 条の審判事項に規定されていないことを理由に，面接交渉は当事者間で協議もしくは調停において調整されるべきであり，家事審判の手続において判断を受ける事項ではないとした。ほかに「面接交渉」の権利性まで明確に否定するものではないが，「面接交渉」を「権利」として初めて認めた前述の東京家裁の 1964（昭 39）年 12 月 14 日審判の抗告審である東京高裁 1965（昭 40）年 12 月 8 日決定は[9]，「実の母が我が子に面接することは本来ならば何人にも妨げられないはず」であるとしながらも，「未成年の子が何らかの事情で実母の手を離れ他の者の親権および監護権に服している場合には，親権および監護権の行使との関係で制約を受けることはこれを認めた法制上当然のこと」として母親の子に対する面接交渉を否定し，原審判を取り消している。

(2) 学　説

他方，「面接交渉」の権利性に関する学説の議論状況であるが，権利性を肯定する説と否定する説とが拮抗した状態である。前者は，「面接交渉」を実体法上の権利として認めるというものであり，後者は，実体法上の権利としては

認めないが，審判申立権までは認めるというものである。

　前述のように，裁判例では，1964（昭39）年の東京家裁の審判において，非監護親の子との「面接交渉」が「権利」として認められて以来，その権利性が認められるようになってきていた。こうした裁判例の流れを受けて，学説でも権利性を肯定する見解が，1960年代の終わり頃に立て続けに出される[10]。これに対して，1970年代に入ってから，「面接交渉」の権利性を否定する見解が示された[11]。この否定説の論者である梶村判事は，近年になって非監護親に審判申立権までは認めるとするものの，「面接交渉」を実体法上の権利としてまで認めるとなると，「面接交渉」を純然たる訴訟事件として扱うことになり不適当であり，また，執行面からは「面接交渉」は強制執行ができず当事者の任意履行に頼るしかないとして，「面接交渉」の権利性を否定する。そして，子の福祉の観点からは，権利性を付与することで過剰に権利行使されることにもなりかねず，起こりうる「面接交渉」の弊害を危惧して，権利性を否定する。すなわち，監護者の意思に反する「面接交渉」は子に忠誠心の葛藤（loyalty conflict）という心理的な負担をかけることにもなり，子の福祉が害される蓋然性が高いことを理由に権利性を否定するのである[12]。さらに，親の「面接交渉」を権利として承認し，現実の監護者の意向いかんにかかわらず，これを審判等で命ずることは，ひいては監護権の分割に繋がりかねないとし，監護者と子との間にそれまでに成立している安定した親子関係を乱す虞が多く，子の福祉を害する結果となりやすいとも指摘している[13]。同様の指摘は，すでに島津教授によりなされており，こうした指摘の前提には子の安定性を重視する考えがある[14]。このような見解と立場を同じくし，「面接交渉」を実体法上の請求権ではなく，「子の監護のために適正な措置を求める権利」とするものもある[15]。また，近年では，「面接交渉」を権利とすれば，その権利が侵害された時に，その者に損害賠償請求などの法的責任の追及を許すことになるとして，権利性を否定するものがある[16]。

　このような権利性を否定する有力な見解が存在する一方で，初の「面接交渉権」に関する審判の後に，多くの論者により示された肯定説も現在に受け継がれており[17]，否定説に対しては，次のような批判をする。まず，二宮教授は，否

定説に対して,「面接交渉」の権利性を財産法上の権利概念を前提に否定することは,家族関係における個々の関係を前提とした権利および義務を承認する近代法の原則に反するとする。[18] そして,石川教授は,「面接交渉権」を親の権利および義務であると同時に子の権利でもあるとして,「面接交渉」の権利性を認めたうえで,否定説が指摘する子の忠誠心の葛藤の問題に対しては,仮にこの指摘が正しいとしても,その葛藤の範囲で「面接交渉権」は制限されるべきだとする。[19] さらに,棚村教授は,否定説が子の福祉の観点から権利性を全面的に否定することに対して,子の福祉を害する場合には,一時的に「面接交渉権」を制限するか,もしくは,「面接交渉」を間接的な方法により行うなどして対処すればよく,むしろ,権利性を承認し,紛争解決のための援助になるようなルールを作ることが必要であるとする。そして,否定説が,「面接交渉」は強制執行に馴染まないため法的権利といえないとすることに対して,家族法上の権利には法的強制に馴染み難いものが多いことを認めつつも,そのために権利性を全面的に否定するのは,かえって法的救済として不十分な結果を招く虞があることを指摘している。これに加えて,児童の権利条約9条3項に,子が「定期的に父母のいずれとも人的な関係および直接の接触を維持する権利」が定められていることを取り上げ,1994年にわが国が同条約を批准して以降は国内的にも同条は発効しているとし,[20] 条約との関係でも,「面接交渉権」を子の権利として積極的に認めるべきであるとする。[21]

「面接交渉」の権利性に関しては,以上のように学説は否定説と肯定説に分かれる。両説は,子の福祉を主眼とする点においては一致するが,結論においては相違する。この相違は「権利」そのものの解釈に関わることは勿論であるが,子の福祉をいかに解するかに起因する面も大きいように思われる。子の福祉の解釈において,否定説では,子の安定を最も重要な要素とするのに対して,肯定説では,子の人格の健全な発育のため,子の両親の夫婦としての破綻に関係なく,子と両親との関係を維持させることが最も重要であるとする。こうした子の福祉の解釈の違いは,実際の裁判においては結論の違いをもたらす。なお,裁判例にみる子の福祉については,次章で検討する。

2　「面接交渉権」の法的性質

　前述のように「面接交渉」の権利性についての争いはあるものの,「面接交渉」を1つの権利として捉えた場合に,その法的性質と根拠が問題となる。前述の1964 (昭39) 年の東京家裁の審判が嚆矢となり,次のような様々な学説が登場した。なお,これらの学説は,父または母が権利主体であることが前提となっているものが大半であり,子を権利主体とするものは少数に留まる。さらに,祖父母および第三者は,ここではほとんど念頭に置かれていない。これに明確に言及するのは,自然権説と親権説であり,前者は祖父母と兄弟姉妹の「面接交渉権」の承認の可能性を示し,後者はこれを否定する。

　第1に,1964年の東京家裁の審判の直後に示されたもので,「面接交渉権」は親子という身分関係から当然に発生する自然権的な権利とする説がある (自然権説[22])。この説は,親と子の面接の問題は監護の外に出る部分があり,明文の規定がなくても,「面接交渉権」は監護する機会が与えられない親の最低限の要求であり,親の愛情や親子の関係を事実上保障する最後の絆であり,「親子という身分関係から当然に認められる自然権的な権利」であるとする。その後,自然権説の別の論者は,子の福祉の要請から「面接交渉権」を権利として規制する必要があることを指摘したうえで,この権利を「親子関係から当然に発生する自然権」とする。すなわち,親権および監護権などに定められない部分が,共同生活のなかに埋没しており,これが離婚により自然権として顕在化するのであり,「面接交渉権」もその1つであるとする。さらに,審判の根拠については,類似の審判事項を類推適用することで足りるとする[23]。

　第2に,「面接交渉権」を監護に関連する権利とみる学説がある (監護関連説[24])。この説は自然権説に対して登場した説であるが,この説の特徴としては,「面接交渉権」の自然権的な側面は否定できないとしても,他方の親による監護教育との関係では著しく制限されうるとするところである。そして,法の欠缺という状況において,「面接交渉権」を家庭裁判所の家事審判事項とするために民法766条の「監護」に関連づけるところにある。そして,「面接交渉権」

の行使に関する必要な事項は，同条1項の「監護について必要な事項」に含まれると解し，家裁における審判を認める。離婚後でも子の利益のために必要であるならば，同条2項にいう「監護について相当な処分」として，家裁は必要な審判をなすことができるとする。このように，監護関連説は，「面接交渉権」に関する審判の実定法上の根拠から法的性質まで導くものである。

第3に，「面接交渉権」を親として当然に有する自然権であると同時に，具体的には監護に関連する権利とみる説がある（折衷説[25]）。この説は，「自然権」と「監護に関連する権利」を同一平面で二者択一的に対比することへの疑問から示された説である[26]。折衷説は，「面接交渉権は，親たる者に与えられた固有の権利であると同時に，子の育成を見守るべき親としての義務の具現」であるとして，「面接交渉権」を親固有の自然権として捉え，その本質的性質を明らかにしようとする。そして，この権利が審判事項たることを確認し，「面接交渉権」の本質を自然権的なものであるとしつつも，家事審判法9条1項乙類4号の審判事項とするために，その実定法上の根拠を民法766条に求め，「監護に関連する権利」でもあるとする。

第4に，「面接交渉権」を親権の一権能とする説がある（親権説[27]）。この説は，自然権説と監護関連説に対する批判として登場した。まず，親権説の論者は，自然権説に対しては，親権とは別の権利として「面接交渉権」があると解することは，婚姻中に父母が共同して親権を行使している場合にも，親権とは別に父母にこの権利が与えられていると解さざるをえないことになり，親権と「面接交渉権」との関係に疑問が生じるとし，また，監護関連説に対しては，「面接交渉権」を「監護に関連する権利」とするが，こうした権利を親権および監護権とは別に認めなければならない根拠が明確でないと指摘する[28]。そして，別の論者は，そもそも両説は，親権者とならなかった一方の親は親権者に非ずとする通説的な考えを前提とするために，親権者とならなかった親に「面接交渉権」を認めるには，自然権や監護をもち出して，「面接交渉権」を親権とは別の権利として扱わざるをえなかったと指摘する。この論者は，離婚の際に親権者とならなかった親の親権は，その行使が一時的に停止されているだけであり，潜在的な帰属は失われていないと解するとしたうえで，こうした潜在的な親権に

基づき,「面接交渉権」は親権の一権能として認められるとする[29]。さらに,この論者は,自然権説のいう自然権は親たる身分に基づくものであり,その実質的内容は監護に関連する権利に含まれるとするために,自然権説は監護関連説に吸収され,監護は親権に含まれるため,監護関連説は親権説に吸収されることになるとする。

第5に,これまでの説とは権利主体を異にして,「面接交渉権」を子の権利とする説がある（子の権利説[30]）。この説は,親権説がこれまでの説のなかで最も有力であることを指摘したうえで,親権説が依拠する「親権」が,学界においては,「子のため」の権利であるということが,すでに通説的見解となってはいるものの,国民の間では,「親のため」の権利であるとの認識が未だ一般的であるということを危惧して,親権から独立した「子の権利」を観念し,それに「面接交渉権」の根拠を求めるものである[31]。すなわち,「大人の権利」として語られてきた「面接交渉権」を「子の権利」として捉え直そうとするものである。ここでいう「子の権利」とは,子が父母の双方との交流を通して精神的および肉体的に成長し,発達することは,親から扶養を受ける権利と同様に,子が生まれながらにしてもっている権利であると説明される[32]。

第6に,子の権利説と同時期に登場した説で,「面接交渉権」を子の権利であると同時に親の権利でもあるとする説がある（複合的権利説,両性説[33]）。この説は,子の監護および教育は子を社会化する親の役割であることを指摘したうえで,非監護親と子との関係は,親の家庭教育を行う権利義務と子の家庭教育を受ける権利義務との相互作用の一環として捉えることができ,この相互作用のなかで「面接交渉権」も位置づけられる必要があるとする[34]。そして,子と親の,それぞれの利益が競合する場合には,子の利益を優先するという。なお,ここでいう「子の権利」は,子が親から愛情をもって躾を受ける権利を指し,これは親権の義務性の反面として承認されるものである[35]。さらに,別の論者は,「面接交渉権」は,本来,自然権的なものであるが,離婚が増大する今日,子の十全な発達を保障するためには,子と非監護親との交流権を保障することが不可欠であるため,「面接交渉権」を親の権利（義務）でもあるとし,これを非監護親の有する潜在化した親権または監護権から派生する義務的な権利であ

るとする。[36]

　第7に，法社会学者により憲法的観点から示された説がある。この説は，「面接交渉権」は憲法的保護を受ける親の権利であるとする（基本権説）[37]。そして，この説は，離婚によって「面接交渉権」という権利が突如として創られるわけではないという。すなわち，親権を根拠に離婚後も引き続き父母が協力して子育てを行う共同監護の一形態として「面接交渉権」を位置づけるべきだとする見解を引用しつつ[38]，「面接交渉権」は，離婚によっても奪われることのない憲法的な保護を受ける，親の「子どもを育てる権利」のなかに含まれるものであるとする。

　以上の「面接交渉権」の法的性質に関する諸説の中で，近年の有力な見解は複合的権利説であると思われる[39]。複合的権利説の論者である山脇教授からは，自然権説および子の権利説に対して，一面的に過ぎることが指摘されている[40]。この「一面的」という指摘は，基本権説，折衷説，監護関連説，親権説ついても同じことがいえる。さらに，山脇教授は，監護関連説および親権説については，もとを質せば親権という同じ原点に辿り着くとする。したがって，これらの諸説は，結局のところ，複合的権利説に収斂されるとする[41]。そして，とりわけ児童の権利条約の批准後は，同条約9条3項に両親との関係を維持する子の権利が定められていることから，「面接交渉権」を子の権利として捉えるべきことが指摘されており[42]，近年，「面接交渉権」は，親の権利であり，子の権利でもあるとする見解が有力に唱えられている。ただ，いずれの説をとるにしても，家事審判手続にのせるためには，子との「面接交渉」を民法766条の「監護」に関する事項と解し，同条を実定法上の根拠として，家事審判法9条1項乙類4号の事件として扱うことになる。

3　小　　括

　以上にみてきたように，「面接交渉権」が裁判例や学説において認められるようになった当初は，主にその権利性と法的性質について議論された。権利性に関して，裁判例では，1964（昭39）年の東京家裁の審判において「面接交渉」

が「権利」として認められたことを嚆矢として，おおむね権利性を承認するものが多く，逆に，これを明確に否定するものはほとんどみられない。学説では，権利そのものの解釈の違いや子の福祉に対する解釈の違いから，権利性の認否について見解が分かれるところであるが，法的性質論と関連して「面接交渉権」を子の権利としても捉える見解からは，特に，「面接交渉」の権利性を積極的に承認すべきであるという指摘がなされている。否定説のいう権利性承認の弊害や「権利」の性質に疑問があるとしても，権利性を全面的に否定すれば，かえって子の福祉が害される結果にもなりかねず，むしろこれを「権利」として認め，法的に規制することが望ましいということも指摘されている。

　法的性質に関しては，近年は複合的権利説が有力である。この説では，「面接交渉権」の子の権利としての側面が強調されており——とりわけ児童の権利条約の批准後は同条約9条3項に両親との関係を維持する子の権利が定められていることから——，子の権利は親権の義務性の反面として承認されるとする。ゆえに「面接交渉権」は，子に対する親の親権に由来する義務的な「権利」であると同時に，親からの監護および教育を受けるための子の権利でもあるという。そのうえで，家事審判手続との関係においては，現行法では，民法766条を実定法上の根拠とするという対応がなされる。

　この複合的権利説によりながら，親権および監護と「面接交渉権」の関係を整理すれば，たとえ親権者とならなかった親にも潜在的親権があり，これに基づき「面接交渉権」が認められ，この親は子との「面接交渉」を通じて，他方の親による監護を監督し，子との交流を維持する義務を負うことになる。つまり，現行法上の離婚後の単独親権制度を前提とする場合でも潜在的な親権を観念すれば，離婚後に親権者とならなくとも，親は子に対して責任を負うことには変わりはないことになる。現在，検討されている共同親権制度が導入されれば，なおさらである。これに関しては，すでに共同親権制度が導入されているフランス法を比較法的見地から後に検討する。そして，親の権利および義務に対応して，子は，自己の人格の健全な発育のために，親に対して「面接交渉」に関する権利を有することになる。すなわち，子は，「面接交渉権」を通じて，非監護親に対しては面会および交流をしてもらう権利を有し，監護親に対して

は面会および交流ができるよう協力をしてもらう権利を有することになる。そして，子と親の利益が競合する場合には，子の利益が優先する。しかし，このように解しても，従来の学説は，主に父母を念頭に置いて検討されたものである。前述のように，とりわけ近年の家族的および社会的状況の変化により，特に祖父母や第三者の「面接交渉権」の必要性が高まってきていると思われるので，この問題については，「面接交渉権」の権利主体の問題として後に検討する。

1) 家庭裁判月報17巻4号（1965年）55頁，判例タイムズ185号（1966年）195頁。
2) 家庭裁判月報20巻3号（1968年）64頁。
3) 家庭裁判月報20巻10号（1968年）68頁。
4) 家庭裁判月報22巻3号（1970年）77頁。
5) 家庭裁判月報29巻2号（1977年）108頁。
6) 家庭裁判月報37巻5号（1985年）35頁，判例タイムズ539号（1985年）325頁。
7) 家庭裁判月報52巻12号（2000年）31頁，最高裁判所民事判例集54巻5号（2000年）1607頁。
8) 家庭裁判月報21巻6号（1969年）39頁。
9) 家庭裁判月報18巻7号（1966年）31頁，判例タイムズ204号（1967年）193頁。
10) 久貴忠彦「面接交渉権覚書」阪大法学63号（1967年）117頁，山本正憲「面接交渉権について」岡山大学法経学会雑誌18巻2号（1968年）185頁，佐藤義彦「離婚後親権を行わない親の面接交渉権」同志社法学110号（1969年）55頁，野田愛子「面接交渉権の権利性について」最高裁判所事務総局家庭局編『家庭裁判所の諸問題上』（最高裁判所事務総局，1969年）208，209頁。なお，佐藤教授の場合は，親権の一権能としての「権利」という意味である。
11) 島津一郎「子の利益とはなにか―人身保護法による子の引渡請求2」判例時報718号（1973年）117，118頁，梶村太市「子のための面接交渉」ケース研究153号（1976年）95頁，梶村太市「『子のための面接交渉』再論」『21世紀の民法〈小野幸二教授還暦記念論集〉』（法学書院，1996年）425頁，梶村太市「第766条離婚後の子の監護」島津一郎・松川正毅編『基本法コンメンタール 親族』（日本評論社，2001年）87頁，梶村太市「『子のための面接交渉』再々論」『21世紀の家族と法〈小野幸二教授古稀記念論集〉』（法学書院，2007年）207，208頁，梶村太市「新時代の家庭裁判所家族法(2)」戸籍776号（2007年）16-18頁。
12) 梶村「子のための面接交渉」・前掲註11）92，93頁，梶村「『子のための面接交渉』再論」・前掲註11）430-434頁。梶村「第766条離婚後の子の監護」・前掲註11）87頁。
13) 梶村太市「子の監護者その他監護事項の決定」島津一郎編『判例コンメンタール民法IV 親族』（三省堂，1978年）240頁。
14) 島津・前掲註11）117，118頁，島津一郎『親族・相続法』（日本評論社，1980年）103頁。

15) 杉原則彦「婚姻関係が破綻して父母が別居状態にある場合に子と同居していない親と子の面接交渉について家庭裁判所が相当な処分を命ずることの可否」ジュリスト1199号（2001年）86頁。ほかに「面接交渉」を実体法上の権利ではないとする見解として，鈴木禄弥『親族法講義』（創文社，1988年）167頁，泉久雄『親族法』（有斐閣，1997年）159頁，内田貴『民法Ⅳ　親族・相続』（東京大学出版会，2002年）135頁。
16) 本山敦「面接交渉の権利性―大阪地判平成17年10月26日未公刊」月報司法書士8月号（2006年）46頁。本山教授は，「面接交渉」を権利として認めると，「面接交渉」を行わない場合に，その者は履行を強制されたり，債務不履行もしくは不法行為責任を問われかねないとして，「面接交渉」の権利性を否定する。
17) 石川稔『家族法における子どもの権利』（日本評論社，1995年）225-228頁，棚村政行「離婚と父母による面接交渉」判例タイムズ952号（1997年）59頁，二宮周平「面接交渉の義務性」立命館法学298号（2004年）334，335頁など。
18) 「面接交渉権」は，扶養請求権や財産分与請求権と同じように協議や審判以前にも抽象的に当然に存在している。さらに，「面接交渉権」は直接強制ができないとしても，家族法上にはこのような権利はほかにも存在することを指摘する。二宮・前掲註17) 334，335頁。なお，家族法上で直接強制ができない権利とは，たとえば夫婦間の同居・協力・扶助義務（民法752条），親の子に対する監護・教育義務（民法820条）などがあり，これらは作為義務ではあるが直接強制できないのは「面接交渉権」と同じであると著者も考える。
19) 石川稔「離婚による非監護親の面接交渉権」加藤一郎・岡垣学・野田愛子編『家族法の理論と実務』（判例タイムズ社，1980年）286頁，石川・前掲註17) 225-228頁。
20) わが国は1994年4月22日に児童の権利条約を批准し，158番目の締約国となった。
21) 棚村・前掲註17) 59頁。
22) 森田静一・鈴木経夫「監護者でない親と子の面接」ジュリスト314号（1965年）75頁。なお，法的性質に関する各説の分け方については，先行研究に倣いつつ，考察した。
23) 高橋忠次郎「子の監護と面接交渉」ジュリスト472号（1971年）119頁。
24) 明山和夫「監護教育の権利義務」於木不二雄編『注釈民法（23）親族』（有斐閣，1969年）74，75頁など。
25) 久貴・前掲註10) 117頁，沼邊愛一「第9条第1項乙類4号」斎藤秀夫・菊池信男編『注解家事審判法』（青林書院，1987年）366頁など。
26) 久貴・前掲註10) 116，117頁。
27) 山本・前掲註10) 185頁，佐藤・前掲註10) 55頁，中川淳「面接交渉権」山畠正男・泉久雄編『演習民法　親族・相続』（青林書院新社，1972年）261頁，野田・前掲註10) 208，209頁。
28) 佐藤・前掲註10) 53，54頁。
29) 山本・前掲註10) 185頁。
30) 稲子宣子「子の権利としての面接交渉権」日本福祉大学研究紀要42号（1980年）93-100頁。ほかに子の権利説として，國府剛「面接交渉権の制限と憲法13条」中川淳編『家族法審判例の研究』（日本評論社，1971年）149頁，山田三枝子「現代離婚法の課題としての子の権利の保障―日本法における親権概念の発展と離婚後の共同親権・共同監護

を求めて」法学政治学論究 11 号（1991 年）115 頁，花元彩「面接交渉権の法的性質に関する一考察―アメリカにおける継親子間の訪問権を中心に」関西法学 52 巻 3 号（2002 年）185 頁。

31) 稲子・前掲註 30) 93-100 頁。なお，稲子教授による子の権利説が「子の権利」という場合と，本文後述の複合的権利説が「子の権利」という場合は，「子の権利」の解釈が異なると思われる。前者は親権から独立した「子の権利」を観念するが，後者は子のための親権という観点から親権のなかに「子の権利」を観念する。

32) 稲子・前掲註 30) 96-98 頁。

33) 石川・前掲註 19) 286 頁，石川・前掲註 17) 225-228 頁，田中通裕「面接交渉権の法的性質」判例タイムズ 747 号（1991 年）323 頁，山脇貞司「離婚後の親子の面接交渉」法学セミナー 466 号（1993 年）22 頁，棚村・前掲註 17) 64 頁，二宮周平『家族法』（新世社，2006 年）129 頁。「面接交渉」を「子の福祉のために，親子の交流を求める子の権利でもある」とするのは，有地亨『新版 家族法概論』（法律文化社，2003 年）291 頁。

34) 石川・前掲註 19) 286 頁。

35) 石川・前掲註 19) 286 頁，石川・前掲註 17) 227 頁。

36) 山脇・前掲註 33) 22 頁。

37) 棚瀬孝雄「離婚後の面接交渉と親の権利（上）―比較法文化的考察」判例タイムズ 712 号（1990 年）10-17 頁。

38) 野田・前掲註 10) 181-211 頁。

39) このような見解は，本文後述の大阪家裁 1993（平 5)年 12 月 22 日審判においてもみられる。

40) 山脇・前掲註 33) 22 頁。

41) 山脇・前掲註 33) 22 頁。

42) 棚村・前掲註 17) 59 頁，石川・前掲註 17) 77 頁。二宮周平「別居・離婚後の親子の交流と子の意思（3・完)」戸籍時報 581 号（2005 年）6，7 頁。

第3章
子のための面会交流

　近年,「面接交渉権」に関する議論では,前章でみたような理論的な側面だけでなく,「面接交渉権」に関する家裁実務の具体的な取扱いや,その実効性の確保などにも注目が集まっている。そこで,以下に,「面接交渉」の認否の判断基準となる「子の福祉」の具体的内容や,履行勧告および間接強制などによる「面接交渉権」の実効性の確保について検討を行う。[1]

1　「子の福祉」の判断基準

　「面接交渉」の権利性を検討する際にみたように,子の健全な育成のために,学説では,権利性を否定する場合には子の安定を重視し,権利性を肯定する場合には父母双方との交流の維持を重視する。「子の福祉」の内容に関して,このように解釈が分かれるところであるが,「面接交渉権」に子の権利の側面をみる近年の見解には,後者の解釈が馴染むといえる。
　裁判例では,可能な限り子が生来の親の双方と交流することが子の人格形成および精神的発達に資するという考えから,近年は特に「面接交渉」を原則として認めようとするものが多い。[2] そして,前述の東京家裁1969 (昭44) 年5月22日審判において,親子の愛情の交流は,子の「人格の円満な発達にとって必要なこと」といわれている。また,後述の浦和家裁1982 (昭57) 年4月2日審判では,面接交渉は「親の子に対する自然の情愛を尊重し,子の人格の健全な成長のためには親の愛情をうけることが有益であることを根拠として認められるもの」,大阪家裁1993 (平5) 年12月22日審判では,「子の監護義務を全うするために親に認められる権利である側面を有する一方,人格の円満な発達に不可欠な両親の愛育の享受を求める子の権利」,東京家裁2006年 (平18) 年7月31日審判では,「面接交渉の機会を持ち,親からの愛情を注がれることは,

子の健全な成長，人格形成のために必要なこと」であるといわれている。そして，これらの裁判例でもそうであったが，「子の福祉」に反する事由があれば「面接交渉」を制限するという対応が裁判官によりなされている。そこで，次に父母の「面接交渉」に関する裁判例のうち「子の福祉」のために「面接交渉」が制限された事案を検討し，「子の福祉」の具体的内容を明らかにする。

(1) 裁判例にみる「面接交渉」

「子の福祉」に反するような「面接交渉」は，その一部が制限されるか，全面的に禁止される。これから検討する裁判例では，子の生活上および精神上の安定を乱すことは「子の福祉」に反する，ということが一般的に認識されているようだが，その原因は，親の暴力や父母の激しい対立，親の犯罪行為など様々である。原因によっては，「面接交渉」が間接的な方法によるものに制限されることがあり，また，時として全面的に禁止されることもある。しかし，その一方で，子の成熟度や意思によっては可能な限り，「面接交渉」が認められる傾向がある。以下に，「面接交渉」が制限あるいは禁止されることになる原因ごとに分けて，裁判例を検討する[3]。

A) 監護親の再婚により子が再構成家族にいる場合

前述の東京高裁 1965 (昭 40) 年 12 月 8 日決定は，母がわが子に会うことは本来ならば妨げられないはずとしながらも，子が母の手を離れ他者の親権および監護権に服している場合には，その親権および監護権の行使との関係で制約を受けることは法制上当然であるとして，母の子に対する面接交渉を認めなかった。また，大阪家裁 1968 (昭 43) 年 5 月 28 日審判は，離婚後に親権者および監護者となった父が再婚し，さらに父の配偶者と子が養子縁組をし，実父と養母の共同親権に子が服している場合に，実母から申し立てられた面接交渉について，子の福祉の観点から全面的に行使が制約されるとした。同じような事案および裁判所の判断は，大分家裁中津支部 1976 (昭 51) 年 7 月 22 日審判でもみられる。

これらの初期の裁判例は，監護親が離婚後に新しい配偶者と再婚し，子が新

しい家族に取り込まれた場合には、子と非監護親の交流を全面的に絶ち、子が新しい家庭に早く馴染み、安定して生活することが「子の福祉」に資するのであり、子の幸せを陰からそっと見守るのが非監護親の親としての愛情であるとの考えに基づく。[4]

近年の裁判例で、同じように監護親の再婚により子が新しい家庭に取り込まれた場合の事案があるので、次に検討する。

大阪高裁 2006（平 18）年 2 月 3 日決定[5]

離婚後、親権者とならなかった母と子らは、月 1 回の割合で面接交渉を実施していたが、父がこれを拒否するようになったため、母が面接交渉を求める調停の申立てをしたが、調停は不成立となり、原審の審判手続に移行した。原審は、宿泊を伴う面接交渉を母に認めたため、これを不服として、父が即時抗告をした。

大阪高裁は、次のように判断した。「監護親の子に対する面接交渉は、基本的には、子の健全育成に有益なものということができるから、これにより子の福祉を害するおそれがある場合を除き、原則として認められるべきものである」。しかしながら、原審判後に、父は再婚し、その配偶者は子らと養子縁組をし、父と配偶者は、その共同親権のもとで子らとの「新しい家族関係を確立する途上にあるから、生活感覚やしつけの違いから」、子らの「心情や精神的安定に悪影響を及ぼす事態はできるだけ回避されなければならず、宿泊付きの面接交渉は、そのような危惧が否定できないものというべきであるから、現段階においては避けるのが相当である」。したがって、原審判を変更して、月 1 回の日帰りによる面接交渉を命じる。

京都家裁 2006（平 18）年 3 月 31 日審判[6]

離婚後、母は、親権者となった父を相手方に、父およびその配偶者であり養母となった者のもとにある子（小学 3 年生）との面接交渉を申し立てた。

京都家裁は、次のように判断した。子は、母に対する思慕の情がなくなったわけではないが、母と「会うことは否定する意向」を述べている。ただし、これについては父と養母に対する「配慮等の複雑な感情が影響しているとみることができる」。こうしたことから子の「意向表明を過大に評価するべきではないが」、その一方で、「既に就学している」子が、子なりに「現在の自らの置かれている状況を理解しつつ一応の判断をしているものとして、一定の重みがある意向表明であるととらえるのが相当である」。また、父母の間には、これまで様々な係争があったうえ、本審判直前まで係争状態が継続しているのであり、このようななかで面接交渉を行うことは、子の「心情の安定を乱すおそれはないとはいえ」ず、子の福祉の観点から問題が大きい。しかしながら、一切の事情を考慮しても、母と子の「面接交渉を将来的に完全に禁ずべきまでの事情はうかがわれ

ない」。そして，将来的には子自身が母との「面接を希望する意思を表明するようになる可能性も十分ある」ことから，子の現状に関する一定の情報を母に与え，将来の面接を円滑にすることは，子の福祉の観点から十分意義があるとして，毎年4月15日に限り，子の写真2枚および通学先の通知表の写しを母に送付することを父に命ずる。

以上の2つの裁判例は，初期の裁判例と事案の背景が似ているにもかかわらず，「面接交渉」の全面的な禁止は行っておらず，2006（平18）年の大阪高裁は宿泊を伴わない「面接交渉」を認めており，2006（平18）年の京都家裁は間接的な方法による「面接交渉」を認めている。初期の裁判例でも近年の裁判例でも，監護親の再婚や監護親の再婚による配偶者と子との養子縁組により，子が新しい家庭に入ることとなった場合には，その家庭のなかで子がなるべく早く馴染んで安定することが「子の福祉」になると考えられているところは共通するが，とりわけ近年では，「面接交渉」は子の人格の健全な発育にとって必要なことという考えが定着しつつあるため，判断が異なったと思われる。

B) 父母の感情的な対立が激しく，子に関して協力体制がない場合

前述のように，「子の福祉」に反するような子の生活上および精神上の安定を乱す原因は様々であるが，次に検討する裁判例は，父母が感情的に激しく対立しており，子に関することでも協力ができる体制にない場合の事案である。

浦和家裁1981（昭56）年9月16日審判[7]
離婚後，父は，親権者となった母を相手方に，離婚調停において定められた面接交渉に基づき，子らとの面接交渉を申し立てた。
浦和家裁は，次のように判断した。父の過去の言動から子らは父に「親近感を抱いておらず，そのため面接が親子の愛情を醸成するという方向には進展せず，かえつて，未成年者両名は面接中，終始おどおどして落着かず，面接についての強い嫌悪感をもつに至つた」。そして，一方の女児は，「1週間程情緒が安定せず，学習意欲も減退し，爾後における申立人との面接に対する拒否反応を強く示し」，他方の男児は，「面接についての不安感ないし恐怖感を強くもつに至つた」ため，母は，父による面接を拒否するようになり，父も子らが本心から会いたくないと言うなら，面接交渉は諦めるつもりであることが認められる。面接交渉は，「未成年者の健全な育成をはかり，その情操を高めるという目的が達成されるよう」に行わなければならないが，「そのような努力をしても，なお，非親権者との面接が未成年者の情操を害ねると認められる事情が生じたときは，

親権者はその事情が継続する間,その面接を延期し,あるいは停止することが未成年者の福祉に合致する」。そして,現段階においては,父と子らを面接させることは相当でないとして,父の申立てを却下した。

東京高裁 1985（昭60）年6月 27 日決定[8]

離婚後,母のもとで監護されている子（7歳）と父は交流を続けていたが,父が母に無断で子を外泊させたりしたことから,母が父による子への面接交渉を拒むようになった。そこで父は,調停を申し立てた。調停成立後は調停条項に従い,父は子との面接交渉を行っていた。しかし,父の面接中の言動などから,面接交渉を続けることは子に悪影響があるとして,母から面接交渉の全面的な禁止が申し立てられた。原審判は,現段階では当事者間に面接交渉を円滑に機能させるための協力体制がなく,このまま面接交渉を継続させることは子の健全な育成の妨げとなるとして,調停条項を取り消し,面接交渉を一時的に停止した。これを不服として父は抗告した。

東京高裁は,面接交渉を停止した原審判を支持し,抗告を棄却した。

東京高裁 1990（平2）年2月 19 日決定[9]

父母は別居しており,離婚訴訟が係属するなか,子（3歳9カ月）と離れて暮らす父が面接交渉を申し立てた。原審判は,これを認容したが,母は即時抗告をした。

東京高裁は,次のように判断した。「離婚訴訟で係争中の夫婦間においては,離婚後における以上に,面接を子の福祉に適う形態で実施させること自体に困難があり,しかも,その面接が子の情緒的安定に影響するところは大きいものとみなければならない。したがって,事実上の離婚状態に至った経緯,別居期間,別居後の相互の関係,子の年齢等の諸般の事情を慎重に考慮して,当該時点における面接を許すべきかどうか,それを許すべきであるとしても,いかなる形態における面接を許すべきかを,面接を求める親の側の事情よりも子の側の事情を重視した上で,判断すべきである」。幼齢の子を父と面接させるには,子を監護する母が協力することが不可欠であるが,子の「監護に関しても相互の信頼関係は全く失われ」,母は「面接自体に強硬に反対している現状にあり,それを期待することは困難である」。このような状況下での面接は,子の「精神的安定に多大の悪影響を及ぼすものとみるべきであり,子の福祉を損なうおそれが強いと判断される」。したがって,現時点での面接は,子の福祉のために,これを許さないことを相当とする余地があり,また,仮に面接を許すとしても,相当の配慮が必要である。このような配慮をすることなく,予め父の指定した日に3時間以上,父を子に面接させることを命じた原審判は失当といわざるをえないから,これを取り消し,さらに審理を尽くさせるため,差し戻す。

東京高裁 2007（平 19）年 8 月 22 日決定[10]

離婚後，父は，親権者となった母を相手方に子ら（小学 6 年生，小学 4 年生）との面接交渉を申し立てた。原審の東京家裁 2007（平 19）年 2 月 26 日審判が父の申立てを認容したため，母が抗告した。

東京高裁は，次のように判断した。面接交渉の可否は，「面接交渉が現実的に子の福祉に合致するかどうかという観点から判断」されるべきところ，子らは原審で調査官に対して，将来はともかく現在は父と「面接したくないと明確に意見を述べており」，その意思の基礎には父が「位置情報確認装置を潜ませたラジコン入りの小包を送ったことによる」根深い不信感がある。また，母は，父の面接交渉に関する行動について信頼を回復していない。子らに父に対する「不信感に伴う強いストレスを生じさせることになるばかりか」，子らを父と母の間の「複雑な忠誠葛藤の場面にさらすことになるのであり」，その結果，子らの「心情の安定を大きく害するなど，その福祉を害するおそれが高いものといわなければならない」として，原審判を取り消し，父の申立てを却下した。しかしながら，非監護親と子が「心情の交流を図ることは，未成年者らの精神面の発達，とりわけその社会性の涵養にとって不可欠」であることを指摘としたうえで，面接交渉の環境が整うよう父と母とが努力すべきであるとした。

これらの裁判例では，父の過去の言動などから父母は感情的に激しく対立しており，このようななかで「面接交渉」を実施すれば，子の情操を損ね，子に悪影響を及ぼしかねないことから，父の「面接交渉」は全面的に制限される。しかし，逆に状況が改善されたり，時宜に適うようになれば父の「面接交渉」が認められる可能性が残される。

このように過去の言動や離婚に至る経緯などから父母が感情的に激しく対立している場合，さらに感情的な対立から父母が協力体制にない場合，「面接交渉」の実施は，子を父母の紛争に巻き込む可能性があり，子の精神的安定に悪影響を及ぼしかねないとして，否定される傾向にある。しかし，大人の側の事情は，「面接交渉」の認否になるべくもち込まないようにするとの配慮から[11]，子の成熟度や子の意思によっては，「面接交渉」が認められることもある。次に，そうした場合の裁判例を検討する。

横浜家裁 1996（平 8）年 4 月 30 日審判[12]

離婚後，父は，親権者となった母を相手方として，子ら（中学 2 年生，小学 4 年生）との面接交渉を申し立てた。

横浜家裁は，次のように判断した。母は再婚しており，さらに，離婚の経緯からすると，

母が面接交渉の機会に父と「対面することを避けたい心情であることは理解しえないではな」い。そして、子らは母の配偶者と「養子縁組をし、双方間に新たに親子関係が形成され」、現在、子らは「安定した生活を送っているとみられる」。こうした状況において、父の、わが子の無事な成長ぶりを確認したいという理由だけでは、母らの反対の意向にかかわらず、父の「面接交渉を認めることが子の福祉を図るうえで必要不可欠な要請であるとまでは認め難い」。そして、小学4年の子については、「十分な分別心をもっていないとみられ」、単独で父と面接交渉させることには疑問が残るうえ、子の年齢、心情などからすると、面接交渉の内容や態様いかんによっては、「心理的な動揺や混乱を招くおそれがある」。これに対し、中学2年の子については、母らの協力がなくても単独で父との面接交渉が可能であり、父母の離婚やその後の母と養父の再婚につき、「未成年者なりにその事情を理解できる年齢に達しているとみられる」ため、父の求める「年1回程度の面接交渉によって子の福祉を害する結果を招くに至るとまでは認められない」。以上から、中学2年の子については、毎年1回、学校の夏季休暇中に1日間面接交渉させるのが相当であるが、小学4年の子との面接交渉を求める申立ては却下する。

東京家裁八王子支部 2006（平 18）年 1 月 31 日審判[13]

離婚後、親権者とならなかった父は、子ら（12歳、9歳、6歳）と宿泊を伴う面接交渉を行っていた。しかし、面接交渉中に父が自己の心情を子らに吐露することから子が不安定になるとして、父母が喧嘩をし、警察を呼ぶ事態にまで発展することがあった。その後の面接交渉において、父が、母に無断で子らを1週間に渡って自宅に滞在をさせたことから、母は父との関わり合いを拒否し、面接交渉および養育費の受領も拒否するに至った。そこで父は、面接交渉に関する調停を申し立てたが、これが不成立となったため、審判に移行した。

東京家裁八王子支部は、次のように判断した。父の子らの心情への配慮の不十分さや、母宅への頻繁な電話や母宅や保育園に赴いて子らと面会をしようとするなどの父の不適切な行動から、父母の間に激しい紛争が生じた。面接交渉を再開した場合、父母の間の「紛争が激化し、子らに悪影響が及ぶことが懸念される」。そして、母は父との関わりを完全に拒否しているので、面接交渉にあたって母の「協力を得ることは全く期待できない」。そして、子らの意向については、12歳の長女は、現時点では父に対する「強い否定的感情を抱いているとは認められ」ず、「両親の関係について理解し、自身で父との面接の可否についても自立的に判断できる能力があるといえる」。9歳の長男は、両親の激しい紛争をみたことから、父との「面接交渉を希望していない」が、その年齢からすると、「面接交渉に消極的な感情を抱くのもやむを得ないことと考えられる」。6歳の次女は、「意向ははっきりしない」が、その年齢からすると「意向を重視することはできないことが認められる」。以上から、母の協力なしには面接交渉の実現は極めて困難と考えられる6歳の次女と、面接交渉を拒否している9歳の長男については、面接交渉を行うことは子

の福祉に合致するとはいえないとして，父の申立てを却下する。12歳の長女については，面接交渉を拒否しておらず，また，単独で父と面接交渉をすることが可能であり，面接交渉を認めることが子の福祉に合致するとして，母に対して，父と長女との連絡や面接交渉を妨害することを禁止する旨を命じる。

東京家裁 2006（平18）年7月31日審判[14)]
　別居中に，母の実家にいる子（10歳）について，父が面接交渉を申し立てた。これについて調停が成立し，1カ月半に1回程度の面接交渉が認められた。そして，その具体的日時，場所，方法については，子の福祉を慎重に考慮し，双方事前に協議して定めるとされた。父母双方の代理人の間で面接交渉を実施する方向で調整が進められたが，立会いおよび連絡体勢について調整が難航した。結局，1回の面接交渉が実施されたが，次回の面接交渉の際の立会人となることを父の代理人が断ったため，母は面接交渉を拒否するに至った。父は履行勧告を申し立て，1回の面接交渉が実施されたが，次回の面接交渉の日時の調整がつかず，面接交渉は実施されなかった。その後，父の訴えにより，父母の離婚が成立し，親権者は母となった。父は，宿泊を伴う面接交渉を求め，その時期と方法について審判を申し立てた。
　東京家裁は，次のように判断した。「未成熟子が非監護親と面接交渉の機会を持ち，親からの愛情を注がれることは，子の健全な成長，人格形成のために必要なことであり，面接交渉の実施が子の福祉に反するなどの特段の事情がない限り，これを認めるのが望ましい」。そのうえで，本件は，「紛争性が強い事案」であり，父母間に面接交渉についての信頼関係も十分に形成されていない。また，子の年齢や性格，子の同居中の両親の紛争についての記憶，母に対する子の愛着の強さなどを総合的に考慮すると，宿泊を伴う面接交渉は「時期尚早」であり，子の「肉体的，精神的負担を増加させ，父母相互の信頼と協力関係に悪影響をもたらしかねず，真に子の福祉に資するような円滑かつ安定的な面接交渉を期待することが困難となる」虞がある。以上から，母は，父に対して，「1か月半に1回の割合」で父が子と面接交渉を行うことを許さねばならない。そして，「面接交渉を円満かつ安定的なものに，長期に継続するため」に，社団法人の職員またはその指定する者の立会いを伴うこととし，「面接交渉の日時，場所，方法，交渉の際の留意事項，禁止事項について」，この者の指示に従うものとする。

さいたま家裁 2007（平19）年7月19日審判[15)]
　離婚後に，親権者となった母が，子（小学4年生）が父に会うことを希望しているので，月1回の面接交渉の実現を求めて申立てをした。
　さいたま家裁は，次のように判断した。子は，離婚時には2歳になったばかりであるから，父の「記憶は全くないもの」と考えられ，父に会いたいという子の思いは，「抽象的な父親像に留まっているものと推察」される。また，子は，父母が「離婚している

ことなど，正確な事情を伝えられていないことが窺われる」。そして，「離婚から6年以上を経ているが，家庭内の不和が生じてから離婚に至るまで及びその後の過程における葛藤は根深いもの」があるため，母には「心理的清算ができていないことが窺われるところ」もあり，子の気持ちを尊重して申立てを行ったと主張するものの，面接交渉の実施は母に「加重な精神的負担を与える可能性」がある。父は，再婚家庭を築いており，面接交渉については消極的であることから，「面接交渉の早急な実施は，再婚家庭の環境を乱し」，父の「精神的不安を招く懸念がある」。以上から，「将来的に完全に面接交渉を禁止すべき事情は窺われないものであるにしても」，父と子との「直接の面接交渉を早急に実施することは」，子の「心情に良い影響を与えられるとは言い切れ」ず，子の福祉に必ずしも合致するものではない。「将来的には，環境を整えて，面接交渉の円滑な実施が実現できるようになることが期待されるが，当分の間は，間接的に，手紙のやり取りを通じて交流を図ることとするのが相当である」。したがって，父から子に宛てた手紙を年4回，3カ月ごとに書くことを命ずる。

　以上の4つの裁判例は，いずれも父母が激しく対立している，あるいは，対立のうえ父母の協力体制もない場合の事案であるが，このような大人側の事情にもかかわらず，これらの裁判例は，子の成熟度および子の意思によっては，「面接交渉」を認めるものである。なお，2006（平18）年の東京家裁が第三者の立会いを命じていることは注目すべき点である[16]。ここでは，「社団法人の職員」としか記されていないが，これは社団法人FPIC[17]のことであると思われる。近年，この領域において，FPICの活動は注目を集めている。

　子の成熟度に関しては，4つのうち前3つの裁判例が判断を示している。1996（平8）年の横浜家裁は，中学2年の子（13-14歳）との父の面接交渉を認めたが，小学4年の子（9-10歳）との面接交渉は子の動揺や混乱を理由に認めなかった。そして，2006（平18）年の東京家裁八王子支部は，12歳の子は単独で父と会うことが可能であるとする一方で，6歳の子は監護者の協力なしには面接交渉はできないとしている。さらに，2006（平18）年の東京家裁は，10歳の子の父との面接交渉について，宿泊を伴うものは時期尚早であるとして，日中の面接交渉のみが認められた。そして，前述の1990（平2）年の東京高裁も，子の年齢は面接交渉の認否の判断の要素の1つとなることを示しているものの[18]，3歳9カ月の子との父の面接交渉を子の精神的安定への悪影響を理由に認めなかった。

また，子の意思に関して，2006（平18）年の東京家裁八王子支部は，12歳の子と9歳の子の意思を尊重し，面接交渉の認否の判断に活かしている。2007（平15）年のさいたま家裁は，小学4年の子（9-10歳）自らが父との面接交渉を希望し，母が子のために申立てを行っているという点で，ほかの事案と比べ特殊であるが，ここでも子の意思は尊重され，父が子に手紙を書くことが命じられている。そして，前述の京都家裁2006（平18）年3月31日審判は，小学3年の子（8-9歳）の，状況を理解したうえでの母に会いたくないという意向を一定の重みがある意思表明として捉えている。

しかし，次の裁判例のように，子の成熟度という観点からは，逆に子が幼い場合には，監護者と子を離して行う「面接交渉」は時期尚早とされる傾向にある。

大阪家裁1993（平5）年12月22日審判[19]

離婚後，父は，親権者となった母を相手方に，子ら（4歳，2歳）に対する面接交渉を申し立てた。

大阪家裁は，次のように判断した。面接交渉は「子の監護義務を全うするために親に認められる権利である側面を有する一方，人格の円満な発達に不可欠な両親の愛育の享受を求める子の権利としての性質をも有する」。しかしながら，子らの年齢，別居および離婚に至った経過，双方の生活状況，離婚無効訴訟が係属中であることなどの諸般の事情を考慮すると，直ちに父が子らと「面接交渉することを認めるのはやや時期尚早」であり，子らがあと数年の「成長後に父を慕って面接交渉を望む時期」まで待つことが，子の福祉のために適当であるため，父の申立てを却下する。しかしながら，母は，父の「心情も理解」し，子らの「発育状態について自発的に信書または写真」を父に送付するなどの配慮をすることが望ましい。

岐阜家裁大垣支部1996（平8）年3月18日審判[20]

協議離婚に際し，母が親権者となり，父母の間で，父は子（3歳女児）と月1回の面接交渉ができる旨の約束がなされた。約束どおり，面接交渉は実施されたが，面接交渉後に子が我が儘になったり，泣きやすくなるという様子がみられたため，母は，面接交渉の継続は子に悪影響を与えることとなると判断し，面接交渉を拒否するに至った。その後，父は夜中に母宅を訪ねて来て激しく母を呼び，ドアを叩くなどし，その翌日には駐車場で母を待ち伏せし，路上で母に大声で詰寄ったりしたが，面接交渉は実施されなかったため，父は，母を相手方として，面接交渉を申し立てた。

岐阜家裁大垣支部は，次のように判断した。「子との面接交渉を認めるか否かは，そう

することが専ら子の福祉に叶うか否かによって決定されるべきものであるから，その判断に当たっては子の意思，子の生活関係に及ぼす影響，親権者の意思，親権者の監護養育への影響等の観点から考えなければならない」。本件では，子は「未だ3歳と幼年」であり，これまで母から「一時も離れることなく成育されてきた」のであって，母の手から離れ，異なった環境のなかで父と時間を過ごすことは子に「少なからぬ不安感を与えるものであると思える」。現に，面接交渉後には子の「情緒不安定な兆候がみられる」。したがって，現段階での面接交渉の実施には躊躇せざるをえないため，今は，母がこまめに子を「ビデオや写真に撮り」，これを父に送付するなどして，父に子の「近況を知らせる程度に留める」のが相当である。よって，父の申立てを却下する。

　これらの裁判例のように，子の年齢が低い場合——ここでは2歳から4歳の子——には，監護者と子を離して行う「面接交渉」は子を不安定にさせる虞があり，時期尚早とされる傾向にある。これらの裁判例では，申立て自体は却下されているものの，将来の非監護親と子との交流のために，写真やビデオなどの間接的な方法による「面接交渉」の可能性は残されている。

C）　**非監護親が監護および教育方針へ干渉する場合**
　「面接交渉」を請求する親による，他方の親および子に対する過去および現在の行為の態様によっては，「面接交渉」が全面的に禁止されることがある。まず，次の裁判例のように，監護者による子の監護および教育の方針への干渉は，大人の紛争に子を巻き込み，子に混乱を引き起こす虞があるとして，「面接交渉」の全面的な禁止に繋がることがある。

長野家裁上田支部 1999（平 11）年 11 月 11 日審判[21]
　父が，子（中学2年生）の養父母でもある祖父母を相手方として，子との面接交渉を申し立てた。
　長野家裁上田支部は，次のように判断した。子は，「長期間にわたって，精神科の治療を受けており，身体的精神的な状況は判明しないものの，現在精神科に入院し治療を受けている」こと，子は父母の間の「離婚，離縁にまつわる紛争によって，心を痛め，そのことが精神的に悪影響を及ぼしているものと推測される」こと，子の意向は直接確認することはできないものの，これまでの調査経過から，子は父との「面接交渉について必ずしも積極的ではな」く，子の「状況を考えると面接交渉を無理強いすることは相当でない」と思われること，そして，祖父母らも子が心の障害についての治療中であるこ

となどから面接交渉を拒んでいることが認められる。さらに，父も祖父母らも子の「福祉を最優先に考えて，冷静に面接交渉を検討しようとする心構えができていないと思われる」こと，父は，祖父母らの「監護方針に納得せず，面接交渉を通じてこれを是正しようとする意向が強い」ことなどを考慮すると，面接交渉を認容した場合，父は祖父母らの監護方針に干渉する虞があり，これによって，入院治療中の子が「精神的に傷つけられて混乱する」とともに，祖父母らと子との「信頼関係に影響を及ぼし」，子に対する「適切な監護ができなくなる」虞がある。ゆえに，父の申立てを却下する。

福岡高裁那覇支部2003（平15）年11月28日決定[22]
　離婚後，親権者となった母は，父が調停条項を守らず，子ら（14歳，11歳）との面接交渉を不適切なかたちで行うため，父を相手方として，面接交渉の禁止を申し立てた。母の請求が認められたため，父は即時抗告をした。
　福岡高裁那覇支部は，次のように判断した。父による不適切な面接交渉や14歳の長男への教育方針に関する見解の相違から，父母は「感情的対立が激化して深刻な軋轢を生じている状況」にある。そして，父は，親権者である母の「監護教育方針が自己のそれと異なることに強い不満を抱き」，母の「監護教育方針に格別不適切なところや問題視すべき点があるわけでもない」のに，母の「監護教育方針を自己のそれに沿うようにさせようとして介入し，専らそのための手段として」，面接交渉を求めている傾向が窺える。そして，これまでの経緯から，父は，面接交渉が子の「福祉に適うものでなければならないという基本的な視点に欠ける面があることが認められる」。以上から，現状において面接交渉を認めると，親権者である母による「有効適切な監護養育に支障が生じ」，子らの「精神的安定に害を及ぼす虞が強い」というべきであるから，子の福祉のために，「調停条項を変更し，当分の間は面接交渉を認めないこととするのが相当である」。よって，原審判を支持し，父からの抗告を棄却する。

　これらの裁判例では，親権者および監護者の監護および教育方針への干渉を原因として，「面接交渉」が全面的に禁じられる。そして，1999（平11）年の長野家裁上田支部では，とりわけ，子が精神的な病気の療養中であるという事情が考慮され，2003（平15）年の福岡高裁那覇支部では，父による面接交渉が専ら監護および教育方針への干渉のために請求されている事情が窺え，親子の愛情の交流という面接交渉の本来の目的から外れたものであることが考慮されたと思われる。

D) 非監護親による暴力行為がある場合

また，次の裁判例のように，近年，特に問題となっているのが父の暴力行為を原因とした「面接交渉」の全面的な禁止である。暴力行為には，直接，子に行うものだけでなく，母に対してのみ行うものも含まれる。

東京家裁2001（平13）年6月5日審判[23]

父による母への暴力が原因で父母は別居し，その別居期間中に，父が，母の居所を探ったり，子を学校で待ち伏せして連れ去ろうとしたため，父には接近禁止等仮処分命令が下されるに至った。その後，協議離婚が成立し，父は，親権者となった母を相手方に，子ら（9歳，6歳，4歳）との面接交渉を申し立てた。

東京家裁は，次のように判断した。父母間の「不和・対立は今なお厳しい状態が続いている。その背景には，過去の生活歴，それぞれの性格特徴や行動傾向などに照らし，かなり根深いものがあって，簡単には融和できない状況が続いている」。そして，子らは，「身体・内心ともに幼い面が大きく，未成熟な成長段階にある」。調査官による調査結果によれば，子らは，「いずれも健康で，平穏かつ安定した生活状況下」にあり，「現在の生活状況に満足している」が，「その生活の平和と安定が乱されることを畏れており」，はっきりと父への「嫌悪感情を示す者もいた」。現時点で，子の福祉のため最も重要なことは，子らの「健康と，平穏かつ安定した生活状況を保つこと」である。「対立顕著な状況下において」，父との面接交渉を認めることは，かえって子の福祉を害するものといわざるをえない。よって，父の申立てを棄却する。

横浜家裁2002（平14）年1月16日審判[24]

父は，母子に暴力を度々振るい，骨折などの傷害を負わせた。そのことにより父母は離婚するに至った。離婚後，父は，親権者となった母を相手方に，子（7歳半）との面接交渉を申し立てた。

横浜家裁は，次のように判断した。父は，母に対して「繰り返し暴力をふるい，骨折を伴うような重大な傷害を与えていること」から，母は，父に対して「強い恐怖感を抱いており，所在を知られることによって，再び暴行を受けるかもしれないという危惧感を抱いており，そのような感情を抱くことが不自然，不相当ということはできない」。これに対して，父には，その暴力について反省し，母の「恐怖感を和らげるような行動が十分にとられているとは認めがたい」。母子は，現在は，「暴力を受けることなく，安定した状態で生活をしている」。そして，子は，過去の父による暴力から，積極的に父との「接触を求めてはいないことなどが認められ」る。こうした一切の事情を総合すると，父が子に「愛情を抱いている事実があるとしても」，現時点において，「面接交渉を認めることが子の最上の利益に合致するとは認められない」。反対に，もし，これを認めると，子が「再び両親の抗争に巻き込まれ，子の福祉が害される危険がある」。よって，父の

申立てを却下する。

東京家裁 2002（平 14）年 5 月 21 日審判[25]

　父は，母に対して婚姻後間もなく度々暴力を振るうようになり，母は，子（3 歳 9 カ月）を連れて家を出て，母子生活支援施設に入所し，父から身を隠して別居した。母は，離婚訴訟を提起し，父は，子に関する面接交渉を求めて調停を申し立てた。離婚訴訟における裁判上の和解によって，親権者を母と定めて父母は協議離婚した。そして，面接交渉については，当分の間，父は面接交渉を求めないことが合意された。その後，父は，「当分の間」面接交渉を求めないとしたのは，3 カ月程度面接交渉を控える趣旨だと考えたとし，月 1 回ないし 2 回程度の面接交渉を申し立てた。

　東京家裁は，次のように判断した。離婚の原因は，父の暴力にあり，父が「いわゆるDV 加害者であったこと」は，父自身「そのための治療を受けるなどしていることからも明らかである」。しかしながら，現在でも父に「加害者としての自覚は乏しく」，母を「対等な存在として認め，その立場や痛みを思いやる視点に欠け」，また，子について「情緒的なイメージを働かせた反応を示すこともない」。他方，母は，PTSD（心的外傷後ストレス精神障害）と診断され，「安定剤等の投与を受けてきたほか，心理的にも手当てが必要な状況」にあり，さらに，「生活を立て直し，自立するために努力しているところ」であって，「面接交渉の円滑な実現に向けて」，父と「対等の立場で協力し合うことはできない状況」にある。現時点で面接交渉を実現させ，あるいは間接的でも父との接触の機会を強いることは，母に「大きな心理的負担を与える」ことになり，その結果，母子の「生活の安定を害し」，子の「福祉を著しく害する虞が大きい」といわざるをえない。したがって，父の申立てを却下する。

東京家裁 2002（平 14）年 10 月 31 日審判[26]

　父は母に対して，暴力を振るうことがあり，子の養育にも非協力的であった。その後，父母は別居したが，別居後も父は母宅を訪れ，暴力を振るうことがあった。現在は，母により提起された離婚訴訟が係属している。そして，母から，配偶者からの暴力の防止及び被害者の保護に関する法律に基づく保護命令が申し立てられ，保護命令（接近禁止命令）が発令された。父は，子を監護する母を相手方として，子（2 歳半）との面接交渉の調停を申し立てた。調停は不成立となり，審判に移行した。

　東京家裁は，次のように判断した。「一般に，父母が別居中の場合も，未成熟子が別居中の親と面接・交流の機会を持ち，親からの愛情を注がれることは，子の健全な成長，人格形成のために必要なことであり，面接交渉の実施が子の福祉を害する等の事情がない限り，面接交渉を行うことが望ましい」。しかしながら，「真に子の福祉に資するような面接交渉を実施するためには，父母の間の信頼・協力関係が必要である」。本件においては，母が父の「暴力等を理由に提起した離婚訴訟が係属しているのみならず，保護

命令が発令されており」,父母は「極めて深刻な紛争・緊張状態にあ」る。「従来からの経緯に照らせば,このような深刻な対立状態が早期に解消されることは期待しがたいとみるのが相当である」。したがって,子はまだ幼く,「このような状況下で面接交渉を行えば,父母間の緊張関係の渦中に巻き込まれ」,子に「精神的な動揺を与えることは避けられず」,子の福祉を害するというべきである。よって,父の申立てを却下する。

　これらの裁判例では,父の暴力行為を原因として生じた父母の激しい対立や緊張関係,母や子の強い恐怖心,母の精神障害などが認められ,こうした状況下での「面接交渉」の実施は,子を父母の紛争に巻き込むことになり,子の生活や精神の安定を乱し,「子の福祉」が害されるとして,「面接交渉」は全面的に禁じられる。なお,こうした状況下での「面接交渉」の禁止は,これらの裁判例によると,「子の福祉」に「反する」というよりも,「子の福祉」が「害される」ために行われる。

E) 非監護親が犯罪行為をした場合

　さらに,次の裁判例のように,「面接交渉」が全面的に禁じられる原因として,親の犯罪行為が挙げられる。

浦和家裁 1982(昭57)年4月2日審判[27]

　離婚訴訟における裁判上の和解により父母の間で面接交渉が合意され,和解条項に盛り込まれた。その後,父は覚醒剤中毒の症状から,母子に暴力を振るい,また,その自宅に意味不明の手紙を投げ入れたり,子が通う保育園に電話をして安全な保育を妨害するなどした。父の性格や過去の言動から,母子は生命の危険を感じ,日常の生活が安全に行うことができない状況にある。警察に保護を求めたが,面接交渉に関する和解調書の条項があるため,現状では十分な対応ができないとされる。そこで母は,父による面接交渉の取消を申し立てた。

　浦和家裁は,次のように判断した。面接交渉権は,「親の子に対する自然の情愛を尊重し,子の人格の健全な成長のためには親の愛情をうけることが有益であることを根拠として認められるもの」である。しかしながら,本件では,父による面接交渉の合意は,子の福祉のためになされたというよりは,母との「面会の機会を得るため」になされたとの疑念を払拭しえないばかりでなく,父には子らとの面接により子らの「人格の健全な成長を図るという意図が全く看取し得ない」。しかも,父は「覚せい剤の乱用により受刑した」うえ,出所後も離婚した母とその父に対して「暴行を加え,あるいは金銭の要求」をし,また,子らの通園する「幼稚園に迷惑をかける」などして,子の福祉を著

しく害するような行為に及んでいる。以上から，合意された面接交渉に関する和解条項を取り消すとともに，父は母との間でこれを許す新たな協議が成立するか，または，これを許す調停あるいは審判があるまでの間，子らと面接交渉をしてはならない。

横浜家裁相模原支部2006（平18）年3月9日審判[28]

離婚後，親権者となった父は，母が面接交渉を定めた調停条項を遵守せず，勝手に子ら（9歳，6歳）と面会するなどしたため，父は，母が勝手に子らに会わないよう履行勧告の申し出をした。その後，父により面接交渉の取り止めを求める調停が申し立てられた。調停が係属している間も，母は，長女の下校途中を待ち伏せたり，幼稚園に通う次女に父に無断で会いに行くなどした。そして，調停は不成立となり，審判に移行した。

横浜家裁相模原支部は，次のように判断した。審判の係属中も，母は，会いに行くだけなら父に無断でも良いだろうとの「勝手な解釈のもと」，母は，しばしば次女の通う「幼稚園に行って声を掛けたり」，長女の通う「小学校に行って声を掛けたりした」うえ，さらに「自分勝手な行動を続け」，父に無断で次女を「2時間位連れ回し，未成年者誘拐容疑で逮捕されるに至った」。そして，こうした「背信的な行動」を重ねる母には，「今後ルールを守って」子らと面接交渉をしたり，子らの「心情や生活状況に配慮した適切な面接交渉を実施することを期待することは困難」であって，こうした状況のもとで母の面接交渉を許容することは子の福祉に適合しないといわざるをえず，母が「実母として強く面接交渉をすることを望んでいることを十分考慮しても，全面的に面接交渉を禁止することもやむをえないと認められる」。ゆえに，調停条項を変更し，母が子らと面接交渉することを禁止することとする。

これらの裁判例のうち，1982（昭57）年の浦和家裁では，父の覚醒剤使用という犯罪行為に加えて，その中毒症状と思われる父の奇行が実際に母子の生活を脅かし，その生命や身体にまで危険を感じさせる程度のものであったことから，面接交渉が全面的に禁じられた。2006（平18）年の横浜家裁相模原支部では，母の背信的行為は生命や身体を脅かすような性質のものではないものの，最終的に未成年者誘拐という犯罪行為に至ったのであり，今後，母がルールを守って面接交渉をするとは考えがたいとして，面接交渉が全面的に禁じられた。とりわけ近年では，原則として子のために「面接交渉」を実施しようとする傾向がみられるが，こうした状況下では，「面接交渉」を全面的に禁止することが子の福祉に適うと考えられている。

以上にみてきたように，近年は，特に子の人格の健全な発育のために，「面接交渉」をなるべく認めようとする傾向がみられる。したがって，「面接交渉」

が制限あるいは禁止される原因のなかでも，前述のA），B）の場合には，子の成熟度や年齢などを考慮しつつ，「面接交渉」の態様を工夫し，間接的なものとしたり，第三者を立ち会わせたりすることで，可能な限り親子の交流を維持しようとする傾向がみられる。しかし，逆に，C），D），E）の場合には，全面的に「面接交渉」が禁止されることになる。

(2) 子の意思の尊重

　前述の裁判例でみたように，近年，特に「面接交渉」の認否の判断の際に子の意思が重視されることがある。梶村判事は，「子の福祉」の実現のためには，可能な限り子の意思を確認することが望ましいことを指摘する[29]。親の身勝手な行動や子の所有物化を許さないためにも，子を客体としてではなく主体的存在として捉え，年齢や成熟度に応じて子の意思を尊重する必要がある。こうした考えは，児童の権利条約にもみられる。

　児童の権利条約12条には，子の意見表明権が規定されている[30]。同条1項は，「締結国は，自己の意見を形成する能力のある児童がその児童に影響を及ぼすすべての事項について自由に自己の意見を表明する権利を確保する。この場合において，児童の意見は，その児童の年齢及び成熟度に従って相応に考慮されるものとする」，同条2項は，「このため，児童は，特に，自己に影響を及ぼすあらゆる司法上及び行政上の手続において，国内法の手続規定に合致する方法により直接又は代理人若しくは適当な団体を通じて聴取される機会を与えられる」と定める。すなわち，同条1項は，意見を形成する能力のある子に，自己に関するあらゆる事項についての意見表明権を保障し，同条2項は，司法および行政手続において，独立して意見を表明する能力のない子にも意見表明の機会を保障するものである[31]。わが国は，児童の権利条約を批准した以上は，このような子の意見表明権も含めて，それを国内法に反映させるべきであると思われるが，政府は，同条約に基づいて国内法を改めて一般的に整備するほどの必要はないとの見解を示している[32]。

　わが国の家族法の領域においては，15歳以上の子に関しては，たとえば養子縁組や遺言の作成などについては，子が自己の意思を表明する機会が保障さ

れるが,「面接交渉」に関する子の意思の表明は,家庭裁判所における子の陳述の方法によることになる。家事審判規則54条は「子が満15歳以上であるときは,家庭裁判所は,子の監護者の指定その他子の監護に関する審判をする前に,その子の陳述を聴かなければならない」と定める。こうした聴聞が行われるのは15歳以上の子に限られ,また,聴聞が行われる事項は,子の監護者の指定その他の子の監護に関する審判,および親権者の指定に関する審判(家審規70条により家審規54条を準用)に限られる。そして,家事事件は非訟事件であるために,子の意思を考慮するかどうかは裁判官の自由裁量であり,「子の福祉」の判断の際に要素の1つとして考慮されるのみである。実際に裁判例では,子の意思が考慮されるかどうかは裁判官の裁量で決せられるため,その基準はまちまちである。前述の東京家裁八王子支部2006(平18)年1月31日審判は,12歳の子と9歳の子の意思を尊重し,さいたま家裁2007(平19)年7月19日審判は,小学4年生(9-10歳)の子の意思を尊重する。そして,京都家裁2006(平18)年3月31日審判は,小学3年の子(8-9歳)の母に会いたくないという意向を一定の重みがある意思表明として捉えている。さらに,「面接交渉」に限らず,子の引渡しや,親権者や監護者の指定や変更についての裁判例まで検討した先行研究によると,子が独立してその意思を表明できる年齢の境界は9歳から11歳だと分析するものや,家裁実務では,おおよそ10歳未満(年少児),10歳から14歳(年中児),15歳以上(年長児)の3段階に分け,子の意思を考慮するとの分析をするものがある。

　以上のように,子の意見表明に関して現行法では対象となる子の年齢および事項が限られている。また,その運用面においても,子の意思を考慮するかどうかは裁判官の裁量であるため制限的といえる。裁判例では,子の発達段階に応じて子の意見が考慮され,それは子の福祉の判断材料の1つという扱いを受ける。二宮教授は,結果として子の意思が考慮されるかどうかではなく,すべての子に発達段階に応じた方法での意見表明の機会が手続的に保障されるべきであることを強調する。そして,子の意見表明の機会については,裁判官による聴聞だけでなく,家事事件手続への子の参加を保障することも有効であることが指摘される。すなわち,現行法では審判や調停において,家庭裁判所は事

実の調査および証拠調べのために必要に応じて家庭裁判所調査官に子の意向調査を命じることができるが（家審規7条，家審規7条の2条，家審規137条，家審規137条の2），これとは別に，子を調停に同席させる同席調停や，調査官が同席して当事者を対席させて話し合わせる場面に子を参加させる合同面接により，子の自然な態度や意見を両親に知らせるというものがある。同席調停や合同面接は，両親に紛争を自主的に解決するよう促す作用があるだけでなく，子を主体的存在として考えるならば理念的にも当然であるという[37]。その一方で，これらの場合には子を忠誠葛藤にさらし，子を傷つける虞も否定できないことが指摘される[38]。そして，子の意見を聴聞する際には，工夫を凝らす必要があることも指摘される[39]。なお，後述のように，二宮教授は，より確実な子の権利の実現のために，子の意見表明の機会の保障と併せて，子自身に自己に関する家事事件の申立権を認めることも提言する[40]。

2 子のための面会交流の実現に向けて

「面接交渉権」の行使が子のためになされるべきものであるとしても，その実効性の確保が問題となる。すなわち，親が「面接交渉」をしようとしない，もしくは，子を監護する親が「面接交渉」を妨害するような場合，その権利の実現は難しくなる。そこで，「面接交渉権」の実効性を高めるために，現行法上では，主に前者の場合の対応として，実体法の解釈論における従来の学説から「面接交渉権」は親の義務であるという側面を観念することが考えられ，主に後者の場合の対応として，手続法的に間接強制の方法が考えられる[41]。

(1) 実体法的な保障——「面接交渉権」と親の義務

すでにみたように，「面接交渉権」は民法766条を根拠として認められ，それゆえ，その法的性質は親権および監護に関連づけて解釈されることが多かった。こうした状況において，近年，児童の権利条約の批准の影響もあって，「面接交渉権」に子の権利の側面が観念されるようになる。「面接交渉権」の法的性質に関する諸説のなかでも，「面接交渉権」を子の権利として捉えつつも，

親権および監護と関連づけながら親の権利でもあるとして,複合的な権利とする説がある。この複合的権利説が前提とする監護も含めた親権について,子に対する義務としての観点から次に検討する。

前述のとおり,親権を行う者は,子を監護および教育をする権利を有し,義務を負うことが,明治民法にも現行民法にも規定される(旧法879条,民法820条)。明治民法の起草者は,親権を親の義務であると明確に述べている[42]。しかし,当時の「家」制度下での家族観から親権を子に対する親の義務とすることには反発も強く,親権における義務とは国家および社会に対するものであると説明されることもあった[43]。現行法のもとでは,親子法は子の福祉を目的とするものであり,親権の義務的性質は一層強調されることになる[44]。その結果,現行法のもとでの親権の解釈には,親権は「子及び社会に対する義務」だとするもの[45],親権は子の権利すなわち子の「幸福追求の権利」の実現のための義務だとするもの[46],親権には「親の子に対する権利という意味は含まれておらず,親が子に対する義務を履行するについて他人から不必要に干渉されない法的地位」とするもの[47],「親権は実質においても形式においても義務にほかならず,民法820条はその旨を宣言しており,同条の『権利』は権限の意味に解すべきである」としたうえで,この義務を債務とし,子を債権者として親を債務者として捉えて,不適切な親権行使については親の債務不履行責任を追及しうるとするものなどがある[48]。以上のように,現行法においては,親権は子との関係では,いずれの見解からも親の義務ということになる。したがって,解釈論のレベルでは,親の「面接交渉権」を親権に関連づけることで,これに義務の側面を観念することができ,その結果,子の権利としての「面接交渉権」の実効性を高めることになると考える[49]。

以上のように,親権を子に対する義務として捉え,さらに「面接交渉権」を複合的権利として考えるならば,親の「面接交渉権」は親権に関連づけられるため,親権の義務性から,非監護親の子への「面接交渉権」は,「権利」といえども内実は義務であり,身勝手な拒否や不履行はできないことになる。他方,監護親も親権の属性である監護および教育の義務の一貫として,子の福祉に適うならば,自己の意に反してでも「面接交渉」の実現に向けて協力する義務を

負うことになる。そして，監護親は子のために「面接交渉」の申立てを行う義務も負うと解釈することも可能である。これに関しては，前述のさいたま家裁2007（平19）年7月19日審判において，子が非監護親である父との「面接交渉」を希望したため，親権者である母が，子のために父に対して「面接交渉」の申立てを行っている。なお，複合権利説の立場に立った具体的な解釈の内容は，前章の「3 小括」で検討したとおりである。

(2) 手続法的な保障

A) 家庭裁判所による履行勧告

2004（平16）年の家事審判法の改正により，間接強制をする前に履行勧告（家審法15条の5，家審法25条の2，家審規143条の4）の手続をすることができるようになった。履行勧告の制度は，調停や審判などの取決めが守られない場合に履行勧告の申立てをすると，家庭裁判所は調査官に調査および履行勧告をさせることができ，これにより調査官が相手方に取決めを守るように説得し，勧告することになる。実際に，前述の東京家裁2006（平18）年7月31日審判において，面接交渉が調停で認められたように実行されなかったため，履行勧告が申し立てられ，これにより，面接交渉が行われている。

なお，調査官には調整的な働きかけの機能や，履行勧告の際に再調停もしくは強制執行などの手続に振り分ける機能が期待される[50]。

B) 強制執行による「面接交渉」

履行勧告を行っても，取決めどおりに「面接交渉」が行われない場合に，次の段階では，強制執行の手続に移ることになる。まず，その前提として，「面接交渉」に関する調停調書や審判の債務名義性が問題となるが，これらにおいて「面接交渉」の回数や日時などの方法が具体的かつ明確に示されていれば——たとえば，毎月第2日曜日の午後2時から5時まで非監護親は子と面会することとし，子は監護者の家において引き渡されるなど——，債務名義性は認められる。なお，調停調書は家事審判法21条により，審判は家事審判法15条により，執行力のある債務名義と同一の効力を付与される。

債務名義性が認められた場合には，強制執行が可能となるが，債務の種類によって履行強制の手段が異なる。①引渡債務については，民法414条1項を根拠に直接強制が可能であるが，②行為債務については，a)民法414条2項および民事執行法171条を根拠に代替執行が認められ，b)代替執行ができないものには，民事執行法172条により間接強制が認められる。③不作為債務については，民事執行法172条により間接強制が認められる。「面接交渉」に関係するのは，②のb)および③の場合の強制執行であり，間接強制が可能となる。

実際の裁判例では，「面接交渉」に関する取決めを行ったにもかかわらず，監護親が他方の親に子を会わせようとしない場合について，間接強制が行われている。神戸家裁2002（平14）年8月12日決定は，面接交渉の間接強制は認められるとして，父による子への面接交渉を拒む母に対して，不履行1回につき20万円を支払うことを命じた。また，岡山家裁津山支部2008（平20）年9月18日決定は，面接交渉を拒む監護親に対して，経済的損失を中心に算定し，不履行1回につき5万円の限度で間接強制金の支払いを命じた。こうした間接強制の手段による強制執行の場合は，債務を履行しない義務者に対して，一定の期間内に債務を履行しなければ，その債務とは別に間接強制金を課すことを警告する決定を下すことで義務者に心理的圧迫を加え，任意的履行を促すこととなる。しかし，間接強制の効果に対しては，「子の福祉」の観点，および実際の実効性の観点から疑問が呈されており，最も望ましいのは，前述の再調停によることが指摘されている。なお，監護親が，非監護親による子への「面接交渉」を正当な事由なく拒否する場合には，間接強制が命じられるだけでなく，こうした拒否は監護者変更の理由の1つにもなることが，1964（昭39）年の「面接交渉権」に関する初の審判時にすでに指摘されている。

3 小　括

子のための面会交流という観点から，実際の「面接交渉権」に関する裁判例における具体的な「子の福祉」の判断基準について検討を行ってきた。近年では，親子の愛情の交流は，子の人格の健全な発育のために必要であるとの認識

が定着しつつあるが，このような考えを前提としても，「子の福祉」に反するような「面接交渉」は制限もしくは禁止される。一般的に子の生活上および精神上の安定を乱すようなことは「子の福祉」に反すると考えられているが，その原因は様々である。原因のなかでも，親の犯罪行為や暴力行為，監護親による監護および教育方針への干渉の場合には，「面接交渉」は全面的に禁止される傾向にある。他方，子が再構成家族にいることや，子の幼年が原因とされる場合には，全面的な禁止ではなく，間接的な方法による「面接交渉」が認められることがある。また，父母の激しい対立が原因となる場合には，子の成熟度や子の意思によっては，子の安定を乱さないと認められることもあり，この場合には「面接交渉」が認められる。そして，子の意思は，「子の福祉」の判断材料の1つという扱いが現行法上ではなされているが，その一方で，「子の福祉」の実現には，できる限り子の意思を確認することが有益であることも指摘されている。今後，子の成長段階に応じた子の意見表明の機会を保障すること，すなわち，従来の子の聴聞を拡充することに加え，同席調停や合同面接などを通じた子の家事事件の手続への参加の保障や子が関与するすべての家事事件への子の申立権を検討することなどが必要となってくる。

　さらに，「面接交渉権」について取決めがなされてもそれが実現されない場合に，いかにして「面接交渉権」を実行たらしめるかという実効性の問題がある。これについては，現行法の解釈論では，実体法的な保障および手続法的な保障が可能である。実体法的な保障とは，「面接交渉権」を子の権利でもあり親の権利でもあるとする複合的な権利として捉えることである。すなわち，非監護親の側からみた子との「面接交渉」は潜在的親権に基づく義務的なものとし，また，監護親は親権の内容として「面接交渉」に協力をする義務を負うとし，さらに，子は双方の親に対して，子の権利として「面接交渉」を要求できると解することである。なお，ここでいう子の権利とは，親権の義務的側面に対応する権利である。このように親子の間の「面接交渉権」を親権と関連づけることで，親からみれば面接交渉権は義務的な「権利」となり，子からみれば双方の親に対する権利となる。なぜなら，親権は，明治民法より一貫してその義務性が認識されており，とりわけ現行法のもとでは子に対する親の義務であ

ることが共通の認識となっているからである。このように解することで，あくまでも解釈論のレベルではあるが，「面接交渉権」の実効性を高めることができると思われる。そして，手続法的な保障とは，まず履行勧告により「面接交渉」を拒む親にその実施を促し，それでも親が「面接交渉」を拒む場合には間接強制の方法でその実施を促すことである。しかし，「面接交渉権」という権利の性質上，間接強制の実際の効果については疑問視されており，強制執行の前段階である履行勧告において，調査官の調整的な働きかけの機能や振分けの機能による再調停の措置に期待が寄せられるところである。

1) 同章での検討については，別に拙稿「子のための面会交流」生野正剛・二宮孝富・緒方直人・南方暁編『変貌する家族と現代家族法』(法律文化社，2009年) 118頁がある。
2) 田中通裕「面接交渉権の法的性質」判例タイムズ747号 (1991年) 323頁。
3) なお，近年，実務家による面会交流に関する実証研究が公表される。横浜面会交流研究会「面会交流審判例の実証的研究」判例タイムズ1292号 (2009年) 5頁。
4) 沼邊愛一「第9条第1項乙類4号」斎藤秀夫・菊池信男編『注解家事審判法』(青林書院，1987年) 363頁。
5) 家庭裁判月報58巻11号 (2006年) 47頁。
6) 家庭裁判月報58巻11号 (2006年) 62頁。
7) 家庭裁判月報34巻9号 (1982年) 81頁。
8) 判例タイムズ601号 (1986年) 60頁。
9) 家庭裁判月報42巻8号 (1990年) 57頁。
10) 家庭裁判月報60巻2号 (2008年) 137頁。
11) 名古屋家裁1990 (平2) 年5月31日審判では，「子の福祉に適うべき母子面接の機会」を子から奪うべきでないとして，父母間で激しい対立があっても，その実施方法に工夫をこらし対処すべきとし，母の面接交渉を認めている。家庭裁判月報42巻12号 (1990年) 51頁。
12) 家庭裁判月報49巻3号 (1997年) 75頁。
13) 家庭裁判月報58巻11号 (2006年) 79頁。
14) 家庭裁判月報59巻3号 (2007年) 73頁。
15) 家庭裁判月報60巻2号 (2008年) 149頁。
16) なお，同じく第三者の立会いを命ずる近年の裁判例として，東京高裁2007 (平19) 年11月7日決定がある。家庭裁判月報60巻11号 (2008年) 93頁。
17) 社団法人家庭問題情報センター (Family Problems Information Center) のことである。同センターによる事業の一環として，「面接交渉」の支援事業が行われており，こうした事業の範囲で「面接交渉」に関する援助を受けることができる。
18) 本文前述の東京家裁1964 (昭39) 年12月14日審判でも，子の年齢は面接交渉の認

第 3 章　子のための面会交流　73

否の判断の要素となることが示されている。ほかに同審判で示された判断の要素としては，子の自由時間，父母の感情的対立の程度，住居の距離がある。

19) 家庭裁判月報 47 巻 4 号（1995 年）45 頁。
20) 家庭裁判月報 48 巻 9 号（1996 年）57 頁。
21) 家庭裁判月報 52 巻 4 号（2000 年）30 頁。
22) 家庭裁判月報 56 巻 8 号（2004 年）50 頁。
23) 家庭裁判月報 54 巻 1 号（2002 年）79 頁。
24) 家庭裁判月報 54 巻 8 号（2002 年）48 頁。
25) 家庭裁判月報 54 巻 11 号（2002 年）77 頁。
26) 家庭裁判月報 55 巻 5 号（2003 年）165 頁。
27) 家庭裁判月報 35 巻 8 号（1983 年）108 頁。
28) 家庭裁判月報 58 巻 11 号（2006 年）71 頁。
29) 梶村太市「新時代の家庭裁判所家族法（3）」戸籍 778 号（2005 年）5 頁。
30) 同条約 12 条の意見表明権自体が，子の社会参加を認め，子を権利主体とすることを示すとされる。石川稔「児童の意見表明権」石川稔・森田明編『児童の権利条約—その内容・課題と対応』（一粒社，1995 年）226 頁，二宮周平「家族法と子どもの意見表明権」立命館法学 256 号（1997 年）179 頁。
31) ただし，「自己の意見を形成する能力のある」子でなければ同条 2 項の対象ともならない。石川稔『家族法における子どもの権利』（日本評論社，1995 年）104 頁。
32) 同条約における規定の多くはすでに，1979 年に締結した国際人権規約に定められており，しかも憲法をはじめとする既存の国内法令で保障されているので，この条約の実施のために新たな国内立法措置は必要としないとする。「条約審議にみる政府答弁」季刊教育法 97 号（1994 年）50-52 頁。
33) 若林昌子「家事事件における子の意思」石川稔・中川淳・米倉明編『家族法改正への課題』（日本加除出版，1993 年）299 頁，二宮・前掲註 30）182 頁。
34) 野田愛子「子の監護をめぐる紛争と子の意思（desire）ないし選択（preference）」明山和夫他編『現代家族法の課題と展望〈太田武男先生還暦記念〉』（有斐閣，1982 年）189-203 頁。
35) 若林・前掲註 33）303 頁，二宮・前掲註 30）183 頁。
36) 二宮・前掲註 30）186-189 頁。
37) 二宮周平「面接交渉の義務性」立命館法学 298 号（2004 年）344-350 頁。なお，二宮教授は，試験面接の方法も有効であることを指摘する。
38) 依田久子「子どもの意見表明権—家事事件手続との関係など調査官の立場から」家族〈社会と法〉10 号（1994 年）198 頁。また，水野教授は，子の聴聞自体に反対する。ジュリスト「特別座談会 家族法の改正に向けて（下）—民法改正委員会の議論の現状」ジュリスト 1325 号（2006 年）166 頁。
39) 梶村・前掲註 29）5 頁。
40) 二宮・前掲註 30）187-189 頁。
41) 水野教授は，「子の奪い合いを法的な救済の対象としないことは，より悲惨な自力救済を法定の外に放置することであり，面接交渉や子の引渡しの強制執行手続を実効的に

整備する必要がある」と指摘する。水野紀子「特集・家族法改正を考える―平成8年改正要綱から10余年を経て 破綻主義的離婚の導入と拡大」ジュリスト1336号（2007年）25頁。

42) 梅謙次郎発言「法典調査会民法議事速記録六 第百三十七回－第百六十七回」法務大臣官房司法法制調査部監修『日本近代立法資料叢書6』（商事法務研究会，1984年）429頁。

43) 穂積重遠『親族法』（岩波書店，1933年）551頁。なお，親権概念の整理について二宮教授の見解に倣った。二宮周平「子の監護者指定（民法766条）の積極的活用」立命館法学287号（2003年）196-198頁。

44) 二宮・前掲註37）338頁，二宮・前掲註43）197頁。

45) 我妻栄『親族法』（有斐閣，1961年）316頁。

46) 中川良延「親権と子どもの教育を受ける権利」北大法学14巻3・4号（1964年）443,444頁。

47) 有地亨『新版 家族法概論』（法律文化社，2003年）181頁。

48) 米倉明「親権概念の転換の必要性」星野英一・森島昭夫編『現代社会と民法学の動向（下）〈加藤一郎先生古稀記念〉』（有斐閣，1992年）363-367頁。

49) とはいえ，権利の性質から直接強制には馴染まないし，せいぜい，親が義務を履行しない場合に，子からの損害賠償請求の余地や，制裁的に親権行使の一時的停止などが検討されるに留まるかもしれない。だが，解釈論としては，このような法的構成をとること自体に意味があると思われる。

50) 瓜生武「面接交渉をめぐる紛争における家庭裁判所調査官の役割」判例タイムズ1100号（2002年）194, 195頁，二宮・前掲註37）319-324頁，二宮周平「別居・離婚後の親子の交流と子の意思（1）」戸籍時報574号（2004年）13頁，梶村・前掲註29）23頁。なお，梶村判事は実務の経験から履行勧告や再調停の有効性を説く。梶村太市「『子のための面接交渉』再々論」『21世紀の家族と法〈小野幸二教授古稀記念論集〉』（法学書院，2007年）228, 229頁。

51) 家庭裁判月報56巻2号（2004年）147頁。なお，本文に挙げる裁判例以外で，未公刊の裁判例では，高松高裁2001（平13）年3月7日決定が，面接交渉の間接強制を認めており，監護親に不履行1回につき3万円の支払いを命じた。この裁判例を紹介するのは，釜元修・沼田幸雄「面接交渉と強制執行」判例タイムズ1087号（2002年）46頁。

52) 家庭裁判月報61巻7号（2009年）69頁。

53) なお，間接強制により実際に支払われた金銭は，その限度で後に不履行による損害賠償請求がなされた場合には，それに充当される。

54) 二宮・前掲註50）13頁。

第4章
「面接交渉権」の権利主体

1 現状と権利主体の拡張の必要性

　従来の「面接交渉権」に関する議論は，実定法上の根拠と関連して主として父母を対象としてなされてきたことは前述のとおりである。近年，父母以外の者では，とりわけ祖父母の「面接交渉権」の問題を扱う論考を目にする[1]。「面接交渉権」が学説において取り上げられるようになった当初は，法的性質に関する議論のなかで言及されており，前述の自然権説の論者は，「権利性は弱いとしても，直系尊属である祖父母または兄弟姉妹についても面接権を認める余地があるものと考える」としている[2]。その一方で，親権説の論者は，「面接交渉権」は親権の一権能であると解釈するため，「直系尊属である祖父母や兄弟姉妹は法律上の権利としては，面接・交渉することはできない」とする[3]。その後，規定を欠くことを理由に，父母以外の者の「面接交渉権」を否定し，事実上の問題として解決されればよいとするものも現れた[4]。しかし，近年，「面接交渉」はそもそも実体的権利か，手続的権利かという点について見解が分かれるものの，父母以外の者の「面接交渉」自体については認める論調が優勢になりつつあるように思われる[5]。そして，前述の「民法改正委員会家族法作業部会」が示した改正提案にも祖父母と第三者の面会交流に関する規定が盛り込まれている。

　このような論調に至った背景として，家族的および社会的状況の変化も一因となっていると思われる。前述の調査や統計資料でみたように，子の監護をめぐる状況は変化しており，とりわけ，祖父母が孫の監護に携わることが増えていることが窺える。そして，最近，孫の監護に携わる祖父母の教則本やコミュニティをよく目にする[6]。実際に，孫の監護を経験し，その後，孫と引き離され

ることになった祖父母の孫との面会交流に関する相談などが新聞に掲載されているのを見かけることがある。これらのなかでも特に注目すべきものは、祖父母自身の子と祖父母が疎遠であるため孫に会うことができないという相談や、監護親の「会わせたくない」という感情のみから祖父母が孫に会えないという相談である。そして、前述のNPO法人Winkによる実態調査からは、「面接交渉」の場所を父の実家とするなどして、祖父母自身の子の「面接交渉」の機会を通じて、祖父母は孫に会っている実態が窺える。さらに、裁判例をつぶさに観察すると、祖父母が子の監護をめぐる紛争に関与することが少なくないことが窺える。

　公表された裁判例で、父母以外の者が「面接交渉」の当事者となっているものは、数は少ないが存在する。祖父母に関しては、次の東京高裁1977（昭52）年12月9日決定がある。この東京高裁決定は、親権者の意思に反して第三者を監護者に指定することの基準を示した裁判例として位置づけられるものであり、祖父母が孫との面接交渉を直接に請求した事件ではない。しかし、子の引渡しの経過措置として、祖父母に孫との面接交渉を認めている点は注目に値する。

東京高裁1977（昭52）年12月9日決定

　祖父母は、娘夫婦と1965（昭40）年3月より同居していた。その間、1966（昭41）年1月22日と1968（昭43）年7月26日に2人の子（11歳、9歳）が出生した。2番目の子の出生直後に、その母である祖父母の娘が死亡したものの、その後も祖父母らの同居は続き、円満な関係が継続していた。しかし、子らの父の再婚を機に関係は悪化し、1972（昭47）年3月に、父は子らを残して家を出たため、子らは母方の祖父母に継続して養育されていた。父は、1973（昭48）年3月に再婚するとともに、再婚相手と子らの養子縁組を代諾で行った。そこで祖父母は、父を相手方として、子らの監護者を自己に指定することを求め調停を、他方、父は、祖父母を相手方として、子らの引渡しを求め調停を申し立てた。調停は不成立となり、審判に移行した。そして、併合審判において、浦和家庭裁判所越谷支部1976（昭51）年3月31日審判は、祖父母の申立てを却下する一方で、父の申立てを認めたため、これを不服として祖父母が抗告した。

　東京高裁は、次のように判断した。「家庭裁判所が親権者の意思に反して子の親でない第三者を監護者と定めることは、親権者が親権をその本来の趣旨に沿つて行使するのに著しく欠けるところがあり、親権者にそのまま親権を行使させると子の福祉を不当に阻害することになると認められるような特段の事情がある場合に限つて許されるものと

解すべき」としたうえで，本件では，このような特段の事情は認められないとした。したがって，祖父母の抗告を棄却し，父の申立てを認め，祖父母に子の引渡しを命ずる。そして，子の引渡しについては，環境の変化により子らが受ける影響を考慮して，「その具体的方法につき特段の配慮を施すことが相当である」。子らの引渡しにあたっては，当事者双方は，子らの「真の幸福のため感情的対立を捨て誠意」をもって協議し，実行することが望まれる。子の引渡しまでは，月1回以上の宿泊を伴う面接交渉を父とその配偶者に認め，これを少なくとも4回以上行ったうえで子を完全に引き渡し，子の引渡し後は，引渡しから2カ月以内に，少なくとも1回以上の宿泊を伴う面接交渉を祖父母に認めることが相当である。

　第三者に関しては，次の東京家裁1974（昭49）年11月15日審判がある。この東京家裁審判は婚姻費用分担請求に関する事件であるが，同時に，子の事実上の監護をしていた継母から面接交渉が申し立てられた事件でもある。この東京家裁は，次のように血縁および法的な親子関係がないことを理由に，継母の面接交渉を認めなかった。

東京家裁1974（昭49）年11月15日審判[12]
　継母は，1968（昭43）年4月19日に夫と婚姻し，夫の先の婚姻から1967（昭42）年7月22日に出生した夫の連れ子を養育していた。1968（昭43）年9月29日には，継母と夫の間にも子が出生するが，その後，夫婦は不仲となり，1973（昭48）年初め頃から別居状態となった。子らは継母に養育されていたが，同年3月に連れ子だった子は夫により引き取られ，夫の両親に預けられた。その後すぐに，継母は，5年余り子を育てた愛情に惹かれ，子を夫の両親のもとから連れ戻した。これを知った夫は，再び子を継母のもとから連れ帰り，それ以来，子を自らのもとで養育している。そこで継母は，夫を相手方として，婚姻費用の分担と子の引渡しを求めて申立てを行った。
　東京家裁は，次のように判断した。婚姻費用分担請求は認める。しかしながら，子の引渡し請求については，継母が夫の連れ子を養育し，子に対して「深い情愛を生ずる」に至ったことは首肯することができるとしても，継母は子との間に「生理的親子関係も法律上の親子関係もなく」，また，子の「後見人であるというわけでもない」。そして，子は継母の「引取りを求めているわけでもなくむしろこれを求めていないものと認められる」。以上から，継母が子の引渡しを求める「法律上の理由があるものとは認められない」。継母は，子の引渡しが認められなければ，子に「面接交渉できる措置を求めるものの如くである」が，年少者である子に対する「面接は子の福祉の見地から考慮されるべきもの」であって，継母の求めだけで認められるべきものでもなく，また，子の「福祉のために必要であるとは認められない」から，継母の申立てを認めることはできない。

これらの裁判例は，結論はともかくとして，従来の面接交渉権論において位置づけされていないことが問題である。「子の福祉」の観点からは，子の監護を事実上であれ法律上であれ実際に行っていた者と子が，監護の終了後も愛情的な関係を維持することは子の利益になるのであり，こうした場合に，祖父母や第三者と子との関係の維持を法的に保障することが必要であると思われる。前述のように，とりわけ祖父母は実際に孫の監護に携わることも多いが，家庭の崩壊後に，監護親が祖父母と孫との関係を遮断するようなことをした場合，孫との関係の維持のために祖父母が「面接交渉権」を行使しようにも，現行法において明文の規定も確立された解釈論もなく法的な保障は受けられない。その結果，祖父母は，自身の子の「面接交渉権」を媒介として孫との交流を実現するしかない実態が窺える。しかし，このような方法でも孫と交流できればよい方であるが，祖父母自身の子が祖父母と孫の交流に協力しない場合には，前述の相談のとおり，祖父母になす術はない。すなわち，実態として，祖父母の面会交流は祖父母自身の子の面会交流に依拠せざるをえないため，祖父母が孫に会えるかどうかは祖父母自身の子にかかっており，さらには孫を監護する親の気持ち次第ということになる。

　こうした痛ましい祖父母の場合ではなく，逆に，祖父母と孫の交流が行われている場合に，法的な保障もないが規制もないことから，行き過ぎた祖父母の問題が生じうる。実態調査のアンケートでは，「面接交渉」の際に祖父母が孫を甘やかすので困るという意見や，祖父母が孫を自宅に宿泊させることを要求するので困るという意見がみられる。

　以上から，父母以外の者の，とりわけ祖父母の「面接交渉権」の問題は潜在的に多く存在していることが推測できる。そして，「子の福祉」の観点からは，祖父母の「面接交渉権」の問題を事実上の解決に委ねるのではなく，これを法的に承認したうえで，必要に応じて規制していくことも必要ではないかと考える。また，祖父母のものに限られないが，「面接交渉権」は本来の愛情的な交流という目的以外にも，子の奪い合いを緩和させる効果をもたらすことがある[13]。さらに，「面接交渉権」は両親の離婚による子の衝撃を和らげ，子の虐待の抑止になることもあり，このような点からも必要であると考える。

2 民法766条の申立権者の問題

現行法上では，前述のように，「面接交渉権」を定める明文の規定がないため，これを民法766条の「監護」に関連するものとして扱うことが定着している。そして，「面接交渉権」に関する審判をする際には，家事審判法9条1項乙類4号の審判事項として扱われることになる。こうした実情から，「面接交渉権」を父母以外の者に認め，家事審判に訴えることを許すためには，民法766条の申立権者と適用場面の範囲が問題となる。なぜなら，本来的に民法766条は，離婚後の子の監護に関する事項を定めることを予定しているためである。以下に，これらの問題について検討する。

(1) 民法766条の監護者の範囲

まず，民法766条に関しては，この規定において指定しうる監護者の範囲について争いがあった。1947（昭22）年の民法改正直後の学説では，民法766条にいう監護者とは，父母以外の者を指すのではないかと考えられた[14]。なぜなら，現行民法へと法改正がなされた際に，離婚後に母も父と同様に親権者となりうることが定められたため，法的には，旧法におけるように親権者とは別に監護者を定める必要がなくなったように思われたからである。しかし，その後は一般的に，民法766条の監護者の指定は，父母の一方を監護者に定めること，および，父母が子の監護をすることができない場合または監護することが不適切な場合に「第三者」（ここでの第三者には祖父母も含む）を監護者に定めることができると解されるようになった[15]。なお，このような解釈の定着により，父母以外の者に「面接交渉権」を認める必要性と理論的可能性を肯定することが容易になったことが指摘される[16]。

(2) 民法766条の申立権者および適用場面

前述のように，民法766条における監護者として父母および「第三者」を定めることができると一般的に解されるようになったものの，その申立権者は誰

であるのか，また，離婚の場面以外でも申立てができるのか，ということが問題となる。なぜなら，「第三者」を監護者に指定する場合について，民法766条を文理解釈すれば，その申立権は父母に限定され，また，申立ての場面は，協議離婚（民法766条），および，本条が準用される裁判離婚（民法771条），婚姻取消（民法749条），父の認知（民法788条）の場合に限られるからである[17]。民法766条を根拠に父母以外の者の「面接交渉権」を認めるためには，申立権者および適用場面を拡張しうるか否かが問題となるために，次に，これらについて検討を行う。

A) 申立権者の範囲

民法766条の申立権者の範囲については，まず，前述の東京高裁1977（昭52）年12月9日決定を参照する。この東京高裁決定では，単独親権者である父と，子の事実上の監護をしていた祖父母との間で子の監護者の指定について争われた。東京高裁は，「第三者」を監護者に指定することは「親権者にそのまま親権を行使させると子の福祉を不当に阻害することになると認められるような特段の事情がある場合に限って許されるものと解すべき」と判示し，祖父母を監護者として指定することは認めなかった。ここで注目すべき点は，「特段の事情」があれば，親権者の意思に反してでも「第三者」が監護者に指定される可能性があることが示されただけでなく，祖父母からの申立てであっても受理されたことである。ほかに親権者の意思に反して，祖母を監護者に指定した裁判例として，金沢家裁七尾支部2005（平17）年3月11日審判[18]がある。これは，親権者から虐待を受けている4人の孫——1人は父の暴力によりすでに死亡——のうち，末子の監護者の指定を祖母が申し立てた事件であるが，金沢家裁七尾支部は，親権喪失に関する民法834条を類推適用し，申立権を親族である祖母に認めたうえ，祖母を監護者とした。また，福岡高裁2002（平14）年9月13日決定[19]は，親権者から虐待を受けて祖母宅に逃げてきた孫の監護者を指定するための審判前の保全処分としてではあるが，祖母の申立てを認め，仮の監護者として祖母を指定した。さらに，親権者の同意がある場合であるが，祖父を監護者に指定した裁判例として，大阪家裁1982（昭57）年4月12日審

判[20]がある。ここでは，孫を監護していた祖父が自らを監護者に指定するよう申立てをしたが，申立てが受理されただけでなく，祖父が監護者に指定されている。

次に，祖父母以外の第三者が自己を監護者に指定するよう申し立てた裁判例として，仙台高裁2000（平12）年6月22日決定[21]がある。これは，子を監護する里親が自己を監護者に指定するよう申し立て，これが原審判により認められたため，親権者により即時抗告がなされたというものである。仙台高裁は，里親の申立てを民法上の規定がないために不適法として，原審判を取り消した。他方，親権者の同意がある場合であるが，第三者の申立てを認め，第三者を監護者として指定したものがある。東京家裁1967（昭42）年6月25日審判[22]は，親権者である父が養育困難となったため，子の母の兄を監護者に指定した。そして，大阪家裁1974（昭49）年2月13日審判[23]は，親権者である父が子を残して家を出たために，子の母の姉を監護者に指定した。

学説では，民法766条の申立権者について見解が分かれる。まず，民法766条の申立権の拡張に否定的な見解があるが，これは，民法766条を文理解釈し，本条の文言や立法趣旨から申立権者は，協議の当事者である父母であり，親権者および監護者から監護を委託され，事実上の監護をしている「第三者」には申立権はないとするものである。そして，事実上の監護者にまで民法766条の申立権を認めることは，親権者や監護者の権限に対する「第三者」からの不当な干渉にもなりかねないとする[24]。

これに対して，肯定的な見解は，民法766条に基づく監護者指定の制度は子の福祉の確保のために設けられた制度であるとする。梶村判事は，父母以外の者であっても監護者として最適任者であれば，この者を監護者に指定することは子の福祉に適うのであり，このようにして「第三者」が監護者となることがある以上は，審判申立ての資格も有すると解すべきであるとする。そして，民法766条を子の監護に関する処分についての特別法たる一般規定であるとする[25]。棚村教授は，安易に親権と監護権の分離，分属を肯定することは子の監護および教育の安定という観点から好ましくないとしながらも，祖父母や里親等の事実上の監護者からの申立てを一切認めないとすると，規定が欠落している

ことの不利益を結果的に実質的当事者である子に及ぼすことになり，子の福祉の実現が形式的資格や権限の有無により阻まれるという不幸な事態ともなりかねないとし，民法766条の趣旨を類推適用することで「第三者」に申立権を認めるとする[26]。そして，「子の利益及び子の監護関係の安定のために家庭裁判所が関与して柔軟かつ具体的な妥当な処分を行うことができる旨の規定として再構成されるべきであり，このような体系的な理解と規定の趣旨からみて，祖父母などの子の福祉に関係する者にも一定の条件のもとに申立権を認めてもよい」とする[27]。さらに，田中教授は，親権者の意思に反して「第三者」を監護者に指定することは，親権喪失制度を定める民法834条と共通の基盤をもつことを指摘し，子の福祉の観点から「第三者」を監護者に指定することが必要な場合は，民法766条および民法834条を類推適用することによって，「第三者」を監護者に定めることができるとする[28]。

そして，二宮教授は，これらの見解について，梶村説，棚村説を一般規定論とし，田中説を類推適用論として分類する[29]。そして，立法上の経過から離れて，民法766条を子の監護に関する中心的な規定と位置づけるよりも，766条および834条の類推適用の方が実務に馴染みやすいとして，田中説を支持するとしている[30]。こうした類推適用による考えは，前述の金沢家裁七尾支部2005（平17）年3月11日審判が，親の虐待を理由に祖母が孫の監護者に自己を指定するよう申し立てたことに対して，親権喪失に関する民法834条を類推適用し，親の意思に反する申立権を祖母に認めたことにもみることができる。以上のような解釈論から，祖父母や第三者に民法766条の申立権を認めることが可能となり，「面接交渉権」に関する審判を受けることが許容されることになる。

B）適用場面

民法766条の適用場面については，前述のとおり，同条が直接予定する協議離婚の場面，および，同条が準用される裁判離婚，婚姻取消，父の認知の場面以外にも拡張しうるか，ということが問題となる。父母以外の者の監護者指定に関する前述の裁判例は，いずれも本来的な民法766条の場面ではないにもかかわらず，仙台高裁2000（平12）年6月22日決定を除いて，祖父母および第

三者に民法766条の申立権を認めている。また，学説では，民法766条の申立権者の拡張を肯定する梶村判事が，民法766条の適用場面について，父母の婚姻中，離婚および離婚後，婚外子の父の認知後，親権者死亡後の後見人就職後などを問わず，すべての場合に適用しうるとする[31]。

そして，父母間の子の監護をめぐる紛争については，かつては離婚後のみならず別居中も民法766条を適用することができるか否かについて見解が分かれていた。実務においては，1970（昭45）年に，子の監護に関する処分事件の1つである子の引渡し事件に関する最高裁家庭局の見解として，家事審判官会同で次のような見解が示された。「父母が事実上離婚状態にある場合には民法766条の類推適用，単なる別居状態にとどまっている場合には民法752条を適用する[32]」。単なる別居の場合に婚姻中の夫婦の義務を定める民法752条が適用されるのは，婚姻関係はまだ終局的に破綻していると認められないからである。しかし，この最高裁家庭局の見解は1973（昭48）年には改められ，婚姻の破綻の程度による区別は排除され，別居中は「事実上離婚状態にあるかを問わず，すべて民法752条を適用する」とされた[33]。

裁判例では，民法766条を別居の場合にも準用ないし類推適用することに関しておおむね肯定的であるが，最高裁家庭局の見解に従って，別居の場合には，民法752条を適用するものもみられる[34]。なお，「面接交渉権」について離婚前の審判自体を否定するものがある。高松高裁1992（平4）年8月7日決定は[35]，「両親が婚姻中にあっては，それぞれの親は親権を有し，子に対する面接は当然親権の中に包摂され，親権とは別個に親の権利としての面接交渉権があるわけではないから，親権とは別個独立の面接交渉権の行使として他方の親権者との調整を求めることはできないものというべきである。……親権の行使は，社会通念に照らし子の福祉の上から著しく相当性を欠くような場合を除き，親権者の自由な判断に委ねるべきであり，親権者間に親権の行使につき一致を見ず対立を生じたとしても親権者間の子の福祉を第1にした自主的解決をまつべきであって，裁判所はいたずらにこれに介入すべきものではない」とし，離婚前の面接交渉権についての審判自体を否定した。高松高裁のこの硬直的な判断は，民法766条を厳格に文理解釈した結果であるが，この決定に対しては，批判も

少なくない。

　この点について,前述の最高裁2000(平12)年5月1日決定が次のように判示して,実務的に決着した。「父母の婚姻中は,父母が共同して親権を行い,親権者は子の監護及び教育をする権利を有し,義務を負うものであり(民法818条3項,820条),婚姻関係が破綻して父母が別居状態にある場合であっても,子と同居していない親が子と面接交渉することは,子の監護の一内容であるということができる。そして,別居状態にある父母の間で右面接交渉につき協議が調わないとき,又は協議をすることができないときは,家庭裁判所は,民法766条を類推適用し,家事審判法9条1項乙類4号により,右面接交渉について相当な処分を命ずることができると解するのが相当である」。これにより,離婚前の「面接交渉権」の審判については,民法766条を類推適用し,家事審判事項として離婚前であっても家裁が審判できることが明らかになった。「面接交渉権」に関する規定を欠く現行法のもとでは,民法766条が法の欠缺を補うことになる。そして,父母の別居中の子をめぐる紛争は熾烈であり,むしろ離婚後より当事者による紛争解決が困難なこともあり,家裁の介入が望ましいことが指摘されている。

　以上のように,現在では,民法766条は,その準用ないし類推適用により,離婚以外の場面で用いられるようになり,また,前述のように申立権者の範囲も広げられつつある。しかしながら,その限界はどこまでであろうか。父母以外の者に申立権を認めるとしても,子はその申立権者になれるであろうか。このことについて次に検討する。

(3) 「面接交渉権」を子の権利とした場合の子の申立権について

　「面接交渉権」は,子と面会者と監護親という三面関係において行使される権利であり,その特殊性から,実体法上の権利として認めたとしても,誰の,誰に対する権利なのか,ということが議論されるところである。「面接交渉権」を複合的な権利とする見解に従えば,親の「面接交渉権」は子の権利であり,親の義務的な「権利」でもある,ということになるが,この場合に子の権利の実現のための訴訟法上の問題が残される。たとえば,非監護親である親が子と

「面接交渉」をしようとしない場合に，子が自ら「面接交渉」をしてくれるよう申し立てることができるのか，ということを検討する必要がある。こうした子の申立権については，民法766条の問題，すなわち子の監護に関する家事事件において，前述のとおり，子が意見表明をする機会でさえ十分に保障されているとはいえず，さらに，子が自ら民法766条により「面接交渉」を申し立てることは，現行法のもとでは否定的に解されている。すなわち，「面接交渉権」を子の権利とするならば，本来，子が15歳未満であれば，その代理関係が定められているべきであり，15歳以上であれば，子自身による権利の実現方法が定められているべきであるところ，現行法にはそれらが規定されていないため，子は現行法上では事件本人の地位以上ではありえず，民法766条の申立てを行うことはできないとの指摘や，また，「面接交渉権」が行使される実際の当事者関係に着目して，「面接交渉」に反対している親権者が子を代理して子の権利を確保するために申立てを行うことを期待するのは困難だという指摘がある。こうした指摘のように，現行法のもとでは民法766条の申立てを子が自ら行うと解することは困難であるうえ，仮にこれを認めたとしても，子が15歳未満であり親権者が子を代理しない場合には，子の権利としての「面接交渉権」の実現はさらに困難となる。

　しかし，解釈論のレベルでは，代理構成をとらずとも，前述の複合権利説の立場からは「面接交渉権」に親権の義務の側面を観念するため，非監護親は子のために「面接交渉」をする義務を負うことになり，非監護親はこの義務を履行するために，主導的に監護親に対して子と「面接交渉」させるよう求める権利をもつ。監護親は，親権の属性から，子の福祉に適うと思われる「面接交渉」の請求には応じる義務を負い，また，子が非監護親との「面接交渉」を希望するなら子のために非監護親に対して子と「面接交渉」するよう求める義務を負うことになり，監護親は，この義務を履行するために主導的に非監護親に対して子と「面接交渉」するように求める権利をもつ。実際に，親権者が非監護親に対して子と「面接交渉」するよう申立てをした例としては，前述のとおり，さいたま家裁2007（平19）年7月19日審判がある。

　非監護親が「面接交渉」を求めたり，監護親が「面接交渉」を求めた場合に

は，子の「面接交渉権」は，そのなかで実現される。しかし，それが実現しない場合には，子が主導的に「面接交渉権」を行使する必要がある。そのためには，子自らが，「面接交渉」を求める申立権をもつことを認める必要がある。子の申立権に関して，二宮教授は，子が監護および教育を受ける権利者であることから，子に自らの監護および教育に関知する意思能力がありさえすれば，親権者変更，「第三者」の監護者指定，親権喪失などの申立権があると解することができるとする。このような解釈の許容性としては，子自らが申立てをしたとしても家裁の審理を開始させるだけであり，その後の手続は家裁が後見的に職権調査で進めることができるため，訴訟の提起とは本質的に異なり行為能力を必要としない，ということが挙げられる。とはいえ，二宮教授は，同時に，現行法の解釈では子が申立てを行うことは困難であることには変わりなく，立法による解決が望ましいことを指摘する。なお，こうした子の申立権と併せて，前述の指摘からも，子の特別代理人制度について法整備をすることが必要だと思われる。

3 小　　括

　以上にみてきたように，近年の家族的および社会的状況の変化により子の監護をめぐる状況も変化してきており，実際の裁判例や実態調査からは，特に祖父母の「面接交渉権」に関する問題が潜在的に多く存在していることが窺える。そして，こうした問題が顕在化したとしても，事実上の問題として処理されているのが現実である。こうした状況から，「面接交渉権」の権利主体を父母だけでなく祖父母や第三者にまで拡張したうえで，「面接交渉権」を明文の規定で定め，子の福祉の観点から法的に規制することが必要であると考える。
　現行法における解釈論では，「面接交渉権」は，家事審判の手続との関係から，民法766条を実定法上の根拠として認められてきた。このような実情から，父母以外の者への「面接交渉権」の拡張を検討する場合には，民法766条の申立権者と適用場面の拡張が問題となる。民法766条に関する裁判例を検討すると，第三者を子の監護者に指定する事件において父母以外の者の申立てが認められ

ており，また，これに伴い適用場面も拡張されていることがわかった。法の欠缺を補うために民法766条を子の監護に関する一般規定とするのか，これを必要に応じて類推適用するのか解釈は分かれるものの，近年では，民法766条の適用範囲は広げられており，父母以外の者による「面接交渉権」の審判の申立ての場合に，民法766条を実定法上の根拠とすることは許容されるといえる。

　さらに，「面接交渉権」を子の権利として捉える場合に，民法766条の申立権を子自身にも認めることができるか否かが問題となる。現行法には，子の申立権を認める場合の代理関係や権利の実現方法が定められておらず，子の申立権を認める解釈は困難であることが指摘される。この場合に，解釈論のレベルでは，複合的権利説の立場から非監護親に「面接交渉」を義務づけることや，監護親に親権の属性から子の福祉に適うと思われる「面接交渉」の請求に応じることや，子のために監護親自らが「面接交渉」の申立てを行うことを義務づけることは可能である。また，祖父母や第三者に民法766による申立権を認めることも可能である。しかし，実際には，こうした申立てが実現されるとは限らず，子自身の申立権を認める必要性が生じる。現行法の解釈の範囲では，子は自己の監護および教育に関して権利を有するため，これを関知する意思能力がある限り，家裁の後見的機能に期待して子を民法766条の申立権者とする見解が示されている。とはいえ，こうした解釈は困難であることには変わりはなく，立法的解決が望ましいとされる。子の申立権と併せて，子の特別代理人の制度が法整備されることが待たれるところである。

1)　棚村政行「祖父母の面接交渉」判例タイムズ1100号（2002年）193頁，大村敦志『家族法』（有斐閣，1999年）256 - 258頁，二宮周平『家族法』（新世社，2006年）133頁，本間美鈴「祖父母の面接交渉権」立命館法政論集4号（2006年）293頁。
2)　森口静一・鈴木経夫「監護者でない親と子の面接」ジュリスト314号（1965年）76頁。ほかに，フランス法との比較法的見地から祖父母や兄弟姉妹などの父母以外の者の「面接交渉権」の検討の余地を指摘するものとして，田中裕通「面接交渉権の法的性質」判例タイムズ747号（1991年）323頁，子の権利として父母以外の者の「面接交渉権」を構成するものとして，花元彩「面接交渉権の法的性質に関する一考察―アメリカにおける継親子間の訪問権を中心に」関西法学52巻3号（2002年）187 - 189頁。
3)　佐藤義彦「離婚後親権を行わない親の面接交渉権」同志社法学110号（1969年）56頁。

ほかに,「面接交渉」は本質的に親の権利とするものとして,野田愛子「面接交渉権の権利性について」最高裁判所事務総局家庭局編『家庭裁判所の諸問題 上』(最高裁判所事務総局,1969年) 206頁。
4) 北野俊光「面接交渉権」村重慶一編『裁判実務大系(25) 人事訴訟法』(青林書院,1995年) 196頁。
5) 梶村判事は,かつては,「面接交渉権」が実体的権利であることを否定するだけでなく,審判の対象性をも否定してきた。梶村太市「子のための面接交渉」ケース研究153号(1976年) 95,96頁。しかし,近年,見解を改め,「面接交渉」の審判対象性を肯定し,手続的な権利であるとした。梶村太市「新時代の家庭裁判所家族法(2)」戸籍776号 (2005年) 16頁。そのうえで,父母以外の者の「面接交渉」に関しても,請求権的権利の立場から肯定する。梶村太市「新時代の家庭裁判所家族法 (3)」戸籍778号 (2005年) 7頁。
6) 日経やその他のサイト上で「孫育て」のコーナーや特集がある。ゴットフリー・ハリス著・食野雅子訳『祖父母業』(メディアファクトリー,2007年),佐藤愛子『わが孫育て』(文藝春秋,2008年) など,近年,「祖父母業」や「孫育て」に関する本が多く出版されている。
7) 2002年10月4日の読売新聞「人生案内」の欄には,もともと息子夫婦とは疎遠であり,息子が離婚し,親権者および監護者にならなかったことにより,ますます孫と会いづらい状況になっている祖父母からの孫との面会交流に関する相談が掲載された。2007年3月13日の日経新聞の「生活ファミリー」の欄には,孫に会えず悩む祖父母の特集が掲載された。この特集のなかに孫に会わせてもらえない祖父母の実話が掲載されているが,監護親の感情的理由のみから孫に会わせてもらえない祖父母がいることや,このような祖父母は監護親の親である祖父母に比べ著しく不合理な立場に置かれることが指摘されている。他方,祖父母自身の子が離婚した後も孫に会える祖父母から,両親の離婚で心を痛めている子にとって「祖母が気持ちの逃げ場になっている」様子が窺えるとの意見もある。そして,祖父母まで含めて「面接交渉権」を整備する必要があることが指摘される。
8) 太田垣章子・榊原富士子・新川てるえ・二宮周平・本沢巳代子『離婚家庭の子どもの気持ち』(日本加除出版,2008年) 162,163頁。
9) 「面接交渉」に関する裁判例のうち,祖父母が当事者もしくは事実上の当事者の立場として登場するものに次のようなものがある。大阪高裁1980 (昭55) 年9月10日決定では,別居中,母が実家にてその両親である祖父母と一緒に子を監護しており,父から面接交渉が申し立てられた。結果として,子の福祉のために父の申立ては認められなかった。家庭裁判月報33巻6号 (1981年) 21頁。第3章註11) の名古屋家裁1990 (平2) 年5月31日審判では,離婚後,父とその母である祖母に子は監護されており,母から面接交渉が申し立てられた。父と祖母は,不倫のすえ,子を置いて出て行った母の面接交渉に反対していたが,子の将来のために母の面接交渉は認められた。岡山家裁1990(平2) 年12月3日審判では,父とその母である祖母に子は監護されており,母から面接交渉が申し立てられた。子は父と祖母の影響から母との面接交渉を望まなかったが,母の自宅での,休暇中の子の宿泊を伴う面接交渉が認められた。家庭裁判月報43巻10号(1991年) 38頁。仙台家裁気仙沼支部1993 (平5) 年10月14日審判では,子の父の死後,そ

の母である祖母に子は監護されており，母から子の引渡しが申し立てられた。母への子の引渡しは認められないが，祖母は子の自由意思での面接交渉を妨害してはならないとされた。判例タイムズ 832 号（1994 年）163 頁。これらの裁判例はいずれも，祖父母もしくは祖母が孫の監護に携わっている場合であり，仙台家裁の事件を除いて，祖母は直接の当事者ではないものの，事実上の当事者であるといえる。

10) 未公刊の裁判例では，相原尚夫「面接交渉の実務覚書」ケース研究 114 号（1969 年）47，48 頁に掲載されているものがある。

11) 家庭裁判月報 30 巻 8 号（1978 年）43 頁，判例時報 885 号（1978 年）127 頁。本件は，浦和家裁越谷支部 1976（昭 51）年 3 月 31 日審判に対する抗告審である。

12) 家庭裁判月報 27 巻 10 号（1975 年）55 頁。

13) 祖父母に関しては，実際に孫との定期的な「面接交渉」が認められたため，孫を奪取する気がないという祖父母のエピソードを紹介するものがある。熊野克彦「ある面接交渉の思い出」山田博監修『家裁に来た人びと』（日本評論社，2002 年）39 頁。ほかに一般的に子の奪取と「面接交渉」の関係性を述べるものとして，山畠正男「離婚と子の奪い会い」ジュリスト 665 号（1980 年）52 頁，沼邊愛一「第 9 条第 1 項乙類 4 号」斎藤秀夫・菊池信男編『注解家事審判法』（青林書院，1987 年）363 頁，沼邊愛一「子の監護・引渡しおよび面接交渉に関する家裁の審判権」鈴木忠一・三ヶ月章監修『新・実務民事訴訟講座 8 非訟・家事・人訴事件』（日本評論社，1981 年）174 頁，大村・前掲註 1) 257 頁，水野紀子「父母の婚姻が破綻して別居している場合に子と同居していない親の面接交渉に関する家裁の相当な処分の可否」私法判例リマークス 2001 下（2001 年）77 頁。さらに，条約レベルではあるが，国際法協会の国際家族法委員会からの報告において，1980 年 10 月 25 日のハーグ条約は子の奪取と「面接交渉」の関係性を意識していることが指摘されている。*Report on transfrontier contact with children, 2002.2.10*, n° 10.

14) 我妻栄・立石芳枝『法律学大系親族法・相続法』（日本評論社，1952 年）131 頁。

15) 青山道夫『身分法概論』（法律文化社，1951 年）132 頁，我妻栄『親族法』（有斐閣，1961 年）142 頁，神谷笑子「離婚後の子の監護」中川善之助教授還暦記念家族法大系刊行委員会編『家族法大系 III 離婚』（有斐閣，1959 年）20 頁，沼邊「第 9 条第 1 項乙類 4 号」・前掲註 13) 350 頁。

16) 梶村「新時代の家庭裁判所家族法(3)」・前掲註 5) 6 頁。

17) 二宮周平「子の監護者指定（民法 766 条）の積極的活用」立命館法学 287 号（2003 年）208 頁。なお，同 208-214 頁に民法 766 条に関する裁判例の詳しい検討がある。

18) 家庭裁判月報 57 巻 9 号（2005 年）47 頁。

19) 家庭裁判月報 55 巻 2 号（2003 年）163 頁。

20) 家庭裁判月報 35 巻 8 号（1983 年）118 頁。

21) 家庭裁判月報 54 巻 5 号（2002 年）125 頁。

22) 家庭裁判月報 20 巻 1 号（1968 年）92 頁。

23) 家庭裁判月報 26 巻 10 号（1974 年）68 頁。

24) 神谷笑子「子の監護の決定」島津一郎編『注釈民法（21）親族（2）』（有斐閣，1970 年）157 頁。

25) 梶村太市「子の引渡請求の裁判管轄と執行方法」司法研究所論集 98 号（1997 年）

328, 329頁。
26) 棚村政行「祖父母の監護権」判例タイムズ1100号（2002年）149頁。
27) 棚村・前掲註1）193頁。
28) 田中通裕「第三者からの子の監護者の指定申立てが却下された事例」判例タイムズ1099号（2002年）86頁。
29) 二宮・前掲註17）216頁。
30) 二宮周平「父母以外の者を子の監護者に指定することの可否」判例タイムズ1119号（2003年）112頁。
31) 梶村・前掲註25）328, 329頁。
32) 家庭裁判月報22巻9号（1970年）68頁。
33) 沼邊愛一「子の監護をめぐる諸問題」家庭裁判月報25巻4号（1973年）11頁。
34) 最高裁家庭局の見解が示された頃の大阪家裁1973（昭48）年8月3日審判は，子の監護処分について，合意による別居の場合には民法752条を適用し，それ以外の場合には766条を類推適用するとしている。家庭裁判月報27巻1号（1975年）107頁。
35) 判例タイムズ809号（1993年）193頁。
36) 田中通裕「別居中の夫婦間における子の監護をめぐる紛争への民法766条・家事審判法9条1項乙類4号の類推適用」判例タイムズ824号（1993年）70頁，田中優「父母が事実上離婚状態にある場合であっても，民法766条，家事審判法9条1項乙類4号を準用又は類推適用して，家庭裁判所が子の監護者を定めることはできないとした事例」判例タイムズ852号（1994年）132頁，田中由子「婚姻中の夫婦の一方が別居状態にある他方の監護している子についての面接交渉権の行使として調整を求めることはできず，家庭裁判所も右権利の具体的行使等について審判することはできないとされた事例」判例タイムズ852号（1994年）136頁。
37) この最高裁決定について次のような評釈がある。村重慶一「婚姻関係が破綻して父母が別居状態にある場合に子と同居していない親と子の面接交渉について家庭裁判所が相当な処分を命ずることの可否」戸籍時報522号（2000年）53頁，久貴忠彦「婚姻関係が破綻して父母が別居状態にある場合に子と同居していない親と子の面接交渉について家庭裁判所が相当な処分を命ずることの可否」民商法雑誌124巻4・5号（2001年）256頁，田中通裕「婚姻関係が破綻して父母が別居状態にある場合に子と同居していない親と子の面接交渉について家庭裁判所が相当な処分を命ずることの可否」法学教室244号（2001年）106頁，杉原則彦「婚姻関係が破綻して父母が別居状態にある場合に子と同居していない親と子の面接交渉について家庭裁判所が相当な処分を命じることの可否」ジュリスト1199号（2001年）86頁，水野・前掲註13）77頁，本山敦「離婚前における面接交渉の可否」NBL718号（2001年）68頁，石田敏明「父母別居中の面接交渉権」家族法判例百選第6版（2002年）78頁。
38) 田中由子・前掲註36）137頁。
39) 梶村太市「『子のための面接交渉』再論」『21世紀の民法〈小野幸二教授還暦記念論集〉』（法学書院，1996年）432頁。
40) 山口亮子「面接交渉権と子どもの利益—日米の比較」上智法学42巻3・4号（1999年）310頁。なお，代理について，子の財産上については規定があり，子が独立して権利を

行使することができない場合には，法定代理人が子を代理することになり，法定代理人による代理が子の利益と相反する場合には，特別代理人が選任されることになる（民法826条）。また，親権の濫用や著しい不行跡の場合には，親族を通じて親権者の変更（民法819条）や親権の喪失宣告（民法834条）の申立てが可能である。

41) 二宮周平「家族法と子どもの意見表明権」立命館法学256号（1997年）188頁。

日本法まとめ

　これまでの「第Ⅰ部　日本法」の検討でみてきたように，わが国における「面接交渉権」は，明文の規定をもたないが，裁判例や学説において解釈で認められてきた。しかしながら，明文の規定がないだけに，当初は主にその権利性と法的性質について議論された。権利性に関して，裁判例では1964（昭39）年の東京家裁が「面接交渉」を「権利」として認めたことを始めとして，おおむね権利性を承認するものが多く，逆に権利性を明確に否定するものはほとんどみられない。学説では，「子の福祉」に対する解釈の違いから見解が分かれるところである。法的性質論と関連して，特に「面接交渉権」を子の権利としても捉える見解からは，「面接交渉」の権利性を積極的に承認すべきという指摘がなされている。否定説のいう権利性承認の弊害や「権利」の性質に疑問があるとしても，権利性を全面的に否定すれば，かえって「子の福祉」が損なわれる結果にもなりかねず，むしろこれを権利として認め，規制することが望ましいことが肯定説から指摘されている。

　実際に，近年の裁判例において，親子の愛情の交流は子の人格の健全な発育のために必要なことであるとの認識が定着しつつあり，「子の福祉」のために原則として親子間の「面接交渉」が認められる傾向にある。権利性に関する否定説がいうように，父母の激しい対立などから「面接交渉権」の行使が子の生活上および精神上の安定を乱すことが懸念される場合には，裁判所は「子の福祉」を理由に「面接交渉権」を制限あるいは禁止している。しかしながら，こうした場合にも裁判所は，子の成熟度および子の意思を考慮し，また，「面接交渉」の態様を工夫することで，「子の福祉」のために「面接交渉権」をなるべく認めようとする。もっとも犯罪行為や暴力行為を行うような悪性の強い親からの「面接交渉権」の請求は，「子の福祉」を害するとして棄却している。権利性否定説の懸念は，こうした裁判所の対応によりある程度は解消されるのではないだろうか。

さらに、「面接交渉」の権利性を承認したとしても、その法的性質に関しては見解が分かれる。近年では、特に児童の権利条約を引き合いに出し、「面接交渉権」の子の権利の側面を強調したうえで、「面接交渉権」を子の権利でもあり、親の権利でもあるとする見解が有力に主張されている。こうした、「面接交渉権」を複合的な権利とする見解からは、ほかの諸説は片面的に過ぎることが指摘されている。そして、複合的な権利とする狙いは、「面接交渉権」を親権に関連づけることで、「面接交渉権」に親の義務の側面を観念するところにある。しかし、この見解も父母を念頭に置いたものである。そして、1996年の民法改正要綱での面会交流は、従来の解釈論を承認するかたちで規定されており、父母を主体として構成されている。しかしながら、近年の家族的および社会的状況の変化に伴う子の監護形態の変化や、調査や裁判例から垣間みえる「面接交渉権」を取り巻く実態は、従来の面接交渉権論の再考を余儀なくさせるものであると思われる。

そして、こうした変化や実態に対応すべく父母以外の者の「面接交渉権」について検討する際に、現行法のもとでの解釈としては、この領域に関する家事審判の根拠となる民法766条をいかに解するかが問題となる。すなわち、民法766条が本来的に予定する申立権者および適用場面の範囲を超えて、祖父母や第三者の「面接交渉権」についても同条を根拠としうるかということである。近年、子の監護に関する裁判例では、法の欠缺を補うために民法766条が活用されている。そして、こうした解釈は学説においても認められている。したがって、現行法の解釈において、子の監護を行った祖父母や第三者にも、「面接交渉権」の申立てを認めることは許容されるといえる。

近年、とりわけ重要視される「面接交渉権」の実効性の確保については、「面接交渉権」を複合的な権利と捉えて、親子間での「面接交渉」には親の義務の側面を観念することが解釈論のレベルでは有効である。すなわち、非監護親が、たとえ親権者とならなかった場合でも潜在的な親権を認め、親権の属性から「面接交渉権」を子への責任として捉え、子のために「面接交渉」の申立てを行うことを義務づける。他方、監護親には、親権の属性から「子の福祉」に適う場合には「面接交渉」の請求に応じること義務づけ、さらに、子のために監護親

自らが「面接交渉」の申立てを行うことも義務づける。また，祖父母や第三者に民法766条の申立権を認めることで主導的に大人が「面接交渉」を申し立てることが可能となる。しかし，こうした解釈は，理念上はともかく現実には機能しないこともあり，子自身の申立権を認める必要性が指摘されるところである。家裁の後見的機能に期待して，子の申立権を認める現行法の解釈が示されるが，こうした解釈は困難であることも同時に指摘されており，特別代理人の制度も含めて立法的解決が待たれるところである。さらに，子の福祉を尊重し，子の権利を実現するためには，できる限り子の意思を確認することが有益であることが指摘されている。今後，子の成長段階に応じた子の意見表明の機会の保障に関する法整備の検討も必要となってくるであろう。

第Ⅱ部
フランス法

第1章
序　論

1　訪問権とは

　フランス法には，わが国の面接交渉権論に相応する法理論として，訪問権 (droit de visite) に関する法理論，いわゆる訪問権論がある。訪問権とは，子と直接的な身上の関係を維持するため，子に会いに行き，また子を受け入れ，さらに訪問から宿泊へ移らせる権利とされている。[1] このような訪問権は，1970年に立法化された。訪問権の起草者であるカルボニエ教授は，訪問権には3つの段階があるとして，次のように分類する。[2] それは，①訪問権の最小限の表現である通信の権利 (droit de correspondance)，②監護者の家へ子に会いに行き，その日，子を外に連れ出す権利 (droit de visite, au sens strict)，③長期休暇などの間，子を自宅に受け入れ，宿泊させる権利（以下，宿泊権という。droit d'hébergement）[3] である。

　1804年のフランス民法典は，わが国の民法と同様に，訪問権についての明文の規定をもたなかった。そのため，訪問権は，判例および学説により生成および形成されていった。わが国の「面接交渉権」も解釈で認められるという点では状況は同じである。しかし，わが国の学説における面接交渉権論は，離婚もしくは別居後の父母についてのものが中心であるが，フランスの訪問権論は，この点において異なる。すなわち，フランスでは，父母と祖父母の訪問権は19世紀中頃から判例に登場し始め，20世紀中頃には第三者の訪問権が判例に現れるようになる。訪問権に関する初期の議論の中心は，祖父母についてであったが，特に祖父母の訪問権が議論の中心となったのは，早くから判例に登場したことに加え，父母の訪問権と比べると，その法的根拠および法理論が明らかでなかったためである。父母については，離婚または別居後に子の監護を行わ

ない場合でも，他方の親による子の養育および育成を監督する権利を有することが1804年の民法典において規定され，その監督権の行使の一態様として訪問権を認める法解釈が定着していた[4]。

祖父母の訪問権は，19世紀中頃に，判例において，祖父母と孫の相互的利益のために，父権の絶対性を否定することにより認められたのが起源である。祖父母の訪問権は特に父権と対峙する性格を有している一方で，その法的根拠が明らかでなかったため，当初，父権を侵害するものになるのではないかという危惧から，固有の権利であるかどうかという点が議論された。しかし，第三者に比べれば，祖父母は子と強い紐帯をもち，また実際に子の監護をする機会が多いことから，祖父母に訪問権を認める社会的要請が強いと考えられ，また，伝統的な訪問権は血族関係を基礎にする面があることから[5]，祖父母の訪問権は，その権利性の承認と内容の拡張の面において，徐々に法的地位を確立していくこととなる。

祖父母以外の第三者の訪問権で特に問題となったのは[6]，「育ての親」と姦生子の親についてのものである。「育ての親」とは，子と血族関係にあるなしにかかわらず，子の事実上の監護を行った者のことであり，姦生子の親とは，姦通関係に由来する子の親のことである。姦生子の親については，後述するように，1972年法まで姦通関係による親子関係の立証が禁じられていたため[7]，こうした親は，父母としてではなく，第三者として扱われたのである[8]。判例において，「育ての親」については子の監護の事実に，姦生子の親については扶養料の支払いの事実に連動させて訪問権が認められるようになる。そして，判例における第三者の訪問権に対するこのような取扱いは，一時は定着するかに思われたが，破毀院は突如として方向転換を図る。そして，その数年後にまた訪問権を認める判決を破毀院は下すのである。

紆余曲折はあったものの，判例および学説において生成および形成されていった訪問権は，1970年の法改正時に明文化された。立法的承認を受けた現在では，訪問権の権利性の有無についての争いはないものの，子の利益および子の権利との関係において，訪問権の解釈は変化を続けている。以下に，こうした訪問権の変遷について，訪問権の権利主体ごとに，法改正を主な視点とし

て検討する。

2 訪問権をめぐる社会的状況の変化

　フランス法では，1972年の親子関係法の改正以来，婚外子と婚内子の平等化が進められてきたが，2002年の法改正において，ついに婚外子と婚内子の区別なく統一的に適用しうる親権法の一般規定が創られた。このような法改正が実現したのは，次のような社会的状況があったからとされる。

　フランスでは，婚姻外で生まれる子が，この20年で急増している。1970年代の終わりでは，婚外子が新生児全体に占める割合は約10％であったのが，2000年では約30万人の子が婚姻外で生まれ，その割合は新生児全体の約40％を占める。第一子に限定すると，新生児全体の約55％にもなる[9]。子をもつカップルにとって，婚姻はもはや子をもつための前提ではなくなっている。

　今日，フランス国内において，カップルで暮らす人口は約2960万人であるが，そのうち約480万人が非婚のカップルである。2000年には，約30万件のカップルが婚姻をし，約11万件が離婚をしている。婚姻件数は，1972年の約41万件を頂点に全体として減少傾向にある一方で，離婚件数は1995年からほぼ横ばいであるので，各年の婚姻件数に占める離婚件数の割合は増加傾向にある。1981年では，約24％の割合だったのが，1991年には約33％，1999年には約39％に上昇している。また，1999年終わりから2000年の間にPACS（pacte civil de solidarité）[10]を結んだカップルは，約3万件である[11]。非婚のカップルが増えるなかで，前述のように婚姻外で生まれる子も増加しているが，1999年では，婚外子の約77％が，出生の前に父による認知を受けている。1980年に比べると，この比率は倍増している[12]。また，これらの状況に比例して，婚外子に対する親権行使の態様をめぐる紛争も増えている[13]。

　さらに，フランスにおいても高齢社会が進んでいる。出生率の低下に伴って，20歳未満の全人口の占める割合は，2001年では約25％と，20年前の約30％から低下している。その一方で，平均寿命が延び，65歳以上の全人口に占める割合は，2001年では約20％と，20年前の約17％から上昇している。このよ

うな状況のもと、祖父母の数は増加傾向にある。1999年には、祖父母の数は、約1260万人であり、そのなかで、曾祖父母は約200万人、さらに5世代の長となる曾々祖父母は約3万人いるとされる。また、祖父母人口の増加の影響か、祖父母の訪問権に関する請求は、司法統計によると第三者のものと一緒になって増加傾向にあるようである。

このような社会的状況の変化を受け、司法大臣および雇用・連帯大臣の命により、社会学者であるイレーヌ・テリー教授が家族をめぐる社会状況の変化と法的対応について調査および検討を行うことになり、1998年6月にイレーヌ・テリー報告が公刊された。さらに、司法大臣の命により、民法学者のフランソワ・ドゥクヴェール・デフォッセ教授を座長とする家族法改正に関する作業部会が立ち上げられた。ヒアリングをもとに作成されたドゥクヴェール・デフォッセ報告は、1999年に公刊された。そして、近年、いくつもの家族法の領域において法改正が行われていることは、「はじめに」で述べたとおりである。

1) André Breton, *Divorce (Conséquences)*, Répertoire de droit civil, 1989, n° 723.
2) Jean Carbonnier, *Droit civil, 2, La famille*, Paris, 1997, p.251, n° 184.
3) 「宿泊させる権利（droit d'hébergement）」とは、「héberger」の本来の意味から、自己の家に子を受け入れ、宿泊させ、子に食事を与える権利であるとされる。Breton, *op.cit.*, n° 738. なお、とりわけ初期の裁判例では、「滞在させる権利（以下、滞在権という。droit de séjour）」と表現されることもあった。
4) 子と血族関係のある親については、訪問権および宿泊権が認められることに争いはなかったため議論の対象とならなかったとされる。Louis Garola-Giuglaris, *Le fondement du droit de visiter et d'héberger l'enfant*, D, 1965, 1, p.3.
5) Pierre Guiho, *Essai d'une théorie générale du droit de visite*, JCP, 1952, Ⅰ, 963, n° 18.
6) 本文後述のように、第三者の範囲には、姦生子、乱倫子の親、兄弟姉妹、再構成家族の解消後の継親やおじ・おばや代父・代母などの「育ての親」、血族でない社会学的な祖父母、完全養子縁組の場合の実方が入る。なお、兄弟姉妹の訪問権については、本文後述のように、1996年に民法典371-5条が新設され、「子はその兄弟姉妹から離されてはならない」ことが定められた。
7) フランス法には、嫡出子、自然子（婚外子、非嫡出子）の区別だけでなく、さらに自然子を単純自然子、姦生子、乱倫子とする区別があった。こうした区別は、本文後述の1972年の法改正により、親子関係の立証と扶養や相続の面でなくなったものの、嫡出子と自然子の完全な区別の撤廃は2005年のオルドナンスを待たなければならなかった。田中通裕『親権法の歴史と課題』（信山社、1993年）99頁、田中通裕「フランスにおけ

る自然親子関係成立に関する一考察」法と政治28巻3・4号（1977年）484頁。
8) 本文後述のように，単純自然子以外の姦生子，乱倫子の親の訪問権は，扶養料の請求を許す1955年法により親子関係の立証の禁止が緩和されたため，この頃から判例に登場し始める。
9) Lionel Doisneau, *Panorama démographique de la France en 2000*, Données sociales: la société française, éd. 2002-2003, pp.11 et s.
10) 1999年11月15日法律によりフランスに導入された。PACSとは，同性または異性の成人2名による共同生活を結ぶために締結される民事連帯契約のことである。
11) Doisneau, *op.cit.*, pp.14, 15.
12) Doisneau, *op.cit.*, p.14.
13) Ministère de la Justice, *Annuaire statisitique de la justice,* éd. 2007, p.85.
14) Doisneau, *op.cit.*, pp.17, 18.
15) Ministère de la Justice, *op.cit.*, p.85.
16) この辺りの経緯については，中村紘一・色川豪一「フランス親権法の改正——親権に関する2002年3月4日の法律第305号」比較法学37巻1号（2003年）315，316頁。

第 2 章
解釈上の訪問権── 1970年の立法化以前

1 父母について

(1) 父 権 と は

　現在，フランス民法典において，「親権，親の権威（autorité parentale）」と表現されるものは，1970年の法改正以前では，「父権，父の権力（puissance paternelle）[1]」という表現で表されていた。そして，1970年以前の父母の訪問権は，父権の属性（attribut）の1つとされる監督権の行使の一態様として解釈により認められてきた。そこで，父母の訪問権を検討するにあたって父権についても検討する。まず，1970年以前までの父権の変遷，父権の属性，およびその帰属と行使について検討し，そのうえで，父権の属性の1つである監督権と訪問権について考察する。

A) 父権の変遷

　父権は，成文法の地域と慣習法の地域では，非常に異なった起源をもつ。成文法地域では，永続的で絶対的な権限を父に与えるローマ法の父権の伝統を引き継ぎ，慣習法地域では，両親の協力のもと未成年子の利益のために父が行使する父権の伝統を引き継いだ[2]。詳細は次のとおりである。

　ローマ法の古い時代の法制における父権は，厳格で明確なものだったとされる。「父（pater）」は子を所有し，子が何歳であれ，「生殺与奪の権利（jus vitae necisque）」に至るまで絶対的な権限を子に対し行使することができたとされる。そして，子の法律上の人格は家父長（paterfamilias）に完全に吸収され，子が獲得した財産はすべて家父長の財産となった[3]。このような原始的な父権は，自主

の精神（esprit d'initiative）と人の人格（personnalité de l'homme）が拡大するフランス法にはそぐわずに，第一共和制の末期以降は，すでに父権の厳格さは影を潜め，さらに第一帝政下においては，かなりの制限を受け，子の身上に関しては，懲戒権（droit de correction）[4]と同一視されるまでに縮減されている。子の財産に関しては，父に託した財産以外の収入を得た場合には，取得財産（biens adventices）として子が独占的に所有できるとされた。[5]

フランス古法時代においては，成文法の地域および慣習法のいくつかの地域（ブルターニュ，ランス，ポワトゥーなど）では，父権は幾分かの厳格さは緩和されていたものの，ローマ法におけるのと同様の性格を留めていたとされる[6]。父権は，子が成人すれば，子の身上に関しては及ばず，財産に関しては，父の死，父との10年間の別居，婚姻，子の高位の出世による暗黙の解放により，子は父権を免れることができた。他方，主たる慣習法の地域では，父権は，未成年の子を保護するものであり，子に対する養育義務の履行を可能にするために必要な権利のみを「自然」が親に与えるものと考えられていた[7]。したがって，父権は，父のみでなく母にも帰属し，子の成人あるいは婚姻などによる解放の場合に父権は終了する。また，子の財産に関して，財産を管理する父は法定収益権（droit de jouissance légale）をもたない。しかし，子のための父権とはいえ，現実には，親は子の懲戒を簡単に行うことができたとされる[8]。

中間法における父権は，個人解放を謳う18世紀の哲学に影響を受けた革命期の法制により，ひたすら制限された。中間法は，成文法と慣習法の原則をともに嫌い，成人に達した子に対するあらゆる権限を父権から取り去っている。1792年8月23日のデクレは，「成人は父権に服さず，父権は未成年者の身上（personnes）にのみ及ぶ」とした。子の婚姻への両親の同意については，21歳の成人年齢までとされ（1792年9月20日デクレ第4巻第1部3条），懲戒権に関しては，裁判所の承認をもってのみ行われることになった（1790年8月16-24日デクレ第10編15, 16条）[9]。

カンバセレスは，その3つの草案（1793年，1794年，1796年）のなかで，父権について，「自然」が与えた，子の保護のための義務であるのに我々は権力とみなしてしまったとして，父権の属性については，父母による子の保護と監

督についてしか述べていない。これに対して，民法典起草委員会は，父権の属性の最初に懲戒権と法定収益権を挙げている[11]。コンセイユ・デタでの議論は，①父権の性質に絡んで，「父権」という表現にするか，あるいは「親権」または「父母の権威」という表現にするか，②懲戒権の範囲と裁判所の関与をどうするか，に集中した[12]。

　最終的に成立した民法典における「父権」の規定は妥協的であるといわれる[13]。子の利益において父権の属性を統合したという点では慣習法への回帰だといわれるが[14]，懲戒権と子の婚姻への同意権は揺り戻しを受け[15]，さらには，旧来型の父権を憶えさせる法定収益権を両親に認めた[16]。このような妥協的な父権制度における旧来型の父権規定は，民法典成立後まもなく社会状況の変化により実社会における要請と齟齬をきたすようになったとされる。すなわち，社会では通信の利便や経済の発展や消費需要の伸びによる都市部の工業化が興り，児童や青少年まで労働力として都市部に流出することとなり，田園部は荒廃し，都市部では生活費が高騰し，人口密集地域では雑居状態が生み出され，そこでは不道徳が蔓延し，親の権威を弱体化させることになった。このような状況のなかで，父権は，国家統制的な性格の保護制度へと変革を迫られることとなり，父権に対する制限の拡大と，公権力による監督の強化が目指された[17]。民法典制定当時の父権制度には，父権の失権（déchéance）やその一部取上げ（retrait）の規定は一切設けられていなかったが，虐待または精神的に遺棄された子の保護に関する1889年7月24日法律により，父権の失権等の手続の整備が進められた。しかしながら，民法典のなかに父権に関する失権および一部取上げの制度が取り入れられるには，1970年の法改正を待たなければならなかった。懲戒権に関しては，1935年10月30日デクレ・ロワが，全面的改正を行い，「拘禁」を「託置」に改め，期間と場所は裁判所長が決定することになり，子に対する制裁から子の矯正へと制度の目的を転換した[18]。さらに，1945年9月1日オルドナンス第45-1967号は，再度，懲戒権に関する改正を行い，親からの懲戒の請求があれば，裁判所が裁量で実行の可否を決定するという手続のみが残されることになった。最終的に，後述するように，1958年12月23日オルドナンス第58-1901号により，育成扶助の制度が設けられ，懲戒権から育成扶助

の制度へと全面的転換が図られた[19]。このようにして，子に対して絶対的で権力的な父権は，子を保護し，養育および育成を目的とする1970年以降の「親権」へと変貌していく。

B) 父権の属性

父権とは，子が未成年であり解放されていない限りにおいて法律が父母に与える子の身上および財産に関する権利の総体であるとされる[20]。また，広義の意味において，父権は，親子の間に限らず，尊属と卑属の間の，相互的性質に由来する，あらゆる権利と義務の秩序とするものもある[21]。そして，こうした父権の内容には，子を養育する権利と義務，および，監督し，指導する権利と義務——すなわち子の宗教や教育および生活様式を定め，面会や手紙などによる子の人間関係を監督すること——を含むとされる[22]。とはいえ，民法典において父権の具体的な内容が明示されているわけではなく，解釈が分かれるところである。

まず，監護権（droit de garde）は，父権の本質的な属性であると考えられている[23]。婚姻中の監護権は，未成年子は父の許可なく父家を離れることを禁じられることから導かれる（民法典旧374条）[24]。離婚後は，原則として離婚を得た配偶者，すなわち離婚について無責の配偶者に子の監護が委ねられ，例外的に子の利益において有責の配偶者にも子の監護が委ねられる場合がある（民法典旧302条）[25]。ここでの例外的な場合とは，乳幼児が母に預けられる場合などがそうである[26]。そして，離婚後に子の監護を有しない親は，監護者による子の養育および育成の方法を監督する権利（以下，監督権という。droit de surveillance）を有すると規定される（民法典旧303条）。この監督権も，父権の属性の1つとして考えられている[27]。そして，後述するように，監督権の行使の一態様として広義の訪問権（通信権，宿泊を伴わない狭義の訪問権，宿泊権）が与えられる。

父権の監護以外の属性としては，子の教育を指導する権利（droit de diriger l'éducation），懲戒権（民法典旧375条から旧382条），子の居所に関する権利（民法典旧374条）が挙げられる。懲戒権および子の居所に関する権利は民法典の「父権」の章に規定されており，子の教育を指導する権利については明文の規定は

ない[28]。しかし，これらの権利は監護権からの当然の帰結だとされる[29]。

さらに，民法典の「父権」の章以外に分散している一連の父権の属性がある。すなわち，子の婚姻に同意する権利（民法典148条），養子縁組に同意する権利（民法典旧346条），子の財産を管理する権利（民法典旧389条），子を解放する権利（民法典旧477条）である[30]。

また，子の財産に関する父権の属性としては，法定収益権（民法典旧384条）と法定管理権（民法典旧389条）が挙げられるが，前者は親のために確立された権利であり，後者はむしろ子のために確立された権利であるとされる。親は法定収益権の対価として，財産管理義務を負う[31]。両親の離婚後は，離婚宣告を受けた配偶者からは法定収益権が取り上げられるので（民法典旧386条），子の監護を有する他方の親に法定収益権が移ると考えられた[32]。そして，法定管理権については，1910年4月6日法律により，原則として監護を有する親が法定管理権も得ることが明らかになった（民法典旧389条3項）[33]。

離婚後は，以上の父権の属性のうち，監護親が，監護権の帰結とされる子の教育を指導する権利，懲戒権，子の居所に関する権利を当然に有する。監護権の帰結以外の父権の属性，すなわち，子の婚姻に同意する権利，養子縁組に同意する権利，子を解放する権利は，非監護親にも帰属する[34]。さらに，子の財産に関しては，離婚後，法定収益権と財産管理権はともに監護親が有することになる。なお，1923年のデクレ・ロワにより，子の入隊への同意権は監護親が有することが定められた。

C) 父権の帰属と行使

a) 嫡出子

1970年以前の嫡出子に関する父権の帰属については次のように定められていた。

婚姻中は，父権は父母の双方に帰属するが（民法典旧372条），その行使は，原則として父が単独で行う（民法典旧373条）。そして，父の失踪および無能力の場合には，例外的に婚姻中であっても母が父権を行使するとされた（民法典旧141条）[35]。なお，父権は父母のみに帰属すると一般的には解されるが[36]，父権者

不在の場合に，尊属には，子への監督（民法典旧142条），子の婚姻への同意（民法典150条），法定後見（民法典旧402条）が例外的に認められることから，後述するように，訪問権の法的根拠に関する学説には，尊属が「自律的な（autonomie）父権」を有するとするものもある。[37]

 民法典372条（1804年）
  子は，その成年またはその解放まで，父母の権威のもとにある。

 民法典373条（1804年）
  婚姻中，父のみが，この権威を行使する。

　離婚後の父権については，これを定める規定はなく，解釈が分かれる。すでにみたように，離婚後の子の監護は，原則として，離婚原因について無責の配偶者に委ねられる（民法典旧302条）。しかし，こうした場合において，母に子の監護が委ねられるならば，父権の解体に繋がることになる。なぜなら，母が子の監護者として，父権の大部分の権限を行使する一方で，父は父権を保持し続けるという構成がとられたからである。[38] すなわち，離婚後は，父は家族協同体の長（chef de société familiale）ではなくなるため，民法典旧373条の，父権行使に関する父の優位性を認める意義がなくなり，母が子の監護者となる場合には，前述の父権の属性が監護親と非監護親に分割され，行使されることとなる。ただし，父の父権の保持が否定されるのではなく，あくまでも父権行使についての制限が生じるのみであると解される。[39] なお，離婚後の父権行使について規定が設けられたのは，1970年の法改正においてである。

b）自 然 子

　フランス法では，後述するように，1972年の法改正までは，子に対して出生による差別的な取扱いがなされていた。自然子には，単純自然子のほか，姦生子，乱倫子という区別がなされていたが，後二者には，認知が禁じられていたので（民法典旧335条），父権に服する自然子とは単純自然子のことであり，[40]「適法に認知された自然子」を指す。

　民法典制定当時は，懲戒権についてのみ自然子を嫡出子と同様に扱うことを

定める民法典旧383条[41]以外には，民法典には自然子の父権に関する一般規定はなかったが，懲戒権の規定が自然子にも適用されることから，自然子も父権に服すると解されていた。自然子の保護および後見に関する1907年7月2日法律は，民法典旧383条を改正し，父母のうち先に認知した者を父権行使者とし，父母が同時に認知した時には，裁判所による変更の余地を残しながらも，父を父権行使者とするとした。

(2) 監督権の一態様としての父母の訪問権

A) 判 例

a) 離婚・別居時に訪問権は自動的に付与されるか

1970年まで民法典には訪問権を定める直接の規定がなかったため，法解釈により訪問権は承認されてきた。そのため，とりわけ初期の裁判例においては訪問権の根拠が問題とされた。また，訪問権の内容や範囲および行使方法，そして，訪問権に対する監護親の権限の範囲について争いが生じることがあった。

離婚に際して子の監護者とならなかった父または母は，監督権を与えられることが民法典制定当初から定められていた（民法典旧303条）[42]。こうした監督権は，父権の内容に，子を養育し，監督および指導する権利と義務が含まれるとされることにも表れているように，婚姻中は父権の本質的属性とされる監護権と結びついて存在する。しいて両者を区別するならば，監護権は継続的なものであり，監督権はより一時的な性格を有するといわれる[43]。婚姻中の監督権は監護権と結びついて具現化し，狭義の意味においては，家庭内外での子の生活の監督を行うために，子と血族またはそれ以外の第三者との身上の関係および通信について調整し，注視する権利と定義される[44]。離婚後は，婚姻中に父母が有していた「監護権」の一部は，民法典旧303条の「監督権」として監護権から分離され，父母に分属することとなる。このように離婚後に非監護親に付与される監督権は，監護親による子の養育および育成の方法を監督するために，訪問権のほかに，子と通信する権利，子の学校教育および宗教教育を監視する権利として日常的に行使される[45]。

次の1878年の破毀院審理部判決は，公表された裁判例において管見の限り，

父母の訪問権に関する最初の判決である。

破毀院審理部 1878 年 7 月 24 日判決（Mapas 対 Mapas 夫人）[46]
【事実の概要】
　子の両親の別居に際して，父に明確なかたちで子に会う権利（faculté de voir）を定めないまま，母（Mapas 夫人）に子の監護を委ねる判決を原審が下した。これに対して，父（Mapas）は，別居中に子の監護を母に委ねることは，離婚の際の子の監護の付与を定める民法典 302 条および婚姻中の父による父権の単独行使を定める民法典 373 条に違反し，また，子に会う権利が明確に定められないまま子の監護が母に委ねられることは，離婚後の監督権を定める民法典 303 条および未成年子は父の許可なく父家を離れることはできないと定める民法典 374 条に違反するとして，上告した。
【判　旨】（上告棄却）
　破毀院審理部は，次のように判断して，原判決を支持した。民法典 302 条および 373 条に違反するとした上告理由については，「民法典 302 条は離婚同様に別居にも適用される。そして，この場合には民法典 373 条の適用も必然的に除外される。このことから，父に対し別居を宣告した事実審裁判官は，子の最大の利益が，子の性別と幼年ゆえに，監護を母に委ねることを要求する以上，いかなる法律に違反することもなく，共通の子の監護を母が有すべきことを命ずることができる」。さらに，民法典 303 条および 374 条に違反するとした上告理由については，「事実審裁判官は，所定の条件のもとで子に会う権利を明確なかたちで父に与えることなく，共通の子の監護を母に委ねたが，そのことによって父の監督権を排除することはなく，それゆえ，上記の規定に違反するわけではない」。

　この破毀院審理部判決は，別居中にも民法典 302 条が適用され，監護者の指定ができることを明らかにした。監護者の指定があれば，民法典 303 条も適用され，子を監護しない親には監督権が自動的に付与されることになるが，同条の解釈から認められる訪問権も監護者指定の時に同時に付与されるべき権利であるか否か，本件では問題となった。この破毀院審理部判決は，訪問権は監護者指定と同時に付与されるべき権利ではないとした。次の 2 つの破毀院審理部判決においても同様のことが争点となり，同様の判断がなされている。

破毀院審理部 1888 年 7 月 16 日判決（Laurens 対 Le Sidaner）[47]
【事実の概要】
　子の両親の離婚に際して，両親は子の監護を行うに相応しくないとして，父方の祖母（Le Sidaner）に子の監護が委ねられた。その際に，子の母（Laurens）に明確かつ定期的に子に会う権利（faculté de voir）は与えられなかった。そこで，母は不服を申し立

てる。原審のパリ控訴院1887年4月2日判決は、母に子に会う権利を与えないまま、子の監護を祖母に委ねることを維持した。これに対して、母は、民法典302条を根拠に祖母に子の監護を委ねたことは法律の誤った適用であり、さらに、その際、定期的に子に会う権利を自己に与えなかったことは、家族の権利および民法典371条と372条の父権および303条の監督権を侵害するとして、上告した。

【判 旨】（上告棄却）

破毀院審理部は、次にように判断して、原判決を支持した。「離婚と同様に別居の場合においても、未成年子の最大の利益によってのみ導かれる事実審裁判官は、状況に応じて、子の監護を委ねるに相応しい者を指定する最終的権限を有する。原判決は、子の利益のみを考え、一連の事実を示し、そこから両親は娘の監護を行うに値しない旨の結論を引き出した。そのうえで、第三者に子を委ねることが相当であること、また、子の監護に関して父方の祖母が望ましい保証を与えていることを明確に述べている」。そして、「原審は、子の監護を祖母に委ねる一方で、これに関して何ら申立てを行わなかった母に対しては、所定の条件のもとで明確なかたちで子に会う権利を与えなかった。しかし、原審は、このことにより法律により保障される権利であり、かつ、民法典303条により母に与えられる監督権を排除したわけではない。したがって、上記の規定に違反しない」。

破毀院審理部1938年3月14日判決[48]（Marin 婦人 対 Latour Damico）

【事実の概要】

原審のレンヌ控訴院1937年4月26日判決は、子の両親の離婚後に子の監護を父（Latour Damico）に委ねる決定をした。その際に、母（Marin 婦人）に対し所定の条件のもとでの子に会う権利（faculté de voir）は与えられなかった。これに対して、母は、このことは子の養育（entretien）と育成（éducation）に関して母が保持する監督権を奪うことであり、民法典302条および303条に違反するとして、原判決の破棄を求めて上告した。

【判 旨】（上告棄却）

破毀院審理部は、次のように判断して、原判決を支持した。「原審裁判官は、子の監護を父に委ねる一方で、この件に関して申立てを行わなかった母に対しては、明確なかたちで子に会う権利を与えなかった。しかし、原審裁判官は、このことにより、法律により保障される権利であり、かつ、民法典303条により母に与えられる監督権を排除したわけではない。したがって、上記の規定に違反するものではない」。

これらの1878年、1888年、1938年の破毀院審理部判決はいずれも、訪問権の実定法上の根拠が民法典303条であることを認めている。そのうえで、監督権とは区別して、訪問権は父母の別居または離婚時に自動的に付与される権利ではないことを明らかにしている。すなわち、訪問権は、監督権そのものではなく、監督権の行使の一態様として認めうる権利であることを明らかにしたの

である。また，これらの初期の破毀院判決では，訪問権は，「訪問権（droit de visite）」ではなく，子に「会う権利（faculté de voir）」として表されている。

b）訪問権と監護権の関係

前述の初期の破毀院判決では，離婚後の監督権について定める民法典旧303条が父母の訪問権の実定法上の根拠とされていた。次の1900年の破毀院民事部判決は訪問権と監護権の関係を明らかにするものではないが，これも訪問権の実定法上の根拠を明らかにする初期の破毀院判決である。

破毀院民事部1900年5月7日判決（Villiers 対 Petit 婦人）[49]
【事実の概要】
パリ控訴院1895年11月12日判決は，子の父（Villiers）が母（Petit 婦人）に対して虐待をし，母は父に対して重大な侮辱をしたため，父のために別居を母のために離婚を宣告した。パリ控訴院は，母に子の監護を委ねる一方で，父の自宅に週2回子を連れて行き，休暇中は父母の間で分担して子の監護を行うこととした。ところが母方の祖母から父に宛てた手紙により，父はその息子との父子関係の存在に深刻な疑念を抱くに至った。こうした状況下で，原審のパリ控訴院により1898年6月23日に新しい判決が下され，子の利益を理由に父の一切の訪問権が否定された。これに対して，父は，未だ父権を失権しておらず，子については嫡出否認もなされていないにもかかわらず，原審が新事実を引き合いに出すこともなく，いかなる場所においても父がその嫡出子と会う権利（droit de voir）を有しないことを定め，第一審判決により定められた措置を取り消すことは，権限の濫用であるとともに，民法典303条および307条以下と，家族の権利と父権に関する原則に違反し，法的根拠を欠くとして，原判決の破棄を求めて上告した。
【判　旨】（上告棄却）
破毀院民事部は，次のように判断して，原判決を支持した。「両親の離婚もしくは離婚後に，裁判所は，子の監護権ならびに訪問権を定めるうえでの最終的判断を下す権限を有し，その際には，子の利益によってのみ導かれるものである。原審において確認された事実の結果，父は常に子に対する父子関係に関して極めて深刻な疑念を抱いており，別居および離婚訴訟の審理を通じて父は自らの申立てならびに陳述のなかで，これらの疑念を表明および公言してきている。また，子の母方の祖母が子の父に宛てた手紙のなかにも，そうしたことが示されている。これらの状況においては，原審が，父は子の母の自宅でもそれ以外の場所でも子と会う権利を有しないと定めたことは，いかなる法律に違反するものでもない。こうした問題において，子に関するあらゆる措置と同様に，同措置は本質的に一時的性質しかもたず，その後の状況の変化による修正は正当化されうる」。

この破毀院判決では、最終的に父が子との親子関係について深刻な疑念を抱いているため父の訪問権は否定されているものの、これは訪問権が民法典303条の解釈により導かれることを前提とするものである。次の1937年の破毀院民事部判決は、民法典303条の監督権の内容について判示するものである。

破毀院民事部1937年4月13日判決（Abraham Benjamin 対 Woodward, Lilian 夫人）[50]
【事実の概要】
　子の両親の別居に先立ち、裁判長命令により、母（Woodward 夫人）に子の監護が付与される決定が下された。命令に従い、母が子の監護を行っていたが、父（Abraham）は、母による監護の方針について、自己が選択したものとは別の宗教において子を育てることで、母が子に与えている教育の状況は子の利益に反することになると主張し、不服を申し立てた。原審のパリ控訴院1935年3月22日判決は、宗教教育（formation religieuse）を目的として、子の心に刻み込まれるべき信教（conscience）の方向性に関して決定を行うのは、子の監護が委ねられた両親の一方の役割であるとの理由から、父の申立てを棄却した。これに対して、父は、原判決の破棄を求めて上告した。
【判　旨】（上告棄却）
　破毀院民事部は、次のように判断して、原判決を支持した。「原審が述べるところとは異なり、子の監護が委ねられなかった親は、子の教育を監督する権利を保持し、子が教育を受ける宗教の選択という観点から、その配偶者が監護権を子の利益に反して用いていると判断する場合、紛争解決のために管轄の裁判所に対し審理を付託することができる。しかしながら、別居請求の開始に先立つ一時的措置に関する決定を下した裁判長命令について審理を付託された控訴院は、母に監護が付与されて以来、母が行う監護の条件が、命令の修正を促す性質のものであるか否かという点に関して判断を下す必要はなく、裁判長により命じられた措置が、命令が下された時点で、根拠のあるものであったか否かという点に関してのみ判断を下すべきである。他方で、裁判長命令を支持した原判決は、子が幼児期にあることから必要となる物質的世話（soins matériels）を、父が金銭的な世話（soins mercenaires）という手段でしか与えていないという事実の確認から、十分に正当化される」。

　この破毀院判決は、民法典303条の監督権が子の監護を付与されなかった親に認められることを確認したうえで、別居中の父に子の監護に関する監督権を認める。しかしながら、父は子の監護に扶養料を支払うことでしか関与していないという理由から、子の監護者を母とする命令を修正することは認めなかった。この破毀院が下した判断は2つの意味をもつと思われる。1つは、明言は

していないものの，監護親による子への監護を監督するために非監護親は子への訪問を求めうることであり，もう1つは，子の利益のためならば，非監護親が監督権を行使して監護権に介入することもありうることである。こうした非監護親の監督権は，その行使の一態様の訪問権となって具現化する。そして，時として監護権と対立する。しかしながら，監督権は，その理念において，子の養育および育成を監督する権利ではあるが，監護者による監護に対して干渉を許す権利ではないと考えられている。この破毀院判決におけるように，子の利益のためならば，例外的に監護権に介入することもありうるが，通常は，訪問権は監護権との関係において内在的な制限を含むものである。

c）訪問権の制限――通信権まで制限しうるか

前述のとおり，父権の内容には，子を養育し，監督し，教育を指導する権利と義務を含むのであるから，子がいかなる者と交流するかについても父権者が監督し，父権者は子のためにならないと考える訪問権に反対することが許される。しかしながら，訪問権の最小限のかたちである通信権まで制限することについては，判断が分かれるところである。次に，離婚後も引き続き父が父権および監護権を有している場合の2つの裁判例を検討する。

ルーアン控訴院第1法廷1899年6月7日判決（Graffin 対 Gauchard）[52]
【事実の概要】
　子の両親の離婚に際して，監護は父（Graffin）に委ねられ，母（Gauchard）には訪問権が与えられた。しかし，父は，母の訪問権行使の度に子の引渡しに関する受領証を要求し，また，子との通信も制限し，さらに，子の疾病の際に，定められた訪問権の日時以外での母と母方の祖父母の訪問および看病を認めようとしなかった。そのため，母が監護者の変更および訪問権の拡大を求めて訴えを提起した。1895年11月26日の裁判所の決定により，子の監護は引き続き父が行うこと，および，母に子の休暇の後半から15日間，子を連れ出す権利（droit de faire sortir l'enfant）を与えることが定められた。これに対して，父は不服を申し立てた。原審は，1896年5月23日に，裁判所決定を支持したうえで，さらに訪問権を拡張し，母に休暇前半の全期間および毎月の外出日の前日にも子を連れ出す権利を与え，子の母方の祖父母に独自の訪問権を与え，受領書も不要とする判決を下した。これに対して，母と母方の祖父母の監護権と訪問権，とりわけ子の疾病の際の監護権と訪問権と，さらに通信権を訴えの内容として，父は控訴し，母と

母方の祖父母は付帯控訴した。

【判　旨】(一部取消)

　ルーアン控訴院は，次のように判断した。「たとえ，監護権および訪問権に関する一時的措置が既判事項の拘束力を受けることがないとしても，こうした措置が取り消され，さらには制限されるためには，偶発的もしくは予測不可能な状況が生じ，かつ，新しい事態に直面して，子の最大の利益がその修正を求めるものでなくてはならない。したがって，本件においては，いかなる新しい事実も主張されていないため，祖父母に対し子の監護を委ねることを否定し，父に監護を引き続き与えた原判決を支持する。他方で，原判決は，休暇の後半から15日間の子を連れ出す権利を母が行使することを定めた1895年11月26日の決定の条項に，恣意的に，理由なく違反している。したがって，原審が，同決定の期限を超えて，母の権利を拡張し，休暇の前半の全期間に渡り子を連れ出す権利を母に与えた点について，原判決を取り消すこととする。また，同様の理由から，母に対し毎月の外出日の前日に子を連れ出す権利を与えたこと，さらには，祖父母に対し母のものとは別に単独の訪問権を与えたことは適当ではないため，原判決を取り消す。子の疾病の場合の監護権と訪問権(droit de garde et de visite)について，母および祖父母が定められた日時以外にも，その娘あるいは孫娘を訪問し，母性的愛情から看病することに対して，父が反対することは認められるものではない。こうした事態の場合を事前に規定することは不可能であり，当事者間の話し合いによる合意が得られない場合には，緊急の場合と同様に急速審理裁判官の判断に委ねることが望ましい。通信権(droit de correspondance)については，母と祖父母を区別することが重要であり，母に対しては，いかなる監督も伴わない，自由な通信権を与えることが相当であるが，祖父母に対しては，一方では父の権限を，他方では子の利益と本件の状況を考慮し，母と同一の権利を与えることは適切でない。

　以上から，主たる控訴に関しては，母の訪問権および子を外に連れ出す権利は，原判決により支持された1895年11月26日の決定により，予定され，定められた条件において，引き続き行使されるべきことを命ずる。そして，祖父母の通信権は，父の監督を伴わずに自由に行使することはできず，母のみがこうした権利を有すべきと判断し，これを命ずる。付帯控訴に関しては，母および祖父母は，……申立てにおいて根拠を欠くものであるが，子の引渡しに関する受領証に関してはこの限りではなく，これは，恣意的かつ抑圧的な手段であり，父は将来に渡ってこれを要求することはできない。したがって，この部分については，原判決を支持する。また，疾病の場合の訪問権および監護権に関しては，こうした事態が生ずる際に当事者間の話し合いによる合意がない場合には，急速審理裁判官により一時的な措置を受けるべきことを命ずる」。

パリ控訴院第6法廷1913年7月9日判決 [53] (Henry婦人 対 Bouchu)

【事実の概要】

　子の両親の離婚に際し，監護は離婚に関して無責の父(Bouchu)に委ねられ，母(Henry

第 2 章　解釈上の訪問権　115

婦人）には最小限の訪問権（droit de visite）が与えられていた。母は子と手紙のやり取りをしていたが、その手紙の数通は母の不品行を子に伝えるものであり、子の利益に反するとして、父は手紙を差し止め、これを破棄した。これに対して、母は、息子との自由な通信と自己の親族による代理訪問の許可、さらには休暇のうちの一定期間、子を自宅に預かることを求めて、訴えを提起した。原審は母の訴えを認めなかったため、これを不服として母は控訴した。

【判　旨】（控訴棄却）

　パリ控訴院は、次のように判断して、原判決を支持した。母の有責による離婚判決において、「子の監護は父に委ねられ、母には極めて限られた訪問権しか与えられていない。そもそも、父権は、それを行使する者に対して、子の品行（conduite）を監督し、その教育を指導する責任を課すものであり、このことにより、父権行使者には、子が書いた、あるいは子に宛てられた手紙を関知し、これを途中で差し押さえ、必要ならば破棄し、また、十分に了解された子の利益において必要な措置と認められる場合には、たとえそれが家族の一員であっても、裁判所により許可されていない者とのあらゆる通信に反対する権利と義務が与えられる」（民法典 302 条以下、371 条以下）。「子が知るべきでない母の品行を明らかにする可能性のある詳細を含んだ何通かの手紙を差し押さえたとしても、また、同じく母のみに与えられた訪問権の代理行使を拒否したとしても、裁判所が明確に述べているように、父は父権者として自らに課される義務を果たしたに過ぎない」（民法典 302 条以下、371 条以下）。さらに、「訪問権行使に関する命令（réglementation）は終局的なものではないが、同命令を修正するには新しい事実が生じ、かつ、命令を修正することが未成年子の利益になるものでなければならない。たとえ子の母の健康の状態が本格的に快復に向かうものと思われるにしても、母の住所が不定であること、ならびにその生活が乱脈であることから、体暇の分与に関する母の請求は認めることができない」。

　これらの控訴院判決は、父権者および監護者が子の利益に反する通信権を制限することを認めながらも、結論は異なる。前者のルーアン控訴院判決は、子の利益のために母の訪問権は制限されうるとしながらも、父権者および監護者である父は、恣意的かつ抑圧的な手段で訪問権を制限することは許されないとし、最小限の訪問権である母の通信権は父の監督なしに自由に行使できるとした。逆に、後者のパリ控訴院判決は、父権者および監護者である父は、父権の内容として子の品行の監督および教育を指導する権利と義務を有するのであるから、子の利益にとって必要と思われる場合には、母の通信権を制限することができるとし、父に、母が子に宛てた手紙を開封し、必要に応じて破棄するこ

とを認めた。このように結論が異なるのは，この当時から裁判所は，父権者および監護者に通信権を制限する絶対的な権限を認めていなかったためである。他方で，学説では，子の側からの視点において，伝統的に通信の秘密と不可侵性は未成年子には存在しないと考えられていたとされる[54]。

d) 訪問権の態様の柔軟な修正

次の控訴院判決は，すでに定められている訪問権の態様を，その後の状況の変化に応じて，裁判所が柔軟に修正するものである。

グルノーブル控訴院第1法廷1901年7月30日判決[55]（Marix 対 その妻）
【事実の概要】
　子（Olga）の両親の別居に際して，グルノーブル民事裁判所は，1898年5月13日に裁判長命令を下し，子の監護を母に委ね，父には毎週日曜日に1時間，子を訪問することを暫定的に許可した。その後，グルノーブル裁判所は，1899年2月16日の中間判決（jugement interlocutoire）において，父（Marix）に15日に1回，日曜日に子と会う権利（droit de voir）を認め，最終的に，1900年2月10日の判決において，子の母からの別居請求を認め，先の中間判決の条項を維持し，正式に子の監護を母に委ね，父に訪問権（droit de visite）を付与した。これに対して，父が控訴した。グルノーブル控訴院は，1901年4月17日の判決において，子の母による別居請求を認める先の判決を取り消し，これにより父の子への監護は復活した。母は，同判決の破棄を求めて上告した。そして，訪問権については，母は訪問の場所の変更を求めて急速審理を申し立て，父は訪問権の条項の修正を求めて反訴請求をしたが，1901年6月21日にグルノーブル裁判所長は，申立てを急速審理の要件である緊急性を欠き管轄外であるとして却下した。その後，父は，何よりも長期に渡り離れている子との再会を望んで，1899年2月16日の中間判決において定められ，1900年2月10日判決で支持された条項に基づいて，子への訪問を事前に母に通知し，6月23日に訪問場所であるリヨンの知人夫妻（Mare Heyman）の自宅を訪れ，そこに午後2時から5時まで留まったが，子に会うことはできなかった。そこで，父は，訪問権を定めた先の判決について，訪問の期間ならびに訪問が許可される者と場所に関する条件の修正および違反の場合の損害賠償を求めて，先の控訴の付帯請求として訪問権に関する本請求をグルノーブル控訴院に申し立てた。これに対して，母は，無管轄を理由とする父の請求の却下を申し立てた。
【判　旨】（一部変更）
　グルノーブル控訴院は，次のように判断した。「子の母は請求却下を申し立てているが，その根拠となるいかなる説明も与えていない。また，父から子の監護を奪う措置は，父権の最も重要な権利の1つにおいて，父権を侵害するものである。ゆえに，ささやかな

埋め合わせとして，子の利益と両立する限りで訪問権に由来する自由を与えることで，同措置の効力を和らげることが重要である。これらの訪問の時期，期間および条件は，必然的に子の年令および父の置かれた状況の変化による影響を受けるものである。実際に，グルノーブル裁判所長が 1898 年 5 月 13 日の命令により訪問の条件を命じた際，子は 2 歳弱であり，その身体的および知的発達の段階から，子は父にさほど関心を持っていなかった。そのため，父子の愛情のやり取りは，わずかな時間で十分であった。そして，父は，当時，グルノーブル在住の砲兵隊中尉であり，訪問を頻繁に行い，また，訪問日時を事前に決定するうえで大きな自由を有していた。しかし，こうした状況は一変した。子は 3 歳半となり，その知的水準も発達し始めており，父の心情および愛情を考えれば，父が子の成長を確かめ，反感とまでいわないまでも，父に対する子の無関心が助長されるような教育が父不在のところで行われていないかを確かめうるようにすることが大切である。また，父は大尉に昇進し，ブリアンソン要塞での特殊任務に就いているためリヨンへの移動は，以前よりもかなり多くの費用と時間的損失を父に課すだけでなく，父は日程を決定するうえで以前と同様の自由をもはや有していない。こうしたあらゆる事情を考慮し，1898 年 5 月 13 日の命令が認めた〔隔週日曜日の〕父の訪問権を，毎週日曜日にまで拡大し，訪問日を増すことが適当である。こうして与えられた自由を父が享受できないことが明らかである場合には，複数の移動を 1 つにまとめ，事前にその日程を定める自由を有すべきであろう。父自身が求めている訪問日の加算を認めることで，単独もしくは複数の日曜日を超えて自らの権利を行使しえなかった場合への補償を父に与えることが正当である。ただし，母の権利を侵害し，子の教育を損なうことがないよう加算の範囲を 2 日間に限るものとする。なお，訪問は引き続き，サン・ジョゼフ通り 2 番地の知人夫妻の現住所においてなされるものとし，また父の正当なる希望を，そして各移動から生じる費用ならびにその繁雑さを考慮し，訪問の時間は 4 時間，すなわち午後 2 時から 6 時とする。証人尋問から明らかである父の完全なる信頼性，父が娘に対し絶えず注いできた愛情，そして母の忠実にして信用に値する知人の存在は，こうした訪問にとっての十分な保証である。したがって，証人尋問から母の家政婦の子の父に対する感情には疑念の余地があるため，こうした家政婦の屈辱的立会いを父に課すことは，抑圧的というほかはない。さらに，訪問の間，父が娘と外出し，娘を散歩に連れて行く権利 (faculté de sortir avec sa fille et de la conduire à la promenade) を拒否してはならない。これに関しては，知人夫妻の同伴を父自身が申し出ている。こうした外出は，数時間に及ぶ面会 (réunions) の間，子の気晴らしには不可欠であり，同時にそれは父にとっても適切な満足を与えることに役立つはずである。しかしながら，外出が行われる場合には，子は午後 6 時前に知人夫妻の自宅に帰宅しなくてはならない。この際，子の父は，知人夫妻を同伴していたにせよ，いかなる場合においても自ら娘をその自宅に送り届けてはならず，母の家政婦が娘と確実に会ったうえで，その家政婦の手により，母のもとへ帰らせるようにしなくてはならない。あらゆる紛糾を回避するため，父は，

本判決の条件において子に対して行う訪問権に関して，郵便書留を少なくとも3日前に投函することで，子の母にその旨の通知を行わなくてはならない。訪問日を加算する場合には，同通知は，父が自身の権利を行使する旨，ならびに，日曜，月曜と続いて子が引き渡されるべき旨を記載しなくてはならない。そして，勧解（conciliation）の目的と，現在命じられている措置を母が節度と分別をもって尊重することへの期待において，本法廷が現状において違約条項を設けることは不適切と判断するも，本判決の条項が実行されなかった場合には，本法廷はこの条項に関する父の権利を全面的に留保するものである。娘への訪問権を規定するために先に設けられた一時的措置の修正を目的とする父の請求は，本法廷において確かに開始され，本法廷は同請求に関する裁判権を有するものとする。したがって，母の無管轄の主張は退けられる。……父が，毎週日曜日，午後2時から6時の間に，リヨンのサン・ジョゼフ通りの知人夫妻のアパルトマンに婚内子を訪問することを許可する。これらの訪問は，子の母の家政婦の立会いなしに行われなくてはならず，家政婦は子を引き渡した後に，その場を去り，母のもとへ子を帰らせる時点で戻って来るものとする。これらの訪問の際，父は，知人夫妻の同伴を得て，夕刻の6時前には，同夫妻の自宅に娘を送り届けるという条件のもとで，娘との外出が許可されるものとする。1週もしくは複数週の日曜に渡って父がリヨンに行くことができない場合は，同様の時刻と条件で，2日間続けて，すなわち日曜，月曜と続けて，娘と会うことを許可する。父は，子の母に対して，少なくとも3日前に投函した郵便書留をもって，訪問日と，場合によっては本判決の条項による2日間連続で子に会う権利（faculté de voir）を行使する意思とを，通知する義務を負うものとする」。

　このグルノーブル控訴院判決は，父の訪問権を拡張し，その内容に子との外出の権利が含まれることを認めている。さらに，グルノーブル控訴院は，状況に応じて，訪問権をまとめて行使することを認めている。この判決において，訪問権に関する決定は一時的な性質を有するものであり，その前提となっている状況の変化，すなわち，子の成熟度や訪問者の生活環境の変化に応じて，裁判所は訪問権の態様について修正することができることが示された。この判決では，父の訪問権の拡張的な修正が父と子の愛情の交流の維持のために認められているが，明言はしていないものの，これは，こうした愛情の交流を維持することが子の利益になると考えられたためと思われる。このように，子の利益を訪問権の認否の判断の基準とすることは，次にみる裁判例においてもみられる。

e) 訪問権の認否の基準としての「子の利益」

子の利益を訪問権の認否の基準とすることは，下級審レベルでは前述のルーアン控訴院 1899 年 6 月 7 日判決において，破毀院レベルでは前述の破毀院民事部 1900 年 5 月 7 日判決においてすでに行われており，その後，次のような裁判例において確立されていくこととなる。

シャンベリー控訴院第 1 法廷 1908 年 2 月 18 日判決 [56]（B 婦人 対 E）
【事実の概要】
　子の両親の離婚後に，母（B 婦人）に委ねられていた子の監護が週のうち数日間は父（E）にも委ねられることになり，父の監護中には母が共通の子を訪問することが認められた。その後，母は，自身の再婚により遠方に居所を移すことになり，先の判決で定められた条件での訪問権の行使が不可能となったため，これまでの訪問権行使の態様を滞在権に変更することを求めて控訴した。
【判　旨】（控訴棄却）
　シャンベリー控訴院は，次のように判断した。「裁判所は，離婚判決により子の監護を得た夫婦の一方が，他方に対して，子を一定期間委ねるべきことを命ずることができる（民法典 302 条および 303 条）。こうして命ぜられた措置は，本質的には一時的な性質のものであるため，新しい状況がそれを必要とする場合には，常に修正が可能である（民法典 302 条および 303 条）。しかし，裁判所は，その決定において，子の利益のみによって導かれなくてはならない。とりわけ，離婚した子の母は，週のうち数日間は父にも委ねられることになった共通の子への訪問を許可されたが，母の再婚に伴う居所の変更による遠距離から，判決で定められた条件での権利行使が不可能になったという唯一の理由により，母の訪問権（droit de visite）を 1 年のうちの一定期間，子を自宅に受け入れる滞在権（droit de séjour）に変更することはできない。そもそも，このような変更は，子の利益に反するものと思われる」。

ルーアン控訴院第 1 法廷 1930 年 7 月 30 日判決 [57]（Mussard 夫人 対 Reinhart）
【事実の概要】
　子らの母（Mussard 夫人）は不貞行為の末に家を出て行ったため，父（Reinhart）より離婚が申し立てられた。1928 年 7 月 7 日にアーブル民事裁判所が下した判決により，夫のために離婚が宣告され，5 人の子の監護は父に委ねられた。そして，母には休暇中に子らを預かることが認められた。その後，1929 年 8 月 13 日に母が姦通相手と再婚し，母の訪問権（droit de visite）の行使について，父母間で紛争が生じた。そこで，父は，母の訪問権は，第三者の家において，母の再婚相手の立会いを伴わない状況においてのみ行使されるべきであるとして，訪問権の条件の変更を求めて訴えを提起した。そして，父の請求が認められたため，母は控訴した。母は，子らの父の主張は恨みからのもので

あり，かつ，こうした訪問権の行使の態様は，自己の正当な権利を行使して再婚したにもかかわらず，一定期間夫と離れて暮らすことを強いることになり，現実には最初の婚姻からの子らに対する訪問権を諦めさせるものであり，受け入れ難いと主張した。

【判　旨】（控訴棄却）

ルーアン控訴院は，次のように判断した。「子の監護と訪問の問題は，性質がどうであれ，考慮すべき他のあらゆる事柄および父母間の合意（conventions）に優位すべき子の利益のみに基づいて解決される。かつては母の姦通相手であり，その後は母と再婚したものの，それでもなお，母との関係を続けるために子らを見捨てることへと母を導き，子らが属する社会的階級においては母により育てられないことは不幸であり，こうした不幸を子らへ招いた男性との接触に子を置くことは子らの利益になるのか否かという点のみに基づいて判断せざるをえない。長い間，子らに隠されてきた，こうした状況に子らが直面する場合，原審でも明らかにされたように，母の夫としての身分を有する男性が家父としての権威を有するその自宅に子らが滞在している間，子らはその男性の訪問者と同様であり，子らの道徳教育ならびに品位のために，子らに及ぼされる直接的影響から子らを遠ざけることが重要である。そして，たとえ短期間であったとしても同居類似の状態は，父の家庭を破壊した後に父に取って代わって母のそばにいる男性に従うことを子らに強いるだけでなく，父との間の親密な感情において子らを動揺させかねないのであり，子らにとって有害であるといわざるをえない。……しばらくの間は，母は，その現在の夫と最初の婚姻からの子らのどちらを選択するか迫られることになるが，これは母が子らよりも姦通相手との生活を選んだ決定的な選択の結果に過ぎない。この状況のもつ不都合は，それらを作り出した者によって引き受けられるべきであって，それについて責任のない不幸な子らによって引き受けられるべきではない。最後に，1929 年 9 月に与えらるべきであった監護の一部と引き換えに，1930 年のペンテコステ（五旬祭）の休暇に加えて 1930 年 9 月 1 日から 15 日まで，すなわち 1928 年 7 月 7 日判決が定めた月に加えて 15 日間，子らを母に委ねることを主張する母の主たる申立てについて，根拠があるものと認めることはできない。というのは，1929 年 9 月の間にボールの別荘にて子らを受け入れることを妨げるものは何もなかったからである。さらに，……母が 1930 年のペンテコステの休暇に第三者の家で子らを受け入れることを確認する」。

破毀院審理部 1932 年 6 月 20 日判決[58]（Mussard 夫人 対 Reinhart）

【事実の概要】

前述のルーアン控訴院 1930 年 7 月 30 日判決の上告審である。

子らの両親の離婚に際して，離婚に無責の父（Reinhart）に子らの監護は委ねられ，母（Mussard 夫人）には子らへの訪問権が認められた。その後，母が姦通相手と再婚したため，父が，子らの利益のために母の訪問権を制限することを申し立てた。原審のルーアン控訴院 1930 年 7 月 30 日判決は，離婚以前にも母が再婚相手と関係を有していたと

いう理由から，子らへの母の訪問権の行使は，第三者の家において母の再婚相手の立会いを伴わない状況においてのみ行われるべきであるとした。これに対して，母は，このような訪問権の行使の態様により，1年のうち約1カ月半に渡り夫婦の住所を離れざるをえないため，これは再婚から生じる権利および義務を侵害するものと主張し，原判決の破棄を求めて上告した。

【判　旨】（上告棄却）

　破毀院審理部は，次のように判断して，原判決を支持した。「原審は，『子らを見捨てることへと母を導』いた再婚相手とのあらゆる接触は，『父との間の親密な感情において』[59]子らを動揺させかねない直接的影響力を，たとえ一時的であれ有するため，こうした接触から子らを遠ざけることが重要であると述べている。原審は，こうした決定を下すことにより明示的に援用する子らの利益において，自らに属する権限を行使しただけであり，母の再婚から生ずる権利および義務に対して，いかなる侵害を及ぼすものでもない」。

破毀院審理部1934年7月23日判決[60]（Du Boÿs 対 Du Boÿs 夫人）

【事実の概要】

　子の両親の別居に際して，別居に無責の母（Du Boÿs 夫人）に子の監護が委ねられる決定がなされた。これに対して，父（Du Boÿs）は，子の監護は子が7歳になるまで母に委ねること，および，それまでの訪問権（droit de visite）を求めて控訴した。しかし，原審のパリ控訴院1933年7月20日判決はこれを認めなかったため，父は，判決の理由不備および法的根拠の欠如を理由として，原判決の破棄を求めて上告した。

【判　旨】（上告棄却）

　破毀院審理部は，次のように判断して，原判決を支持した。「原審は，夫婦の一方のために別居を宣告し，この配偶者に対して，婚内子かつ未成年子の監護権を付与し，他方に訪問権を付与する決定をする際に，申立てがいかなるものであれ，自由裁量を有するものである。そして，原審は，第一審の父に訪問権を付与しない決定について，当事者双方の権利に関する公正な判断に基づくものであると述べることで，原審の決定自体が子の利益においてなされたものであることを，暗黙的ではあるが，必然的に述べている。したがって，原判決は十分に理由がある」。

　これらの判決は，「子の利益」を訪問権の認否の基準とするものである。1908年のシャンベリー控訴院判決は，子の利益の観点から母の訪問権行使の態様に判断を下している。この判決においては，母の訪問権を1年のうちの一定期間，子を自宅に受け入れる滞在権に変更することはできないか，ということが問題となった。そして，そのような変更は，子の利益に反するとして認め

られなかった。なお，訪問権の内容に，子を訪問者の自宅に滞在させることまで認めるか否かについては，当初，争いがあった。なぜなら，こうした「滞在」は，民法典旧374条が規定する，父権の内容としての子を膝下に置く権利と衝突したからである。前述の1900年の破毀院民事部判決では，原審により否定されたものの，第一審では父の訪問権の内容に子を自宅に滞在させることまで認められた。子の利益について，1932年の破毀院判決，および，その原審である1930年のルーアン控訴院判決では，子の利益の観点から訪問権の態様の詳細について踏み込んだ判断がなされ，再婚した母の自宅での子の滞在を訪問権の内容とすることは，子の利益に反するとして認められなかった。さらに，1934年の破毀院判決も同様に，原判決を子の利益において決定を下したと評価し，これを支持することで，「子の利益」を訪問権の認否の基準とすることを認めるものである。

　これまでみてきたように，現在では訪問権といわれる父母の子との面会について，判例上では，当初は，その権利の名称から根拠，内容や行使の態様に至るまで争いがあった。父母の訪問権の実定法上の根拠は民法典旧303条であることが示される一方で，訪問権は，監督権とは区別され，別居や離婚時に子の監護を委ねられなかった親に自動的に認められるものでないことが明らかにされた。そして，判例上では，次第に「訪問権（droit de visite）」という表現が定着し，内容も拡張されていった。また，訪問権は子の利益のために制限を受ける権利であり，その判断については，裁判官の裁量に委ねられることも明らかにされた。

B) 法理論

　父母の訪問権は，立法化される1970年以前は解釈で認められていた。民法典旧302条が，父母の別居または離婚に際し，原則として別居または離婚につき無責の配偶者に子の監護を委ねることを定めていたが，民法典旧303条は，子の監護が委ねられなかった親にも監督権が残されることを定めていたため，この監督権の行使の一態様として，非監護親は訪問権をもつとされていた。[61] 前

述のとおり，判例上でもこのような法的構成をとることが認められている。

民法典 302 条（1804 年[62]）
　子は離婚を得た夫婦の一方に委ねられる。ただし，裁判所が，家族会または検察官（procureur impérial）の請求に基づいて，子の最大の利益のために，子のすべてまたはそのうちの一部が，夫婦の他方，あるいは第三者の配慮に委ねられることを命ずる場合には，その限りではない。

民法典 303 条（1804 年）
　子が委ねられる者がいかなる者であっても，父母は，それぞれ子の養育（entretien）および育成（éducation）を監督する権利を保持し，かつ，それらの能力に比例してそれを分担する義務を負う。

　さらに，民法典以外の訪問権の実定法上の根拠として，前述の父権の失権制度を定めた 1889 年 7 月 24 日法律が挙げられる場合がある[63]。同法律 20 条[64]は，失権した父または母に，第三者に委ねられた子を訪問することを許可するが，この訪問権は，例外的状況において認められるものである。

　なお，前述したように，自然子にも懲戒権の規定が適用されることから，自然子も父権に服すると解される。ゆえに自然子の監護を有しない親にも，離婚後の，嫡出子についての監督権を定める民法典旧 303 条の類推適用により，訪問権が認められる余地がある。

2　祖父母について

　祖父母の訪問権も父母の場合と同様に，1970 年の法改正までは民法典に明文の規定をもたなかった。そのため，祖父母の訪問権も判例および学説において解釈により認められてきたのであるが，民法典旧 303 条に規定される監督権の行使の一態様として認められる父母の訪問権の場合と異なり，実定法上の根拠となる明確な規定はなかった。そのうえ，祖父母の訪問権は，父母のものと比べて二次的なものとして扱われ，当初は，父権を侵害してはならないとの考えから，祖父母の訪問権には厳しい判断がなされていた。

(1) 父権の制限と祖父母の訪問権の承認

A) 1857年ジョーム判決以前の学説と判例の状況

　後述するように，祖父母の訪問権が初めて認められたのは，1857年の破毀院判決においてであった。この判決では，祖父母と孫の相互的利益のために父権の絶対性が否定され，祖父母の訪問権は認められた。この判決以降の学説では，祖父母の訪問権は，父権への制限の反射的効果でしかなく，祖父母固有の権利ではないとする見解が有力であった。このように祖父母の訪問権は，その初期の段階において父権と対峙するかたちで登場したのであった。

　すでにみたように，民法典制定当時における父権は，ローマ法における父権や家父長権にみられるような絶対的かつ支配的性格はもはや有しなかったが，原始規定には，父権の失権やその一部取上げの制度を欠く一方で懲戒権が定められていたこと（民法典旧375条から旧382条），また，子は父の許可なくして父家を離れてはならないと定められていたことから（民法典旧374条），依然として子に対する排他的支配の性格は有していたとされる。子は成年到達もしくは未成年解放（émancipation）まで，こうした父権に服した。したがって，19世紀初めの慣習のなかで，裁判所による家庭内の不和への介入はまだ一般的ではなく，孫との関わりを父権者により恣意的に奪われた祖父母が，裁判所に訴えを提起するという考えすらなかったとされる。実際に祖父母の訪問権を審理した裁判所は沈黙を守っており，次のパリ帝国控訴院判決は，父権者の意思に反して，祖父が孫を訪問することを許可しようとはしなかった。

パリ帝国控訴院第2法廷1853年4月21日判決[67]（L対S）
【事実の概要】
　子（Sara-Alice）は父母の婚姻中に出生した。しかし，婚姻は，その成立から2年後に母の死亡により解消された。婚姻解消からしばらくは，母方の祖父（L）と子の父（S）は良好な関係を築いていたが，父の再婚により両者の関係が悪化し，敵対関係が生じるようになった。そのため，父は，祖父と孫との面会を一切禁じた。こうした状況下で，仕事上の必要から毎年3カ月間パリを訪れることになっている祖父は，パリ滞在中に週1回孫娘と面会する許可を求め，子の父を相手方として訴えを提起した。第一審のセーヌ裁判所は，「たとえ父は子を自由にする権利（droit de disposer）」を有しているとし

ても、「子は母方の祖父母と愛情関係（relations d'affection）を有していることが望ましい」ため、父は、祖父に対して面会（voir）を拒否することはできない。しかしながら、両者の間には批判と敵意に満ちた関係が存在しているため、子がいかなる否定的影響も受けることのないよう慎重を期する必要がある。こうした不都合を避けるため、訪問（visite）は「第三者の家」で行われることを命ずるとともに、祖父には孫の「精神に否定的な影響を及ぼすような、いかなる発言も禁ずる」とする。すなわち、父に対しての先入観を子に植えつけたり、子が知るべきでない紛争を教え込んだり、あるいは、いかなる性質のものであれ、偏見的な印象を引き起こしかねないような、あらゆる発言を禁ずることが適当であるとした。そのうえで、セーヌ裁判所はパリ滞在中に週1回1時間の孫への訪問を祖父に認めた。これに対して、子の父は父権の侵害を理由として控訴し、また、祖父も制限のない孫への訪問を求めて付帯控訴した。

【判　旨】（原判決取消・請求棄却）

パリ帝国控訴院は、次のように判断した。「父権者または法定後見人のいずれとしてであれ、父は娘に対する十全の権威（autorité）を保持するものである。法律の定めがあり、かつ、所定の手続によるのでなければ、父権は、いかなる点においても、父から剥奪されることも弱められることもない。本件においては、これらの状況は存在していない。したがって、祖父の請求を棄却する」。

以上のパリ帝国控訴院判決は、父権の権威（民法典372条および390条）を理由として、父が、母方の祖父の孫に対する面会および訪問を拒否することを認めた。この当時、裁判所は、祖父母の訪問権は、父権への侵害、とりわけ民法典旧374条への侵害になると考えていたため、孫への祖父母の訪問を認めようとしなかったのである。しかし、学説上の議論は分かれており、ロラン教授は、このような厳密な裁判所の判断を擁護し[68]、他方で、ドゥモロンブ教授は、法的次元というよりも感情的次元において、孫と愛情の関係で結ばれる祖父母への訪問権を認めるべきだとした[69]。実務的に決着をつけたのは、次にみる破毀院民事部1857年7月8日判決である。この破毀院判決は、父権の絶対性を否定し、孫と祖父母の相互的利益のために祖母に孫への訪問を認めた。

B）　1857年ジョーム判決による祖父母の訪問権の承認

孫への訪問権を請求した祖母の名からジョーム判決と名づけられた、次の破毀院民事部1857年7月8日判決は、初めて祖父母の訪問権を承認したものであり、祖父母の訪問権にとって象徴的な判決として位置づけられる。

破毀院民事部 1857 年 7 月 8 日判決[70] （寡婦 Jaumes 対 Jac du Puget）

【事実の概要】

　子らの両親は1840年に婚姻し，長女が1840年11月16日に，次女が1844年8月20日に誕生した。1845年8月1日に子らの母が死亡したため，その後は継続して，子らの監護は，母方の祖母（寡婦 Jaumes）とおばに委ねられていた。1852年に父（Jac du Puget）は再婚をし，この再婚後しばらくして，父は子らの引取りを希望した。しかし，これが失敗に終わったため，母方の祖母とおばを相手方に，父は，子らを自己が選んだモンペリエの寄宿学校に連れて行くこと，および，これに関する遅延損害金として1日につき1000フランの連帯債務を課すことを求め，モンペリエ民事裁判所に訴えを提起した。これに対して，モンペリエ民事裁判所は，こうした義務を母方の祖母とおばに課しえないとした。そこで，父は，祖母の家に踏み込むことを警察に要請した。1854年4月7日，警察は，この使命を完遂し，子らは，おばとその兄弟に付き添われて，父の指定した教育施設に連れて行かれた。父は，その直後から子らと母方の祖母とおばとのあらゆる交流を禁じた。このため，祖母は，寄宿学校において孫娘たちを訪問する権利（droit de visiter）の承認を求めてモンペリエ裁判所に訴えを提起した。第一審のモンペリエ裁判所1854年7月20日判決は，父の権限は絶対権であることを宣言しつつも，祖母と孫らの間には生得の，あるいは実定法が承認する極めて重要な関係（rapports sacrés）が存在するので，父権（puissance du père）といえども，父自身が形成されるままに放置しておいた祖母と孫らとの関係，すなわち，とても緊密で近い関係を，重大かつ正当な事由なく，身勝手と気紛れ以外の何の理由もなく恣意的に絶つことはできないとした。これに対して，父は控訴する。原審のモンペリエ帝国控訴院1855年2月17日判決は，次のように判断して，第一審判決を取り消した。「未成年子は父の権威のもとに置かれる。そして，父は，子の居所を選択し，教育を指導する権利を唯一享受し，この権利には子にとって適切でないと思われる訪問を禁ずる権利も含まれ，その理由は誰に対しても弁明する必要はない。それゆえ，父が，ダム・ノワールの寄宿学校において母方の祖母が未成年の娘たちを訪問するのに反対することは，父の権威（autorité paternelle）の限界を超えない。そして，その決定の理由は審理されるべきではない」。祖母は，これを不服として上告した。祖母は，父が祖母と寄宿学校に入れられた孫らとのあらゆる交流を禁じたことについて，原審が，その理由を全く審理することなしに，それを認めたことは，ナポレオン法典371条，372条，373条および自然法の原則の解釈に関して違反と誤りがあると主張した。

【判　旨】（破棄自判）

　破毀院民事部は，次のように判断した。「ナポレオン法典371条，372条，373条に鑑みると，立法者は父権を認め，その諸効果を定めるに留まるとしても，立法者は父権が絶対的であり，監督を伴わないものであると考えていたわけではない。子らの教育を指導し，その効果として，父が選んだ施設に子らを入れ，そして，たとえ家族であっても

子らに影響を及ぼすと考えられる者が子らを訪問することを禁じるのは，おそらく父の役割である。しかしながら，子らとその尊属との間には，利益と紐帯の相互性，権利と義務の相互性（réciprocité d'intérêts et de liens, de droits et de devoirs）が存在する。これらの相互性は，自然にその原則を有し，民事法自体がそれを承認しているのである。そして，これらの相互性は，父権に従属するとはいえ，絶対的な事由（impérieuses raisons）なく父権のために全面的に犠牲にされることはない。絶対的な事由に関しては，家父は第1の者であるが，それを判断する唯一至高の者ではない。問題となっている，子らと尊属との間の関係の一部または全面的な家父による禁止は，それが父の権威からの正当な行為として，一定の例外的な場合および重大な事由により正当化される場合があるとしても，そうでなければ，全く同時に，子らの利益を危うくし，尊重されるべき義務や道徳上の礼節を損なうことにもなる。したがって，父権の濫用は，司法的監督から逃れるために権利のベールで身を覆うことはできない。かかる場合に，父は，自らの権限を判断する至高の裁定者になることはありえない。それゆえに，他のあらゆる事件と同様に本件においては，裁判所の権限に訴えて，裁判所が，当事者の各々の立場についてもちうる知識あるいは裁判所の判断に委ねられた事実に基づき，父権の行使において行き過ぎまたは濫用があるかどうか，そして，父権が本来の権利の限界に引き戻されるべきかどうかを審理するよう請求することが可能である。以上から，父は，その反対の事由を誰に対しても弁明する必要はなく，また，それは審理されるべきではないとの理由のみによって，祖母の訴えを審理することなしに退けた点において，原判決は，適用された上記の規定に関する解釈の誤りがあり，これらに違反するものである」。

このジョーム判決は，祖父母の訪問権を認めた初の裁判例として象徴的な存在であるだけでなく，次のような実質的な意義がある。ジョーム判決は，父権者として子の育成を監督する権利を享受する父は，訪問者の影響力が懸念される場合に，その訪問を禁ずることができるが，直系尊属に対する訪問の禁止は，裁判所の審査に服する絶対的な事由が存する場合にしかできないとした[71]。すなわち，祖父母と孫の関係には利益と紐帯および権利と義務の相互性が存在することから，これらの関係の維持のためには，父権といえども制限されることを明言したことは注目すべき点である。ジョーム判決は，その後の判例に影響を与え，それまで父権への不可侵を理由に祖父母の訪問権の承認には消極的であった裁判所の態度を変化させた。そして，次にみるように，次第に祖父母の訪問権を認める判決がみられるようになる[72]。

(2) 祖父母の権利としての訪問権

A) 内容の拡張と権利性の承認

　前述のジョーム判決において示された見解は、その後の裁判例において踏襲され、祖父母の訪問権は判例上で形成されていくこととなる。しかし、初期の学説においては、ジョーム判決では父権を制限した反射的効果として祖母の孫への訪問権が認められ、祖父母は固有の権利としての「訪問権」を享受しえないのではないかという見解が生じた[73]。この点について、判例は、訪問する側の利益を保護するために訪問権を認めようとしているとの指摘もあり[74]、祖父母の「訪問権」は、祖父母の固有の権利であるか否かということが議論されることとなる。しかし、結局のところ、初期の学説では、祖父母の「訪問権」は、父権を制限した反射的効果でしかなく、孫への祖父母の訪問は例外的な場合にしか認められないという考えが多数であったとされる[75]。このような考えは、20世紀初めには、祖父母にとってあまりにも制限的過ぎると考えられるようになった[76]。このことは、次に検討する裁判例において、孫への祖父母の「訪問」を権利として認める表現が徐々に使われるようになっていくことにみられ、そして、学説においては、孫への祖父母の「訪問」に権利性を認める見解が登場することにみられる。後述するように、その後の学説の議論は、祖父母の「訪問権」がその固有の権利であることを前提に、法的性質に関するものに展開していくこととなる。そして、1970年に、祖父母の訪問権は原則的に認められる祖父母の固有の権利であると、立法的承認を受けることで一応の決着をする。

a)「滞在」を認めなかった破毀院判決──「滞在」の概念

　1970年の立法化以前において、祖父母の「訪問権」が、その固有の権利であると解されたとしても、当初の内容は非常に制約されたものであった。すなわち、初期の破毀院判決では、「訪問権」の内容には、孫を祖父母の自宅に滞在させることまでは含まず、祖父母は監護者の自宅でのみ孫と面会することができると考えられていた。しかし、祖父母の「訪問権」の内容は、権利性の承認に伴って、次第に拡張されていった。その発展は、破毀院レベルにおいては

3段階に分けられる[77]。

　まず，第1段階において，未成年子は決して父権者の監督下から離れてはならないという考えによって[78]，次のように，破毀院は，祖父母の訪問権の内容に，祖父母の自宅に孫を滞在させるのを含ませることを否定した。

破毀院民事部 1870 年 7 月 26 日判決[79]（Azam 対 寡婦 Souchières）
【事実の概要】
　子の両親の婚姻は母の死亡により解消され，その後，子の父（Azam）と母方の祖母（寡婦 Souchières）との間で訪問権に関する紛争が生じ，訴えが提起された。原審のパリ控訴院 1867 年 6 月 27 日判決は，祖母に対して，寄宿学校において孫を訪問する権利（droit de visiter）を与えただけでなく，学期中の 4 日間の外出日のうち 1 回，祖母が孫を学校から連れ出すこと，さらに，夏期休暇の初めの 6 日間は孫を祖母の自宅で監護することを認めた。これに対して，父は，原審が，孫と祖母が寄宿学校で面会することに対して与えた自己の同意の範囲を超えて，唯一の父権者である父の意思に反し孫を祖母が定期的に自宅で預かることを認めたことは，法律および慣習上は父にのみ帰属するはずの父権の分割を許すことになり，これは越権行為にあたり，民法典 372, 373, 374 および 390 条に違反するものであるとして，原判決の破毀を求めて上告した。
【判　旨】（破棄自判）
　破毀院は，次のように判断した。「ナポレオン法典 372 条および 374 条に鑑みるに，父権には子が教育を受ける施設を選択するのみならず，子が外部の者と取り交わすあらゆる通信を禁止する家父としての権利を含む。父は，自らの権威の維持に基づくものであれ，子の利益に基づくものであれ，深刻な事由が存在する場合には，子とその尊属とのあらゆる関係に反対することさえできるが，父権の行使に行き過ぎまたは濫用があれば，裁判所の監督を受けることになる。このような場合，一方では父の権威が求めるもの，他方では子の利益，さらには道徳上の法律（loi morale）および民事上の法律（loi civil）により，子とその尊属の間に成立する権利と義務の相互性が求めるものに関して決定を下すのは裁判所の役割である。しかしながら，裁判所は，法律によって明示的に定められた場合以外では，子を多少なりとも長期に渡り特定の尊属に委ねるようなことを命ずることはできない。ナポレオン法典 372 条および 374 条は，成年到達もしくは未成年解放まで子は父母の権威のもとに留まり，それまでは父の許可なしに父家を離れてはならないと規定している。こうした規定の結果，正規に定められた日時であれ，休暇中であれ，子がその預けられている教育施設から外出する際に，外出期間の全部あるいは一部であれ，子が父以外の尊属に委ねられることについて，未成年子を父のもとに置くために，父には父家から子が離れることに反対する絶対的な権利が生じるのである。……原判決の結果，子は，その祖母の自宅に預けられている間，父の同意を伴わず，かつ，父の正式な反対にもかかわらず，祖母に委ねられていることになる。そのため，原審は，その

権限を逸脱しているといえ，したがって，父権の原則を侵害するのみならず，上記の規定を誤って適用するものであるとともに，これに違反するものである」。

破毀院民事部 1891 年 7 月 28 日判決[80]（Durante 対 Chaulan）
【事実の概要】

　子の父（Durante）と母方の祖父母（Chaulan）との間で訪問権に関する紛争が生じ，訴えが提起された。第一審のマルセイユ民事裁判所 1890 年 8 月 6 日判決は，次のように祖父母に対して訪問権を認めた。祖父母は，毎週木曜日の午後 2 時から 5 時の間，孫への訪問を父の住所にて行うこと，および，付添人の立会いを伴わずに祖父母の自宅に孫を受け入れることができる。毎年 7 月 25 日と 12 月 26 日の祖父母の祝宴には，午後 2 時から 5 時の間，祖父母の自宅に孫は連れて行かれる。そして，夏期休暇中の 2 週間，祖父母の自宅に孫は滞在する。孫がマルセイユあるいはマルセイユから遠方の寄宿学校に預けられた場合には，祖父母は，毎週 1 回，孫に面会および訪問しに行く権利（faculté d'aller le voir et visiter）を有するものとし，および，クリスマス休暇のうち 1 日，復活祭の休暇のうち 2 日，祖父母の自宅に孫を連れて行くことを認める。これに対して，父は控訴する。原審のエク・ザン・プロヴァンス控訴院 1891 年 2 月 25 日判決は，第一審判決を次のように変更し，祖父母の孫への訪問を認めた。まず，原審は，家父は，子の教育に対する義務の当然の帰結として諸権利を有するとしつつも，子に祖父母に対して深い尊敬と敬愛の感情を教え込む義務があることを指摘した。この目的において，自由で継続的な祖父母と孫の接触の機会を設けることが必要であるとし，これには単なる訪問ではなく滞在を含む訪問が必要であるとした。さらに，こうした訪問は，父権を侵害するどころか，子の精神に良い影響を及ぼすことも指摘する。そして，第一審判決の毎週木曜日を修正して，隔週木曜日に祖父母の孫への訪問を認めた。また，毎年 7 月 25 日と 12 月 26 日の訪問は取り消し，夏期休暇中の祖父母の自宅での孫の滞在は 8 日間に縮減したうえで，クリスマスおよび復活祭の休暇中の訪問は 1 日のみとし，午前 9 時から午後 9 時まで，父の指示に従って，祖父母は孫を受け入れるものとした。これに対して，父は，原審が，父の立会いを伴わずに祖父母が孫を訪問すること，あるいは孫を受け入れることを認め，さらに毎年一定期間，祖父母に孫の監護を委ねることを認めたことは，民法典 372 条，373 条，374 条，および 390 条に違反するとして，原判決の破棄を求めて上告した。

【判　旨】（破棄移送）

　破毀院民事部は，次のように判断して，原判決を破棄しニーム控訴院に移送した。「民法典 372 条，373 条および 374 条に鑑み，わが国の父権は，父が子の教育を監督するのみならず，たとえ家族の一員とであっても，子の利益に反すると思われるあらゆる交流（communication）を禁止する権利を含む。しかしながら，これが子と祖父母の関係である場合，父の権限は絶対的ではありえない。一方では父権の要求するものを考慮し，他

方では子の権利および尊属と孫とを結びつける道徳上および民事上の権利と義務を考慮し，父権の行使を規制して，その濫用を防ぐのは裁判所の役割である。したがって，父権者が，いかなる重大な事由も存在しないにもかかわらず，子とその尊属の間のあらゆる交流を禁止し，あるいは，苦痛を伴うか尊属の尊厳（dignité）を侵害するような条件のもとでのみ，こうした交流を許可するような場合，裁判所が，他の事件と同様に本件でも状況に応じ，いかなる制限と条件のもとで，祖父母と孫との間の相互的な訪問（visites réciproques）が許可されるべきかを判断し，決定を下す権限を有している。しかし，こうした裁判所の監督の権利は，法律により特に定められた場合，もしくは，絶対的な必要を除いては，父の意思に反して，多少なりとも長期の滞在（séjour）の間，子が尊属の監護に委ねられるべきことを命ずるまでには至らない。実際に，上記の規定は，成年到達もしくは未成年解放まで，子は父母の権威のもとに置かれ，それまで父の許可なく父家を離れることはできないと定めており，これらの規定の結果，父には未成年子を自己のもとで監護する絶対的な権利が生ずる。しかるに原審は，一定の条件下での祖父母への孫の訪問および孫への祖父母の訪問を許可したのみならず，夏期休暇中の8日間，子が尊属の監護に委ねられるべきことを命じているため，この期間中，未成年子が，父の意思に反し，父の権威から奪い去られるという結果を生じさせている。それゆえ，原審は，父の権威に属する権利を無視するとともに，その権限の範囲を逸脱しており，上記の規定の適用に関する違反と誤りがある」。

破毀院審理部 1894 年 2 月 12 日判決[81]（Mousnier 対 Borgat 夫妻）
【事実の概要】

子の父（Mousnier）と母方の祖父母（Borgat 夫妻）との間で訪問権に関する紛争が生じ，祖父母が訴えを提起した。母方の祖父母は，子の父に対して，第 1 に，1891 年 9 月にアジャクシオ（Ajaccio）の寄宿舎に預けられた父の長子（Frédéric）を，祖父母との面会および休暇中の自宅への受入れにとって都合の良いリヨンの寄宿舎に預けること，第 2 に，父は，裁判所が定める日時に定期的に，長子以外の子らを祖父母のもとに行かせる義務を負うべきことを要求した。第一審のリヨン民事裁判所 1893 年 3 月 11 日判決は，次のような判断を下した。第 1 の点に関して，父は長子をアジャクシオの寄宿舎に預けることが必要と考えていたのであり，こうすることにおいて父は未成年子に対する自らの父権を行使したに過ぎず，父はこの決定の理由を祖父母に対し説明する必要はない。しかし，裁判所により父権およびその主たる属性である子の監護を損なわない範囲で交流が許可される場合には，祖父母は孫との交流を奪われないことが，判例において確かに常に正当と認められてきた。この点に関して，祖父母は，寄宿舎の定める訪問の時間およびその期間を遵守する義務を負いながらも，寄宿舎に孫を訪問しに行く権利（faculté ……d'aller visiter）を有しており，これについて子の父が拒否したこともなく，祖父母は実際に同権利を行使しているため，すでにその要求は十分に満たされているといえる。

第2の点に関して，長子以外の子らについては，リヨンあるいはそれ以外の寄宿学校にすでに預けられている子あるいは将来的に預けられる子と，現に家族と暮らしており今後もそうあり続ける子とを区別する必要がある。父と祖父母の両家が同時にリヨンに居る場合には，隔週日曜日の午後2時から5時の間，父には同居する子をリヨンの祖父母の自宅へ連れて行く義務を負うことを命じ，寄宿学校に預けられている子あるいは将来的にそうなる子が夏期休暇中に帰省する際には，同居する子と同時に祖父母を訪問させることを命ずる。そして，こうした訪問の間，祖父母は立会人を伴わず孫と面会し，会話する（entretenir）ものとする。祖父母がいかなる立会人も伴わず孫と面会できるようにすることは，孫がその祖父母に対し示すべき敬意と1つの社会的関係からの要請に従うことであり，このことは父権を侵害するものではない。さらに，寄宿学校の規則を遵守し，2週間に1回という条件のもとで，祖父母に寄宿学校において孫を自由に訪問し，面会することを認める。これに対して，父は控訴するが，原審のリヨン控訴院1893年7月13日判決は第一審判決を支持した。そこで，父は，原審が父権および監護権を無視し，父の立会いを伴わず孫を訪問あるいは受け入れることを祖父母に対して許可することは，民法典372条および374条に違反するとして，原判決の破棄を求めて上告した。

【判　旨】（上告棄却）

　破毀院審理部は，次のように判断して，原判決を支持した。「未成年子の監護に関しては，家父の権利は絶対的である。このため，家父の権利が，父の自宅において子を父のもとに置くことのみならず，多少なりとも長期的に他者に子を委ねることを拒否することに及ぶとしても，子による祖父母へのしかるべき訪問に関しては，同権利は一時的に例外を受け入れるものである。真に実効的であるために，こうした訪問権（droit de visite）は自由に行使されねばならず，苦痛を伴い，あるいは尊属の尊厳を傷つけるような条件や尊属を訪問する子だけでなく尊属の訪問権の受入れを望まない子でさえも負うべき敬意を減じさせるような性質の条件を訪問権の行使に伴わせるべきではない。これに関して，裁判所は，訪問の条件を定め，372条および374条の要請と，等しく重要である371条の要請を両立させるための規制の権限を有している。原審は，父に，隔週日曜日の午後2時から5時間，子らのうち父と同居する子をリヨンの祖父母の自宅に連れていくことを命じ，こうした訪問の間，祖父母は立会いを伴わず，孫と面会し，会話することができるとしている。原審は，道徳上および民事上の法律に根拠を有している尊属と孫の関係のあり方を，このように定めることにおいて，自らが有する監督の権利の範囲を超えておらず，上記の規定の正当な適用を行ったといえる」。

　以上の1870年，1891年，1894年の破毀院判決は，祖父母の訪問権の内容に「滞在」を含めるかどうかについて判断を下したものである。1870年の破毀院判決，1891年の破毀院判決はいずれも，民法典372条および374条を根拠に子の監護に関する父権の絶対性を認めつつも，その一方で，道徳上および民事

上の法律が認める祖父母と孫の間の権利と義務の相互性を指摘する。そして，父権者といえども重大な事由がなければ，祖父母の訪問権を制限あるいは禁止することはできないとする。しかしながら，祖父母の訪問権の内容に，数日間に渡り祖父母の自宅に孫を滞在させることを含むことは父の監護権を侵害することになるとして，両判決とも否定する。これについて，1870年判決は，「法律によって明示的に定められた場合以外では，子を多少なりとも長期間に渡り特定の尊属に委ねるようなことを命ずることはできない」としており，1891年判決は，この期間ついて，「多少なりとも長期の滞在（séjour）」というように基準をより明確に示した。1894年の破毀院判決では，隔週日曜日に3時間に渡り子が祖父母の自宅を訪問することが，前述の両判決における「多少なりとも長期」に渡り子を尊属に委ねることになり，父の監護権の侵害になるのか否かということが争点となっていた。1894年判決は，これを否定した。そもそも「滞在（séjour）」という表現には，「訪問（visite）」という意味はなく，「居住（résidence）」を意味する。「訪問」と「居住」の境界性は明確ではないものの，以上の破毀院判決から，宿泊を伴わない「日中（journée）の訪問」は，監護権を侵害するような「滞在」とならないことが明らかになった。すなわち，宿泊を伴う場合のみが，祖父母の訪問権の内容には含まれない「滞在」にあたることが明らかになったのである。

さらに，祖父母の「訪問」の権利性については，1870年判決では「訪問する権利（droit de visiter）」，1894年判決では「訪問権（droit de visite）」という表現が用いられているが，1891年判決では単に「訪問（visites）」と述べるに留まり，表現のうえでは権利性に関する破毀院の見解は一貫していない。

なお，1870年判決および1891年判決は，訪問権の検討の際に子の利益が考慮されることに言及しており，1894年判決は，祖父母の訪問権を尊重する根拠として民法典371条を援用している。これらは「滞在」に関することのほかに注目すべき点であろう。

b)「滞在」を認めた下級審判決
　前述の初期の破毀院判決に対して，下級審レベルでは，次のボルドー控訴院

判決を除き，早くから祖父母の訪問権の内容に，その自宅での孫の「滞在」を含むことを認めるようになる。

ボルドー控訴院第1法廷1860年6月13日判決[83]（Boulineau 対 Sauvaget）

【事実の概要】
　子の両親の婚姻は母の死亡により解消された。その後，子の父（Boulineau）と母方の尊属（Sauvaget）との間で，尊属と孫との関係の維持に関する紛争が生じ，訴えが提起された。原審のコニャック裁判所1859年11月29日判決は，子の曾祖母と祖父母の自宅に子を連れて行く義務を父に課し，1回の訪問は4時間を限度とすることとした。そして，父には常にそれに立ち会う権利（droit d'y assister）を認めた。これに対して，父は，父権の絶対的権利を根拠に，父の自宅においてのみ母方の尊属と子との自由な面会はなされるべきであるとして，控訴した。

【判　旨】（原判決取消・請求棄却）
　ボルドー控訴院は，次のように判断した。「父権を定めるにあたり，法律はただ自然に従い，子を父母の保護と権威のもとに置くものである。ナポレオン法典373条によれば，婚姻中は父のみが，いかなる監督も伴わずに，この権威を行使する。そして，立法者が予期しえなかったような酷い父権の濫用を除いては，裁判官は父と子の関係に干渉することはできない。……法律は，同じく自然に従い，祖父母と孫の間の相互的な権利と義務を定めている。父母が死亡するか，あるいは父母が自らの意思を表明することが不可能な場合に，法律は祖父母に対して父権に属する権限（prérogative）のうちのいくつかの委譲（déléguer）を行う（民法典150条，151条，153条，154条，および173条）。しかし，法律は，これらの場合以外では，子に関するいかなる権威も祖父母に与えることはない。……また，法律は，家族のうちに占める祖父母の地位がいかなるものであれ，祖父母のために父権を分割し（scinder），父権行使の阻害を許すことはない。なぜなら，分割によって父権を弱体化させ，不都合な衝突を生じさせることを懸念したからである。さらに，あまりにも繊細で私的な問題であるために当事者に委ねることが最も賢明であるような関係が存在する場合には，一般的に当事者も裁判官の仲裁よりも不介入を望むことを法律は理解しているからである。同様の理由から，父は，祖父母と孫の間に当然存在すべき関係を妨げるのではなく，これを促すことが望ましいことは確かではあるが，こうした関係の適時性を判断するのは父であり，関係に賛同するよう父に強いることはできない。祖父母がこれを裁判に訴えて父に強制するためには，それが法律により明示的に認められるか──実際にはそういうことはありえないが──，少なくとも法律が祖父母に認めた権利の結果でなければならない」。前述の「法的義務とは別に，卑属は尊属に対して，敬意と尊敬を示すべきであるが，法律は，これを民事上の義務として規定しておらず，純粋に自然的な義務として存在するだけであり，いかなる制裁を課すものでもない。法律はこれに関する言及を避けてさえおり，民法典371条において，あらゆ

る年令の子は，その父母に対して敬意と尊敬をもたねばならないと述べるに留め，その他の尊属に関しては沈黙を守っている。祖父母が子に有害な信条を教え込むこと，あるいは祖父母が子の愛情の横取りを企て，本来は父に対して払われるべき尊敬と恭順（obéissance）を揺るがすことが懸念される場合，父は，子とその祖父母の間のあらゆる接触を取り除く正当な事由を有するものといえる。父は，その理由を何人に対しても説明する義務を負わず，裁判所も父にこれを義務づけることはできない。なぜなら，こうした理由の説明は，家族の名誉において秘されるべきものであり，また，法的な証明を全く必要としない性質のものであるからである。父の気紛れから子の利益に反してでも祖父母とのあらゆる関係を禁ずるということは稀であるから，父に好意的な推定をすべきであり，最も賢明な方法は父の愛情に任せることであろう。裁判所の介入は，家族の不和を公にするため，紛争を一層深刻にしてしまうことになり，また，他方では，居所を移したり，子を遠隔地に移すなどして裁判所の決定を逃れるかどうかは常に父次第であるため，祖父母の側にも十分な満足を与えることはない。本件では，父は母方の尊属が子と日常的関係を保つことに同意する義務を負い，また，母方の尊属は父に対してこれを強制する権限を有することは勿論であるが，尊属の権利は父に対して子を連れてくることを強制するものではない。父は，母方の尊属に対して自己の住所において自由に子と会う権利（faculté de les voir）を与えることにより，すでに母方の尊属の要求を満たしている。しかし，母方の尊属は，子の父の自宅に留まることに反対し，それを訪問を控える理由としているため，父は，母方の尊属に単に子と会うことを許すだけでなく，母方の尊属に完全な自由と尊厳をもって子と会うことができるようにしたいと申し出ている。したがって，母方の尊属は，子の父の立会いにより孫との面会を妨げられることはない。母方の尊属が何らかの措置を求めて訴える必要性が生じるのは，その実施が約束と違う場合，母方の尊属と子との面会が妨げられる場合，あるいは尊属が酷い段取りを強いられる場合に限られる。以上から，父の控訴を理由があるものと認めるとともに，母方の尊属が父の住所において，全く自由に子を訪問すること，そして，尊属の訪問の頻度は任意であり，また，尊属に対して与えるべきあらゆる敬意をもって受け入れられるべきであることに反対しない旨の父の申し出の一部を認める」。

この1860年のボルドー控訴院判決は，前述のジョーム判決直後の下級審判決である。ボルドー控訴院は，祖父母および曾祖母の孫への訪問を認めるが，それは子の父の住所で行えば足りるとして，祖父母らの自宅に孫を受け入れることは認めなかった。ただし，祖父母の訪問権自体については，孫と「会う権利（faculté de voir）」として表現し，その権利性を認めている。

なお，同判決は，ジョーム判決で示された尊属と孫の間の相互的な権利と義務および子の利益を認めつつも，家族紛争への裁判所の介入に関しては，それ

以前に裁判所において主流であった消極的な見解を示す。

次のパリ控訴院判決は、主に祖父母の自宅が遠隔地にあるという理由から、祖父母の訪問権の内容に孫を滞在させることまで含むことを認めるものであり、この判決以降、下級審では祖父母の訪問権の内容を拡張することに躊躇しなくなる傾向がみられる。

パリ控訴院第4法廷1869年8月14日判決[84] (Dupuis 対 Simon)
【事実の概要】
　子の両親の婚姻解消後、教育施設に預けられている子に関する訪問について、子の父 (Dupuis) と母方の祖母 (Simon) との間で紛争が生じ、訴えが提起された。原審のセーヌ民事裁判所1869年3月19日判決は、「父権に属する権利は、父が母方の祖母に対し孫を受け入れる (recevoir) ことを正当な事由なく妨げることを許すものではない」とした。そのうえで、父が、祖母に対し子との面会は施設の休憩時間に行う旨を提案したことについて、「父の提案は十分ではないため、法律の文言に従えば、子に関して唯一監護と責任を有する父の住所以外で、休暇の一部および施設の外出日に、孫を日中だけ受け入れることを祖母に許可することが適当であろう。以上の理由から、子の学期中は外出日のうち2日は、祖母の自宅で子は日中を過ごし、休暇中は1週間のうち2日は祖母の自宅を子は訪問し、そこで日中のすべてを過ごすべきことを命ずる」とした。これに対して、子の父は控訴を、祖母は休暇中に長期的に孫を自宅で預かることを求めて付帯控訴を申し立てた。

【判　旨】（控訴棄却・一部変更）
　パリ控訴院は、次のように判断した。「原判決が命ずるように、短期休暇および夏期休暇については、祖母の住所がパリから遠く離れているため、孫を毎夕送り届けることは祖母にとって不可能である。また、休暇の一部の間、孫を長期的に預かるだけの資格に祖母が欠けているとする、いかなる正当な事由も父は述べていない。さらに、子の利益は、祖母との面会 (voir) を求めており、子と母方の家族を結びつける紐帯は恣意的に断たれるべきではない。以上から、主たる控訴に関しては、原判決を支持し、付帯控訴に関しては、原判決が休暇中に長期的に孫を自宅に預かることを祖母に対し許可しなかった点について部分的に取り消し、これに関しては、祖母が短期休暇および夏期休暇の前半は孫を預かり (prendre)、その後半は父のもとに帰すことを命ずる」。

エク・ザン・プロヴァンス控訴院第3法廷1929年3月15日判決[85] (Théric 対 Eyguerier)
【事実の概要】
　子 (Siganne, 10歳) の出生後、母の死亡により子の両親の婚姻は解消された。その後、父 (Théric) と母方の祖父母 (Eyguerier) との間で子への訪問に関する紛争が生じ、

訴えが提起された。原審は，期間を制限したうえで，祖父母に対し孫の訪問を自宅で受けることを認めた。これに対して，父は，父権の侵害を理由として，原判決の取消を求めて控訴した。

【判　旨】（控訴棄却）
　エク・ザン・プロヴァンス控訴院は，次のように判断して，原判決を支持した。「未成年子に関して，父権に付随する権限（prérogatives）がいかに広汎なものであろうとも，また，父権から家父に対し生ずる教育権（droit d'éducation），監護権ならびに監督権がどれほど専制的なものであろうとも，特別な事情のもとでは，父権の行使と孫が祖父母に対して負う敬意と尊敬の義務とを両立させることは，これらの権利を阻害するものではない。ゆえに，裁判官に判断が委ねられる特別な場合に，家父の権威への過度な制限を引き起こさないよう配慮しつつ，自然が尊属と孫の間に生じさせる愛情関係（rapports d'affection）を完全なかたちで維持するために，いかなる措置が取られるべきかを探るのは裁判官の役割である。子の母が死亡した場合，子を父の監督と実質的な道徳上の指導のもとに恒常的に置くために十分な間隔を空け，また，厳格に制限された期間において母方の祖父母に自宅で孫の訪問を受ける権利（faculté…… de recevoir le visite）を裁判所が与えることは，父権の侵害とならない。本件において，出生後に母の愛情を失った子の祖父母に対し原審が認めた訪問は，法律上および事実上においても父の権威を侵害するものではなく，それは，実際に祖父母が子に対し常に注いできた温かい愛情，子の父の再婚に際して示された祖父母の節度ある態度，さらには，子の父の信望と釣り合った祖父母の完璧な信望により正当化される。こうした訪問は，家父の正当な権利を損ない，影響を与えることのないように規制されている。最後に，祖父母は，1年の半分をリヨンで，その残りをル・ピュイ・サント・レパラードで暮らしているため，生活状況から常に遠隔地に居ることを余儀なくされた子を休暇のうち15日間，祖父母の自宅に受け入れることを許可しないことは，祖父母に過分の苦痛を与えることになることを考慮しなくてはならない」。

アベーヌ民事裁判所 1931 年 1 月 15 日判決[86]（Robineau 対 Maneiche）
【事実の概要】
　子（Denise）の母が 1928 年 8 月 22 日に死亡し，子の両親の婚姻は解消された。当時，2歳半であった子は，フルミーにある父方の祖父母の自宅で育てられることとなった。その後，子の父（Maneiche）が，母方の祖父母（Robineau）に子を面会させるにあたって，深刻な問題が生じたため，母方の祖父母は，1930 年 9 月 30 日に子の父を召喚した[87]。祖父母は，父が子をパリに連れてくること，および，毎月最初の1週間と休暇中の1カ月間，子を祖父母に委ねることを求めた。これに対して，父は，孫に対する祖父母の権利は，訪問権であり，監護権でないと主張する。そして，父は，娘が幼年なのでパリに娘を連れて行くことは難しいとして，フルミーのおばの自宅に毎月第1日曜日に娘を連

れて行き，そこで母方の祖父母が娘との面会および訪問をする旨の提案をした。
【判　旨】（請求一部認容）
　アベーヌ民事裁判所は，次のように判断した。「祖父母に認められる訪問権（droit de visite）は，現在では，孫がその祖父母に対して示さねばならない尊敬の義務を十分に満足させるものでなければならないと解される傾向にあることが重要である。とはいえ，結果として，子に関する父の監護権および監督権の侵害をもたらすような滞在となる一定期間の祖父母による孫の受入れや監護を認めることは過度で違法となるであろう。しかしながら，父の提案する面会の方法は，あまりにも祖父母に厳しいものであると思われる」。そして，フランス法総覧の一節を引用して，次のようにいう。「『かつては，民法典372条と374条は，絶対的意味を有しており，訪問は子に父家を去ることを余儀なくさせるため，裁判所が簡単な訪問を認めることさえ禁じていた。しかし，訪問には長いか短いかという程度の問題しかないのであり，現実に生ずる様々な事件について唯一正しく評価できる状態にある裁判官に，訪問に関する措置を決めさせることが合理的であろう。さらに，祖父母が孫の訪問を受け入れるための唯一の方法が，多少なりとも長期間の監護であるという実際の状況はないのだろうか。これに関しては，祖父母が子の父と同じ市に住んでいないことを想起すれば十分である』。別の言い方をすれば，訪問権（droit de visite）を全くの形骸としないために，あまりにも厳格な方法で規制してはならない。何よりもまず，事件の状況，当事者の状況ならびにその可能性，とりわけ祖父母に対して孫が遠隔地に居住しているかどうかを考慮することが重要である。本件では，状況は祖父母に有利である。裁判所は母方の祖父母の請求を少なくとも部分的に正当であることを認める。まず，現在までに，子の父は，その娘と祖父母との接触に少しの意欲ももっていないようであり，祖父母に借りていたアパルトマンを追い出されたことへの恨みを抱いているように思われる。これについて，祖父母は，子の父の批判されるべき私生活，および子の父がほとんど居所を空けて，これを放置していたことが原因でこうした方法によらざるをえなかったと説明する。さらに，子の父は，その家族の請求により保佐人が指名された後で，すぐに家族と和解したものの，自らの責任を果たすことができず，フルミーの自身の両親に幼い子の指導と監督を委ねた。こうしたことから，母方の祖父母は父方の祖父母より孫娘に対して不利な状況になったのである。それゆえ，できる限り2つの家族の間の平等を回復するすることが公平である。確かに，子の父は，遠くへの移動は子の健康にとって大変不都合であるという異議を唱えている。そして，異議の根拠にフルミーの医師の診断書を提出するが，この医師は『冬の間，旅行をするのは軽率である』と書き添えるだけである。したがって，この診断書からは，良い季節の，とりわけ快適な条件における数時間の計画の旅行であれば，当然ながら幼い子に全く危険を及ぼさない，ということができる。そして，旅行は十分な間隔を空けて——この点は議論されてないが——，子はパリに到着した後，あらゆる望ましい世話を受けることとする。実際に，子の父は，その義理の両親の請求に対して完全な満足を

与えることができる状況にある。すなわち，子の父と自身の父はパリに事務所とアパルトマンを所有している。これらは商業文に示されているとおり，住所はシャンティイ通り3番地であり，彼らは週のうち数日間はそこに赴いているのである。他方で，毎月数時間，幼い子の祖父母が，フルミーの子のおばの自宅で子と会うことは，すでに高齢になった祖父母に頻繁な移動を強いるだけでなく，関係のない者の自宅での簡単な面会は家族の紐帯を緊密にするためには明らかに不十分であるから，こうした条件では望まれる目的を達成することができない。子に祖父母をよく知り，愛せるようにし，祖父母に亡くした娘の面影を再発見する慰めを与えることで，祖父母と孫の間に，人情味のある，より緊密で深い接触と継続的な関係を保証すべきである。以上の理由から，子の父に毎年4月から9月の第1週目の最初の4日間，パリの祖父母のところへ子を連れて行くことを命ずる。さらに，祖父母が子を駅で預かり，フルミーに帰る際には子を駅に連れて行くために，子の父に到着と出発の日時を祖父母に知らせることを命ずる」。

パリ控訴院第1予備法廷1965年4月6日判決[88]（Quidu夫妻 対 Gaillard夫妻）
【事実の概要】
　子の両親の婚姻は父の死亡により解消された。その後，子の母と父方の祖父母（Gaillard夫妻）との間で訪問権に関する紛争が生じ，訴えが提起された。原審のセーヌ大審裁判所1963年5月29日判決は祖父母に訪問権を認めたため，これに対して，母側（Quidu夫妻）が控訴した。
【判　旨】（控訴棄却）
　パリ控訴院は，次のように判断して，原判決を支持した。「父方の祖父母は，父権の権限（prérogatives）に侵害を加えず，子の利益を損なわないという条件のもと，孫に対し良識的な訪問権（droit de visite）を行使し，さらには滞在権（droit de séjour）を行使するという，当然にして異論の余地ない資格を有するものである。この場合，子の利益は，訪問権を認めるうえでの障害となるどころか，逆に，父の死後，父方の家系の代表である祖父母との緊密な関係（liens étroits）が維持されることを求めるものであり，母が絶対的に実行不可能な訪問権の主張に固執し続けることは，こうした子の利益を全く見誤ったものであるといえる」。

　以上の1869年のパリ控訴院判決，1929年のエク・ザン・プロヴァンス控訴院判決，1931年のアベーヌ民事裁判所判決，1965年のパリ控訴院判決はいずれも，祖父母の訪問権の内容に孫を自宅に受け入れ，宿泊を伴う「滞在」をさせることを認めるものである。とりわけ，前3つの判決では，祖父母と孫の互いの居所が遠隔地にあるという現実的な問題から孫の「滞在」が認められたが，1965年のパリ控訴院判決では，そのような状況を問題とするのではなく，滞

在権は当然に祖父母に認められるべき権利であるとしている。この1965年のパリ控訴院判決の頃では，その内容に「滞在」が含まれることが祖父母の訪問権の常態となっていたことが窺える。ここに至るまで，「滞在」を祖父母の訪問権の内容とすることには強い抵抗があった。なぜなら，こうした「滞在」は，一時的でも祖父母に子の監護を委ねることになり，父権を侵害すると考えられたからである。それでもなお，これらの下級審判決は，子の利益の観点を明に暗に示し，祖父母と孫の間の特別な関係の維持を「滞在」を含む訪問権の正当化の根拠とする。1869年のパリ控訴院判決および1965年のパリ控訴院判決では，明確に子の利益についての言及がある。1929年のエク・ザン・プロヴァンス控訴院判決および1931年のアベーヌ民事裁判所判決では，明示的な子の利益についての言及はないが，祖父母と孫の愛情関係を訪問権の承認の際に考慮しており，これは後に判例において訪問権の確固とした認否の基準となる「子の利益」を念頭に置いたものと思われる。

　祖父母の「訪問」の権利性については，この4つの判決のなかで最も古い1869年のパリ控訴院判決は，「権利」という表現を使っていないものの，祖父母の「訪問」については好意的である。ほかの20世紀に入ってからの判決はいずれも，その表現において明確に権利性を承認している。1929年のエク・ザン・プロヴァンス控訴院判決は「訪問を受ける権利（faculté de recevoir le visite）」と，1931年のアベーヌ民事裁判所判決および1965年のパリ控訴院判決はいずれも「訪問権（droit de visite）」と表現している。

　以上のように下級審判決では，祖父母の訪問権の内容に孫を自宅に滞在させることを含むことを認め，その権利性も承認してきた。

　c）「滞在」を認めた破毀院判決
　前述のように，破毀院判決は，その発展の第1段階として，祖父母の訪問権の内容に宿泊を伴う「滞在」を含めることを父権への不可侵を理由に否定してきた。そして，次にみるように，破毀院は，第2段階として，例外的状況において，祖父母がその自宅に孫を継続して滞在させ，監護することを認めるに至る。次の1931年の破毀院判決は，訪問権ではなく孫の監護に関する事件であ

るが、孫が罹患しているという例外的状況において、祖父母に孫の監護を委ねることを認めるものである。

破毀院審理部 1931 年 6 月 5 日判決（Blanc 対 Collomp 夫妻）[89]
【事実の概要】
　子の両親の離婚は、1923 年 3 月 17 日にマルセイユ裁判所により宣告された。この時、子（Etiennette）が幼かったことから、父（Blanc）に父権が付与されたものの、子の監護は母に委ねられた。母は、子を連れて実家に戻り、その両親（Collomp 夫妻）と生活をしていたが、1927 年 7 月 22 日に死亡した。母方の祖父母は孫の監護を引き続き行うことを希望し、孫の監護について、父を相手方に申立てを行った。原審のエク・ザン・プロヴァンス控訴院 1928 年 7 月 4 日判決は、母方の祖父母に孫の監護を委ねることを認めた。そこで、父は、これは民法典 372 条、374 条、390 条および 1810 年 4 月 20 日法律 7 条に違反し、父権の侵害になるとして、原判決の破棄を求めて上告した。
【判　旨】（上告棄却）
　破毀院審理部は、次のように判断して、原判決を支持した。「精神障害に陥っている子の監護の付与を、現時点で祖父母に対して拒否することは、子の神経系に危険を生じさせる可能性があることを原審裁判官が確かめている。こうした特別な事情においては、一時的措置として、裁判官が決定を下すことが許される喫緊の場合とみなしうるとともに、そうすることで、裁判官は自らの権限を逸脱することも、上告理由で述べられた規定に違反することもない」。

　この破毀院判決は、子の罹患という例外的状況においてではあるが、父権者が生存しているにもかかわらず、子の監護を、その祖父母に委ねることを認めた。結果として、これまで破毀院が頑なに拒んできた父権の分割を認めることになった。そして、この判決が切っ掛けとなり、破毀院は新たな局面を迎えることとなる。次の第 3 段階では、祖父母と孫の互いの居所が遠隔地にあり、従来の訪問権の行使が困難であるという実際上の問題に適切に対処するために、祖父母の訪問権の内容に孫を自宅に受け入れ、滞在させることを含むことが原則として認められる。そして、父権者といえども正当な事由がなければ、これに反対することはできないのである。

破毀院民事部 1931 年 7 月 6 日判決（Théric 対 Eyguerier）[90]
【事実の概要】
　前述のエク・ザン・プロヴァンス控訴院 1929 年 3 月 15 日判決の上告審である。

原審のエク・ザン・プロヴァンス控訴院1929年3月15日判決は，母方の祖父母（Eyguerier）に，毎月第1木曜日の午前10時から正午までの一時的な訪問権に加えて，年末年始の休暇の2日間および復活祭の休暇の3日間，9月後半の2週間，自宅で孫を預かる権利（droit de prendre）を認めた。これに対して，子の父（Théric）は，父権は絶対的であり，父の同意なくして子は父の権威および監護から引き離されないにもかかわらず，原審が，実質は監護権であるものを訪問権と形容することで，祖父母の自宅に孫を受け入れ，滞在させることを許可したことは，民法典108条，371条，372条，373条，374条および1810年4月20日の法律7条に違反するとして，原判決の破棄を求めて上告した。

【判　旨】（上告棄却）

破毀院民事部は，次のように判断して，原判決を支持した。原審は，祖父母に対して，「自宅で孫を預かる権利を認めた。民法典374条は，父の意思に反して，裁判所が定期的な滞在のために未成年子を祖父母の監護に委ねることを原則として妨げるものである。しかしながら，実際の状況からして，このような滞在が未成年子との関係を維持する祖父母の権利の最も望ましい行使方法である場合には，父権の権限（prérogatives）の，とりわけ374条から導かれる指導および監督の権利を保護するための何らかの手段が講じられることを条件として，裁判所は，この準則の厳格性を緩和することができる。孫と同一の場所に居住しない祖父母は，単なる訪問によっては孫との関係を維持しえないが，原審により許可された滞在」はこれを可能にする。「このような滞在は，祖父母の信望ならびに孫に対する祖父母の愛情，そして，再婚した父に対する祖父母の節度ある態度により正当化されるものであり，かつ，父の正当な権威を損なうことがないように定められたものであることが認められる。以上から，原判決は十分に理由があるものであり，上告理由に示される規定に違反しているとはいえない」。

破毀院審理部1942年2月24日判決[91]（Pesnel婦人 対 Delamotte夫妻）

【事実の概要】

子の両親の婚姻は，父の死亡により解消され，母（Pesnel婦人）に父権が付与された。その後，子の母と父方の祖父母（Delamotte夫妻）との間で訪問権に関する紛争が生じ，訴えが提起された。原審のカーン控訴院1939年3月31日判決は，父方の祖父母に対して，週に1回，クリスマス休暇のうち4日間，復活祭に8日間，夏休みに1カ月と，祖父母の自宅に2人の孫を受け入れることを許可した。これに対して，母は，父権者が反対する場合には，裁判所は，滞在権（droit de séjour）ではなく，訪問権（droit de visite）を祖父母に与えることしかできないにもかかわらず，原審が，父方の祖父母に対して，休暇の際，長期に渡り孫を受け入れる権利（droit de recevoir）を認めたことは，民法典372条，373条，374条，389条，390条および1810年4月20日法律7条に違反するとして，原判決の破棄を求めて上告した。

【判　旨】（上告棄却）
　破毀院審理部は，次のように判断して，原判決を支持した。「父母が唯一，祖父母を排除して父権を行使する者であるとしても，正当な事由なくして祖父母に対し近い血族が有する緊密な関係を孫との間に維持する権利を妨げることはできない。それが祖父母の権利行使の最も望ましい方法である場合には，裁判所は，父権の権限（prérogatives）を保護しつつ，祖父母の自宅での孫の定期的な滞在を許可することができる」。

破毀院第2民事部1955年11月2日判決[92]（Mantz - Boyer 婦人 対 Boyer）
【事実の概要】
　子の両親の離婚訴訟の係属中に，急速審理において，父方の祖母（Boyer）に対して，孫（Dominique）への訪問権および滞在権（droit de visite et de séjour）が認められた。これに対して，子の母（Mantz - Boyer 婦人）は控訴するが，原審のパリ控訴院1952年6月17日判決は，急速審理の決定を支持した。そこで，子の母は，急速審理による命令は，離婚訴訟において監護権に関する決定を下す唯一の管轄権を有する本案事件の裁判官の権限を侵害するものであり，かつ，緊急性がなかったにもかかわらず行われたものであるとして，これを支持する原判決の破棄を求めて上告した。
【判　旨】（上告棄却）
　破毀院民事部は，次のように判断して，原判決を支持した。「一方で，訪問権の措置は，この領域において裁判所が有する権限において命じられており，原審は，急速審理裁判官が定めた短い期間，子が祖父母に委ねられることに不都合はないと評価した。実際に，この措置は，実体関係について踏み込んだ解決がなされるまでの暫定的な性質しかもたず，監護権を行使する母の正当な権利を危うくする性質のものではない。他方で，原審は，『急速審理での措置は，祖母が孫との関係を維持しうるようにするために必要である』と述べ，急速審理裁判官が，母が子をその祖父母に会わせることを拒否したことから祖父母の訪問権を定めることに緊急性を認め，一時的な措置の実行を伴う命令を下したことを支持する。事実の確認と陳述から，本件において，深刻ではないが問題解決の緊急性があったことが認められ，急速審理における管轄権は正当化される」。

　以上の1931年の破毀院判決と1942年の破毀院判決はいずれも，遠隔地に居住する祖父母に対して，その孫への訪問権の行使を実行たらしめるために，祖父母の自宅に孫を定期的に滞在させることを認める。1931年判決が支持した原審の1929年のエク・ザン・プロヴァンス控訴院判決は，祖父母と孫の間に愛情関係があることを認め，1942年判決は，血縁に基づく特別な関係があることを認めている。こうした祖父母と孫の関係を維持するために父権への一定の制限はやむをえないとするのである。そして，1955年の破毀院判決は，祖

父母と孫の互いの居所が遠隔地にあるという状況がないにもかかわらず，祖父母の訪問権の名のもとに，祖父母の自宅に孫を滞在させることを認める。

これまでみてきたように，下級審が，すでに19世紀後半には，子の利益の観点から，祖父母の訪問権の内容として認めていた「滞在」を，破毀院は，以上のような変遷を経て，ようやく1931年になって原則として認めたのである。

そして，祖父母の「訪問」の権利性については，下級審は，祖父母の訪問権の内容の拡張に並行して，19世紀後半には「権利」という表現こそ使ってはいないものの，その権利性を認めるような判決がなされている。そして，20世紀初めには，「訪問権」という表現に統一こそされてはいないが，それを「権利」として捉えていることが判決のなかで窺える。なお，表現自体に関しては，19世紀後半の下級審判決では，「訪問（visite）」ではなくて，「面会（voir）」というものもみられる。

他方，破毀院は，祖父母の訪問権の内容に制限的ではあったが，それを表現のうえでは「権利」と表すものが散見する。しかし，表現自体は区々であった。とりわけ，祖父母の訪問権の内容に孫の「滞在」を含むとした前述の1931年と1942年の破毀院判決はそれぞれ，その判決の内容に従い，孫を「預かる権利（droit de prendre）」，孫を「受け入れる権利（droit de recevoir）」と，祖父母の訪問権を表す。「訪問権（droit de visite）」という表現が定着し，その権利性が確立するのは，祖父母の訪問権の内容の拡張を認めた第3段階の初の破毀院判決以降の，次の1938年の破毀院判決の頃のようであった。

B）「祖父母」の範囲の拡張

これまでみてきたように，判例においては祖父母と孫の関係の重要性が認識されてきた。そのため祖父母と孫の関係を維持する祖父母の訪問権は，早い時期から認められてきた。そして，祖父母の訪問権の内容として，その自宅での宿泊を伴う孫の「滞在」が認められるようになることと並行して，祖父母の「訪問」に権利性が認められるようになる。しかしながら，これらの祖父母の訪問権は，祖父母自身の子（すなわち孫の親）が嫡出子であり，かつ，その嫡出子の子（すなわち孫）も嫡出子である場合のみを対象とするものである。詳しくは

後述するように，1972年の法改正以前は，子の両親が婚姻関係にあるか否かで，子に対して嫡出子か自然子（単純自然子，姦生子，乱倫子）かという法的な区別がなされた。これに伴い，訪問権が承認される祖父母も区別されていたのである。また，孫が嫡出子であっても完全養子縁組により実方との法的な親子関係が断絶すれば，それにより祖父母の訪問権も影響を受ける。

祖父母自身の子や孫が嫡出子であるか否かにより祖父母の訪問権を区別する取扱いは，法的には，1972年の法改正まで続いた。それでも判例においては，訪問権が認められる祖父母の範囲は拡張されていった。その背景として，祖父母と孫の間には血縁に基づく特別な関係があり，とりわけ愛情関係がみられるような場合には，祖父母と孫の関係を維持することが子の利益になるという考えがあったからである。前述の初期の裁判例においても，祖父母の訪問権の認否の際には，祖父母と孫の間の相互的利益や子の利益の基準が明示的あるいは黙示的にみられ，こうした考えは年代が下るにつれて明確になっていく。祖父母と孫の関係や子の利益は，本来，嫡出か否かにかかわらず普遍的なものであり，ここから判例においては訪問権が認められる祖父母の範囲が広げられていくことになるのである。とはいえ，当初，対象とされたのは，あらゆる意味における嫡出の祖父母であったことはすでに述べた。

以下に，自然子の祖父母の訪問権に関する裁判例を検討する。そして，最後に祖父母自身の子も孫も嫡出子であっても，孫が養子縁組をした場合の祖父母についてもここで検討を行う。

ここでいう自然子の祖父母とは，①祖父母自身の子が自然子の場合，②孫が自然子の場合，③両者が自然子の場合に分けられる。いずれにしても自然子の祖父母に嫡出子の祖父母と同じ権利を認めることは難しいと考えられていた。なぜなら，自然子の親子関係が法的でないことに付随する強い社会的非難があったことに加え[94]，特に孫が自然子である場合の祖父母の訪問権は，相続法の規定である民法典旧756条と衝突したからである。民法典旧756条は「自然子は相続人とはなりえない」と規定していた[95]。この規定から，自然子の血族関係は遡ることができないという，より一般的な原則が導き出され，自然子である孫は法的に祖父母をもたないと考えられた。したがって，裁判官にとっては，

自然子である孫への祖父母からの訪問権の請求は，この自然子とは法的に無関係の者からの請求以外の何ものでもなく，受け入れ難かったのだとされる[96]。

　最初に検討するのは，祖父母自身の子が自然子である場合である。自然子の祖父母に訪問権を承認する突破口となったのは，祖父母自身の子が姦生子であっても，孫が嫡出子である場合の祖父母についての，次の破毀院民事部1938年7月27日判決であった。これは，嫡出の祖母に初めて訪問権を認めたジョーム判決の，ようやく81年後のことである[97]。

破毀院民事部1938年7月27日判決（D夫妻 対 寡婦D）[98]
【事実の概要】
　子（Jean）は父母の婚姻から出生した。父の死亡により婚姻は解消され，その後，子の母（寡婦D）と父方の祖父母（D夫妻）との間で訪問権に関する紛争が生じ，訴えが提起された。原審のボルドー控訴院1936年5月14日判決は，次のような事実認定に基づき判断を下した。祖母が子の父を懐胎した当時，祖母は未婚であったが，祖父は他女との婚姻関係にあったため，子の父は，その出生後の1906年8月14日に祖母の子として出生登録された。その6カ月半後の1907年3月8日に祖父の有責による別居が宣告された。そして，1924年に祖父母は婚姻した。したがって，子の父は祖父母の父方姦生子であり，ゆえに姦生子である父から生まれた嫡出子である孫と祖父母との間には，いかなる法的な血族関係も存在せず，祖父母の訪問権は認められない。これに対して，祖父母は，原判決の破棄を求めて上告した。
【判　旨】（破棄移送）
　破毀院民事部は，次のように判断して，原判決を破棄しポワチエ控訴院へ移送した。「民法典331条2項と335条に鑑みるに，既婚の祖父の姦通関係において生まれた子が，別居ないし離婚訴訟がすでに開始され，前婚の妻に対して，別の居所（résidence séparée）を定める最初の命令が下された後に懐胎されたのであれば，準正（légitimation）が可能である。さらに，準正以外でも，懐胎当時，祖母は未婚であり，こうした母による父方姦生子への認知は法的に有効であり，既婚である他方の親の名を告げなくとも，別個の届出（déclaration）[99]より，母が初めて認知を行う場合は，姦生子との間に自然血族関係の紐帯（lien de parenté naturelle）が生ずる。……原審は，祖父には前婚の嫡出子がいるため，1924年に祖父と祖母の間で行われた後婚では子の父を正式に準正できないと考えていた。前婚による嫡出子の存在は，民法典331条3項により父方姦生子の準正を妨げるものである。しかしながら，1907年の別居判決のわずか前に生まれた子は，前婚の妻に対し別の居所を定める最初の命令の後に懐胎された可能性があり，仮にそうであれば，331条2項の適用により準正が可能である。ところが，原審は，命令の日時および同条2項の適用条件に関する資料を提供しなかったため，本法廷は，1924年の婚姻の際

にあらゆる準正が不可能であったとする原審の決定に対して，公正な判断をすることができなかった。仮にあらゆる準正ができないとしても，1906年8月14日に子の出生登録がなされた際の状況，ならびに子に対する認知の日付と状況を考慮し，懐胎当時に未婚であった祖母と父方姦生子の間に自然血族関係が存在しないかどうか捜索すべきであった。原審は，こうした点について沈黙を守る一方で，その決定において，身元が明らかでない者の唯一の証言と1906年に作成された出生証書の情報のみに依拠し，祖父母と孫の間には，たとえ自然的であっても，いかなる血族関係もないことを確認し，その結果として，祖父母は孫を訪問するための，いかなる権利も有さないとしている。したがって，原判決は法的根拠を欠くものである」。

この破毀院判決を解説するギャレは，これにより祖父母自身の子が自然子であっても，孫がその嫡出子であれば，祖父母に孫との訪問権を認めることができるようになったとする[100]。しかしながら，依然として裁判所は，孫自身が自然子である場合の祖父母には訪問権を認めようとはしなかった。この場合，孫の親が嫡出子であるか否かというよりは，民法典旧756条との衝突が障害となったのである。次に検討するのは，例外的ではあるが，孫自身が自然子である場合の祖父母に子の利益の観点から訪問権を認めた下級審のパリ控訴院判決である。

パリ控訴院第1予備法廷1968年11月8日判決[101]（F婦人 対 R婦人）
【事実の概要】
　子（Thierry）は，パリ15区において，1962年2月20日に未婚の両親から婚外子として出生した。子は，すでに1962年2月2日の父母の共同の届出により認知されていた。その後，1962年7月12日に子の父はジャージー島において死亡した。1963年7月5日にパリ15区のパリ小審裁判所長が主宰する後見人会議の審議により，父方の祖母（R婦人）が，子の後見監督人として指名された。1964年12月7日に送達された召喚状（exploit）により，父方の祖母は，子の母（F婦人）を相手方に孫に関する訪問権の付与を求め，訴訟を開始した。原審のセーヌ大審裁判所1966年6月8日判決は，部分的に祖母の請求を認め，祖母に対して，毎年2月，4月，6月，10月，12月の第1日曜日の10時から18時の間，その母の住所まで孫を迎えに行き，送り届けるという責任において，孫を預かることを許可した。これに対して，子の母は，父方の祖母と子との間には血族のいかなる法的な関係も存在しないため祖母の訪問権には理由がないとして，原判決の破棄を求めて控訴した。他方，祖母は，原判決の確認を申し立てた。
【判　旨】（控訴棄却）
　パリ控訴院は，次のように判断して，原判決を支持した。「原審が，父方の祖母に認

めた『自然の祖母』や『後見監督人』といった身分からは、いかなる権利も生じない。しかしながら、子が、その父の死後、祖母が自身の子である子の父に対してもっていた愛情を孫にもそのまま注ぐであろうと思われる祖母との関係を保つことは、子の利益になることは確かである。それゆえ、原審が、祖母に、年5日間の10時から18時の間というように、必要最小限に限定した方法で子を受け入れる (accueil) ことを認めたことは非難されることではない。最後に、子の母は、祖母が子を受け入れるパリの住所での——そこで祖母は管理人業を営むのであるが——、物質的な状態が定められた受入れと両立しないとするが、これを立証していない」。

　以上のパリ控訴院は、原審のいうように祖母の身分からは孫に対するいかなる法的な権利も生じないことを明確にしつつも、孫へ愛情を注ぐと思われる祖母に対して、子の利益のために例外的な訪問権を認めた。なお、認知された自然子であり、しかも子の母と祖母には嫡出親子関係がある場合については、アミアン控訴院第2法廷1949年2月22日判決が[102]、「民法典757条は、認知された自然子に、その母の嫡出の両親の財産に関して、いかなる権利も認めていない。それでもなお、親子関係は存在し、そこから生じる自然の義務を子に対して負う。その結果、自然子の母の嫡出の母、すなわち祖母は訪問権を認められうる」としている。

　このように判例においては、訪問権が認められる祖父母の範囲は広がったかにみえるが、前述の1938年の破毀院判決では、問題となった姦生子に準正の可能性があったし、また、母の認知により自然血族関係が立証される可能性があったという状況下での、姦生子の父をもつ孫への祖父母の訪問権の承認であった。前述のとおり、1968年のパリ控訴院判決では、例外的に自然子の孫への祖父母の訪問権が認められているが、民法典旧756条との整合性の問題が解決されたわけではなかった。さらに、前述の「③両者が自然子の場合」、すなわち孫とその親がともに自然子である場合の祖父母の訪問権については不明である。すべての祖父母に完全な訪問権が認められるようになるには、1972年の法改正を待たなければならなかった[103]。

　さらに、孫とその親がともに嫡出子であっても、孫が他者と養子縁組をした場合の祖父母についての問題がある。フランス法上の養子制度は、わが国でいう普通養子縁組に相当する単純養子縁組 (adoption simple) と、特別養子縁組に

相当する完全養子縁組（adoption plénière）がある。[104]

　孫が単純養子縁組をする場合について，現在までにおいて，単純養子となった孫に対する祖父母の訪問権に関する公表された裁判例は存在しないようである。しかし，単純養子は，実方の家族から離脱しないため（民法典364条1項），単純養子となった孫が嫡出子である場合，祖父母の訪問権に関して1つの問題が起こりうることが指摘されている。すなわち，ギャレ教授は，この場合に孫を訪問しうる祖父母は通常の4人を上限とするのではなく5人から最大8人となり，これらの祖父母がそれぞれの権利を主張する場合には，訪問する祖父母たちの間で孫を奪い合うことになる可能性があるという。[105] こうした単純養子縁組の場合に懸念される孫への訪問が煩雑になる事態を避けるためには，シュトン判事がいうように子の利益を考慮し，具体的な訪問の場所や方法などを定める際に工夫すべきである。[106]

　他方，孫が完全養子縁組をする場合，孫は実方の家族から離脱することになり，祖父母と孫の法的な関係は断たれることとなる。こうした祖父母の訪問権を第三者の訪問権として認めた次のような破毀院判決がある。

破毀院第1民事部1987年7月21日判決（X婦人 対 Y夫妻）[107]
【事実の概要】
　子（Esteban）は1979年10月30日に婚内子として出生した。その後，父の死亡により子の両親の婚姻は解消された。母（X婦人）は再婚し，その再婚相手である夫により子は完全養子縁組された。父方の祖父母（Y夫妻）は，訪問権の付与を求めて訴えを提起した。大審裁判所は，完全養子縁組は元の親子関係に取って代わる親子関係を子に与えるため，父方の祖父母は孫との間のあらゆる血族関係を失うという理由から父方の祖父母の請求を棄却した。そこで，祖父母は控訴する。原審のドゥエ控訴院1984年5月2日判決は，民法典371-4条2項を根拠に，通信権と訪問権を父方の祖父母に認めた。これに対して，子の母は，例外的状況が存在する場合以外では祖父母以外の者に通信権と訪問権は認めえないのであり，父の遺児が養子となったことは，かつてその祖父母であった者に訪問権を認めることを正当化する例外的な状況とはなりえないにもかかわらず，原審は祖父母にこれらを認めたとして，原判決の破棄を求めて上告した。
【判　旨】（上告棄却）
　破毀院民事部は，次のような判断をして，原判決を支持した。「原審は，真の血族関係の存在は，完全養子縁組をした孫と血縁の祖父母との間に，もはや法的には認められないとしても，それは371-4条2項のいう例外的状況を構成すると正当にも評価した。そ

れゆえ，原審は，それが至高とされる子の利益を考慮して，この規定を根拠に祖父母に訪問権を認めることができる」。

この破毀院判決は，1970年の法改正において訪問権が立法化された後の裁判例であるが，完全養子となった孫の祖父母に対して，たとえ法的な血族関係が孫との間で断たれたとしても，自然の血縁の存在は，民法典371-4条2項の例外的な状況を構成するとして訪問権を承認した。1970年法による民法典371-4条2項は，次章で述べるように，本来は祖父母以外の第三者の訪問権を予定するものである。この破毀院判決は，完全養子縁組の場合の実方の祖父母にも同条2項が適用されることを明らかにしたのである[108]。

このように孫が完全養子縁組をする場合には，実方の祖父母に孫との法的な血族関係が断たれるという重大な結果をもたらすため，その後，1996年の法改正において，祖父母が健在で，かつ，孫に明らかに無関心でない場合には，完全養子縁組が制限されることが民法典345-1条に新たに定められることになる。

(3) 祖父母・孫関係

A) 法的側面

祖父母は一般的に父権を享有しないと解され，孫とは愛情と個別の規定で結びついているだけであり[109]，また，祖父母の孫に対する法的な役割は，父母のそれに比べると二次的なものでしかないとされる。それでも父母が死亡または失踪した場合や意思を表明することができない場合，あるいは子の養育を放棄した場合など，祖父母が孫の養育の場面において父母の代わりに果たす役割は大きい。なぜなら，祖父母は，子の親族のなかでも父母の次に近い血族だからである。実際に，祖父母と父権者の間で子の監護について争われた前述の破毀院審理部1931年6月5日判決は，子の罹患という例外的状況下ではあるが，祖父母に子の監護を認めた。このように直接に子の監護が争われた事案ではないものの，祖父母の訪問権に関する判例において，祖父母の訪問権に「滞在」を含むことを認めることは，結果として，祖父母に監護権の分割を許すことになることは，すでにみたとおりである。こうした状況においては法律も必要に応

じて祖父母が父母を補完する役割を認める[110]。そして，後述するように，この法律の個別の規定が，学説において祖父母の訪問権の根拠とされるのである。

まず，祖父母と孫の関係において，孫は，民法典371条により，その父母だけでなく祖父母に対しても尊敬と敬意を払うべきとされる[111]。祖父母の訪問権を初めて認めた前述のジョーム判決は，この民法典371条を祖父母の訪問権の承認の実定法上の根拠とする。

次に，これまで検討してきた祖父母の訪問権に関する判例において繰り返し述べられてきた祖父母と孫の間の「権利と義務の相互性」とは，具体的に，法律の規定では次のものを指す。すなわち，祖父母は，子の親の父権行使が不能という例外的状況があれば，孫に対して監督（民法典旧142条）[112]，婚姻同意（民法典150条）[113]，法定後見（民法典402条）[114]を行うことになる。さらに，祖父母と孫は相互に扶養義務を負う（民法典205条，207条）。扶養は親が未成年子に対して行う扶養を除いて，被扶養者の困窮状態が要件となり（民法典205条から209条），また履行は原則として金銭の給付で行われる。これらは扶養順位に従い，一次的には親子間で扶養義務を負うため（民法典203条，205条），親が不在の場合のみ，二次的に祖父母と孫は互いに扶養義務を負う。なお，生存配偶者である母が子を扶養している場合でも，父方の祖父母が孫に対して，母とともに扶養義務を負う場合がある。これは，母の扶養義務は，子の養育義務の効果として認められ，他方，祖父母の扶養義務は親族関係の効果として認められるために，両者の扶養義務は競合しないと理解されるからである[115]。

以上のように，父権者不在の場合に，祖父母は，孫を身上的および金銭的に保護することが民法典に予定されている。さらに，祖父母が孫の事実上の監護に携わることを予定して，孫を預かっている間の民事責任まで定められている[116]。

B) 社会学的側面

前述のような法的な根拠だけでなく，「家族」における祖父母の地位がいかなるものであるかということも，祖父母と孫の関係を考察するうえで重要である。したがって，祖父母の役割を想起することは，「家族」という概念を参照することになる。「家族」とは，社会制度のなかに統合された生物学的，ある

いは特異的な関係によって結ばれた人々の総体であるとされる[117]。近年,「家族」の形態は多様化しており,伝統的な「家族」もあれば,世代的な関係を保ちながらも分離,再構成される「家族」もある。しかし,社会的な変化がどうであれ,子にとって「家族」は出自との関係で基本的なものであることに変わりない。

　子からみた「家族」において最も基本的な関係となるのが,親子関係である。親子関係というものは,生物的関係よりも,愛情関係および帰属関係に依拠するといわれる。なぜなら,法律は,血縁以外にも意思による親子関係の成立を認めるからである。こうして確立された親子関係は,個人が家系への帰属を認識し,その血統のなかで,自らを家系に対して,また,その存続に対して位置づけることを可能にする。子が自我同一性を形成する時に重要とされるのは,単に出自を知り,あるいは出自への接触をするというだけでなく,家系のなかで自己を確立し,世代間の連続性の一環を担うのは自分であるということを感じることである。自我同一性の形成は,何よりも連続性の感情や幅広い歴史のなかで行われる。ゆえに,子にとって,単に父母だけでなく,それ以外の拡大された「家族」の構成員との関係が必要となる。また,自己は近親者によって示される相互作用によって形成されることから,この相互作用の利益を享受するのは,子のみならず,親や祖父母もそうである。したがって,子との接触は,親や祖父母にとっても生涯をかけて形成される自己の確立のために必要なのである[118]。このような自我同一性の形成は,人の存在のあり方の中心の問題であり,生涯のテーマであることは,社会心理学者によって指摘されるところである[119]。そして,フランスにおいて,祖父母と孫の関係が注目される理由の１つはここにあるといわれる[120]。

　さらに,精神分析学の観点からは,子が,その父母の次に強い紐帯をもつ祖父母と身上の関係を保つことは,自我同一性の形成という生涯のテーマに影響をもたらすだけでなく,より身近なところで,子の心理面や愛情面の発達にとって重要であることが指摘される[121]。身近に存在する父母や祖父母から幼年期に子が受けた愛情は,子の心理的および愛情的発達に結びつくとされる。そして,家族の歴史や過去の経験を語る祖父母は,子にとって人生の教育者ともなる。

さらに，家族関係に祖父母を含めた3世代を考慮に入れることで，恣意的な態度を取る親から子を守り，時には子をめぐる両親の紛争，たとえば両親の離婚に際する後述の子の交替居所の問題などにおいて，祖父母は中立的な立場から助言を与え，仲裁する役割を担うこともある。[122] 以上のような精神分析学の観点からだけでなく，とりわけ子の両親の離婚の場合には，祖父母の存在が子に物質的および精神的に援助をもたらすことが法学者からも指摘されている。[123] 両親の離婚に直面した子にとって祖父母の存在は，時に物質的な助けとなり，また両親の離婚に少なからず精神的衝撃を受ける子の受け皿となる。

以上のように，祖父母は「家族」のなかで仲裁者であり，かつ，伝統と知恵を有する安定した模範的存在であると一般的に考えられている。前述の自我同一性の形成の理由に加え，これらの理由から祖父母と孫の関係の維持は子の利益になるとされる。[124] ゆえに，祖父母の訪問権には「子の利益」の推定が働くと考えられるのである。[125] ただ，すべての祖父母が常に模倣的かつ理性的であるとは限らず，害意に満ちた態度で子に悪影響を及ぼす祖父母もいる。このような祖父母と孫との接触は，子の利益の観点から制限されることになる。[126]

3　第三者について

第三者の訪問権が判例上に登場するのは，管見の限り，20世紀に入ってからである。ここで検討対象となる「第三者」とは，姦生子・乱倫子の親（特に姦生子の親），兄弟姉妹，再構成家族の解消後の継親やおじ・おばや代父（parrain）・代母（marraine）などの「育ての親（parents nourricier）」[127]，完全養子縁組の場合の実方，血族でない社会学的な祖父母[128]などである。また近年では，子が単純養子縁組をし，かつ，親権を委譲した親に「第三者」としての訪問権を認めた裁判例がある。[129]

とりわけ，1970年法による訪問権の立法化以前は，次に検討するように，血縁の有無に関係なく子の事実上または法律上の監護をした「育ての親」と，親子関係の立証が禁じられていた姦生子の親の訪問権が問題となることが多かった。[130]

(1) 「育ての親」の訪問権

「育ての親」としての第三者には，再構成家族の解消後の継親，おじ・おばなどの傍系血族や代父母などで子の養育まで行った者が含まれる。次にみるディジョン控訴院 1933 年 1 月 17 日判決では，「育ての親」として子の事実上の監護を行った第三者の訪問権が問題になった。この判決を始めとして「育ての親」に関する判例が形成されていく。まず，子の血族でない「育ての親」の訪問権に関する裁判例を以下に検討する。

A) 子の血族でない「育ての親」

ディジョン控訴院第 1 法廷 1933 年 1 月 17 日判決（Joest 対 Ryon 夫妻）[131]

【事実の概要】

子（Arlette-gilberte）の両親は双方に未婚であったため，子は単純自然子として出生した。子の監護は母により行われており，母の知人である夫妻（Ryon）が，子の出生以来，それを手伝ってきた。父（Joest）が，子の世話をし，子を認知したのは，子の出生から 5 年後であった。その後，母の死亡の際に，父は，父権に付随する義務の履行の意思を示し，夫妻に対し子の引渡しを要求した。夫妻がこれを拒んだため，父が子の引渡しを求めて急速審理を申し立てた。ディジョン民事裁判所は，1932 年 6 月 11 日の裁判長命令により緊急性がないとして急速審理を却下したため，父に子は引き渡されなかった。これに対して，父は，緊急性が存在するため，あるいは，民事訴訟法 806 条に規定されるように子に関する諸証書が直接に執行名義になるため急速審理を行うことができるとして，子の引渡しを求めて控訴した。他方，夫妻は，子の父による養育費の支払いを主張して子の引渡しを拒否し，さらに，父の認知自体の真正さに異議を唱えた。

【判 旨】（命令取消）

ディジョン控訴院は，次のように判断した。「自然父子関係の認知に関する公署証書」，「認知証書」，「出生証書」は，いずれも子の引渡しの執行名義とみなされない。執行名義は，「問題が生じた場合に，急速審理を経て執行が保障された名義」でなくてはならならず，執行が行われる者に対して対抗しうるものでなくてはならない。父が有すると主張する地位ならびに権利を明確にする一方的な書面に関しては，「法律は一定の法的な効果を与えるものの」，このような執行名義性についてはこの限りでない。したがって，本件においては，「急速審理裁判官は，緊急性という理由によってのみ管轄権を有することができる」。緊急性に関していえば，「父権の保持者は，自らに課される絶対的義務と負担の対価として，父権に付随するあらゆる権利，とりわけ子の物質的および精神的安全を見守り，必要な指導とともに必要なあらゆる種類の世話を子に与えるところの監

護権を行使できることは疑いない。したがって，父は，急速審理により，直ちに子の引渡しを受けてしかるべきである。子を預かる第三者は，前払いも主張しうる養育費（frais d'entretien）が自己に支払われるべきことを主張しても，子の引渡しを拒否することはできない。なぜなら，こうした主張は，いかにしても認めることのできない一種の留置権（droit de rétention）を求めるものにほかならないからである。したがって，子の健康状態が，移動が危険なほど重篤である場合など，必要的あるいは例外的事情においてのみ，父の絶対的権利を妨げることができる。また，夫妻は，父の請求を逃れるため，父による子の認知の真正さに疑いをもっていることを暗に示しているが，認知証書に対する申立て，および，同証書を否定するためのいかなる理由も明らかにしていない。……父が子の世話をし，そして認知を行うまで5年を経ていることは遺憾であるとしても，そのこと自体は，子が母を失った際に父が表明している義務の履行の意思を妨げるものではない。また，父は，法廷において，夫妻は子との間にいかなる法的な血族関係も有するものではないが，それでも子からの愛情を期待し，および，子の誕生以来，子に与えてきた世話に対する子からの感謝の念を期待する権利を夫妻が有することは認めており，こうした関係をすべて断絶することは苛酷であるため，これを維持することで，子の感情をこれからも保持する用意があるとする。父は，夫妻に対し訪問権（droit de visite）を拒否する意図はなく，これに関しては，夫妻が，協議により，また，法律に則り自由に決定することができる旨を明らかにしている。さらに，父は，子の学業の諸休暇の全期間において夫妻がその自宅で子を預かること，および，夫妻が希望するだけ父の自宅で子と面会することに同意している。……以上の理由から，控訴の対象である裁判長命令を取り消したうえで，急速審理を行うことが妥当であるとし，新しい決定により，夫妻に対して，父に子を引き渡すことを命ずるとともに，本判決から1カ月以内に引渡しを実施しない場合には，夫妻は，あらゆる法的手続によりそれを強制されるものとする」。

アミアン控訴院第1法廷 1953 年 7 月 7 日判決[132]（D 夫妻 対 Da R 夫妻）
【事実の概要】

子（Viviannne）は，アルベールの病院にて，1943 年 7 月 8 日に単純自然子として出生した。子の出生から 1 カ月後，子の母（Colette B）は，アルベールの工場の女工である知人に子を預けた。その後，知人は，その両親（D 夫妻）に子を委ねた。それ以来，子は，この家庭において娘同様に育てられていた。子の母は，自らが勤務していた工場が空爆に遭った際，他の従業員同様に，セーヌ・エ・オワーズ県のアルジャントゥイユに疎開すべく，1944 年にアルベールを離れる。これ以来，子の母はアルジャントゥイユに住み，この地にて 1950 年 1 月 21 日に子の父（Joseph Da R）と婚姻する。婚姻以前から，母は，父に対し子の認知を求めていたため，こうした経緯から子は準正されることとなる。子の両親（Da R 夫妻）は，1952 年の初めに，子を監護する夫妻に対し子の

引取りの意向を表明する。夫妻は子の引渡しを拒否し，1952年10月11日に子の引渡しに関する審理の開始請求をペロンヌ民事裁判所に対して行った。その際，夫妻は，子の監護を保持する理由として，1916年8月5日法律により補足された1889年7月24日法律20条3項を援用する。原審のペロンヌ民事裁判所は，1952年11月27日の判決により，夫妻の同請求を棄却した。これに対して，夫妻は，原判決の取消を求めて控訴した。そして，自らの請求を正当化するため，10年来，子の養育および育成を行ってきたが，この間，母は子に対し特段の愛着も示してこなかったのであり，母は，いかなる意味においても子の養育に参加しておらず，子に対し無関心であったと主張した。

【判　旨】（控訴棄却）

アミアン控訴院は，次のように判断して，原判決を支持した。まず，本件について，「いずれ劣らず尊重に価する，純粋に道徳上かつ愛情上の利益をめぐる苦しい争い」であるとした。そのうえで，「いかなる点においても，夫妻に対して，自身の子と区別せず，委ねられた幼い子を育てた無私の献身に関して敬意を表するほかないであろう。子に対する同夫妻の愛情は全くもって正当なものであるが，他方，子に対する両親の愛情も少なくとも初期の母の子への義務の不履行にもかかわらず，これまでの経緯から同様に正当なものである。最大の関心事であるべき子の利益に関しては，紛争の解決のため提案された選択肢のいずれによっても，子の利益が侵害されるとは思われず，夫妻ならびに子の両親についての情報，とりわけ子に与えうる物質上および精神上の生活条件については双方ともに申し分ない。こうした状況のもとでの紛争の解決としては，各個人の利益を無視することなく，とりわけ家族の社会的利益（intérêt social de la famille）への配慮に導かれた準則を見失わないことが大切である。父権の属性の1つである監護権は，父母に属し婚姻中は父により行使される。こうした父権を，あるいは単にその属性の1つを，とりわけ監護権を裁判所の決定により父母から取り上げることができるが，それは，法律により制限的に定められるべきいくつかの理由の1つによって行われるものである。本件においては，父権は，未成年子の嫡出の両親に属しており，両親には何ら失権の理由がない。他方，夫妻は，子の誕生以来，母により委ねられた子の監護を行っていたため，1889年7月24日法律20条3項により監護を保持する権利を有すると考えていた[133]。しかし，同規定が適用されるためには，子の利益のほかに，両親が子に対して完全かつ長期的に無関心でなくてはならない。証拠資料からは，母はたとえ娘の養育に対して十分に貢献しなかったとしても，娘に対して完全に無関心であったとはいえず，母は夫妻と友好的でさえある関係を常に維持しており，また，夫妻も母に手紙を送っている。そして，母はアルベールの夫妻の自宅において娘と何度も面会しており，娘をアルジャントゥイユの自宅に受け入れさえしている。母は，子の父との婚姻の条件として，準正を目的とした子の認知を求めているが，こうした行為は母が娘に対して注ぐ愛情の証である。それ以降，父自身も娘に対して継続的な関心を示している。以上のような事情に鑑みると，本法廷の決定は，必然的に夫妻の正当な感情を酷く傷つけるのではない

かと思われるため，夫妻のために訪問権を設けることにより夫妻の感情を十分に斟酌する必要がある。実際に，法律は，1889年7月24日法律20条により，子と子を受け入れた者との間に，法的な関係に準じる関係（lien quasi légal）を認めているように思われる。こうした関係により，子を受け入れた者に対して，引き続き監護を行うことを法的に認めうるのであれば，ましてや訪問権を認めることは可能である。そもそも子の両親は，夫妻に訪問権を認めることの正当性を理解している。なぜなら，両親は，夫妻に対して訪問権を与える代わりに子の引渡しに反対しない旨の書面による確認を求めているからである。当事者同士が，各々の都合に合うよう訪問権の態様に関して合意に至ることが望ましく，そうした合意に至らない場合は管轄の裁判所に審理を付託するものとする。以上の理由により，夫妻の控訴申立ては根拠を欠くものとして棄却する。そして，夫妻に対して訪問権が与えられることについて，子の両親の異議を唱えない旨の申し出を確認する」。

パリ控訴院第14急速審理法廷1959年3月5日判決[134]（X対X夫人）
【事実の概要】
　子（Michèle，9歳）は，出生直後から孤児院において育てられていたが，1950年12月に夫妻に委ねられた。子は生後10カ月であったため，夫妻の実の娘のように扱われた。その後，1954年1月29日に，同夫妻の夫（X）が妻（X夫人）の同意を伴って単独で子と養子縁組をした。妻には最初の婚姻からの嫡出の息子が1人いるため，妻は，この子との養子縁組はできなかったが，夫妻の子として子の世話をしていた。夫妻には，1958年9月から，妻の請求により別居訴訟が，夫の請求により離婚訴訟が係属している。そして，1958年10月17日に，セーヌ裁判所において，妻が子に関する訪問権を請求して急速審理が行われた。セーヌ裁判長は，妻に，毎月第1木曜日と第3日曜日の15時から19時までの間，夫の立会いまたは夫が指名した者の立会いのもと，夫が選択した場所において，子を訪問する権利を認めた。これに対して，夫は，父権者としての権限（prérogatives）を侵害するとして，この一時的な訪問権の廃止を求めて控訴を申し立てた。その際に，夫は，妻と娘の間にはいかなる法的な関係も存在せず，唯一の父権者である夫が，養子である娘が面会すべき者について判断を下す権限を有すると主張した。そして，夫は，離婚を得ることが確実であり，もはや妻とは考えられない者と娘との関係を断ち切ることを希望すると述べた。他方，妻は，訪問権の拡張，とりわけ屈辱的になりうる第三者の立会いを課されないよう求めて控訴を申し立てた。
【判　旨】（控訴棄却・命令一部変更）
　パリ控訴院は，まず2つの申立てを密接な関係にあるとして併合して審理を行うものとし，次のように判断した。「妻は，養子縁組に同意を与えた時に，養親は夫のみであり，子に対して，いかなる法的義務も負わないことを理解していたにもかかわらず，暗に，そして寛大に女児にとっての育ての母として振る舞うことを受け入れていた。結果とし

て，妻がこの役割をよく果たしていたことが，いくつかの証拠により立証される。夫は，使用人だけでなく妻自身の世話に子を委ねており，夫自身は，この幼い子について，忙しい仕事の合間にできる方法においてのみ世話をしていた。……8年間に及ぶ家族生活から，未成年子と妻の間には愛情関係（liens d'affection）が結ばれており，未成年子は妻を「お母さん」と呼んでいた。夫は，我々が至高とみなす子の利益に配慮することなく，自身もその存在を認める関係を断ち切ろうとしている。養子縁組行為により夫に付与された父権は，女児の利益のみのために夫により行使される。子は未だ女性的愛情を必要とする年令であるため，子からそれを奪うことは，子の利益に反する。また，子の幼少時代から妻が実母に代わり，これを代理してきたことに対して，子がすべきである感謝を表すことを父が妨げ，そのうえ両者の愛情関係をいきなり断ち切ることは，子の将来にとって好ましくない結果をもたらす危険性があり，父にはそのようにする十分な理由がない。最後に，妻により請求される一時的な訪問権は，未成年子が夫妻のところに来て以来，〔妻による子の世話に対する〕夫の同意により作出されていった事実からの避けられない結果である。……以上から，妻の控訴につき，十分に理由があるものとする。1958年10月17日の急速審理での命令を部分的に取り消したうえで，妻に，毎月の第1と第3木曜日の11時から19時までの間，幼い子を，その住所まで迎えに行き，送り届けるという責任のもと，預かることを許可する。他の方法が命じられるまでは，妻はこの訪問権（droit de visite）を行使する」。

パリ控訴院第1予備法廷 1959年4月30日判決[135]（Legros 夫妻 対 Van Leckwyck 夫妻）
【事実の概要】

　子（Françoise）は，1946年に婚姻外の関係において懐胎された。子の懐胎当時，母（Jeannine Potel）はわずか18歳であったうえ，子の父は母を捨てて去ったため，母は自己を家政婦として雇っていた夫妻（Van Leckwyck）を頼った。夫妻は，子の母の状況に同情して十分な励ましと援助を与えた。そして，状況に応じてあらゆる便宜を図り，生まれてくる子の養育をできる限り支援する約束をした。1947年6月11日に子が誕生し，その際に，夫妻は，子の代父母になることを受け入れている。それ以来，自らが行うべき義務を十分に理解していた代父母夫妻は，常に子の世話をし，子の養育を完全な方法で保証するとともに，母に対しては，養育に固有のあらゆる物質上の問題を解決していた。そのうえ，代母は，子の母との十分な合意のもと，子の教育を行っており，学校の教師と個人的に連絡を取り合っていた。1954年1月，子の母は，当時知り会った男性（Guy Legros）と同棲を始めると，仕事を辞めて子を連れて行く決心をするが，引き続き子と面会したいという代父母の希望を受け入れている。その後3年間は，代父母は，子と定期的に面会し，その家庭に子を受け入れ，さらに学校の休暇中は子を預かることができた。子の母は，これに対して全く反対することはなかった。しかし，1957年6月，母は，突如として明確な理由も示さないまま，代父母に対して将来に渡り子と面会することを

一切禁じた。そこで，代父母は訴えを提起した。原審のマント民事裁判所1958年2月27日判決は，代父母の訴えを部分的に認め，代父母に子への訪問権を付与した。その一方で，宿泊権（droit d'hébergement）の付与は不相当とした。これに対して，子の母は，父権の保持者は第三者と子との関係を最終的に決定することができ，実際に代父母と子との関係は自らが子に行おうとしている教育にとって有害であるとして控訴した。他方，代父母は，滞在を含む訪問権の拡張を求めて付帯控訴した。なお，控訴係属中の1958年6月16日に，子の母とその同棲中の男性は婚姻した（Legros夫妻）。子は婚姻以前に男性により認知されていたため、この婚姻により準正され、男性はこうした事情から訴訟参加することとなった。

【判　旨】（控訴棄却・一部変更）

パリ控訴院は，次のように判断した。「1947年から1954年にかけて，代父母は，精神的および物質的に子が必要とするあらゆるものを与えていた。こうした状況により，非常に強力かつ堅固な愛情の相互的な感情が，代父母と子との間に生まれていたはずである。他方，子の母は，代父母が子の生活を最良の条件において保証しようとすることに対して，常に最大限の感謝の念を抱いていた」。そのうえで，「第1に，法律上，未成年子の身上ならびに財産に関して認められる権利の総体が両親に対して与えられるのは，その両親の個人的利益ではなく，子の利益においてであり，その権利の実行にとって必要な限度においてである。このことは伝統的に認められている。父権の制限は，保護権限であるとする父権の根拠と，このような定義のなかに存している。ゆえに，子と第三者の関係を決定する権利は，道徳的（morale），知的あるいは身体的な健康を害しかねないような一切から子を遠ざけるための至上の義務の表現にほかならない。しかしながら，この権利は，親権（autorité parentale）尊重の名のもとに，両親に，あるいは子との関係を維持する権利を正当に主張する者に課されている他の性質の義務——等しく至上の義務——を無視して，害意または復讐の意図で，さらには専ら個人的な便宜を動機として行使される口実となりうるのである。とりわけ血族関係が含む家族の紐帯および緊密な関係を維持する相互的義務は重要であるため，特別な状況がない限り，父もしくは母が，それを妨げることを認めえないことは疑いない。嫡出，自然を問わず法的な血族関係は，親権に服する未成年子に関して，子の利益がそれを求め，父権の通常にして正当な行為がそれを禁じない限度において，この子に面会する権利（訪問権，droit de visite），あるいは子を受け入れる権利（宿泊権，droit d'hébergement）を与えるものであることは，広く認められている。宗教上（spirituelle）の血族関係ついても，本質的には事情は異なるものではない。こうした緊密な関係が——これに関して当事者は正確な概念を必ずしも有しているわけではないが——，代父母と代子の間には存在しており，法律と対立することなく，古くから絶え間なく普遍的に継続する慣習において認められている。本件においては，当時，唯一の父権保持者であった母の証言によれば，当事者は，自発的かつ形式的に，そして公式に，このような慣習に従っていた。また，こうした

関係は，精神面あるいは物質面において，実定法のいかなる制裁にも服さないとしても，良心に基づく不可欠な義務として遵守されるべきである」。そして，「第2に，起源の異なった複数の義務および対立する複数の権利が，実行され，紛争を引き起こす場合において，事件の状況の複雑さから硬直的な規制の枠組みを用いることが回避され，辛うじて考えうる明確な法律上の規定すら欠く時には，事実審裁判官が次の役割を負う。すなわち，裁判官は，その事件特有の状況——時，場所，子の年令，慣習，社会環境，多少なりとも緊密な血族関係——を考慮して決定を下す。裁判官は，決定に際して，主たる地位を占めるべき子の優先的な利益に何よりも導かれつつ，親権からの権限（prérogatives）とこれと対立する血族の諸権利を一緒にして調整する。本件において，子の母とその夫は，子と代父母を結びつけてきた12年来の愛情関係（liens d'affection）の断絶を説明するため，子に関して突然に生じた重大な不和を挙げているが，こうした主張には，いかなる正当な根拠も見い出せない。また，子の母とその夫は，幼い子の物質上の利益は，設備の面でも世話の面でも不足はなく，いかなる意味においても代母の介入を必要とするものではないと主張する。さらに，生活は質素で教育は低くてしかるべき『労働者の娘』である子が，代父母のもとで不都合な習慣をつけ，満足することを欠き，後になって『我が儘』になるという危険性さえあると主張している。また，子の母とその夫は，代母は病的に神経質であり，極めて軽薄な精神の持主であるが，この代母が子に対し常軌を逸し，不安を与えるほどの執着を示しており，このような代母の影響は精神面において子にとって有害であると主張している。しかし，これらの主張および懸念はいかなる意味においても根拠のあるものとはいえない。批判されている『甘やかし』（衣服，贈り物，外出，観劇，映画鑑賞，休暇）が，通常の代母と代子の関係が許す慣習に背くものであることは立証されていない。さらに，代母は，その代父母夫妻の他の子にも寛容な態度を取っているほどで，細やかな心遣いをしている。そのこと自体重要なこととは思えないが，たとえ代母が，批判されるとおり，美的観点からするとその価値が疑わしい女性のスターの写真を子に送ることで，子の映画への嗜好を満足させることができると考えていたとしても，この時に代母が，自らに課されていた法的な配慮（observations légitimes）に思いをめぐらせていないとは思われず，いずれにしても，代母に対する非常に重大な非難を汲み取ることができるとは思われない。また，代母が子に注ぐ大きな愛情ならびに子の代母に対する愛情は，悪意をもって主張されているように，病的に過度なものとも思われない。このような愛情は，子に対して向けられる以前には，苦境にあった母に対して示された自発的な寛容な精神の表れと対をなすものである。そして，最後に，常軌を逸した，あるいは両親の考え方に反する願望を子のうちに生じさせ，助長させるどころか，代父母は，宗教上の方針に関してであれ，職業選択に関してであれ，両親が選んだ道に沿おうと努めている。実際に，両親は子を商業に関係する仕事に就けたいとしているが，子は学業に天分を有しているように思われるため——これは子にとっての最初の教師である代母の功によるものである——，しかるべき時期が来た時に

は，社会に一定の地位を築くうえで子に必要に応じた援助を与える旨の代父母の希望は，親権に反する耐え難い干渉とはみなしえない。また，代父は社会に数多くの有用な関係を有する実業家である。結局のところ，現在，厳しく批判されている代父母の行為は，それまでは，しかるべき感謝を繰り返し受けていたものであり，懸念が生じたとすれば，それは子の母の生活にその夫が介入してからのことに過ぎない。こうした状況下では，子の母とその夫が，重大な事由なしに，親権の狭義にして濫用的な概念のもとで，代父母が得た権利，すなわち原審裁判官によって正当にも代父母に認められた訪問権，および，子の母自身が先に与えた宿泊権（droit d'hébergement）に反して，代父母によるこれらの権利の行使を妨げることは正当化できないと思われる。結局のところ，とりわけ，よく理解されるところの子の利益が，これらの権利の維持あるいは付与を求めており，代父母がその行使を許される範囲内においては，両親の意向に反して代父母が子に対し過度な影響力——そもそも代父母は，そのような影響力をかつて一度も行使したことはない——を有する虞はない。実際に，愛情面においては，非常に深い，共有された愛情関係を不当に断ち切ることで微妙な年齢に達した子に生ずるであろう衝撃を回避すること，物質面においては，現時点では必要性を感じないとしても，このような断絶が定着すれば，将来的に，その欠如が子に不利益をもたらしうる以上，こうした援助を子から奪わないことが適切である。そして，精神面においては，子を養育したことに対する感謝の義務を果たし，子の最大の利益のために，希有で崇高な感情のなかで子を養育していくことが相当であろう。以上から，子の母とその夫の主張は根拠を欠き，他方で代父母の主張は部分的に根拠があるものとし，宿泊権以外に関しては，原判決を支持する。宿泊権に関しては一部変更し，代父母は，学校の休暇期間中の，子の母と夫が選んだ1カ月間，子を預かる権利を有することとし，また，代父母には，子をその親の自宅で引き取り，同所に送り届けることを義務とする」。

　以上のように，子と血族関係にない「育ての親」の訪問権については，裁判所は実際に子を監護したという事実から生じる事情を考慮する。すなわち，1933年のディジョン控訴院判決は，「育ての親」に対する子からの「愛情」と「感謝」の表明のためと，「育ての親」と子との関係の維持のために滞在を含む訪問権を「育ての親」に認める。1953年のアミアン控訴院判決は，「育ての親」に，1889年7月24日法律20条が，例外的とはいえ法的な関係に準じる関係を子との間に認め，子の監護を行うことさえ認めうるのであるから，ましてや訪問権は認められるとした。1959年3月5日のパリ控訴院判決は，「育ての親」である継母と子との間に「愛情関係」が存在することを認めたうえで，子は女性的愛情を必要とする幼年であること，さらに子は継母に対して「感謝」を示す

べきであることから、このような関係を断絶することは子の利益に反するとして、継母に訪問権を認めた。1959年4月30日のパリ控訴院判決は、「育ての親」である代父母と子との間に宗教上の「血族関係」を認め、ここから法的な血族関係と同様に家族の紐帯および緊密な関係を維持する相互的義務が尊重されるべきこと、さらに代父母と子との間には非常に強固な「愛情関係」が存在することを指摘したうえで、子の利益の観点から、愛情面および物質面において、こうした関係を断絶しないことが適切であり、精神面においては、代父母に対し子は「感謝」を示す義務があるとして、代父母に滞在を含む訪問権を認めた。

これらの判決のように、裁判所は、子を監護した事実から生じる「愛情関係」の存在を重視し、子の利益の観点から、こうした関係を維持するために訪問権を認める。とりわけ代父母の場合には、宗教上の「血族関係」を法的な血族関係と同様に扱い、これを訪問権の承認の根拠とする。さらに、子から「育ての親」に対して「愛情」や「感謝」の情を示すことを訪問権の承認の理由に加える。法的根拠としては、1953年のアミアン控訴院判決が、例外的に子の監護を第三者に委ねることを定める1889年7月24日法律20条を訪問権の正当化の根拠とする。なお、1933年のディジョン控訴院判決と1959年4月30日のパリ控訴院判決では、「育ての親」の訪問権に長期の滞在を含むことが認められている。

それでは、次に、子の血族である「育ての親」の訪問権に関する裁判例を検討する。

B) 子の血族である「育ての親」

セーヌ民事裁判所1946年12月14日判決（P婦人 対 D）[138]

【事実の概要】

子（Marcelle）は父（D）に遺棄され、母に養育されていた。その後、母が死亡したため、母の姉妹である、おば（P婦人）により子は養育されることとなった。それから6年後、父は何の予告もなしに子を学校の出口で連れ去り、おばと子との関係を一切遮断した。そこで、おばは、父を相手方に訪問権および養育費の求償のために訴えを提起した。

【判　旨】（請求認容）

　セーヌ民事裁判所は，次のように判断した。「父は，その娘に対して単独で父権を行使しているとしても，正当な事由なしには，おばが，その姪との間に血族関係に伴う緊密な関係を維持することを妨げることはできないといえるであろう。また，父は，6年以上に渡って，あたかも自身の子であるかのように子を受け入れたおばに対する子の尊敬の義務も妨げることはできないといえるであろう。したがって，民法典374条にもかかわらず，子をおばのもとに定期的に滞在させることに理由がある。本件では，両当事者の住所の遠隔性のゆえに，この権利の行使にとって最適の方法がこれだからである。これが，父権に伴う諸権限を制限し，また保護することでもある」。以上から，おばに対して，毎年2週間，子を滞在させること，および養育費の求償を認める。

セーヌ民事裁判所第6法廷 1957年1月17日判決[139]（Jean-Marie Puyo 夫妻 対 André Puyo 夫妻）

【事実の概要】

　子（Jean-Pierre Philippe）は，単純自然子として1946年1月6日にパリで出生し，両親不詳の子として届出がなされた。子は，出生直後から5年近く，その自然の両親により，第三者の監護に委ねられていたが，その後，自然の父（André Puyo）により，父の兄弟（Jean-Marie Puyo）とその妻（Marthe Mayeras）に委ねられた。子のおじ・おばである同夫妻には，1951年6月27日に，ボルドー民事裁判所評議部が，1889年7月24日法律20条の適用により，子に関する父権および父権に附随するあらゆる権利を帰属させる旨の決定を下した。その後，1952年11月17日に，おじ・おばの求めで自然の父は子を認知する。さらに，その3年後の1955年7月5日に，自然の母（Geneviève Souques）により子は認知され，それに続く1955年7月21日の両親の婚姻により子は準正された。その際，子の両親とおじ・おばとの間で子の返還に関する話し合いが行われ，1955年9月15日に，子は両親へ引き渡された。それに先立ち，子に関する事柄について，1955年9月9日，10日に，元公証人の立会いのもと，ランドのサン・モーリスにて，当事者による合意書（protocole）の調印が行われている。合意書では，まず両当事者が同合意書を忠実に遵守する旨の保証が述べられている。合意書の内容は，おじ・おばに子の監護の義務を全体として完全に解くこと，そのうえで，おじ・おばと子との間の「愛情的関係（liens affectifs）」を維持し，子の両親はこれに反することを決して行わないとすることである。そして，こうした関係の維持のために，子の両親は，子が望むだけ，おじ・おばと手紙を交わすあらゆる自由を子に与え，クリスマスおよび復活祭の休暇の全期間，夏期休暇の2ヵ月間は，子の監護をおじ・おばに委ねることを約束するとした。さらに，子の監護が委ねられる間は，おじ・おばが，子のかかりつけの医師が指定する温泉地または保養地へ子に同行することが約束された。なお，子の両親が外国に居を定める場合でも子の監護が委ねられる期間は変わらないものとする。ほかには，子の両親は，おじ・おばが子に教えた道徳上ならびに宗教上の感情において子を養育すること，

また，子の両親が死亡した場合には，おじ・おばに子が委ねられることが約束された。こうした合意書にもかかわらず，1956年の復活祭休暇中の訪問権に関して問題が生じたために，おじ・おばが急速審理を申し立てた。1956年4月10日に，セーヌ民事裁判所長は，急速審理の命令により，パリ在住の子の両親に対して，復活祭休暇中の一定期間，父権の尊重を条件として，おじ・おばの自宅に子が滞在することを認める旨の約束を確認し，同時に，おじ・おばのボルドーの住所での4月3日から8日の子の滞在を許可するとともに，おじ・おばに対しては，子の両親との問題に関して子には何も語らず，子に対する両親の役割を取り上げる意図はない旨の約束を確認した。おじ・おばは，その後の問題を未然に防ぐために，「おじ・おば」と「育ての親」という二重の身分を根拠に，1956年5月25日に，係争中の訪問権を法的に定めさせることを目的として仮執行の措置を求めて子の両親を召喚した。これに対して，子の両親は，1956年6月11日と7月6日の法廷内送達行為により，請求の棄却を申し立てた。子の両親は，父権は両親に帰属し，婚姻中は父により行使される絶対的かつ不可侵のものであるとして，法的には1955年に交わされた先の合意書の無効を主張した。そして，おじ・おばの子への影響は，子が嫡出の両親に示すべき敬意と愛情から子を遠ざけており，子の利益に反するとした。

【判　旨】（請求認容）

　セーヌ民事裁判所は次のように判断した。まず，1955年の合意書については，「人の状況に関する合意（pacte）は，民法典6条，1128条および1133条の命ずるところに従い，〔法的拘束力のある〕合意（convention）の枠外にある」ため，締結者に「良心上の義務（devoir）にのみ属する道徳上の義務（obligations）」しか課さない。「おじ・おばは，こうした原則に賛成したうえで，司法機関に対して，自らのために設けられた訪問権に関して，先の合意書の当事者に制裁を与えるよう求める際に，おじ・おばと育ての親という二重の身分に根拠を求め，他方，子の両親は，逆の主張を裏づけるために，父権は法律により嫡出の両親に帰属し，婚姻中は家長の身分で父により行使される父権の絶対的にして不可侵的な性格に根拠を求める（民法典373条）。しかしながら，子の両親の主張は，古い学説では支持されるものであっても，法律と判例の発展とは対立するものである。とりわけ，1889年7月24日法律2条を補完する1935年10月30日のデクレ・ロワと1942年7月23日法律が，実際に子の利益が，その父母により十分に保護されていない場合には，司法機関に対して極めて広範な監督権限を与え，あらゆる監督あるいは育成扶助の措置を可能にしていることを指摘すれば十分である。特に訪問権に関しては，十分に確立した判例によれば，法律上の規定を欠く場合に，それは子の利益のみに導かれるため，訪問権は父権からも，さらには親子関係からも分離される。……おじ・おばの請求は，判例の流れを汲むものである。おじ・おばが子を受け入れたのは，おじ・おばの身分においてであることに異論の余地はな」い。子の父自身が認めているが，「自身の母が認めていない関係から生まれた子を隠すことだけに必死であったため，自身の兄弟とその妻に，子との養子縁組をさせようとしていた。……こうした経緯から，1950

年12月20日から1955年9月15日まで子を養育したおじ・おばは、明らかに子に対する道徳上の権利（droit morax）を得ており、こうした権利は、1955年9月9日、10日の合意書のなかに記載された条項を十分に正当化する。子の両親は、訪問権の行使の実行を長らく遅らせてきており、その影響力の重大さを推し測ってもないようである。訪問権が行使されると、両親は、おじ・おばの訪問権を拒否するために父権の不可侵性を盾に取るのであるが、実際には、あらゆる手段を尽くして、子を遠ざけておくべき家族間の紛争のなかで身勝手に行動しているに過ぎないのである。さらに、家長の権利および義務は、それが実際に行使あるいは履行される時であっても、訪問権は、年のうち間隔をおいてしか行使されず、必然的に短期間に限られるのであるから、これにより侵害されるという危惧もありえない。とりわけ、おじ・おばは、父権を妨げる可能性のあることを何もしない旨の約束を改めて行っている以上、なおさらである。そして、本件のいかなる要素も、子と両親の関係から、おじ・おばを排斥しようとする父の行為を正当化しない。また、父自身の証言によれば、ある日、育ての親の健康状態に関する悪い知らせを聞いた子は、母の監督をごまかし、1人で列車に乗り、ボルドーまで逃げ出している。こうした出来事1つを取っても、子の性格および子とおじ・おばを結びつける愛情関係（liens d'affection）を同時に示している。訪問権の頑な拒否は、子が嫡出の両親の家庭に戻されて以来、子とおじ・おばが互いに感じる離別による悲痛な感情をただ深めるだけである。したがって、こうした状況においては、大幅におじ・おばの請求を認め、おじ・おばに、クリスマス休暇の8日間、復活祭休暇の8日間、夏期休暇の1カ月間の訪問権（droit de visite）を与えることが相当である。この必要最小限と思われる期間は、医師の意見に従い、かつ、子の両親の合意を得て、子の利益もしくは子の健康状態がそれを求める場合には常に拡張しうるものとする。そして、次の復活祭休暇から訪問権の設定を実行に移すことが急務である。以上から、同様に仮執行の請求を認めることが相当である」。

パリ控訴院第1予備法廷1957年4月2日判決[141]（Puyo-Souques夫妻 対 Puyo-Mayeras夫妻）

【事実の概要】

前述のセーヌ民事裁判所1957年1月17日判決の控訴審である。

子は、1946年1月6日にパリで出生し、両親不詳の子として届出がなされたが、実際には父母（Puyo-Souques夫妻）はわかっており、父母は1950年まで子を第三者に養育させていた。同年の終わり、子の父母は、子の父の兄弟とその妻（Puyo-Mayeras夫妻）[142]に、子を委ねることを決める。それ以降、おじ・おば夫妻は、子の養育および教育を行っており、1951年6月27日にボルドー裁判所から子に関する父権を付与される。その後、父母はそれぞれ自然子を認知し、最終的に1955年7月21日の父母の婚姻により子は準正された。そして、子は、家族の友人である元公証人の助力もあって、話し合いのもと、

両親に引き取られた。それに先だって合意書が作成され，1955年9月9日，10日に当事者により調印される。その合意書の表現によれば，子の両親は，名誉と誓約に基づき，おじ・おばに対して，クリスマスおよび復活祭休暇の全期間と夏期休暇の最初の2カ月間，子を委ねることを約束している。1955年から1956年にかけてのクリスマス休暇に関しては，この約束が守られたが，子が神経質かつ不安定となって戻ってきたという理由から，両親は，1956年の復活祭休暇の際に，おじ・おばに子を新たに委ねることを拒否した。おじ・おばの召喚状（assignation）により，急速審理の裁判長による調停（médiation）が行われ，子の両親は，子を数日間，ボルドーに連れて行くことに同意した。しかしながら，前と同じ理由により，夏期休暇の際に，おじ・おばのもとに子が新たに滞在することを一切禁じた。こうした状況により，おじ・おばは，訪問権の承認を求める訴訟を開始し，原審のセーヌ民事裁判所1957年1月17日判決は，おじ・おばの請求を認めた。これに対して，子の両親は，原判決が認めた訪問権は絶対的かつ不可侵であるはずの父権に由来する固有の権利と子の利益の双方に反すると主張した。また，子は不安定かつ神経質で，おじ・おばの自宅への定期的な移住に適応しておらず，さらに，おじ・おばは，子への過度な愛情と子の両親への敵意から，子の親への愛情を逸らそうと試みているとした。他方，おじ・おばは，原判決の確認を申し立てた。

【判　旨】（控訴棄却）

　パリ控訴院は，次のように判断して，原判決を支持した。「法的には，実際に子を数年間に渡り愛情をもって献身的に育ててきた非常に親等の近い血族に，父権の分割を行うのではなく，単に限られた期間の定期的な訪問権の行使を認めるだけである。さらに，近い血族関係とそこに加わる愛情的関係（liens affectifs）が含む緊密な関係を子との間に維持することが子の利益になると思われる場合には，当事者自身も法的な価値はないと認めている1955年9月9日，10日の合意書に拘るまでもなく，そもそも子の利益のために存する父権を付与された両親に帰属する監護権および指導権（droit de direction）は一定の制限を伴う。本件において，血縁の両親は，議論の余地のある個人的な都合から，また，子の利益への配慮より，むしろ自身の臆病さから報酬目当ての人手に子を任せるしかないと思っていたが，最終的には，5年間に渡り両親の一方の兄弟とその妻に子を委ねたのである。このおじ・おば夫妻は，自身の子を失っていたため，この子を養子にする気であったが，いずれにしても自身の子同様に育てる意向であった。したがって，子の両親は，すべての事情を知ったうえで意図的に1つの状況を作り出したのである。この状況により子の両親は自らの厄介事から解放されたであろうが，同時に，こうした状況を両親が好きなだけ引き延ばしている間に育ての親と子との間に極めて正当かつ堅固な愛情と感謝の関係（lien d'affection et de gratitude）が生じてきたのである。こうした関係は，それを維持することが子にとって有害となる虞がある場合にしか断ち切られることはない。子の利益のみに注意が払われる領域においては，血族の親等よりも子に対して行われた奉仕（services）が重要である。これに関して，おじ・おばは異論の

余地のない資格を有している。……子は，おじ・おばの自宅での限られた滞在から苦痛を受ける虞があるどころか，あらゆる点からみて，利益を得るのみであろう。おじ・おばの振る舞いと子の愛情を両親から奪い取ろうという意図に関する子の両親の申立ては，審理中に当事者により提出された膨大な手紙（correspondance）に照らしても，全く根拠を欠いているように思われる。第1に，子の両親は，実際に，わずか2回の経験しか経ていないにもかかわらず，子が両親のもとに戻って来る際の子の引取りに感じる困難を過度に重大視しており，仮にそのような徴候が実際に起きていたとしても，時間と年齢と習慣とともに，そうした不都合は消え去ることは明らかである。他方で，おじ・おばが子を奪おうとしているということに信憑性をもたせるために，控訴の裏づけとして，発言ならびに手紙の断片を用いているが，それは事実に反するか，あるいは偏見に基づくものであると思われる。それは疑いなく，子の利益というよりは，家族の不和と独占的であろうとする愛情から出たものである。実際に，おじ・おばは，あらゆる点において，両親の主張は妄想であるとさえ思われるほど，子とその両親に対して無私で献身的であり，寛大な性質を有することを過去の経験が十分に示している。子の両親は，何よりも自らになされた援助を記憶しているはずであり，子がおじ・おばに対して愛情と感謝を示すとともに，おじ・おばの包み込むような愛情を子がまた受けられるようにすることは，かつて正式に約束したように，両親の義務であり，さらには子の利益でもあることを理解しなくてはならない」。

　以上のように，1946年のセーヌ民事裁判所判決は，父権を制限して，6年以上に渡って子を監護したおばに，血族関係に伴う緊密な関係および子からの尊敬の義務を理由に滞在を含む訪問権を認めた。1957年のセーヌ民事裁判所判決は，父権の絶対性および不可侵性を否定し，訪問権は子の利益のみに導かれるとしたうえで，約5年に渡る子の監護の事実は，おじ・おばに道徳上の権利を発生させ，訪問権を正当化するとした。そして，子とおじ・おばの間に愛情関係が生じているとして，長期の滞在を含む訪問権を認めたうえ，子の利益のためには常にこれを拡張しうるとした。この1957年のセーヌ民事裁判所判決は，その控訴審である1957年のパリ控訴院判決でも支持された。パリ控訴院は，近い血族関係とそこに加わる愛情的関係が含む緊密な関係を維持することが子の利益になる場合には，訪問権のために父権は制限されるとした。そのうえで，愛情をもって献身的におじ・おばが子に対して行った監護——パリ控訴院は「奉仕（services）」とも表現する——により，両者の間に極めて正当かつ堅固な愛情と感謝の関係が生じていることを認め，こうした関係を維持し，子はおじ・

おばに愛情と感謝を示すとともに、子も継続しておじ・おばの愛情を受けられるようにすることが、子の利益になるとした。

これらの判決は、とりわけ子の監護の事実から生じる「愛情関係」の存在を重視し、子の利益の観点から、こうした関係の維持のために訪問権を認める。そして、子から「育ての親」に対して「愛情」や「感謝」の情を示すことも、その承認の理由に加える。

このような判断は、子と血族関係にない「育ての親」の場合と同様である。異なる点は、子と血族関係にある「育ての親」の場合には、愛情関係だけでなく、血族関係の存在自体からも子との緊密な関係が生じうるという点である。しかし、訪問権の認否の判断の際には、血族の親等よりも子に対して行われた「奉仕（services）」が重要であることが、前述の1957年4月2日のパリ控訴院判決で指摘されている。つまり、以上の判決からわかることは、訪問権の承認にとって最も重要な視点となるのは「子の利益」であり、「育ての親」の場合には、子との間に愛情関係が存在し、この関係の維持が子の利益になると考えられる場合に訪問権が認められるのである[143]。こうした愛情関係の発生は、血族関係の存在そのものというよりは、子の監護の事実に多くは依拠するのである。そして、「育ての親」の場合には、子との血族関係の有無よりは監護の事実が重視されるため、子が、その監護をした「育ての親」に対して、愛情や感謝の情を示すためにも訪問権が必要とされる。いわば子への情操教育の効果を求めるような側面が、また、別の角度からは、本来は子に何ら法的義務を負わない「育ての親」による無私と献身の奉仕に対する「対価」という側面が、当然に子に養育義務を負う親の場合や——後述の姦生子の親の場合は扶養料の負担だけであるが——、二次的に子に義務を負う祖父母の場合と比べて強調されていることが、注目すべき点と思われる。なお、子と血族関係にある「育ての親」には、そうでない「育ての親」の場合と比べると、より長期の滞在を含む訪問権が認められる傾向にあることも興味深い。次に姦生子の親の訪問権を検討する。

(2) 姦生子の親の訪問権

A) 姦生子と乱倫子

かつての民法典には，子の両親が婚姻関係にあるか否かによって決まる，嫡出子か自然子かという子の区別が存在した。自然子とは非嫡出子・婚外子のことであるが，さらに自然子には，その出生時の両親の関係性による区別があった[144]。すなわち，民法典制定時から，民法典において「自然子 (enfant naturel)」として扱われた子は，①婚姻障害のない未婚の男女から生まれた単純自然子 (enfant naturel simple)，②少なくとも一方が第三者との婚姻関係にある男女から生まれた姦生子 (enfant adultérin)，③婚姻障害のある男女から生まれた乱倫子 (enfant incestuese) に区別されていた。なお，②の姦生子は，父が既婚の場合の父方姦生子 (enfant adultérin a patre) と，母が既婚の場合の母方姦生子 (enfant adultérin a matre) とに区別されることがある[145]。

このような区別に基づいて，法的親子関係の立証について差別的な取扱いがなされた。姦生子と乱倫子に対しては，社会的非難も強く，親子関係の捜索（認知の訴え，強制認知）が禁じられた（民法典旧342条）。単純自然子に対しては，父の捜索は同様に禁じられたが，母の捜索は許された（民法典旧340条1項，旧341条1項）。また，姦生子と乱倫子には，任意認知も禁じられていた（民法典旧335条）。単純自然子には，任意認知は許されたが，認知されたとしても，この子は父母の相続人とはならず，父母の財産に対して一定の範囲の財産上の権利を有するのみであり（民法典旧757条），贈与や遺贈もこの範囲に限定された（民法典旧908条）[146]。姦生子および乱倫子はいかなる場合にも相続人となりえないが（民法典旧762条1項）[147]，親子関係の存在が証明されれば[148]，相続財産に対して扶養料の請求ができ（民法典旧762条2項，旧763条），贈与および遺贈についても扶養料のみを受け取ることができると解された（民法典旧908条）[149]。

このように民法典制定当時は，自然子の法的親子関係の立証は著しく制限され，相続については認められなかったが，年代を下るにつれ，徐々に緩和が進んでいった。1896年3月25日法律は，認知された自然子が父母の相続人になることを定め，1912年11月16日法律は，父の捜索を強姦や詐術を原因に発

生した父子関係の場合には一部認めることを許し、1955年7月15日法律は、姦生子および乱倫子が親に扶養料を請求することを認めた。これによる扶養料の支払いが、後述するように、訪問権の承認に繋がっていくこととなる。

そして、1972年1月3日法律第72-3号による親子関係法の改正時に、乱倫子と姦生子の法的親子関係の立証の禁止は解かれ、捜索の訴えの制限は残されたものの、任意認知は自由とされた。親子関係が立証された自然子は原則として嫡出子と同格になり、その親との関係において嫡出子と同一の権利と義務を有し、親の家に入ることになった（民法典旧334条1項、2項）。これにより、すべての自然子の親族は第一親等に限られなくなり、扶養や相続などの親族関係の効果を自然子も享受できるようになったと解された。そして、このことが、自然子の祖父母の訪問権の承認へと繋がっていく。なお、嫡出子と自然子の完全な区別の撤廃は、後述の2005年のオルドナンスを待たなければならなかった。

B) 扶養料の支払いと訪問権の承認

1970年の訪問権の立法化以前に、第三者の訪問権として争われた特徴的なものとして、姦生子の親の訪問権がある。前述のように、1972年まで単純自然子以外の法的親子関係の立証は原則として禁じられていたので、姦生子の親の訪問権は、祖父母の訪問権が判例に登場し始めた19世紀中頃では、裁判所で争われることはなかった。しかし、20世紀に入り、扶養料の支払いとの関係において、姦生子と血縁の親との事実上の親子関係の立証が緩和されるに従って、下級審レベルでは、姦生子の親に扶養料の支払いに連動させて訪問権が認められるようになる。

パリ控訴院第1法廷1954年6月4日判決(153)（S対L夫人）
【事実の概要】

子ら（Lucie-Laurence, Gerard）の懐胎および出生の際、子らの両親は、パリの住所にて一緒に暮らしており重婚的内縁関係にあった。父（S）は未婚であったが、母（L夫人）は他男との婚姻関係にあったため、子らは、1939年12月29日と1942年6月1日にそれぞれ母方姦生子として出生した。母により子らの出生登録がなされたが、その際、母は自身が既婚者である旨、および、子らの父を届け出なかった。そのため、出生

証書においては，子らは，母のみの子として記載されている。父は，子らをそれぞれ1940年5月16日と1942年6月6日に認知した。そして，1942年7月1日に，母の夫の死亡により母の婚姻関係が解消されたため，母は子らの父と再婚した。その後，子らの父母の間に扶養定期金および子の監護に関する紛争が生じ，訴えが提起された。原審は，1951年10月11日に，父の子らに対する認知が有効であることを前提に，父に子らの扶養料の支払いを，母に子らの監護を委ねることを命じた。これに対して，父は子らへの扶養定期金の減額，訪問権の付与を求めて控訴した。他方，母は，自己への扶養定期金の支払いを求めて反訴を申し立てた。

【判　旨】（一部変更）

　パリ控訴院は，次のように判断した。「原審の考えとは反対に，2人の子は，……その出生当時，母が先の婚姻関係にあったため，子らの両親の婚姻から生まれたものとはいえない」。しかし，子らは「出生証書の記載から母の嫡出子としての法的地位を得ており，そのため，父が後から子らに対して行った認知は決定を下すまでもなく無効である。こうした状況において，原審が，子らの監護に関して決定を下し，さらに，それを母に委ねるとしたことは妥当ではない。なぜなら，父は子らといかなる法的な関係も有しておらず，他方，母は嫡出親子関係という法的な関係により子らと結びついており，母のみが事実上（*ipso facto*），監護権を含む父権を子らに対して有しているからである。したがって，そもそも監護権を母に対して与える必要はないのである。しかしながら，このことは母が，原審が認めたものとは異なった父の法的資格を根拠に，父に対して子らへの扶養定期金（pension alimentaire）を請求し，それを得ることを妨げるものではない。実際に，父は，子らの懐胎および出生の時に子らの母と内縁関係にあり，……また，父は事実上の父子関係およびその確信を否定していない。父による子らへの認知が法的には無効であったにせよ，少なくとも，こうした確信の表明としては価値がある。また，父は2人の子に対して心からの愛情を注いでおり，これらを常にわが子として扱い，養育してきたのである。……父は，扶養料の債務自体に何ら異議を唱えていないばかりか実際に支払いを実行しており，父が問題としているのは，その額のみである。こうした状況においては，姦通による事実上の父子関係の存在に対する父の確信に基づき，扶養料の自然債務（dette naturelle）が義務的な民事債務（dette civile obligatoire）に更改されているといえる。したがって，父は2人の子に対して扶養料を支払うべきであり，子らの必要ならびに父の資力を考慮すれば，原判決の日の1951年10月11日に遡って，1カ月の定期金を各子につき4000フランに引き下げることが相当である。父が請求している訪問権（droit de visite）に関しては，すでに十分に確立した判例は，たとえ祖父母とその自然子の間にいかなる法的関係が存在しなくとも，自然の祖父母に対して，そのような権利を認めることに何ら躊躇しておらず，ましてや本件の父の場合のように，真の父の感情を子らに対して常に示してきた男性の，姦通による事実上の親子関係（paternité adultérine de fait）から訪問権を引き出すことはまさに公正である。したがっ

て，同権利は大幅に認められるべきである。以上の理由から，……父に対しては，1951年10月11日に遡り，その居所に居住する子らの母に民法典301条により月2000フランの定期金を支払い，……子らには1人当たり月4000フランの扶養定期金を支払うことを命ずる。また，子らの監護に関して決定を行うことは妥当ではなく，父は，24時間前にその旨を通知することを条件として，自由に子らと面会できるものとする」。

このパリ控訴院判決は，判例において祖父母自身の子が自然子である場合の祖父母に孫への訪問権が認められていることとの均衡から，子とより近い血縁を有する姦生子の父に訪問権を認め，その訪問権の承認の根拠に，事実上の親子関係および愛情関係の存在を挙げている。そして，認知は無効ではあるものの，これは血縁の存在に対する父の確信の表明であるとし，こうした父による子への扶養料の支払いの事実が，これらの関係を客観的に示すものとされている。

このパリ控訴院判決の約1年後，1955年7月15日法律第55-934号により，姦生子の親の扶養料支払いに関する規定が，次のように民法典342条2項に定められた。

 民法典342条（1955年7月15日法律第55-934号により2項から4項が新設）
  子は，第335条に従って認知が認められない場合には，父子関係あるいは母子関係の捜索は認められない。
  近親相姦または姦通関係から出生した子は，扶養料を主張することができる。ただし，その訴えは，その立証が禁止されている親子関係の存在を宣言する効果を有しない。
  訴えは，子の未成年を通じて提起されることができる。訴えが，子の未成年の間に提起されなかった場合には，子は，成年後1年のうちに訴えを提起することができる。
  事件は，通常の形式で審理され，評議部において弁論される。検察官（ministère public）は，意見を聞かれる。判決は，公開の法廷で行われる。

1955年法以降は，この民法典旧342条2項を根拠に扶養料を支払った姦生子の親に訪問権を認める解釈が定着していくこととなる。[154]そして，次のように，同条同項を根拠に，法的構成としては前述のパリ控訴院判決と同様に，扶養料を支払った姦生子の父に訪問権を認める判決が下された。

パリ控訴院第 1 予備法廷 1958 年 10 月 9 日判決 [155] (Seiberras 嬢 対 Marie)

【事実の概要】

子 (Christian) は, 1947 年 1 月 13 日に, ピュトーにおいて出生する。子の出生当時, 子の母 (Seiberras 嬢) は未婚であり, 父 (Marie) は他女との婚姻関係にあったため, 子は父方姦生子である。1947 年 1 月 15 日に, 父が子を認知する。子は現在 11 歳で母の監護のもとにある。子の出生前の 1946 年 10 月 10 日に, 子の扶養定期金を支払う旨の約束が父により書面でなされており, 実際に, 父は, 子の扶養料として月 1 万 5000 フランから 2 万 5000 フランを子の母に対して支払っていた。しかし, 父母間で紛争が生じたため, 母は, 扶養定期金などの子の養育の分担金および父の訪問権に関して訴えを提起する。原審のオセール民事裁判所 1956 年 5 月 24 日判決は, 父による認知を無効としたうえで, 父に対して, 子の養育の分担金として, 1955 年 11 月 14 日から月 2 万フランの扶養定期金の支払いを, 母に対して, 子の父へ子の健康および教育に関する手紙を毎月送付すること, および, 子を父のもとに夏期休暇中の 1 カ月間滞在させることを命じた。母はこれを不服として, 月 5 万フランの扶養定期金の支払い, 子の受けた手術費用の求償, および, 訪問権を父に付与する必要がない旨の言渡しを求めて控訴した。他方, 父は原判決の確認を申し立てた。

【判　旨】(一部変更)

パリ控訴院は, 次のように判断した。「扶養定期金に関しては, 1946 年 10 月 10 日の書面での約束により, 父は, 『子の生活および養育の費用の援助』を課す自然債務 (obligation naturelle) を民事債務 (obligation civile) に更改する意思を正式に表明している。……父は, その債務自体に異議を唱えておらず, 第三者の仲介を経て, 毎月 1 万 5000 フランから 2 万 5000 フランの額を子の母へ支払うことで, そうした債務を履行したものと考えていた。さらに, 父は, ノール社において息子への生命保険を契約していた。……当事者双方の状況を考慮すると, 母の主張する 11 歳の子に対する月 5 万フランの扶養定期金は明らかに法外であるが, 原判決が下されて以来, 子の必要とする費用は増加しており, 母にとっては, その不定期な職業で補いうる以上の重い負担となっている。……原審により定められた月 2 万フランの扶養定期金を, 本判決以降は 2 万 5000 フランに引き上げるとともに, 扶養定期金の開始日は 1955 年 11 月 14 日とする。手術費用の求償に関しては, 母自身が請求を放棄する意思を明確にしているため, それを認めることとする。父に認められていた訪問権に関しては, ……原判決は父の認知を無効としているが, それは姦通による事実上の父子関係を示すものであり, 判決を得た母は, そこから父に対して, 訪問権に異議を唱えるための論拠を引き出しているが, 原審裁判官は正当にも, 1955 年 7 月 15 日法律による民法典 342 条 2 項および民法典 762 条以下は, 姦通行為により生まれた子の父母が姦生子の扶養を行い, その生活 (existence) に関与すべき義務を定めていると指摘する。こうして法的に立証された (établi) 関係により, 姦生子の親は子との接触を保つ権利および義務を獲得するのである。また, 確固とし

て確立された判例は，自然の祖父母に対して訪問権を認めるのであり」，孫と「祖父母の間にいかなる法的な関係も存在しないにもかかわらず，こうした権利を認めることに何の躊躇も示していない。ましてや本件の父のように，真の父の感情を子に対して常に示してきた男性の，姦通による事実上の父子関係から訪問権の原則を導き出すことは公正であるといえる。本件においては，同権利の制限，ならびに，その行使の条件は，すでに原審により正当に判断されているため，これを無条件に支持することが適切であろう」。

　このパリ控訴院判決は，前述の1954年のパリ控訴院判決の見解を踏襲し，自身の子が自然子である祖父母に孫との訪問権を認めることとの均衡から，姦生子の父にも訪問権を認めるとする。そして，その訪問権承認の根拠には，同じく事実上の親子関係と愛情関係の存在が挙げられ，父による子への無効な認知や扶養料の支払いの事実が，これらの関係を客観的に示すとされる。ただ，両判決において，1つ異なるのは，1958年のパリ控訴院判決の時には，前述のように民法典旧342条2項という，姦生子の父の訪問権を補強する法的根拠ができていたことである。1955年法は民法典旧342条に2項を設け，姦生子と乱倫子にも親に対する扶養料の請求を許した。このような請求は，法的な親子関係の立証の効果を伴わないことが同条に明記されていたにもかかわらず，実際には，事実上の親子関係の存在を立証することとなり，この立証が姦生子の親の訪問権の裏づけとなるのである[156]。

　とりわけ1955年法以降は，学説と判例のいずれにおいても，姦生子の父による扶養料の支払いの事実を，その訪問権の承認に連動させるという取扱いが定着しつつあった。こうした第三者の訪問権の拡張傾向は，すでにみた子の血族でない「育ての親」の場合にも同様であった。しかし，前述の姦生子の親に訪問権を認めた1958年のパリ控訴院判決がこの流れの最後となり，次の1961年の破毀院判決は，こうした拡張傾向に突如として歯止めをかけるのである。

(3) 従来の訪問権と「訪問の職務」

　すでにみたように，第三者の訪問権は，「育ての親」に関しては監護の事実に，姦生子の親に関しては扶養料の支払いの事実に連動して，子の利益のために血縁や愛情関係を根拠として拡張される傾向にあった。次に，こうした第三者の

訪問権の拡張傾向に歯止めをかけた1961年の破毀院判決と、その後の裁判例を検討する。そして、こうした裁判例のなかで、従来の訪問権に対して新たに登場した「訪問の職務」という例外的な訪問権についても併せて検討する。

A) 1961年破毀院判決による訪問権の否定への転換
破毀院第1民事部1961年3月22日判決[157] (Legros - Potel 対 Van Leckwyck)
【事実の概要】
　前述のパリ控訴院1959年4月30日判決の上告審である。
　原審のパリ控訴院1959年4月30日判決は、育ての親である代父母 (Van Leckwyck) と子との間に宗教上の血族関係の存在を認めたうえで、法的な血族関係と同様に、家族の紐帯および緊密な関係を維持する相互的義務が尊重されるべきであり、そして、子の利益が要求する場合には滞在を含む訪問権が認められるとした。原審は、実際に代父母と子との間には、12年来の代父母による子の監護の事実から非常に強固な愛情関係が生じているとし、子の利益の観点からは、愛情面および物質面において、こうした関係を断絶しないことが適切であり、精神面においては、代父母に対して子は感謝を示す義務があるとして、代父母に、学校の休暇期間中の1カ月、子を自宅に滞在させることを含む訪問権を認めた。これに対して、子の両親 (Legros - Potel) は、原判決の破棄を求めて上告した。
【判　旨】（破棄自判）
　破毀院民事部は、次のように判断した。「民法典373条に鑑みるに、未成年子の監護権を付与された両親は、尊属以外の者のために訪問権もしくは宿泊権を課されることはなく、父権の侵害を受けることはない。原審は、代父母に対して、その元家政婦の子を——この子は母の婚姻の際に母の夫が認知し、準正されているが——、学校の夏期休暇中の1カ月間、預かる権利を認めるにあたり、子の利益と同時に、子と代父母を結びつける宗教上の関係 (lien spirituel) ならびに子が代父母に対して示すべき感謝の情を根拠としているが、こうした判断を下すにあたって、上記の規定に違反しているといえる」。

リヨン控訴院第2法廷1963年10月17日判決[158] (F夫人 対 C)
【事実の概要】
　子 (Ange Claude) は、1957年3月21日に婚姻外の関係から出生した。子の出生当時、母 (F夫人) は他男と、父 (C) は他女と婚姻関係にあったため、子は母方および父方姦生子である。子の父母は、1955年に関係を結び、1956年7月には、ともにイタリアを訪ねており、懐胎を機に両者は同居を開始し、これは1961年9月25日まで続いた。この間、1957年9月27日に父についての離婚判決が、1958年1月9日に母についての離婚判決が下されている。そして、母とその離婚した夫は、1956年以降は全く関係を有

していなかったとして，1963年3月18日に離婚した夫を子の父としない嫡出否認判決が下された。その一方で，子の父は，その父子関係に確信をもっており，母と同居中は子を養育しており，その後，1962年6月20日に父は子を認知し，さらに養育費（frais d'éducation）の負担を申し出ている。しかし，子の父母は，内縁関係の解消および子の母が他男と再婚したことによる不和から対立しており，父母間の紛争が裁判所に係属されることとなった。原審は，1963年6月19日の判決において，父による子の認知を無効としたうえで，父に訪問権を認めた。これに対して，子の母は，訪問権に異議を唱えて控訴した。他方，父は，原判決の確認および自身の費用での子の施設への託置を申し立てた。

【判　旨】（原判決取消・請求一部棄却）

　リヨン控訴院は，次のように判断した。「第1に，子の出生当時は，未だ離婚により解消されていなかった先の婚姻関係のなかに父はいたため，父による認知の無効には疑義を差し込む余地はない」。しかしながら，諸般の状況から父は，「その父子関係に確信をもっており，父は養育費の負担を申し出ている。自然債務から民事債務への更改により，父の申し出を認めることが適切であろう。第2に，監護権の保持者である親は，父権への侵害を避けるために，尊属以外の者のための訪問権を課されることはない。本件においては，父は，母の保持する父権上のあらゆる権利を否定するために，自己と子の母の法的状況が姦通による親子関係という点では同一であることを論拠とすることはできない。民法典335条および342条は，単に姦通による親子関係の自白あるいはその捜索を禁ずるのみであり，出生証書の作成に関して規制を加えているわけではない。同証書は，民法典53条の命ずるところに従い，母の氏名に関する記載を必ず含んでいなくてはならないが，届出を行った本人の指示に基づき，父についての情報を与えなくともよい。こうして合法的に立証された母子関係は，嫡出否認までは嫡出であるが，嫡出否認後は，血族関係の不存在の原則を導き出す民法典335条の禁止とは矛盾しない法的な事実確認の方法で，姦通による自然の母子関係となる。したがって，母は，嫡出否認の後，民法典393条の適用により父権を行使するが，他方，父は，無効となった認知証書を論拠に用いることはできない。姦生子に関する民法典762条は，『法律は姦生子に対して扶養料のみを認める』としているが，同条は，こうした解決に矛盾するものではない。[159] 762条にみられる否定は，『親子関係』に関してではなく，『相続』に関して述べられたものであるため，相続上の資格は制限するが，法的に認められた血族関係の結果生ずる地位については何ら関係がない。第3に，父権は，親に対して自由裁量を与えるものであるが，たとえ，それが民法典375条の意味において濫用されていないとしても，父権は制限されることがある。なぜなら，親の一方のみによって認知がなされる場合では，子の財産が存在するならば財産管理の目的で，あるいは子の身上を見守る目的で，民法典389条2項の適用により『未成年子の物質上および精神上の保護を行うため』に……後見会（conseil des tutelles）[160] が代理人を指名するか，もしくは1958年12月23日オル

ドナンス以降は児童裁判官を介する〔措置による〕かで，父権は制限されるからである。父は，たとえ訪問権をもたなくとも，未成年子の育成に関与する扶養債務者としての資格で，もしそれが子の利益に適う場合には，……『訪問の職務（mission de visite）』を求めることが可能である。……そして，民法典375条もしくは389条に授権された裁判所のみが，その有する手段により，『子の複雑な精神の領域』に関して検討するとともに，託置もしくは訪問の職務の有無を命ずるうえでの管轄権を有している。以上の理由により，……父の認知の無効を認めている点において，原判決を支持し，父に対しては，子の施設への託置費用を負担する旨の申し出を認める。また，原判決のそれ以外の部分に関しては，これを取り消すこととし，父は訪問権の行使を主張しえず，訪問の職務を設けるには，民法典375条もしくは389条の条件を満たす必要があるものとする」。

以上のように，1961年の破毀院判決は，それまでの第三者の訪問権の拡張方向を一転して，子と血族関係にない代父母の訪問権を突如として制限した。この破毀院判決では，代父母は，その本来の役割に留まらず，子の出生前には，その母への物質上および精神上の援助をし，子の出生後は，その母に配慮しながら子の養育および教育に関してあらゆる援助をしてきたにもかかわらず，破毀院は尊属以外の者のために父母は訪問権を課されないことを宣言し，代父母の訪問権を父権への不可侵を理由に否定した。

そして，1963年のリヨン控訴院が，1958年のオルドナンスにより設けられた育成扶助の措置に言及したことで，1961年の破毀院判決の方向性に拍車をかけた。1958年のオルドナンスとは，危険にさらされている青少年の保護に関する1958年12月23日オルドナンスのことである。このオルドナンスは，懲戒権について規定していた民法典旧375条から旧382条を全面的に改正し，子が育成の危機に瀕している場合に，児童裁判官が一定の権限を行使して子を保護する措置をとることを可能にする育成扶助の制度（assistance éducative）[161]を民法典に新たに設けた。1963年のリヨン控訴院は，1961年の破毀院判決が代父母である第三者の訪問権を突如として否定したことを受けて，姦生子の父が扶養料の負担を約束しているにもかかわらず，姦生子の父に対して従来の訪問権を否定した[162]。しかし，リヨン控訴院は，4年間に渡り子を養育してきた血縁の父に対して，訪問権を完全に否定することはあまりにも酷だとして，父という身分以外にも父が子と面会しうる根拠を求めている。すなわち，扶養債務者

の資格で父は民法典旧 389 条により後見会から子への訪問を得ることができる。そして，父権者である母が父の訪問に反対する場合には，児童裁判官に審理は付託され，民法典旧 375 条以下の要件が満たされれば，すなわち子が母の監護のもとで育成の危機に瀕している場合には，父は子への訪問を得ることができる。[163] このようにリヨン控訴院は，1961 年の破毀院判決を踏襲しつつも，姦生子の父に，こうした「訪問の職務」という例外的な訪問権を認める可能性を残した。このことが，訪問権は訪問者の固有の権利であるとする従来の伝統的な訪問権の概念に対して，例外的な状況における「訪問の職務」という概念を引き起こすこととなり，[164] もはや第三者は従来の訪問権を行使しえないのではないかという議論をもたらすことになる。

1963 年のリヨン控訴院判決直後の，次の 1963 年のパリ控訴院判決では，まだ第三者に訪問権を拡張しようとする従来の判例の姿勢がみてとれるが，このパリ控訴院判決以降，後述の 1966 年の破毀院判決までは，訪問権の請求者と子の関係性や状況にかかわらず，一律，第三者の訪問権は否定されることとなる。

パリ控訴院第 1 予備法廷 1963 年 10 月 24 日判決[165]（Truc 嬢 対 Eluard）
【事実の概要】
　子（Christine Camille）は，1956 年 4 月 2 日に婚姻外の関係から出生した。子の出生当時，母（Truc 嬢）は未婚であったが，父（Eluard）は他女と婚姻関係にあったため，子は父方姦生子である。父の婚姻は，1955 年 11 月 8 日のセーヌ大審裁判所の離婚判決まで継続する一方で，子の父と母は，1955 年 3 月から 1960 年 9 月まで内縁関係にあった。内縁関係破綻後の 1960 年 11 月 25 日に，父は子を認知した。その後，父母間で子に関する紛争が生じ，訴えが提起された。原審のセーヌ大審裁判所 1962 年 12 月 10 日判決は，子の懐胎時に，父は他女との婚姻関係にあったため，民法典 335 条により父による認知を無効とした。そのうえで，父に対して，子の生活費を分担する旨の父の申し出を確認するとともに，毎月第 1 日曜日の 10 時から 18 時の間，短期休暇の前半および夏期休暇の初めの 2 週間，子を預かることを許可した。これに対して，子の母は控訴を，父は反訴を申し立てた。子の母は，訪問権の条項の取消および法的に保護される正当な利益の不存在を理由に父の申立ての却下を求め，さらに，母は，48 時間前の事前通知を条件として，毎月第 1 日曜日，その自宅での訪問権を父に対して拒否しないことを明確に述べ，その旨の法的確認を求めた。他方，父は，原判決の確認を求めた。

【判　旨】（原判決取消・請求棄却）
　パリ控訴院は，次のように判断した。「申立てをする法的な利益を父が有するかという問題は，必然的にその主張の根拠を検討することに繋がる。原審裁判官は，認知の無効を宣告した後で反訴請求を認め，これを子の生活費（besoins）に対して援助を行う旨の父の一方的債務負担行為(engagement unilatéral)の対価とみなしている。このことは，原審の表現に従うならば，事実上の父子関係から生じる義務を免れないという父の意思を示すものである。しかしながら，父が子に対する扶養義務の存在を認めているという単にそれだけの事実から，そのように訪問権の承認を導き出すことはできない。結局のところ，姦生子の認知は，フランス法においては，公序から無効を宣告されるのである。したがって，こうした認知は，それ自体としては，いかなる法的な効力も生じさせないにもかかわらず，血縁関係（lien du sang）の明白な存在から生じる事実上の状況は，長い間，判例において見解を同じくして，不完全な法源（source imparfaite de droit）として考慮されており，1955年7月15日の法律以来，民事債務を生じさせるものとされている。いずれにせよ，このような事実上の状況が，自らの行為により子が出生したことを親が単に確信している場合には，親に対して道徳上の義務を負わせ，こうした確信が裁判官により確認される場合には，法的義務を負わせるものとしても，事実上の状況は，この親に対して厳密な意味（stricto sensu）では，いかなる権利も，とりわけ父権に由来するいかなる属性も与えることはない。父権は，親子関係が法的に立証された（établie）親のみによって独占的に行使されるものだからである。しかし，それでもやはり，事実上の血縁関係の存在は，法律によって父権を付与された親により父権が濫用されない限り，完全に無視されることはない。本件において，父と子の間の血縁関係の存在は異論の余地はなく，そもそもこれに関しては，いかなる異議も唱えられていない。その結果，父の事実上の自白で十分であるが，父は，約束によって，自らの道徳上の義務を法的義務に更改することで，父子関係の確信をさらに確かにしている。しかし，このような場合に，こうした約束を受け入れるか拒否するかは，一様に扶養債権者の判断にかかる事柄である。数日間，子を預かり，子を宿泊させる権利を行使するという父の請求に反対するにあたり，子の母が，自らが父権を唯一付与されたと主張することに正当な根拠がある。また，母は，父が子との交流を維持することを認める際に，子が父との行為により生まれたものであるという明白な事実を考慮している。これらの交流を，毎月の簡単な訪問のみに限ることについて，母は排他的権利を行使したのであり，本件の状況に鑑みると，父権を濫用したものとは思われない。以上から，母の控訴を受理し，これを根拠あるものとして認める。訪問権の条項で新しく裁定され，付加された部分については，原判決を取り消すこととする。父に対しては，訪問権の付与を目的とした反訴請求は根拠を欠くものであるため，その請求を棄却する。他方，母に対しては，48時間前の事前通告を条件として，父が母の自宅において子と面会することを母が受け入れた旨を確認する」。

この1963年のパリ控訴院判決は，公的次元において認知は無効であるが，父と子の間の血縁関係の存在は父の自白から明白であり，さらに父の意思により扶養料の負担を法的義務に更改することで，血縁関係はより確信的になるとした。パリ控訴院は，こうした事実上の血縁関係の存在は，父権に関するいかなる権利も与えないが，完全には無視されることはなく，父権者である母が自らの意思で，血縁関係を考慮して，父の子への訪問を認めていることを法的に確認した。そして，母が訪問権に滞在を含むことを拒否したことについては，父権の正当な行使の範囲であるとした。[166]

　続く2つの判決は，このパリ控訴院判決から一転して，前述の1961年の破毀院判決が示した方向性において，第三者の訪問権を否定するものである。

破毀院第1民事部1964年1月3日判決[167]（La Rochefoucauld 対 Vincent）

【事実の概要】

　子（Gérard de La Rochefoucauld）は，婚姻外の関係から出生した。子の出生時に父（La Rochefoucauld）は未婚であったが，母（Vincent）は他男と婚姻関係にあったため，子は母方姦生子である。子は父に認知され，母不詳の，父の子として出生登録された。しかし，実際には，母は子の養育に数年間に渡り携わっていた。そして，母は子を認知したが，民法典335条により母の認知は無効とされた。姦生子の母は，子との訪問権を求めて訴えを提起した。原審のパリ控訴院1961年10月17日判決は第一審判決を支持し，母の訪問権を認めたため，父は上告した。

【判　旨】（破棄移送）

　破毀院民事部は，次のように判断して，原判決を破棄しオルレアン控訴院に移送した。「民法典373条に鑑みて，未成年子への監護権を付与された両親は，その父権への侵害を受けないよう，尊属以外の者のために訪問権ないし宿泊権を課されることはない。原審は，その独自の理由および第一審判決の理由の支持により，母と子の間には親子関係についての『いかなる法的な関係』も存在しないとしても，『こうした関係が存在しないというだけでは，子を何年にも渡って世話し，育て，子に対して真の母の感情を示している者から訪問権を奪うのに十分ではない』こと，および，『母は，その請求する訪問権および宿泊権の行使を認めるのに十分な道徳上の保証を示している』ことが確認されることを認め，父の反対にもかかわらず，父により認知された未成年の自然子に対する訪問権および宿泊権の行使を母に対して認めることが相当であるとした。このような判断を下した原審は，上記の規定に違反する」。

パリ控訴院第 1 予備法廷 1964 年 4 月 14 日判決[168]（Bodin 対 共同当事者 Touron）

【事実の概要】

子（Françoise Bodin）は，1947 年 3 月 23 日に婚内子として出生した。しかし，子の出生直後に母が死亡したため，子は，父（Bodin）により，母方のおじ（Jean Touron）とその妻（Geneviève Bulet）に委ねられた。子のおじ・おばである同夫妻は，1948 年 4 月 25 日にショフールの教会で挙行された子の洗礼の際には代父母に選ばれており，さらに，おじは，子の後見監督人にも指名されている。こうして，子は，おじ・おばにより 1961 年 7 月まで養育された。他方，子の父は，1952 年 4 月 15 日に教師である女性（Charpentier）と再婚し，その後，この妻と一緒に子を取り戻した。そして，おじ・おばに対して，自己の父権を損なわせること，および，子に自己のものと異なる道徳的信条，とりわけ宗教的構想に関して，それを教え込むことについて非難し，おじ・おばと子とのあらゆる関係を止めさせた。そこで，おじ・おばは，子との訪問権と宿泊権の承認を求めて訴えを提起した。原審のシャルトル大審裁判所 1963 年 3 月 1 日判決は，社会的調査（enquête sociale）を行ったうえで，おじ・おばに対して，毎月 2 回の日曜日，復活祭とクリスマス休暇の半分，夏期休暇の 1 カ月間，未成年子を自宅で預かる権利（droit d'avoir）を認めた。これに対して，父は，これは父権の侵害をもたらす性質のものであるとして，原判決の取消を求めて控訴した。他方，おじ・おばは，原判決の確認を申し立てた。

【判　旨】（原判決取消・請求棄却）

パリ控訴院は，次のように判断した。「原審は，『父権は，すでに古くなった法におけるように至高で絶対的であると考えることはできない』とし，『仮に訪問権が家族以外のあらゆる者について通常は否定されるとすれば，逆に，子の血族（parents）であれば，子との紐帯が意思により展開した場合には訪問権を認めなければならない』とした。原審がこのように判断したことには誤りがある。離婚または別居の場合以外では，両親あるいは生存する親が，外部の干渉を一切排除する方法で未成年子の身上を唯一指導する。子の健康，安全，道徳，教育が危うくされている場合に介入するのは裁判官の役目であるが，民法典 375 条および 1889 年 7 月 24 日法律に予定される例外的な場合の介入を必要としない方法で子が育てられているのであれば，いかなる監督も及ぼさない。しかし，法律が，卑属に対する権威を尊属に認めているとするならば，正当な事由なく，父権保持者によって，尊属は孫との関係を維持する権利を奪われることはない。この尊属と孫との関係は，緊密な血族関係を含む。しかしながら，様々な権限（prérogatives）を与えられた家庭の行政官であり，子の利益についての唯一の裁判官である親が，この領域における親の至高の判断に従って，有害あるいは単に時宜を得ないと判断する，尊属以外の者と子との関係を確立させざるをえないはずはなく，また，それを続けさせざるをえないはずもない。傍系血族という身分，宗教上の関係の存在，数年間に渡ってなされた子の世話や子へ示された愛情（affection témoignée）のいずれも，父が述べているよ

うに，民法典 375 条および 1889 年 7 月 24 日法律の要件が満たされない以上は侵害を許さない，完全な父権（puissance paternelle non démenbrée）への侵害を正当化できない。他方で，後見監督人が後見人による財産管理（gestion tutélaire）の監督をしなければならない場合であっても，生存する親による未成年子の身上に影響を及ぼす権威の行使に関しては，いかなる権利ももたない。つまりは，これらの原則の適用により，おじ・おばの請求を認めることはできない」。

以上のように，1964 年の破毀院判決は，前述の 1961 年の破毀院判決を踏襲し，父権者は「尊属以外の者のために訪問権ないし宿泊権を課されることはない」として，血縁関係の存在や数年間に渡る子の監護の事実にもかかわらず，原判決を破棄し，姦生子の母の訪問権を否定した。そして，1964 年のパリ控訴院判決は，1961 年および 1964 年の破毀院判決の流れを汲む下級審判決である。パリ控訴院は，おじ・おばは，子の血族かつ「育ての親」であり，代父母でもあり，さらに，おじは後見監督人であったにもかかわらず，完全な状態の父権への侵害は許されないとの理由から，おじ・おばの訪問権を否定した。

これらの判決では，姦生子の母とおじ・おばというように訪問権の請求者が異なるが，両者が子の監護をしたことは共通する事実である。血縁関係の存在や子の監護の事実は，従来の判例において第三者に訪問権を承認する際に用いられた根拠であったが，これらの判決は，こうした根拠に依拠することなく，1961 年の破毀院判決を踏襲し，第三者に訪問権を認めなかったのである。

B) 1966 年破毀院判決により再び認められた訪問権

次の 1966 年の破毀院判決は，1961 年の破毀院判決以来の考えを踏襲せず，従来と同じく，扶養料の支払いを自ら申し出た姦生子の父に，子の利益の観点から血縁関係を根拠として，再び訪問権を認めた。

破毀院第 1 民事部 1966 年 3 月 29 日判決[169]（Eluard 対 Truc 嬢）
【事実の概要】
前述のパリ控訴院 1963 年 10 月 24 日判決の上告審である。
子は，父方姦生子として出生した。子は，母（Truc 嬢）により認知され，続いて，父（Eluard）により認知された。その後，子に関する父母間の紛争が裁判所に係属する。

第一審のセーヌ大審裁判所1962年12月10日判決は，父による認知は，子が懐胎された当時，父が他女との婚姻関係にあったため無効としたうえで，父に対して，扶養料の支払いの義務を法的に確認し，父に滞在まで含む訪問権を認めた。これに対して，母は控訴を，父は判決の確認を求めて反訴を申し立てた。原審のパリ控訴院1963年10月24日判決は，母の請求を認め，滞在を含まない，母の自宅での父と子との面会を認めた。そこで，父は，これを不服として上告した。

【判　旨】（破棄移送）

　破毀院民事部は，次のように判断して，原判決を破棄しルーアン控訴院に移送した。「民法典342条2項に鑑みる。……原審は，『父と子の間の血縁関係の存在は異論の余地はなく，そもそもこれに関しては，いかなる異議も唱えられていない。その結果，父の事実上の自白で十分である』と述べた後に，子の生活費を分担する旨の父の約束を取り上げた。にもかかわらず，原審は，子の母が『父権を唯一付与された』ことを理由に，子に対する訪問権の行使を目的とする父からの請求を棄却した。このように，原審は，請求の棄却について，子の利益から導かれるいかなる理由も，あるいは，母による父権に由来する諸権利の通常の行使から導かれるいかなる理由も示すことなく判断を下しており，それに関する法的な根拠を示していない」。

　以上のように1966年の破毀院判決は，原審の1963年のパリ控訴院判決が1961年の破毀院判決を踏襲して，子の利益を考慮することなく，父権行使の排他性のみを理由に姦生子の父の訪問権を否定したが，これを破棄した。1961年の破毀院判決以降は，1964年の破毀院判決がこれを忠実なまでに踏襲し，破毀院レベルでは一貫して血縁や愛情関係の有無に関係なく第三者の訪問権は否定されたが，1966年の破毀院判決は，姦生子の親に再び訪問権を認めたのである。

　法理論的には，1961年および1964年の破毀院判決は，訪問権は監護権の当然の帰結だと考えている。そして，これは1964年判決において一層明確である。なぜなら，1964年判決は，1961年判決の場合と異なり，子と血縁のある姦生子の母の訪問権が問題となっていたからである。このような事実上の血縁関係がある親といえども，法的な親子関係がない以上は，監護権を有しないまま子に対して事実上の監護を行っているに過ぎないことになり，この点において，子と血縁のない代父母の場合と変わらないということになる。そして，1961年および1964年の破毀院判決に従えば，父権への侵害を避けるために，尊属以外の者には，一律に訪問権が否定されることになる。なお，逆に父権につい[170)]

て失権が宣告された親は，第三者の訪問権に異議を唱えるいかなる権利ももたないことが，破毀院第1民事部1964年10月27日判決[171]で示された。

他方，1966年の破毀院判決は，訪問権を父権および監護権から独立した権利であると考えている[172]。この1966年判決の結論は，後述するように，学説において，一般的に父権保持者ではないと解される祖父母の訪問権の法的性質を説明する際にも用いられる。つまり，訪問権は血縁を根拠とする自然権により正当化されるという。しかし，こうした法的性質論まで視野に入れると，1964年判決が踏襲する1961年の破毀院判決と1966年の破毀院判決の結論の違いは，訪問権の請求者と子との間の血縁の有無によるのか，訪問権の法的性質および根拠によるのか，定かでない[173]。いずれにせよ，以上のように，第三者の従来の訪問権は，1961年の破毀院判決以降は，限定的に捉えられるようになっていた。再び従来の訪問権が第三者に異論なく認められるようになるのは，1970年の立法によってである。

4　訪問権の法的性質および根拠

前述の第三者の訪問権に関する破毀院民事部1961年3月22日判決および破毀院民事部1966年3月29日判決の結論の違いにも関係する訪問権の法的性質と根拠について，次に検討する。なお，これは第三者の訪問権についてだけでなく，先にみた父母および祖父母の訪問権にも共通して議論されることである。

(1) 訪問権の法的性質と実定法上の根拠

1970年の立法化以前は，訪問権は法的にどのような性質をもつ権利であるのか，ということが議論された。そして，訪問権の法的性質論は同時に訪問権を認めさせるための根拠としての意味を有し，これらの議論には実践的な意味があった。訪問権は，実定法の規定あるいは超実定法的な自然権などに結びつけられ，その性質と根拠が議論されたのである。

A) 父　　母

　訪問権を解釈により認めるにあたって，それを正当化する根拠が必要であった。

　父母の訪問権については，訪問権を父権の属性の1つである監督権の行使の一態様として認める前述の判例法理と同じように，実定法上で関係のありそうな父権および監護権を根拠とし，法的性質をそれに関連づけて論じることが試みられた。

　まず，訪問権の根拠を父権自体に求め，訪問権を父権の属性の1つとする説がある。この説は，離婚後に民法典旧303条により付与される監督権から訪問権が導かれることから，訪問権の根拠を父権とする。しかし，この説に対しては，そもそも訪問権は父権の属性ではないとの指摘がなされている。なぜなら，訪問権の受益者は，たとえそれが子の親であったとしても父権者でない場合もあり，また父権の行使が不可能な者である場合もあり，訪問権を父権の属性とすることには疑問があるからである。

　次に，監護権に結びつける説があるが，これは，理念的に，監護権を単に子を膝下に置く権限という意味においての物質的監護（garde matérielle）と，子の養育および育成に関わるすべての決定を行う権限という意味においての精神的監護（garde morale）に分割し，訪問権を物質的監護の一部として考えるものである。そして，訪問権が認められる場合には，監護者には，子の監護の一部を訪問者に譲渡することが義務づけられると構成する。この説に対しては，訪問権には，子の身上に関して指導することのいかなる権限も含まれないが，現実には，物質的監護と精神的監護を分離することは困難であることが指摘されている。また，仮に両者を分離できたとしても物質的監護のみでは，もはや監護権とはいえないとの批判がなされている。

B) 祖 父 母

　前述の1857年のジョーム判決に始まる祖父母の訪問権を正当化するための根拠が検討されてきた。しかし，その一方で，そもそも祖父母の孫への訪問は，祖父母の固有の権利ではないとする考えもジョーム判決の当初はあった。なぜ

なら，祖父母の訪問権は，父権と対峙する側面をもち，とりわけ初期の頃は父権の絶対性を否定することとの関係において争われたからである。ジョーム判決では，祖母の孫への訪問を認める際に，祖父母と孫の間の利益と紐帯および権利と義務の相互性のためという積極的な理由が示され，そして，父権者が祖父母と孫の関係を正当な事由なく阻止するのは父権の濫用となるため，裁判所によって排斥されるべきであるとして父権の絶対性が否定され，いわば消極的な理由も示された。後者の理由から，祖父母の孫への訪問が認められたとしても，それは固有の権利だからではなく，父権を制限する反射的効果から認められるだけであるという考えが生じた。この権利濫用説の考えからは，祖父母の孫への訪問が「訪問権」として称せられたとしても，その実体は権利ではなく，単なる期待（simples espérances）を有するに留まると説明される[179]。しかし，20世紀初め頃には，こうした考えは祖父母にとって制限的過ぎると考えられるようになり，祖父母の訪問権を祖父母の固有の権利として認める説が登場することとなる[180]。そして，固有の権利としての祖父母の訪問権を認めるために，次のような実定法上の根拠に依拠する説が登場した。

　ジョーム判決でも実定法上の根拠として挙げられていた民法典371条は，その後の裁判例においても，祖父母に訪問権を認めるための根拠とされることがあった。民法典371条は，子に対する尊属への敬意および尊敬の義務を定めるものであるが，判例と同じく，この民法典371条を根拠にする説がある[181]。この説は，民法典371条は，2つの意味において祖父母の訪問権を正当化する根拠となると説明する。まず，孫が祖父母に対して敬意と尊敬を示す義務を果たすためには，孫は祖父母を知り，恒常的な関係を保つ必要があるため，民法典371条から祖父母の訪問権が導き出されるという。そして，民法典371条により，子の両親もその直系尊属である祖父母に対して敬意と尊敬を示さなくてはならないので，祖父母の訪問権を妨げることはできないという。しかし，後者の正当化の根拠は，義理の親子間での訪問権の紛争には当てはまらないことが指摘される[182]。また，この説に対しては，後に，1970年法の立法者が，民法典371-4条において，同条の義務の実行への配慮から祖父母に孫との身上の関係を保つ権利を定めたと考えることには疑問があるとの指摘がなされている[183]。

民法典371条（1804年から存続）
　子は，すべての年齢において，その父母に対して，敬意（honneur）および尊敬（respect）の義務を負う。

　次に，民法典371条とは別の規定に祖父母の訪問権の根拠を求める説がある。すなわち，父権者不在の場合に，祖父母には，孫への監督（民法典旧142条），孫の婚姻への同意（民法典150条），法定後見（民法典402条）が認められることから，祖父母は「自律的な（autonomie）父権」を有するとし，この「自律的な父権」を祖父母の訪問権の根拠とする[184]。この説は，祖父母の訪問権を祖父母に分割された一種の父権の属性とみる。この説の論者は，父母の訪問権についても同じく父権を根拠とする立場に立っており，訪問権の根拠を統一的に説明しようとする。しかし，この説に対しては，そもそも「自律的な父権」の根拠となる祖父母の権利は，子の両親が死亡またはその意思を表明できないという，例外的状況においてのみ認められるものであるから，これは祖父母の特別な権限（prérogative）でしかなく，祖父母の訪問権の根拠にはならないとの批判がなされる[185]。なお，祖父母の父権が観念できるとすれば，前述の監護権を根拠とする説も祖父母に適用しうることになる。

C）第 三 者

　訪問権は，20世紀に入ると，次第にその内容と権利主体の双方の面で拡張されていき，判例上に第三者が登場するようになった。ところが，第三者の訪問権は，祖父母の訪問権と比べても一層，例外的性質を有しているうえ，父権を侵害してはならないとの考えから，祖父母の場合とは異なり，父権および監護権とは別の次元で認めざるをえなかった[186]。そして，第三者の訪問権を正当化するための実定法上の根拠は乏しかったので，次にみるように，超実定法的な根拠が用いられることが多かった。実定法上の根拠が判例によって示されたのは，姦生子の親の訪問権についてである。前述のとおり，姦生子の親は，子との事実上の親子関係があっても法的な親子関係の立証は禁じられていたため，第三者として扱われていたのであるが，子の扶養料の支払いが，次第に事実上の親子関係の立証を緩和することとなり，これに伴い訪問権も認められるよう

になった。そして、1955年法により、姦生子と乱倫子の親の扶養料支払いに関する民法典旧342条2項が設けられたので、それ以降は一部の裁判例において、この規定が姦生子の親の訪問権承認の根拠とされた。また、すでにみたように、特別法としてであれば、1889年7月24日法律20条を「育ての親」の訪問権を正当化する根拠とする裁判例がある。

(2) 訪問権の法的性質と超実定法上の根拠

訪問権を正当化する実定法上の根拠は前述のとおりであるが、これらは、とりわけ第三者の訪問権の根拠としては不十分であったため、超実定法的な根拠を認める必要性があった。実際に判例においては、実定法の規定よりもむしろ血縁や愛情関係に由来する超実定法的な根拠に基づいて訪問権を承認することが多かった。[187]

超実定法的な根拠によって訪問権を正当化する説として、まず、自然権を訪問権の根拠とする説がある。この説は、早くは20世紀前半に、父母と祖父母の訪問権を説明するものとして登場したが[188]、その後、訪問権の権利主体が第三者にまで及ぶと、その射程範囲を広げて、第三者の訪問権の正当化の根拠としても用いられるようになった。[189]この自然権説によると、訪問権の本質的性質および根拠は、子との血縁者に関しては緊密な血縁関係のなかにある固有の自然的愛情に見出すこととなり、非血縁者に関しては交流のなかで自然に育まれる愛情関係に見出すこととなる。さらに、自然権説の論者の1人であるギィオー教授は、訪問権を親族に限るという前提ではあるものの、同じ訪問権でも親等や近親の程度によりその内容が異なることを指摘する。すなわち、訪問権の請求者の身分や子との血縁の濃さなどにより、子との関係性がいかなるものであるかによって、訪問権の程度が決せられることになる。ギィオー教授がこのように解するのは、訪問権のなかに義務を観念するからである。[190]また、ギィオー教授は、家族の紐帯を保ち、その構成員の愛情関係を維持することは社会の利益になるが、この関係の維持を可能にするのが訪問権であるため、訪問権は社会の利益のためにも認められるとする。[191]しかし、後に、社会の利益をもち出すことについては、せいぜい訪問権の根拠をより強化するものに過ぎないと批判

される。[192]

　次に，訪問権の根拠を子の利益に求める説がある[193]。この説は，前述の自然権説を否定するものではないが，訪問権が訪問者側からのみ構成されてきたことに対して登場した説である。この説は，子の利益は訪問権の基礎をなすものであり，子が訪問権の真の受益者であるために，訪問権は子の権利であるとする。この子の権利説における子の利益の視点は，これまで検討してきた判例においても多くみられる。早くはジョーム判決が，祖父母と孫の間の相互的利益に言及して，こうした視点を示した。

5　小　　括

　以上にみてきたように，1970 年の立法化以前は，訪問権は解釈により認められ，判例および学説において形成されていった。父母の訪問権は，別居あるいは離婚の際に子の監護をしない親に，民法典旧 303 条により付与される監督権を根拠として認められてきた。それだけに，とりわけ別居中の父のように父権者が訪問権を請求する場合に，明確に訪問権が付与されないまま監護が母などに付与されることは，民法典旧 303 条自体に違反するだけでなく，父の許可なく子が父家を離れることを禁ずる民法典旧 374 条にも違反し，父権を侵害するのではないか，ということが初期の破毀院判決で争われた。破毀院は，これについて，訪問権は監督権そのものではなく，監督権の行使の一態様であるとし，訪問権を明確に与えなかったとしても監督権を排除するわけではないとした。そして，監護権と訪問権の関係については，訪問権は監護権に干渉する権利ではないことを明らかにした。さらに，下級審および破毀院で，非監護親と子との愛情関係を維持することは子の利益になるという考えがみられるようになり，「子の利益」を訪問権の認否の基準にすることが徐々に定着していった。父権は，その内容に子の人間関係を監督し，場合によっては，それを制限する権限を含むとされるが，訪問権を恣意的かつ抑圧的に制限してはならず，紛争の場合には，子の利益のみを考慮して訪問権の態様を定める権限を裁判官が有することが明らかになった。また，訪問権に関する決定は一時的な性格を有す

るものであり、その後の状況の変化に応じて、臨機応変に訪問権の態様を修正するのは裁判官の役割であることも明らかになった。そして、その法理論が確立されていくにつれ、父母の訪問権についての表現も徐々に統一されていき、とりわけ初期の破毀院は子に「会う権利（faculté de voir）」と、下級審は「訪問権（droit de visite）」と表現することが多かったが、次第に「訪問権（droit de visite）」と表されるようになった。

　祖父母の訪問権も父母の場合と同様に解釈により認められてきた。しかし、19世紀中頃の父権は子に対する排他的支配の性格をまだ有しており、父権者は祖父母と孫との関係を無条件に禁止することができると考えられていた。そして、祖父母の訪問権は、特に民法典旧374条の父権を侵害してはならないという考えから、この頃まで認められていなかった。こうした状況の中で、祖母に孫への訪問を初めて認めたのが1857年のジョーム判決である。この判決は、祖父母の訪問権にとって象徴的であるというだけでなく、祖父母と孫との関係に「利益と紐帯および権利と義務の相互性」を認め、これらの関係の維持のためには、たとえ父権でも制限されることを明言したことに意義がある。その後の裁判例において、ジョーム判決の見解は踏襲され、祖父母と孫の関係は相互的利益になる、とりわけ子の利益になるという考えから、重大な事由がなければ父権者であっても祖父母の訪問権を制限できないという法理論が確立されていった。なお、実定法上の根拠に関しては、民法典371条を祖父母の訪問権の承認の根拠とする裁判例もみられる。

　しかしながら、祖父母が孫を訪問することは早い時期から認められてきたものの、初期の破毀院判決は、祖父母がその自宅に孫を滞在させることを父権への不可侵を理由に否定した。その一方で、下級審は、祖父母と孫の互いの居所が遠隔地にあるという現実的な問題に対処するために、早くから祖父母に滞在を含む訪問権、すなわち宿泊権を認めた。破毀院がこれを認めるようになるのは、1930年代になってからである。このような祖父母の訪問権の内容の拡張とともに、1930年頃までは統一的に「訪問権」と表現こそされてはいなかったものの、その権利性も確立されていった。さらに、祖父母には、祖父母自身の子および孫が嫡出であるか否かによる訪問権の区別の問題が残されていた。

祖父母自身の子が自然子であっても，孫が嫡出子である祖父母に訪問権が認められたのは，ジョーム判決から81年も遅れてのことであった。孫自身が自然子である祖父母に訪問権が認められるのは，さらに後のことであった。

第三者の訪問権も同じく解釈により認められてきた。判例上に第三者として登場したのは，おじ・おばや代父母などの「育ての親」，および，1972年法までは法的な親子関係の立証が禁じられていた姦生子の親である。「育ての親」とは，事実上あるいは法律上の子の監護をした者であり，これには子の血族である場合とない場合の両方が含まれる。「育ての親」の場合には，子の監護の事実から生じる愛情関係が子との間に存在すれば，こうした関係を維持することは子の利益になるとして訪問権が認められる。そして，おじ・おばなどの場合には血族関係が，代父母の場合には宗教上の「血族関係」の存在が根拠として加えられる。さらに，子が，「育ての親」に対して「愛情」や「感謝」の情を示すことを訪問権の承認の理由に加える裁判例もみられる。

姦生子の親については，法的な親子関係の立証が禁じられていたため，当初は訪問権を請求する余地もなかったが，扶養料の支払いと連動して事実上の親子関係の立証が緩和されるに従い，姦生子の親の訪問権が判例において登場するようになった。裁判所は，その訪問権の承認の根拠に，血縁および愛情関係の存在を挙げている。そして，血縁や愛情関係を客観的に示すものとして，扶養料の支払いの事実が用いられている。特に，1955年法により姦生子の親の扶養料支払いに関する民法典旧342条2項が設けられて以降は，事実上の親子関係の立証のさらなる緩和を許すこととなり，同条2項が姦生子の親の訪問権に関する実定法上の根拠とされた。しかしながら，父母と祖父母の場合とは異なり，これ以外に民法典には根拠となりうる規定がなかったため，特別法である1889年7月24日法律20条が訪問権の根拠として挙げられることもあった。

第三者の訪問権は判例に登場して以来，拡張される傾向にあったが，父権への不可侵を理由に，1961年の破毀院判決により歯止めがかけられた。そして，1963年のリヨン控訴院判決が「訪問の職務」という例外的な訪問権の可能性を示したことで，1961年の破毀院判決が示した方向性に拍車がかけられ，もはや従来の訪問権は，第三者には認められないのではないかと考えられた。し

かし，1966年に再び第三者の訪問権を認める破毀院判決が下され，扶養料の支払いをした姦生子の父に訪問権が認められた。この時期の裁判所の見解は方向性が定まっていない。これは訪問権が解釈によって認められてきた権利であるだけに，その法的性質や根拠について見解が分かれていたためである。なお，訪問権の法的性質や根拠に関しては，第三者の訪問権だけでなく父母や祖父母の訪問権も含めて，学説において議論されている。父母の訪問権は主に父権および監護権に結びつけて論じられており，祖父母と，特に第三者は有力な実定法上の根拠を欠くために，実定法の規定よりもむしろ血縁や愛情関係を根拠として論じられることが多かった。そして，年代を下るにつれ，訪問権は子の権利であるという視点が強まっていくのである。

1) 1970年の法改正以前の民法典においては，「父権（puissance paternelle）」という表現が用いられたが，その一方で，これを父母に帰属すると規定したことから，「puissance paternelle」は，内容的には「親権」という訳語が相応しいことが指摘されている。「puissance paternelle」という表現を立法者があえて採用したのは，慣習法の採用に際しての，成文法原則への譲歩および妥協からであったとされる。稲本洋之助『フランスの家族法』（東京大学出版会，1993年）91頁，田中通裕『親権法の歴史と課題』（信山社，1993年）46-48頁。しかし，本書では，民法典において「父権」が「親権」という表現に変えられた1970年という年代が1つの重要な視点となるため，両者の時代区分を明確にする意味で，「父権（puissance paternelle）」，「親権（autorité parentale）」と訳し分けることとする。
2) Hugues Fulchiron, *Autorité parentale*, Répertoire de droit civil, 1991, n°3.
3) Ambroise Colin et Henri Capitan, *Cours élementaire de droit civil français*, t.2, Paris, 1923, p.442 ; Charles Aubry et Charles-Frédéric Rau, *Cours de droit civil français*, t.9, 1917, p.106.
4) 本文後述の1935年のデクレ・ロワによる改正までは，懲戒権は子に対する制裁として位置づけられており，この意味においては，「矯正権」ともいわれる。山口俊夫『概説フランス法上』（東京大学出版会，1998年）467頁。
5) Colin et Capitan, *op. cit.*, p.442.
6) Colin et Capitan, *op. cit.*, pp.442, 443 ; Aubry et Rau, *op. cit.*, p.106.
7) Aubry et Rau, *op. cit.*, p.106.
8) 親が封印状（letter de cachet）を請求すれば，政府は簡単に封印状を発行したため，子を修道院や刑務所に収監することが容易であった。なお，親は子の相続分を剥奪することができたが，これは，ユスティニアヌス新勅法115に定められる，あらゆる場合の親のための相続剥奪権が存続していたものとされる。Colin et Capitan, *op. cit.*, p.443.

9) Colin et Capitan, *op. cit.*, p.444 ; Aubry et Rau, *op. cit.*, p.106.
10) P.-Antoine Fenet, *Recueil complet des travaux préparatoires du Code civil*, t.1, 1827, pp.140 et s.
11) P.-Antoine Fenet, *Recueil complet des travaux préparatoires du Code civil*, t.10, 1827, p.479 et s.
12) Fenet, *op.cit.*, t.10, pp.485 et s.
13) 妥協の1つの表れとして,「父権」という表現は民法典の「編 (titre)」に,「父母の権威」という表現は「章 (chapitre)」に用いられた。Fulchiron, *op. cit.*, 1991, n°5, 6. 結局, 妥協的に「父権」という表現を用いながら, その帰属は父母にさせることにしたのである。
14) Colin et Capitan, *op. cit.*, p.444 ; Aubry et Rau, *op. cit.*, p.107.
15) 懲戒権に関しては, 16歳以上の子については, 裁判所の監督下に置くが, 16歳未満の子については, ほぼ自由な権限を父に与えることになり, 婚姻同意権に関しては, 成人した子にも認められることになった。なお, 相続剥奪権は廃止されることになった。
16) Colin et Capitan, *op. cit.*, p.444.
17) *Ibid.*
18) Aubry et Rau, *op. cit.*, pp.112-116.
19) 稲本・前掲註1) 91-105頁。
20) Colin et Capitan, *op. cit.*, p.29 ; Aubry et Rau, *op. cit.*, p.108.
21) Charles Demolombe, *Traité de l'adoption et de la tutelle officieuse, de la puissance paternelle*, 4ᵉ éd., Paris, 1869, n°268.
22) Aubry et Rau, *op. cit.*, pp.111, 112.
23) 「監護 (garde)」という言葉は, すでに1792年の立法者によって示されていたが, 実際に民法典に登場するのは, 1910年の法定管理に関する民法典389条においてであった。389条には,「……est confiée la garde de l'enfant」と書かれていた。なお, 1804年の民法典302条には,「Les enfants seront confiés……」と表現されているだけである。規定上では, 1970年の民法典371-2条において,「監護権 (droit de garde)」という表現が用いられた。Irène Carbonnier, *Autorité parentale, Exercice de l'autorité parentale*, Juris-classeur civil code, 2003, n°14, 15.
24) François Laurent, *Principes de droit civil français*, 3ᵉ éd., t.4, Paris, 1878, n°271.
25) 1804年の民法典302条は, 離婚後の子の監護について定めた規定であるが, 本文後述の破毀院審理部判決1878年7月24日は, 別居の場合にも同条は適用されるとした。また, 民法典302条の「子は離婚を得た夫婦の一方に委ねられる」とは, 子の監護が離婚についての無責配偶者に委ねられることを意味しており, このような有責配偶者の監護権の喪失は, 離婚有責者への制裁だと説明される。すなわち, 民法典302条が継受したナケ法 (loi Naquet) において, 離婚を正当化するのは, 夫婦の一方の道徳的堕落であり, そのような親は子の監護者として不適格と扱うことが正当であるとされる。Marcel Planiol et Georges Ripert, *Traité pratique de droit civil français, La famille*, par André Rouast, t. 2, Paris, 1952, n°650, 659, 685.
26) 場合によっては, 第三者 (祖父母, 慈善施設, 寄宿学校など) に子が預けられること

もある。Planiol et Ripert, *op. cit.*, n°652.
27) Planiol et Ripert, *op. cit.*, n°653 ; Aubry et Rau, *op. cit.* p.111.
28) 子の教育を指導する権利は，民法典203条「夫婦は，婚姻の事実のみによって，その子を養育，扶養，教育する義務を相互に約する」に対応するものだとする。田中・前掲註1）52-56頁。なお，本書における各規定の訳出については，田中・前掲註1），稲本洋之助編訳『フランス民法典第1篇—その原始規定（1804）と現行規定（1971）』，法務大臣官房司法法制調査部編『フランス民法典—家族・相続関係』（法曹会，1978年），中村紘一・色川豪一「フランス親族法の改正—親権に関する2002年3月4日の法律第305号」比較法学37巻1号（2003年）を参照した。
29) Planiol et Ripert, *op. cit.*, n°653.
30) Planiol et Ripert, *op. cit.*, n°653 ; Colin et Capitan, *op. cit.*, p.445.
31) Colin et Capitan, *op. cit.*, p.445.
32) Planiol et Ripert, *op. cit.*, n°651 ; Colin et Capitan, *op. cit.*, p.462.
33) なお，子の利益に応じて，有責配偶者であっても子の財産の管理者になることができるとされる。Planiol et Ripert, *op. cit.*, n°652, 653.
34) *Ibid.*
35) 1804年の民法典141条が，子の「育成」および「財産の管理」の権利を母が行使すると定めていることより，例外的状況における母の父権行使からは，法定収益権は除かれると考える見解が多数とされるが，その一方で，法定収益権は，子の育成および財産管理の対価であると考えるべきとの見解からは，この場合の法定収益権は母に帰属すると解するのが相当であるとされる。後者の見解においては，父の失踪の場合には，法定収益権は失踪宣告後に失踪の時に遡って母に帰属することになる。Colin et Capitan, *op.cit.*, p.459 ; Aubry et Rau, *op.cit.*, pp.118, 119.
36) Colin et Capitan, *op. cit.*, p.29.
37) Michel De Juglart, *Les droits de puissance paternelle des ascendants*, Rev. crit. légi.jur., 1938, pp.388-413, 424.
38) Planiol et Ripert, *op. cit.*, n°650 ; Fulchiron, *op. cit.*, 1991, n°184.
39) Planiol et Ripert, *op. cit.*, n°650-654 ; Colin et Capitan, *op. cit.*, pp.460, 461. 他方，シムレールは，1970年以前の離婚後の父権について，父権の分割が起こり，監護者である父または母の一方は監護権が与えるところの権利と義務を排他的に有するが，それ以外の父権の属性は父母に共有して属すると説明する。Philippe Simler, *La notion de garde de l'enfant*, RTD civ., 1972, n°14.
40) なお，姦生子および乱倫子は原則として父権に服さなかったとされる。田中・前掲註1）99頁。
41) 1804年の民法典383条は「第376条，第377条，第378条，および第379条は，適法に認知された自然子の父母に共通である」と定める。なお，ここで規定される懲戒権は，1958年のオルドナンスで育成扶助の制度に置き換えられる。
42) 立法者は，離婚後も子に対する責任を両親は負うべきであるとの考えから監督権を認めたとされる。P.-Antoine Fenet, *Recueil complet des travaux préparatoires du Code civil*, t.9, 1827, pp.486, 487.

43) Gabriel Marty et Pierre Raynaud, *Droit civil, Les personnes*, 3ᵉ éd., Paris, 1976, n° 238.
44) Fulchiron, *op. cit.*, 1991, n° 65.
45) Planiol et Ripert, *op. cit.*, n° 654.
46) Cass. req., 24 juillet 1878, DP, 1878, 1, p.471.
47) Cass. req., 16 juillet 1888, DP, 1889, 1, p.456 ; S, 1890, 1, p.317.
48) Cass. req., 14 mars 1938, DH, 1938, p.243.
49) Cass. civ., 7 mai 1900, D, 1901, 1, p.452.
50) Cass. civ., 13 avril 1937, DH, 1937, p.281.
51) André Breton, *Divorce (Conséquences)*, Répertoire de droit civil, 1989, n° 719 ; Carbonnier, *op. cit.*, 2003, n° 19.
52) Rouen, 1ʳᵉ ch., 7 juin 1899, DP, 1900, p.287.
53) Paris, 6ᵉ ch., 9 juillet 1913, S, 1914, 2, p.48.
54) Aubry et Rau, *op. cit.*, pp.111, 112.
55) Grenoble, 1ʳᵉ ch., 30 juillet 1901, D, 1903, 2, p.61.
56) Chambéry, 1ʳᵉ ch., 18 février 1908, D, 1908, 5, p.19.
57) Rouen, 1ʳᵉ ch., 30 juillet 1930, S, 1931, 2, p.119 ; JCP, 1931, 75.
58) Cass. req., 20 juin 1932, DH, 1932, p.443 ; S, 1932, 1, p.279.
59) 原審では,「父との間の親密な感情」となっており,ここでは母について述べられていない。なお,原文において,原審では「même」をなっていた部分が,破毀院では「mère」となっており,誤植の可能性がある。したがって,文脈からも判断して,「母」とはあえて訳さず,原審におけるのと同じ訳とする。
60) Cass. req., 23 juillet 1934, DH, 1934, p.508 ; S, 1934, 1, p.381.
61) 監督権は,その必然的帰結として訪問権を有するとされる。Henri et Léon Mazeaud et Jean Mazeaud et François Chabas, *Leçons de droit civil, La famille*, 7ᵉ éd., Paris, 1995, n° 1145.
62) 1804年の民法典302条は,1945年4月12日のオルドナンスにより次のように改正された。「子は離婚を得た夫婦の一方に委ねられる。ただし,裁判所が,家族会または検察官の請求に基づいて,かつ,第238条3項の適用によって集められた情報を参照して,子の最大の利益のために,子のすべてまたはそのうちの一部が,夫婦の他方,あるいは第三者の配慮に委ねられることを命ずる場合には,その限りではない」。この法改正により,302条に「第238条3項の適用によって集められた情報を参照して」という文言がつけ加えられた。なお,当時の民法典238条〔勧解,不調の場合の仮の措置〕の3項は「このほか子が存在する場合には,裁判官は,家族の物質的および精神的状況について,それらの子が生活し,かつ,育てられる条件について,および,場合によっては子の確定的な監護に関してしかるべき措置について,情報を集めるために適当なすべての者に委任する」と定める。そして,302条は,本文後述の1975年の離婚法の改正により,後述の303条とともに廃止され,1975年の民法典287条,288条に,その内容は,いったん引き継がれた。
63) Louis Garola-Giuglaris, *Le fondement du droit de visiter et d'héberger l'enfant*, D, 1965, 1, p.1.

64) 1889年7月24日法律20条は，1916年8月5日法律によって補完される。その内容は次のとおりである。「父，母，後見人の介入，もしくは裁判所の決定により，子が本法律19条に規定される者に委ねられる際，子を要求する親が，子に対して長期に渡り完全に無関心であったことが証明される場合には，前段落の条件において子を預かった第三者により審理を付託された裁判所は，子の利益により，先に子を預かった者に対して子の監護を引き続き委ねることができる。ただし，必要な場合には，子を要求する親が子と面会する条件を定めるものとする。審理は，子が預けられた者の住所地の裁判所で行われ，対審で，子を要求する親とともに行われる」。

65) 民法典旧374条から，監護権が導かれることは本文前述のとおりであるが，同条を根拠に婚姻中の父権者は，監護権たる子を膝下に置く権利（droit de retenir l'enfant）をもつとされる。田中通裕「フランスにおける訪問権（droit de visite）―その権利主体の範囲と法的性質をめぐって」法と政治32巻1号（1981年）162, 163頁。

66) Pierre Guiho, *Essai d'une théorie générale du droit de visite*, JCP, 1952, I , n°3.

67) Paris, 2e ch., 21 avril 1853, S, 1853, 2, p.297.

68) Laurent, *op. cit.*, n°268.

69) Demolombe, *op. cit.*, n°395. ドゥモロンブ教授は「確かに父のみが父権を有し，子が会うべき者，あるいは会うべきでない者を決定する。子の人間関係を選択するのは父である。実際に，特定の者が子を訪問することを父が許可し難い重大かつ正当な事由が存することもある。しかしながら，こうした父権の行使は非常に厳格であるべきである。それは祖父にとって，限りなく感情を害するとともに，苦痛を伴うものであり，子にとっても，とても辛いものとなりうるからである。したがって，もし状況から判断して父権の行使が正当化から程遠く，不合理な濫用となる場合には，裁判所は，これに関して必要な措置を講ずる権限を有していると思われる。いずれにしても，たとえ祖父自身は父権を有していないにせよ，祖父は最も重要な関係，すなわち民事上の法律が最も重要な効果を与える紐帯により孫と結びついているのである」とする。

70) Cass. civ., 8 juillet 1857, Bull. civ., n°54 ; DP, 1857, 1, p.273.

71) オーブリ・ローも「子の母の死後，父の拒否にもかかわらず，こうした拒否が十分に正当化されない場合には，裁判所は，母方の祖父がその孫を訪問することを許可する権限を有している」とする。Aubry et Rau, *op. cit.*, t.9, pp.117, 118.

72) Guiho, *op. cit.*, n°4.

73) Louis Josserand, *De l'esprit des droits et de leur relativité*, Paris, 1927, pp.68 et s.

74) Guiho, *op. cit.*, n°^{s}10, 11.

75) Cass. civ., 2e ch., 2 novembre 1955, D, 1956, p.153, note P. Hébraud.

76) Michelle Gobert, *L'enfant et les adultes (à propos de la loi du 4 juin 1970)*, JCP, 1971, I, 2421, n°13.

77) Cass. civ., 2e ch., 2 novembre 1955, *op. cit.*, note Hébraud.

78) Louis de Naurois, *Le contrôle judiciaire de la puissance paternelle sur la personne de l'enfant*, Rev. crit. légi. jur., 1936, p.486 ; Thierry Garé, *Les grands-parents dans le droit de la famille*, Lyon, 1989, n°295.

79) Cass. civ., 26 juillet 1870, DP, 1871, 1, p.217.

80) Cass. civ., 28 juillet 1891, DP, 1892, 1, p.70 ; S, 1891, 1, p.385.
81) Cass. req., 12 février 1894, DP, 1894, 2, p.218 ; S, 1894, 1, p.240.
82) 祖父母側は，この根拠として，民法典371条，148条から153条，173条，182条，191条，205条，746条から749条，915条，935条を挙げる。さらに，父親の失権制度に関する1889年7月24日法律1条に「有罪を宣告される場合，父，母，尊属は，自らのすべての子と卑属に対する父権のすべての権利，および，それに付随する，とりわけ民法典108条，141条，148条，150条，151条，346条，361条，372条から387条，389条，390条，391条，397条，477条，935条，1851年2月22日デクレ3条，1872年7月27日法律46条が定める，すべての権利を失権する」と定められることから，尊属の法的な権限が原則として認めてられているとする。
83) Bordeaux, 1re ch., 13 juin 1860, D, 1861, 2, p.92.
84) Paris, 4e ch., 14 août 1869, DP, 1869, 2, p.238 ; S, 1869, 2, p.267.
85) Aix., 3e ch., 15 mars 1929, DP, 1930, 2, p.111, note Marcel Nast.
86) Trib. Avesnes, 15 janvier 1931, Gaz. Pal., 1931, 1, p.533.
87) フランスにおける民事訴訟は，わが国のように訴状を裁判所に提出するのではなく，原告が被告を召喚することにより開始されるのが原則である。山口俊夫編『フランス法辞典』(東京大学出版会，2002年) 39頁。
88) Paris, 1re ch., suppl., 6 avril 1965, S, 1966, 1, p.30.
89) Cass. req., 5 juin 1931, DH, 1931, p.361.
90) Cass. civ., 6 juillet 1931, DH, 1931, p.428 ; S, 1931, 1, p.390.
91) Cass. req., 24 février 1942, DC, 1942, p.98, note Auguste Lebrun ; S, 1942, 1, p.59 ; JCP, 1942, II, 1559.
92) Cass. civ., 2e ch., 2 novembre 1955, *op. cit.*
93) Garé, *op. cit.*, n° 270.
94) Jean-Louis Halpérin, *Histoire du droit privé français depuis 1804*, Paris, 1996, n° 11.
95) 民法典施行当時からこのように規定されていた。1972年法により，民法典旧756条は「自然親子関係が法的に立証された場合に，相続上の権利が生ずる」と改正された。そして，本文後述のように2002年の法改正において，相続についても自然子と嫡出子の区別はなくなり，756条はさらに改正された。
96) Garé, *op. cit.*, n° 272.
97) Garé, *op. cit.*, n° 273.
98) Cass. civ., 27 juillet 1938, DH, 1939, p.591 ; D, 1939, 1, p.73, note Auguste Lebrun ; S, 1939, 1, p.327.
99) 姦通の相手と共同で認知の届出をするのでなく，単独で行う認知届のこと。
100) Garé, *op. cit.*, n° 273.
101) Paris, 1re ch., suppl., 8 novembre 1968, D, 1969, 2, p.145.
102) Amiens, 22 février 1946, D, 1950, Somm., p.35.
103) 本文後述のように，1972年法が，民法典旧334条2項において，自然子は親の「家」に入ることを定めたので，自然子の祖父母は，1970年法の第三者の訪問権について定める民法典371-4条2項ではなく，祖父母のための同条1項が適用されることが後に明ら

かになった。
104) フランス法上の単純養子縁組は、養子の年齢を問わず、また、実方から離脱せず、扶養および相続の関係を維持する養子縁組である（民法典360条から370-2条）。完全養子縁組は、原則として15歳未満の子を対象とし、子を完全に実方から離脱させ、養方の血族とし、かつ、離縁を認めない養子縁組である（民法典343条から359条）。なお、これらの養子縁組の二態様構成は、旧法の普通養子、断絶養子、養子準正の三態様構成を廃止し、採用されたものである。その際に、養子準正を特例的形態としていた旧法とは逆に、完全養子縁組を原則的形態とし、単純養子縁組を特例的形態として位置づけた。稲本・前掲註1）75-90頁。
105) Garé, *op. cit.*, n°271.
106) Geneviève Sutton, *Du droit des grands-parents aux relations avec leurs petits-enfants*, JCP, 1972, I, 2504, n°18-31.
107) Cass. civ., 1re ch., 21 juillet 1987, Bull. civ., 1987, I , n°235.
108) Jacqueline Rubellin-Devichi, *Droit de visite*, RTD civ., 1988, pp.319 et s.
109) Demolombe, *op. cit.*, n°395.
110) Marie Lamarche, *Substitution des grands-parents aux parents*, *La place des grands-parents*, AJ fam., 2008, pp.141-145.
111) 民法典371条は、キリスト教的思想に基づくもので、モーゼの十戒から引き出された原則であるとされる。現行法においても、この規定は残されているが、その理由は、「親権」という表現が残された際の理由ともなった「権威があるから責任がある」というものと同様の精神からとされる。Hugues Fulchiron, *L'autorité parentale rénovée (Commentaire de la loi du 4 mars 2002 relative à l'autorité parentale(1))*, Defrénois, 2002, n°15/16, 37580, p.963. なお、民法典371条は「父母」を対象として規定されているが、同条は、解釈により父母だけでなく、すべての直系尊属を対象にしているとされる。また、同条は道徳的規範といわれるが、他の規定の解釈基準として用いられるという意味においては、法律規範であるとされる。Fulchiron, *op. cit.*, 1991, n°44-48. この点についての邦語文献は、谷口知平『現代外国法典叢書仏蘭西民法 (I)』（有斐閣, 1956年）357, 358頁。
112) 1804年の民法典142条は「母が父の失踪の時に死亡していた場合、または母が父の生死不明が宣告される前に死亡するに至る場合には、子の監督は、父の失踪から6カ月後に、家族会（conseil de famille）によって最も近い尊属に、それらの者がいない場合には、仮の後見人（tuteur provisoire）に付託される」と定める。このように父も母もいない場合には、原則として最も近い尊属に子の監督が委ねられる。なお、同条は民法典第1編、第4章の改正に関わる1977年12月28日法律第77-1447号により削除される。本文後述のとおり、現行法では、2002年の法改正以降、両親の一方の親権行使が取り上げられている時には、例外的に血族を優先した者、特に祖父母に子を監護させることができる（民法典373-3条2項）。
113) 1804年から存続する民法典150条1項は「父母が死亡している場合、または父母がその意思を表明することが不可能な場合には、祖父母が父母に代わる。同一の系（lignée）の祖父と祖母との間に不一致がある場合には、祖父の同意で足りる」、同条2項は「2つの系の間に不一致がある場合には、この不一致は、同意とみなされる」と定める。なお、

祖父母の孫の婚姻に対する同意を定める同条は修正されつつも，現行法においても維持されている。
114) 1804 年の民法典 402 条は「父母のうち最後の死亡者によって，未成年者に後見人が選ばれなかった時は，後見は，当然にその父方の祖父に属する。父方の祖父がいない場合には，母方の祖父に属する。このように同一親等では父方の尊属が常に母方の尊属に優先される方法で遡る」と定める。なお，同条は 1964 年の法改正において，「父母が後見人を指定せずに死亡した場合には，子の後見は最も近い親等の尊属に付託される」と改められる。さらに，同条は，本文後述の児童保護に関する 2007 年 3 月 5 日法律第 2007-368 号により改正された。現在では，子の法定後見に関して，血縁を基礎にする尊属の優位性は消滅し，子の利益が法定後見人選任の基準となり，そこでは血縁よりも子との愛情的結びつきが重視される。
115) Aubry et Rau, *op. cit.*, pp.160, 161.
116) 1804 年から存続する民法典 1384 条 1 項により，祖父母が孫を恒常的に預かる場合に，祖父母は孫を監督および指導する義務を負う。祖父母の監護下で，孫が他人に損害を与えた場合，祖父母に監督と指導についての義務違反が認められれば，祖父母は民事責任を問われることになる。
117) Mireille Lasbats, *Les grands-parents dans notre société*, AJ fam., 2008, p.147.
118) *Ibid.*
119) E・H・エリクソン・小此木啓吾訳編『自我同一性アイデンティティとライフ・サイクル』（誠信書房，1983 年）。エリクソン（1902-1994）は，フロイト派の社会心理学者である。フロイトは愛情的関係の最も基本的なものとして同一化（identification）の概念に言及しているが，エリクソンが自我同一性（アイデンティティ）の概念を確立した。このような従来の概念を見直すものであり，概念の起源を紹介するものとして，上野千鶴子『脱アイデンティティ』（勁草書房，2005 年）。
120) Laurent Gebler, *Le juge aux affaires familiales, le juge des enfants et les grands-parents : aspects procéduraux, La place des grands-parents*, AJ fam., 2008, pp.147, 148.
121) Lasbats, *op. cit.*, p.148.
122) *Ibid.*
123) Garé, *op.cit.*, n°138-142.
124) Lasbats, *op. cit.*, p.150.
125) Garé, *op. cit.*, n°280.
126) Lasbats, *op. cit.*, p.149.
127) 代父，代母とは，キリスト教の洗礼や堅信の秘蹟の時に洗礼者（代子）が神に対して行う約束の証人となり，その約束を守らせるために立つ者のことである。洗礼者が男子の場合には代父が立ち，女子の場合には代母が立つ。倉田清『現代キリスト教用語辞典』（大修館，1985 年）93，114 頁。
128) 本文後述の破毀院民事部 1972 年 5 月 17 日判決において，祖父または祖母の再婚相手のような社会学的な祖父母は，1970 年法による民法典 371-4 条の同条 1 項の「祖父母」には入らず，2 項の「第三者」に入ることが明らかになった。
129) 本文後述の破毀院民事部 2007 年 2 月 20 日判決は，子が単純養子縁組をし，かつ，親

権を委譲した母の訪問権について，1970年法による民法典371-4条2項を根拠に認められるとしている。

130) Fulchiron, *op. cit.*, 1991, n°96.
131) Dijon, 1re ch., 17 janvier 1933, DH, 1933, p.188.
132) Amiens, 1re ch., 7 juillet 1953, JCP, 1953, Ⅱ, 7758.
133) 本判決の評釈によると，この「育ての親」である夫妻が子の監護を請求しうるのは，次の5つの条件が揃う場合である。①子が，父，母，後見人により，あるいは裁判所の決定により夫妻に委ねられ，②夫妻自身が少なくとも公的援助あるいは公認の慈善団体の援助を受けておらず（1889年7月24日法律19条），③血縁による親が子に対して完全に長期的に無関心であり，④子の利益が夫妻の請求を正当化する場合である。そして，夫妻の請求権が具体化されるのは，⑤血縁による親が実際に子を要求した時である。Amiens, 1re ch., 7 juillet 1953, *op. cit.*, note J. Granier.
134) Paris, 14e ch. réf., 5 mars 1959, JCP, 1959, Ⅱ, 11180.
135) Paris, 1re ch., suppl., 30 avril 1959, D, 1960, 2, p.673.
136) 本文後述のリヨン控訴院1963年10月17日判決の評釈において，虚偽の認知であることが指摘されている。Lyon, 17 octobre 1963, D, 1964, 2, p.254, note Paul Esmein.
137) ここでは，この直後に「知的（intellectuelle）」がくるために，「morale」は，「精神的」ではなく，「道徳的」と訳すこととする。
138) Trib. Seine, 14 décembre 1946, JCP éd.A., 1947 Ⅳ, 750 ; RTD.civ., 1947, p.321.
139) Trib. Seine, 6e ch., 17 janvier 1957, D.1957, 2, p.140.
140) 同一事件を担当する双方の当事者の弁護士または代訴士の間で略式化された方式によってなされる申立書や弁護士選任文書などの送達のことである（新民訴671条以下）。山口編・前掲註87）11頁。
141) Paris, 1re ch., suppl., 2 avril 1957, D, 1958, 2, p.211.
142) ここは，原審では「父」となっている。なお，おおよその事実の概要は原判決に記載されているとおりであるが，所々，異なる部分があるので，本件の事実の概要に重複する部分も含めて改めて事実を記載することとする。
143) 後のコンメンタールにおいても同様の視点が指摘されている。Fulchiron, *op. cit.*, 1991, n°83.
144) 自然子という表現は一般的に婚外子（enfant né hors mariage），非嫡出子（enfant illégitime）を意味する。田中通裕「フランスにおける自然親子関係成立に関する一考察」法と政治28巻3・4号（1977年）484頁。ほかにフランスの親子関係法および自然子法一般に関する主な邦語文献として，谷口・前掲註111）304頁，神田博司「仏蘭西私生子法における父の捜索—とくに1955年法を中心として」法学新報66巻10号（1959年）32頁，久貴忠彦「フランス非嫡出子法の動向に関する一考察（1）」阪大法学89号（1974年）59頁。
145) 田中・前掲註1）99頁。なお，稲本・前掲註1）57頁では，「乱倫子」は，「近親子」と訳されている。
146) 1804年の民法典757条によると，自然子が死亡した父母の財産に対して有する一定の範囲の財産上の権利とは，嫡出子が存在する場合には単に嫡出子の相続分の3分の1，

嫡出子は存在しないが父母の尊属または兄弟姉妹が存在する場合には2分の1, 嫡出子も尊属も兄弟姉妹も存在しない場合には4分の3の割合によるもののことである。
147) Aubry et Rau, *op. cit.*, pp.331, 332.
148) 公的次元では無効となったとしても子を認知し、数年間に渡り父が自発的に子に扶養料を送っていた場合などが例として挙げられる。Aubry et Rau, *op. cit.*, p.325.
149) Aubry et Rau, *op. cit.*, pp.325, 330. 稲本・前掲註1) 67-74頁。
150) この10年後の1982年6月25日法律第82-536号による法改正で、民法典旧334-8条において身分占有による自然親子関係の立証が認められるに至り、この問題は解決した。稲本・前掲註1) 72-74頁。なお、近年までのフランス法における親子関係の立証については次の論考を参照した。羽生香織「実親子関係確定における真実主義の限界」一橋法学7巻3号 (2008年) 353頁。
151) 姦生子については、その親の配偶者と嫡出子との「微妙な関係」を考慮して、相続法上の一定の制限を受けた。稲本・前掲註1) 68-70頁。乱倫子はこのような制限を受けなかったので、親子関係が立証されれば、民法典旧334条の「自然子」として、嫡出子と同格になった。なお、本文後述のように、姦生子は、「その懐胎の時に、その父または母が他者との婚姻関係にあった自然子」という表現に変更されたものの（民法典旧334条3項）、相続分の制限を受け（民法典旧759条以下）、さらに生前贈与と引き換えに相続人から排除する特別の相続制度が設けられた（民法典旧762条以下）。
152) 本文後述の裁判例にみるように、姦生子とその親の間には法的親子関係が存在しなかったため、これを緩和するために、扶養料支払いの自然債務が存在し、これは親の履行の意思によって民事債務へ更改されると解されていた。
153) Paris, 1re ch., 4 juin 1954, D, 1954, 2, p.544 ; JCP, 1954, II, 8343.
154) Geneviève Viney, *Du《droit de visite》*, RTD civ., 1965, n°12.
155) Paris, 1re ch., suppl., 9 octobre 1958, D, 1959, 2, p.8.
156) このような訪問権と扶養料の結合は学説では批判された。Maurice Marthaler, *Le droit de visite des parents séparés de leurs enfants en Suisse, en France et Allemagne*, Paris, 1963, p.30. その後、本文後述のパリ控訴院1972年6月30日判決において訪問権と扶養料の結合は否定された。
157) Cass. civ., 1re ch., 22 mars 1961, D, 1961, 2, p.521.
158) Lyon, 2e ch., 17 octobre 1963, *op. cit.*.
159) 本判決の評釈によると、リヨン控訴院は、民法典762条が母に対する父権の付与に矛盾するものでないこと明確にする意図で、とりたてて762条に言及したという。Lyon, 2^{e} ch., 17 octobre 1963, *op. cit.*, note Paul Esmein.
160) 1939年7月29日デクレ・ロワにより民法典旧389条が改正され、新たに後見会という機関が設置されることとなった。これは、治安判事 (juge de paix) を議長とし、男女6名の会員 (および補欠会員6名) により構成され、小郡 (canton) ごとに組織される公的機関であり、子の後見における家族会の職務を果たす。田中・前掲註1) 106頁。
161) 1958年のオルドナンスによって民法典に設けられた育成扶助の制度とは、子が育成の危機に瀕している場合に、児童裁判官 (juge des enfants) が権限を行使して子を保護する制度である。この制度において児童裁判官は、育成の危機に瀕する子を、民法典旧

375条から旧382条（現行法では民法典375条から375-9条）に基づき，子を家庭内に維持しながら家庭に援助を与えることや，一時的に親族あるいはそれ以外の個人や施設に委ねることを命ずることができる。子が児童社会援助機関以外に託される場合には，育成扶助の措置が適用されている子とその家族には，観察・教育・再教育の機関を監視の任にあてることができる。なお，各規定は次のとおりである。民法典旧375条は「健康（santé），安全（sécurité），精神（moralité）または教育（éducation）が危険に晒されている21歳未満の未成年者は，第375-1条から第382条に規定される条件のもと，育成扶助の対象となる」。民法典旧379条は「児童裁判官は，評議部の判決によって裁定する。児童裁判官は，未成年者を次の者へ引き渡すことを決定しうる。1 その父，母または監護者，2 親族または信頼に値する者，3 教育機関または専門教育機関または再教育機関，4 治療または療養の予防公衆衛生施設，5 児童社会援助機関。児童裁判官は，前述の1から4に予定される場合には，未成年者とその家族を監視する開かれた環境において，観察，教育または再教育の援助を与えうる」。当時の制度を紹介する邦語文献として，田中・前掲註1）67-70頁，田中・前掲註65）178-182頁。1970年の法改正以降は，前述の旧375条の「教育」は「教育の条件」と改められ，また，危険の度合いに「著しく」という要件がつけ加えられている。なお，育成扶助の制度では，子の育成が危機に瀕しているかどうかが問題であり，親の非行についての故意，過失の要件は不要とされる。田中通裕「フランスの親権法」民商136巻4・5号（2007年）47頁。

162) これまでは姦生子の親の扶養料の支払いは，事実上の親子関係を立証する効果をもつものとして判例において扱われてきたが，1955年7月15日法律により改正された民法典旧342条が，法的親子関係の立証とは別に姦生子の親に対する扶養料の請求を認めて以降は，扶養料の支払いが事実上の親子関係を立証するという主張は，根拠が弱いものとなったとの指摘もある。Lyon, 2^e ch., 17 octobre 1963, *op. cit.*, note Esmein.

163) 本判決の評釈によると，実際には，父子関係が立証されたとみなされない場合には，審理の付託自体が拒否される可能性がある。Lyon, 2^e ch., 17 octobre 1963, *op. cit.*, note Esmein.

164) Viney, *op. cit.*, n° 5.

165) Paris, 1re ch., suppl., 24 octobre 1963, JCP, 1964, Ⅱ, 13457.

166) この1963年のパリ控訴院の上告審である，本文後述の破毀院民事部1966年3月29日判決の評釈において，姦生子の父の自宅で子の訪問が行われることが道徳的に問題である場合には，こうした滞在を含まない訪問を認めることが，それまでも判例における常套手段であったことが指摘される。Cass. civ., 29 mars 1966, D, 1966, 2, p.369, note André Rouast.

167) Cass. civ., 1re ch., 3 janvier 1964, JCP, 1964, Ⅱ, 13521.

168) Paris, 1re ch., suppl., 14 avril 1964, JCP, 1964, Ⅱ, 13681.

169) Cass. civ., 1re ch., 29 mars 1966, D, 1966, 2, p.369.

170) ここでいう尊属には，祖父母や曾祖父母だけでなく，子と法的な親子関係が立証される父母も入る。

171) 事実の概要は次のとおりである。原審では，母が拘禁刑に処されている間に子が預けられていた修道院の院長に対して，現在，子の監護が委ねられているおじ・おば宅で子

を訪問することが認められた。これに対して，母は上告したが，破毀院は，「監護を付与された親は，父権の侵害を受けないよう，尊属以外の者のために訪問権を課されることはないとしても，逆に，これに関して自らのあらゆる権利を取り上げられた母は，子を訪問する権利を求める第三者に対して抗弁するうえで，いかなる資格も関係も有しない」として，母の請求を認めなかった。しかしながら，1889 年 7 月 24 日法律の適用により，子の保護のため，および，子と母のあらゆる愛情的関係を断絶させないために，母には制限つきの訪問権が認められた。Cass. civ., 1ʳᵉ ch., 27 octobre 1964, JCP 1965. Ⅱ.14166.

172) Cass. civ., 1ʳᵉ ch., 29 mars 1966, *op. cit.*, note Rouast.
173) 1961 年判決は，血縁のない第三者の場合なので，その訪問権を導くために，訪問権を親族に限るとする自然権説には依拠できないが，他方で，1966 年判決は，子と血縁のある親の場合なので，このような自然権説にも依拠する余地がある。
174) 本文前述の破毀院民事部 1961 年 3 月 22 日判決と破毀院民事部 1964 年 1 月 3 日判決は，こうした立場に立つことが，破毀院民事部 1966 年 3 月 29 日判決の評釈で指摘されている。Cass. civ., 1ʳᵉ ch., 29 mars 1966, *op. cit.*, note Rouast. なお，法的性質を考察するにあたって，田中・前掲註 65) と山脇貞司「訪問権 (droit de visite) に関する若干の考察」法経研究 31 巻 1・2 号 (1982 年) 論文も参照した。
175) De Juglart, *op. cit.*, pp.388 - 413.
176) Guiho, *op. cit.*, n°16.
177) Loïc Gaston, *Essai sur le droit de visite sous la puissance paternelle*, thèse Poitiers, 1941, pp.39 - 42.
178) Guiho, *op. cit.*, n°16.
179) Josserand, *op. cit.*, pp.68 et s. ジョーム判決以降の破毀院民事部 1870 年 7 月 12 日判決 Cass. civ., 12 juillet 1870, S, 1871, 1, p.28 でも権利濫用説が採用されている。
180) Gobert, *op. cit.*, n°13.
181) Gaston, *op. cit.*, pp.42 - 46.
182) Guiho, *op. cit.*, n°14.
183) Garé, *op. cit.*, n°282.
184) De Juglart, *op. cit.*, pp.388 - 413, 424. なお，ドイツの学説であるが，フランスの祖父母の訪問権を次の理由から親権の一部として考えるとするものがある。1970 年の民法典 378 条 2 項が，親権の失権の規定が尊属にも適用されると定めていることにより，祖父母も親権をもつと解され，ゆえに，祖父母の訪問権も父母のそれと同様に，親権の一部として解されるとする。Ferid/Sonnen Berger, *Des französishe zivilrecht*, 1987, Ⅲ, pp.357, 358.
185) Garé, *op. cit.*, n°283.
186) 本文前述の破毀院民事部 1966 年 3 月 29 日判決は，姦生の父の訪問権に関する事案であるが，訪問権は父権および監護権から独立し，自立した権利であることを示した。
187) 祖父母の訪問権に関して，立法前は法律よりもむしろ血縁や愛情関係を基礎に認められてきたと説明する。Cass. civ., 27 juillet 1938, *op. cit.*, note Lebrun. そして，判例は法理論より実務的解決を重視していたとされる。Guiho, *op. cit.*, n°˚1 - 18.

188) 同じ自然権説でも対象とする範囲および説明の仕方が異なる。訪問権は，血縁による親子関係，あるいは血縁による祖父母と孫との関係に基づくものと考える自然権説がある。Paris, 1re ch., suppl., 9 octobre 1958, *op. cit.*, note André Rouast ; Cass.civ., 1re ch., 29 mars 1966, *op. cit.*, note Rouast. さらに，訪問権は，血縁や愛情関係に基づいて自然法が認めたものとする説がある。この論者は，この領域においてこのような理論は古くから認められてきたという。Garola-Giuliaris, *op. cit.*, p.3.
189) ギィオー教授は，訪問権を父権に関連づけると，父母以外の者の訪問権が説明できないことから，論理的帰結として，訪問権は，父権とは独立した自然権的なものと考える。ただし，ギィオー教授が，訪問権を認める第三者は子の親族までである。子との愛情関係のみを根拠に，より広く第三者に訪問権を認めるのは，本文後述のラコスト教授である。Valérie Lacoste, *Contribution à une théorie générale du droit de visite en droit civil*, RRJ, 1997‐3, p.959 ; Guiho, *op. cit.*, n°16‐18.
190) Guiho, *op. cit.*, n°26.
191) Guiho, *op. cit.*, n°11.
192) Garé, *op. cit.*, n°285.
193) Viney, *op. cit.*, n°5.

第3章
訪問権の立法的承認──1970年の法改正とその後

1　1970年法の概要

　親権に関する1970年6月4日法律第70-459号は、親権法を全面的に改正し、その体系化を行った。その主たる改正の1つとして、「父権 (puissance paternelle)」という表現を「親権 (autorité parentale)」という表現に置き換えた。なぜなら、「autorité」という語には、権利と義務の両方が含まれるからである。[1] 1970年法は、親権について民法典371-2条を新たに設けた。1970年法による同条1項は「親権は、その安全、健康および精神において、子を保護するために父母に帰属する」、2項は「父母は、子に対して、監護、監督および育成 (éducation) の権利と義務を有する」と定める。これらを受けて、新しい規定による親権とは、両親に課される子の保護と養育および育成の義務を履行するため、解放されていない未成年の子の身上と財産に関して、法律が父母に認める権利と義務の総体である、と定義される。[2] そして、子の利益が、親権の目的であり、また尺度でもあり、基準ともなる。なお、新法における親権の属性については、監護と監督と育成の3要素に、その他の権利と義務が加わる。[3] その他の権利と義務とは、子の婚姻、養子縁組および解放に同意する権利、子の扶養義務、懲戒権、さらに、子の身上に関する決定を行う権利と義務であるとされる。[4]

　1970年法の目的の1つは父母の平等化であるため、民法典213条に「夫婦は家族の精神的、物質的指導を共同して行う」ことが定められ、民法典372条には「婚姻中、父母は親権を共同で行使する」ことが定められた。1970年法は、婚姻中の親権は父母に平等に帰属するだけでなく、その行使も共同でなされることを規定したのである。[5] なお、婚姻中の親権の共同行使を円滑に行うため、

子の日常行為に関する親権の共同行使において、善意の第三者との関係では他方の同意が推定されることが定められた（民法典旧372-2条）。また、規定を欠いていた離婚後の親権行使については、離婚後は子の監護が委ねられた父母の一方が親権を行使することが定められた（民法典旧373-2条）。この1970年の民法典373-2条により、離婚後の親権および監護権は自動的に連結され、それは父母の一方に付与されることになった。

さらに、自然子の親権行使については、自然子は母による監護が一般的であるという経験的事実を根拠として、母親優先の原則が採用された。そして、自然子が父母の一方により認知されている場合には、その一方が親権行使者となり（民法典旧374条1項）、子が父母の双方によって認知された場合には、原則として母のみが親権行使者となることが定められた（民法典旧374条2項）。なお、父が親権行使者になること、または父母が親権を共同行使することは例外的に認められており、父母の一方または検察官の請求によって、裁判所がこれを定めることができるとされた（民法典旧374条2項）。

1970年法のもう1つの目的は、子の保護であるため、前述の1889年7月24日法律が定めた親権の失権および一部取上げの制度が、民法典において規定された。そして、1958年オルドナンスによって民法典に定められた育成扶助の制度は、親権の委譲（délégation）の制度と併せて整備され、その結果、懲戒権は形骸化し、実質的に育成扶助の制度に吸収されることとなった。

2　父母の訪問権

(1) 1970法が承認した父母の訪問権

A) 通常の訪問権

1970年の親権法改正により、父母の訪問権は、民法典第9章「親権」、第1節「子の身上に関する親権」、第1款「親権の行使」において、民法典373-2条により明文化された。

民法典 373-2 条（1970 年 6 月 4 日法律第 70-459 号により新設）
　　父母が離婚または別居する場合には，親権は，父母のうち裁判所が子の監護を委ねた一方によって行使される。ただし，他方の訪問権および監督権を妨げない。
　　監護が第三者に委ねられた時は，親権のその他の権限は引き続き父母によって行使される。ただし，裁判所は第三者を仮の監護者として指名した場合には，その者が後見の開始を要求しなければならないことを決定することができる。

　この 1970 年の民法典 373-2 条は，離婚後の親権と監護権の自動的連結およびその帰属を明らかにするだけでなく，親権および監護権を委ねられなかった親には監督権だけでなく訪問権も残されることを明らかにした。
　さらに，1975 年 7 月 11 日法律第 75-617 号の離婚法改正によって，民法典旧 302 条と旧 303 条は廃止され[9]，その内容の大部分は，それぞれ，民法典旧 287 条と旧 288 条に引き継がれた。すなわち，父母の訪問権は，民法典第 6 章「離婚」，第 3 節「離婚の諸効果」，第 3 款「子に対する離婚の諸効果」における民法典旧 288 条にも重ねて規定されることになった。1975 年の民法典 288 条 1 項は，子の監護を委ねられなかった親は子の養育および育成についての監督権を有することを定め，同条 2 項は，この親の訪問権を定める。1970 年の民法典 373-2 条が訪問権の内容については触れなかったことに比べ，この民法典 288 条 2 項は，訪問権の内容に「宿泊させる権利」までが含まれることを明記し，さらに，訪問権の承認基準として，重大な事由がなければ拒否されないことを明らかにした[10]。

民法典 287 条（1975 年 7 月 11 日法律第 75-617 号により新設）
　　未成年子の利益に従って，監護は夫婦の一方または他方に委ねられる。例外的に，かつ，子の利益がそれを要求する場合には，監護は子の血族を優先して選択された他の者（autre personne）に委ねられる。それが不可能であることが明らかである場合には，育成施設に委ねることができる。

民法典 288 条（1975 年 7 月 11 日法律第 75-617 号により新設）
　　子の監護を委ねられなかった夫婦の一方は，子の養育（entretien）および育成（éducation）を監督する権利を保持する。この親は，子の養育および育成をその収入に応じて分担する。
　　訪問権および宿泊させる権利は，重大な事由によるのでなければ，この親に対し

て拒否することができない。
　この親は，子の善良な財産管理の利益がそれを要求する場合には，第372-2条および第389条の適用を除外して，司法的監督のもとに，子の財産の全部または一部を管理する任にあたることができる[11]。

　このように父母の訪問権は，1970年に民法典373-2条により親権法の領域に明文化され，さらに，1975年に民法典288条により離婚法の領域において，より詳細な規定が置かれることになった。以上のように，1975年以降は，父母の訪問権は親権法と離婚法の両領域に規定されていた。

B) 育成扶助制度における例外的な訪問権

　前述のとおり，1958年のオルドナンスにより民法典に導入された育成扶助制度のなかに，1970年法により民法典375-7条が新たに設けられ，育成扶助の措置に付されている子に対する父母の訪問権が定められた。子が育成の危機に瀕している場合に，児童裁判官は，子を現在の環境に留めながら専門家や専門機関に監督させるか（民法典旧375-2条），一時的に子を親族あるいはそれ以外の個人や施設に委ねる措置をとることができる（民法典旧375-3条）。後者の場合に，民法典375-7条により，子の利益に反しない限りにおいて，子の親に訪問権が与えられる。同条による訪問権は，育成扶助という制度の枠内で行使される例外的なものであり，親のみが享受できる権利である[12]。なお，この規定は，1998年7月29日法律第98-657号により改正されており，1970年の民法典375-7条2項の終わりに，「裁判官は，両親またはその一方による訪問権の行使をできるだけ容易にするために，子の置かれる場所が探求されるべきことを指示することができる」がつけ加えられた[13]。

　　民法典375-7条（1970年6月4日法律第70-459号により新設）
　　　子が育成扶助の措置に付されている父母は，子に対する親権を保持し，適用される措置と矛盾しないあらゆる属性を行使する。父母は，育成扶助の措置が適用されている間は，児童裁判官の許可なく子の解放を行うことはできない。
　　　子を両親の自宅以外に置く必要があった場合でも，両親は，通信権および訪問権を保持する。裁判官は，その態様を定め，子の利益が要求するならば，これらの権利またはその1つの行使を一時的に停止することを決定できる。

前述のように，1958年のオルドナンスにより育成扶助制度が民法典に導入された当初，第三者の訪問権のために「訪問の職務」という概念が作り出されたが，育成扶助制度の枠内では，こうした訪問権は子の親のみが有することが明らかになった。父母の次に子と紐帯を強くもつと考えられる祖父母も例外ではなく，民法典371-4条による訪問権しか行使しえない。祖父母や第三者が育成扶助の措置に付されている子を訪問しようとする場合には，訪問権の一般規定である民法典371-4条により家族事件裁判官に審理を付託することになる。そして，検察官が，育成扶助制度の措置を管轄する児童裁判官に事件を移送するかを決定する。祖父母または第三者の訪問権に関する事件が児童裁判官に移送されれば，児童裁判官が，当該訪問権の請求が子の利益になるかどうかを判断し，訪問権の認否を決める。

(2) 1987年法および1993年法により導入された共同親権制度と訪問権への影響

　離婚後の共同親権についての改革が，1987年7月22日法律第87-570号と1993年1月8日法律第93-2号により行われた。1987年の法改正において，裁判官が，離婚に際して両親の意見を聞いた後で，親権を共同で行使させるか，単独で行使させるかを決定できるようになった（民法典旧287条，民法典旧373-2条）。そして，1993年の法改正において，共同親権が原則であることが宣言された（民法典287条，旧373-2条）。共同親権の原則は，1989年の児童の権利条約第9条に定められる「子が2人の親を持つ権利」を国内法に実現しようとしたものである。夫婦としてのカップルの破綻を越えて，両親としてのカップルを存続させること，すなわち，離婚後も2人の親が共同して子の面倒をみるべきという考え方は，「親であることの共同性（coparentalité）」という造語で表される。これは，1993年の法改正時に固まった概念である。なお，自然子の親権行使については，1987年の法改正を経ても母親優先の原則が維持された（民法典旧374条1項）。そして，自然子について，例外的に親権の共同行使とするには，父母の一方または検察官の請求によるだけでなく，両親の合意がある場合には後見裁判官（juge des tutelles）へ共同の申述（déclaration conjointe）

をすることによっても可能となった(民法典旧374条2項)。1993年の法改正では，両親がともに子が1歳になるまでに認知をし，および，認知の時に共同で生活している場合には，共同の申述によらなくとも自動的に親権は共同行使されることになった（民法典旧372条2項)。とはいえ，こうした母親優先の原則は，最終的には，すべての子に適用しうる親権法が定められる2002年の法改正まで維持された。

民法典287条（1987年7月22日法律第87-570号による改正）
　未成年子の利益に従って，親権は，裁判官が両親の意見を受けた後で，両親によって共同であるいは両親の一方によって行使される。親権の共同行使の場合には，裁判官は，子の常居所を有するところの親を指定する。

民法典373-2条（1987年7月22日法律第87-570号による改正）
　父母が離婚または別居する場合には，親権は，両親によって共同で，あるいは裁判所がその行使を委ねた両親の一方によって行使される。ただし，後者の場合には，他方の訪問権および監督権を妨げない。親権が共同で行使される場合には，第372-1条と第372-2条の適用が維持される[19]。

民法典287条（1993年1月8日法律第93-22号による改正）
　親権は，両親によって共同で行使される。裁判官は，協議による意見の一致がない場合，あるいは意見の一致が子の利益に反すると思われる場合には，子の常居所を有するところの親を指定する。
　子の利益が命ずるならば，裁判官は，親権の行使を両親の一方に委ねることができる。
　両親は自発的に，あるいは裁判官の命令により，親権行使の態様について意見を提出することができる。

民法典373-2条（1993年1月8日法律第93-22号による改正）
　父母が離婚または別居する場合には，親権は，第287条が予定した条件において行使される。

なお，1987年の法改正時に，民法典における「監護」の概念は廃止され，これは「親権」の概念に吸収され，統一された[20]。なぜなら，監護権の内容は複雑かつ曖昧であり[21]，そのことが従来から指摘されていたからである。とりわけ，育成扶助制度における場合に，依然として親権保持者であり続ける父母の権限に対して，子を委ねられた第三者の監護権の範囲を明確にすることの困難さ，

および，離婚の際に子の監護者とならなかった親を子の養育の場面から全面的に排除する感覚を取り除くため，「監護」という概念を廃止したとされる[22]。

さらに，父母の訪問権に関しては，共同親権制度が導入されるに伴い，前述の離婚法の領域において訪問権を規定する民法典旧288条と親権法の領域で訪問権を規定する民法典旧373-2条は修正された。両規定の定める訪問権は，1987年の法改正時に，離婚後の共同親権制度を前提としたものに改められ，その後，1993年の法改正時に，離婚法と親権法の領域に跨る訪問権の規定は整理され，民法典旧373-2条から訪問権の記述は削除され[23]，より詳細に訪問権について規定する民法典旧288条のみが残された。そして，1993年以降は，離婚後の共同親権が原則となったため，民法典旧288条は，例外的に単独親権となった場合のみを規律することになった。共同親権の場合には，父母のそれぞれが，訪問権ではなく，監護義務を負うのである[24]。なお，用語については，1987年の法改正時に「監護」の概念が廃止されるに伴い，訪問権に関する規定からも「監護」という表現が削除された。すなわち，離婚法の民法典旧288条1項および民法典旧373-2条1項における「監護」という表現は，「親権」に改められた。

> 民法典288条（1987年7月22日法律第87-570号による改正で4項が新設）
> 　親権行使をしない親は，子の養育および育成を監督する権利を保持する。この結果，この親は，子の生活に関する重要な選択を通知されねばならない。この親は，自らの収入および他方の親の収入に応じて，子の養育および育成を分担する。
> 　訪問権および宿泊させる権利は，重大な事由によるのでなければ，この親に対して拒否することができない。
> 　この親は，子の善良な財産管理の利益がそれを要求する場合には，第372-2条および第389条の適用を除外して，司法的監督のもとに，子の財産の全部または一部を管理する任にあたることができる。
> 　親権の共同行使の場合には，子の常居所を有しない親は，自らの収入および他方の親の収入に応じて子の養育及び養育を分担する。

以上のように，父母の訪問権の規定は，共同親権制度の導入に伴い改正され，1993年には，離婚法における規定と親権法における規定が整理され，統合された。しかし，離婚後の親権に関する規定が離婚法と親権法に分散している状

態は，2002年の法改正まで続くこととなる。

3 祖父母と第三者の訪問権

(1) 1970年法が承認した祖父母と第三者の訪問権

A) 1970年法による民法典371-4条

祖父母と第三者の訪問権については，父母の訪問権と同様に，1970年法が，民法典第9章「親権」，第1節「子の身上に関する親権」に民法典371-4条を新たに設け，これを規定した。同条1項は，重大な事由がない限り原則として認められる祖父母の訪問権を定め，同条2項は，例外的に認められる第三者の訪問権を定める。

> 民法典371-4条（1970年6月4日の法律第70-459号により新設）
> 　父母は，重大な事由がない限り，子とその祖父母との身上の関係（relations personnelles）を妨げることができない。当事者間に意見の一致がない場合には，その関係の態様は，裁判所が定める。
> 　裁判所は，例外的な状況を考慮して，血族または血族でない他の者（autres personnes, parents ou non）に，通信権または訪問権（droit de correspondance ou de visite）を付与することができる。

まず，1970年の民法典371-4条1項は祖父母の訪問権を定めるが，同条1項における「重大な事由」は，子の利益によって構成されると考えられており，「重大な事由」についての判断は，裁判官が訪問権の利害関係の調整のなかで行う。そして，「重大な事由」がある場合には，祖父母の訪問権は制限されることになる。「重大な事由」の内容については，見解が分かれているが，一般的に，祖父母との関係によって，子の健康，安全，精神が危険に瀕する場合や子の教育条件が重大に損なわれる場合とされる。そして，パリ控訴院1994年6月8日判決およびボルドー控訴院1994年6月27日判決では，祖父母の訪問権を制限する「重大な事由」とは，子の健康，安全，道徳，あるいは育成を危うくする場合であるとされた。

こうした祖父母の訪問権を制限する「重大な事由」の基準は，1970年の立法当時は限定的に捉えられており，育成扶助制度の適用の基準，すなわち育成の危険に瀕している子を親から引き離すなどの育成扶助の措置を適用するための「重大な事由」の基準と同等と考えられていた。しかし，その後の裁判例は，育成扶助の措置を認める基準より，祖父母の訪問権を制限する基準を，より緩やかに運用した[28]。なぜなら，裁判官は祖父母の訪問権の認否においては，「重大な事由」があるかどうかではなく，子の利益に適うかどうかを問題としているからである。この結果，「重大な事由」がなくとも子の利益に反すると思われる場合には，祖父母の訪問権は制限されることになる。実際の裁判例における具体的な判断には次のものがある。破毀院第1民事部1989年12月13日判決[29]は，祖父母に客観的な非がなくとも家族間の紛争が子を心理的および愛情的に不安定にさせる場合には，祖父母の訪問権は認められないとの判断を示した[30]。そして，ポントワーズ大審裁判所1972年7月7日判決は，祖父母が両親になり代わり子の愛情を独占しようとする場合に[31]，ルーアン控訴院1985年5月6日判決は，祖父母が両親による子の教育方法を批判する場合に[32]，祖父母の訪問権を否定した。

とはいえ，祖父母の訪問権は「原則的」であることが，1970年の民法典371-4条1項において明らかにされており，これは，祖父母と身上の関係を維持することは子の利益になるとの推定が働くためである。祖父母の訪問権が原則的とされたことにより，祖父母の訪問権に反対する親は「重大な事由」の存在を証明しなければならず，訴訟手続において立証責任の転換が図られたとされた。このことは，次の破毀院民事部1982年12月1日判決によって明確にされた。

破毀院第1民事部1982年12月1日判決[33]（Decharran 対 Michel 夫妻ほか）
【事実の概要】
　子（Sibylle）は，1972年12月9日に婚姻外の関係から出生した。その後，子の父（Decharran）は，子の母（Martine Michel）と婚姻し，1974年8月3日に子を認知した。もう1人の子（Frédéric）は，この婚姻から1976年2月に出生した。その後，母は家庭を捨て，父のために離婚判決が宣告された。子（Sibylle）の宗教上の代母でもある母方の大おば（Schmitt）は，母が子らを遺棄したので，短期間ではあるが，子らの事実上

の監護をした。母方の祖父母（Michel夫妻）と大おばは，離婚判決において子らの監護が委ねられた父を相手方として，子らに関する訪問権を求めて訴えを提起した。第一審は，祖父母に，学校の夏期休暇中の15日間，孫らを自宅に宿泊させる権利（droit d'hébergement）を認め，大おばには，毎月最後の日曜日の子らへの訪問権（droit de visite），および，通信権（droit de correspondance）を認めた。これに対して，父は控訴した。父は，宿泊権を認めるに際して，宿泊というかたちでの訪問権は，具体的な評価を経た未成年子らの利益の考慮においてのみ祖父母に認められるべきところを，第一審の判決理由によると，孫らに対する祖父母の愛情のみが根拠とされており，これは，第一審判決から民法典371-4条に関する法的根拠を奪うものであるとした。さらに，父は，母方の祖父母が，しばしばヴァランスへ赴き，現地の祖父母の実の姉妹かつ義理の姉妹の自宅に，訪問権の行使のために子らを受け入れることが可能である旨の申立てをしているが，これに関して裁判所はいかなる決定も下していないと主張した。原審のグルノーブル控訴院1981年3月31日判決は，父の請求を棄却したため，父は上告した。
【判　旨】（上告棄却）
　破毀院民事部は，次のように判断した。「第1の上告理由について，1つには，民法典371-4条は，それを妨げうるような重大な事由により正当化されない限り，祖父母と身上の関係を維持することは子の利益になると推定する。本件において，原審は，『母方の祖父母との定期的な関係は未成年子らの利益に適う』ことを述べたうえで，祖父母らの『請求に対して，父によるいかなる正式な申立てもなされていない』ことを確認している。ゆえに，この決定は法的に正当化される。もう1つには，原審は，訪問権の行使の態様に関する当事者の主張の細部について，当事者の主張をことごとく検討する義務を負わない。以上から，第1の上告理由は，そのいずれにおいても根拠を有するものでない。第2の上告理由について，まず，原審が，法的効力のない理由により，そして，子らの利益を具体的に検討することなく第三者に訪問権を認めたことについて，民法典371-4条に鑑みて，法的根拠を欠くとの批判が行われている。さらに，同条により要求される例外的な状況が『時として』母の愛情の喪失から生ずるという，不確かな理由により決定が下されたことについて，批判が行われている。しかし，原審は，子（Sibylle）の代母でもある母方の大おばが，子らの両親が離婚した際には，短期間，子らを扶養していたことを指摘したうえで，大おばの未成年子らとの定期的な関係を正当化する例外的な状況は，とりわけ，1976年以来，母による遺棄のために子らが母の愛情を受けられないことから生ずることを認めるものである。ゆえに，原審は，不確かな理由――用語の誤用がない限りは――，あるいは法的効力のない理由によることなしに，法的に正当化される決定を下したといえる。以上から，第2の上告理由についても容認できない」。

　この1982年の破毀院判決は，祖父母の訪問権を認めることは子の利益に適うと推定されるとしたうえで，子の父がこうした推定を覆すための「重大な事

由」を示さなかったことを理由に，祖父母に訪問権を認めた。これにより，1970 年法による民法典 371-4 条 1 項の「重大な事由」の立証責任の所在を明らかにしたといわれる[34]。

そして，第三者の訪問権について定める民法典 371-4 条 2 項は，同条 1 項が祖父母の訪問権は祖父母の固有の権利であり原則的であるとすることに対して，第三者の訪問権は「例外的な状況」がある場合にのみ認められるとする。また，第三者の訪問権に反対があった場合には，第三者が「例外的な状況」の存在を証明しなければならない[35]。1970 年の立法化以前の判例においては，第三者の訪問権のなかでも，とりわけ姦生子の親の訪問権は扶養料の支払いの事実と連動して認められてきたが，立法化直後のパリ控訴院第 1 予備法廷 1972 年 6 月 30 日判決は，これを明確に否定した[36]。このパリ控訴院判決では，子の母が，371-4 条 2 項の，第三者の訪問権を認めるための「例外的な状況」を構成するのは扶養料の支払いである旨の主張をしたうえで，父による扶養料の支払いを拒むことで，訪問権も拒むことができると主張した。パリ控訴院は，こうした母の主張を認めず，扶養料の支払いは訪問権の認否の判断における 1 つの考慮事項でしかなく，子の利益に適うことが「例外的な状況」にあたるとして，父母双方の姦通関係から生まれた子の父に訪問権を認めた。このように「子の利益」の基準は，祖父母の場合と同様に，第三者の訪問権の認否の実質的な基準となることが明らかになった。さらに，この 10 年後に，前述のとおり，破毀院民事部 1982 年 12 月 1 日判決が，同条 2 項の第三者の訪問権を認めるための「例外的な状況」の具体的内容を示したのである。すなわち，この破毀院判決は，子の血族であり，宗教上の代母でもある第三者が，子の事実上の監護をし，そのことで子との間に愛情関係が形成されたことを認めたうえで，こうした関係の維持が子の利益に適い，「例外的な状況」を構成するとして，第三者の訪問権を承認した。この破毀院判決は，第三者の訪問権の承認の根拠を血族関係の存在自体ではなく，子との間に存在する愛情関係に求めたのである。こうした扱いは，前章で検討した 1970 年の立法化以前の第三者の訪問権に関する判例においてもみられるが，立法化後に，この 1982 年の破毀院判決が 371-4 条 2 項の解釈において改めて行った。

さらに，訪問権の内容については，祖父母の訪問権は「身上の関係」という表現で表され，その内容は，「祖父母と孫の間の通常の愛情的交流にあたるすべてのもの」とされる[37]。祖父母の訪問権を特にこのように表現したのは，祖父母の訪問権の内容に，単に祖父母が孫と会ったり文通したりするだけでなく，祖父母の自宅に子が定期的に滞在することまでを当然に含ませることを明確にするためであったとされる[38]。これに対して，第三者の訪問権は「通信」と「訪問」と表現され，民法典371-4条1項の「身上の関係」よりも遥かに制限的である。ここから同条2項にいう訪問権に「滞在」は含まれるのか，ということが問題となるが，1970年以前でも，第三者に認められる最も広範な訪問権の場合には，判例は「滞在」まで含むことを認めていたことが指摘される[39]。

B）祖父母と第三者の範囲

民法典371-4条1項の受益者となる「祖父母」には，嫡出子の祖父母だけでなく，自然子の祖父母，孫が単純養子縁組をした場合の祖父母が含まれることは，今日では疑いはない[40]。しかし，父母以外の者の訪問権に関する審理の際に，民法典371-4条の1項と2項のどちらが適用されるのか，が問題となる場合がある。前述のとおり，同条1項は「祖父母」，同条2項は祖父母以外の「第三者」に適用されるが，これらの区別が微妙な時がある。

まず，祖父母の範囲については，自然子の祖父母や孫と血族関係のない社会学的な祖父母（祖父または祖母の再婚相手など），曾祖父母の場合が微妙である。

前述のとおり，自然子の祖父母に訪問権が認められるまでには判例の変遷があったが，1970年の立法の介入は，自然子の祖父母が訪問権を享受するための裏づけとして，決定的な議論をもたらした。すなわち，まず，1970年法による民法典371-4条は，あらゆる子に関する親権の一般規定のなかに位置するために，祖父母と孫を結ぶ関係が法的にいかなる性質のものであっても，あらゆる祖父母に適用されるべきであることが指摘された。さらに，民法典371-4条1項の「祖父母（grands-parents）」という包括的な表現を捉えて，「法律が区別しない場合には区別してはならない（*ubi lex non distinguit nec nos distinguere debemus*）」という法諺から[41]，自然子の祖父母も同条1項の祖父母に

含まれると解すべきであることが指摘された[42]。これらの指摘の正しさは，1972年の法改正によって裏づけられた。1972年法は，親子関係に関する権利の改革をもたらした。前述のように，1972年法による民法典334条1項は，自然子と嫡出子の基本的平等を定め，同条2項[44]および民法典757条[45]は，自然子の親子関係の効力を第一親等に制限しないことを明らかにした。そして，このことが，民法典371-4条1項の恩恵を自然子の祖父母が享受することを妨げる障害を決定的に取り払ったのである[46]。これが，新法を起草したカルボニエ教授の考える自然子の祖父母の訪問権に対する解決策でもあった[47]。その後，未公刊の裁判例ではあるが，リヨン控訴院1985年1月29日判決は，孫自身が自然子である場合の父方の祖父母に，孫をその親の自宅に送り迎えするという条件のもと，孫を祖父母の自宅に受け入れる方法での訪問権を認めた[48]。

社会学的な祖父母に関しては，破毀院が判断を示している。破毀院第1民事部1972年5月17日判決[49]は，祖母の再婚相手である社会学的な祖父は，孫と血族関係はなく，民法典371-4条1項の「祖父母」には入らないが，同条2項の「第三者」に入ることを明らかにした。しかし，その後の破毀院判決には，社会学的な祖父母の訪問権を同条1項において認めたものもある。破毀院第1民事部2007年1月18日判決[50]では，祖母の再婚相手である社会学的な祖父が，祖母の連れ子であった孫の母を育てただけでなく，孫も9年に渡り育てており，こうした祖父から371-4条1項に基づいて孫に対する訪問権が請求された。この破毀院判決は，子の両親の反対にもかかわらず，同条2項でなく1項における「祖父母」の身分で，この祖父に訪問権を認めた[51]。

曾祖父母については，前述の「法律が区別しない場合には区別してはならない」という法諺から，民法典371-4条1項の「祖父母」に入ると考えられた[52]。後述するように，2002年の法改正において，同条1項の「祖父母(grands-parents)」という表現は，「尊属(ascendants)」という表現に改められ，曾祖父母が同条1項の適用対象となることが規定上も明らかになった。

次に，第三者の範囲については，1970年法による民法典371-4条2項が予定する「第三者」[53]には，子の血族であるかないかにかかわらず，法的な父母および祖父母以外の者が含まれる。具体的には，1970年の立法化以前から判例

においては，姦生子の親，おじ・おばや代父・代母などの「育ての親」が第三者に含まれることが明らかである[54]。そして，立法化後の，前述の破毀院民事部1982年12月1日判決が，大おばへの訪問権の承認の根拠を血族関係ではなく愛情関係に求めたことにより，厳密な意味で家族の構成員でない者も，民法典371-4条2項が予定する「第三者」に含まれることが示された[55]。また，前述のとおり，破毀院民事部1987年7月21日判決は，完全養子縁組をした孫の祖父母が同条2項の「第三者」に入る場合があることを認めた。さらに，最近の裁判例では，破毀院第1民事部2007年2月20日判決が[56]，子が単純養子縁組をし，かつ，親権を委譲した母に，同条2項を根拠とする訪問権を認めている。なお，姦生子の親に関しては，1972年の法改正において「姦生子」という表現そのものがなくなり，親子関係の立証が可能となったために，親子関係が立証された場合には同条の適用を検討する必要がなくなった。

(2) 1970年法の訪問権の立法過程における議論

後述の国民議会でのティスラン氏の演説において示されたしたように，1970年法による訪問権の立法過程において最も注目された権利主体は祖父母であった。父母の訪問権については，19世紀の判例において，民法典旧303条の監督権の行使の一態様として認められるのか，監督権そのものなのか，また，監護権と衝突する場合にいかなる制限を受けるのか，ということなどが争われたが，訪問権自体は子の監護をしない親が享受する権利であることは早くから認められていたため，その立法化に関する議論はほとんどみられない。そして，第三者の訪問権については，祖父母と同様に，1970年法により民法典371-4条に定められることになったが，第三者の訪問権は例外的でしかなかったために，371-4条の立法に関する審議の際には，祖父母についての議論ばかりが目立つ。

A) 国民議会での審議

法律家であり，フランス共和国憲法・立法・行政委員会長であるティスラン氏は，「親権」についての法案に関する，1970年4月8日の国民議会での審議

の冒頭に演説をした。その演説のなかで,ティスラン氏は,1970年の法案について,次の5つの要点を指摘している。①男女の平等,②子の教育に関する重要な選択と指導に関する父母の役割,③自然子の母の親権,④祖父母の訪問権,⑤親権の失権である。1970年法の目的は,前述のとおり,父母の平等化と子の保護であったが,ティスラン氏が指摘する5つの要点はこの目的に連動するものである。そして,このなかに祖父母の訪問権が並置されたのは,祖父母の訪問権が子の利益になると考えられていたからである[57]。

さらに,ティスラン氏は,祖父母の訪問権の立法に関して,次のような感情に訴える演説をしている。「髪は白くなり,手は皺だらけになった時に,心を締めつけ,魂を苦しめるような出来事に人はしばしば遭遇する。それは,一般的に,家長が,自己に批判的な祖父母とその孫との接触を避けようとする傾向にあることである。祖父母はこれまで若夫婦に干渉してきただけに,どれだけの悲劇が老人の心に宿るだろうか。それは,祖父母から人生で最も美しい唯一のクリスマスを取り上げる。おそらく子らの心からも。判例は,祖父母に訪問の権利と通信の権利を享受することを許した。これらの権利は法律に規定されるべきである。しばしば不当な祖父母から身を守るためにも,両親が決める祖父母の権利行使の方法は法律によって規定されるべきである。なぜなら,実際に,このような濫用事例も存在するからである。したがって,祖父母が,自然的に享受するこれらの権利については規定が設けられるべきである。これに関する豊富な判例をみて確信するが,この規定は,孫と引き離されて悲しんでいる祖父母の心に密かに喜びをもたらすであろう[58]」。

このようにティスラン氏は,これまでに蓄積された判例を立法的に承認し,祖父母の訪問権を立法化すべきであるとする。なぜなら,祖父母の訪問権は,自然権としての性質を有するだけでなく,不当な祖父母が現れた場合に,そうした祖父母を規制するためにも,法律によって権利行使の方法を定める必要があるからだとする。

ティスラン氏の演説は拍手喝采を受けたのであるが,この演説を受けて,国民議会のトム・パトゥノートル議員は,子の保護を根拠として,祖父母と第三者には例外的に諸権利を与えるべきだとする。そのうえで,特に祖父母の訪問

権を取り上げ，発言をしている。トム・パトゥノートル議員は，子の虐待などにより親権を失権させる場合に，社会学者が明らかにしたように祖父母の存在は子に利益をもたらすことを指摘し，それゆえ祖父母と孫の関係は，重大な事由がなければ両親によって妨げられることはないとする[59]。

翌日，1970年4月8日には，規定の個別審議に入り，ティスラン氏から政府法案の371-4条1項に関する修正案が示された。ティスラン氏は，政府法案は，祖父母の訪問権について，父母との間で不一致がある場合には裁判所が介入するとしているが，委員会では訪問権については父母が一次的に権限を有すると考えるため，裁判所の介入は父母が訪問権の取決めについて濫用的な権限行使をした場合に限られるとする旨の修正案を提案した[60]。これに対して，法務大臣は，「濫用（abus）」という言葉がもつ意味が強過ぎるうえ，曖昧であることから，祖父母にとって不利益を及ぼす可能性があること，また，祖父母は通常は重大な事由がない限り孫と簡単に会えるのであり，それを規定に定めるべきであるとして，政府法案の修正に反対している[61]。法務大臣の発言に対して，国民議会のグレィイ議員は，判例を引用し，祖父母の権利はいかなる方法においても「父権の権限（prérogatives de la puissance paternelle）」を侵害してはならないことを理由に修正案の支持を表明する[62]。最終的に，その後の評決により，修正案は国民議会において否決された。

さらに，371-4条2項に関して，政府法案が第三者の訪問権は例外的状況においてのみしか認められない，と否定的なかたちで規定することに対して，例外的状況があれば認められる，と肯定的なかたちで規定する旨の修正案がティスラン氏から示され，可決された。

以上のように，政府法案の371-4条は，同条2項が若干修正されたものの，祖父母と第三者の訪問権を規定すること自体についての反対はなく，大多数の賛成により国民議会において承認された。なお，国民議会の審議の前に，法案を提出した政府においても大多数で承認されている。そして，政府法案の父母の訪問権に関する373-2条は，国民議会での個別審議において発言者がいないまま可決された[63]。

B) 元老院での審議

　国民議会で承認された法案は，さらに元老院で審議されることとなる。1970年5月13日の元老院における，規定の個別審議に入る前の演説において，法務大臣のプルヴァン氏は，新法では，離婚後に子の監護を得なかった親に監督権および訪問権が付与されること，および，これまでの判例を承認して祖父母には明確に訪問権が認められること，第三者には例外的な場合に訪問権が認められることを述べた。

　その後，規定の個別審議に入り，371-4条の法案が審議された。この規定について，法律家でもある元老院のマルシアシィ議員は，国民議会で審議された371-4条1項の修正案については取るに足らないこととしているが，祖父母の訪問権を規定すること自体についての疑義をただす。すなわち，これらの訪問権を規定すること自体が，家父長制の精神を構成し，家族規模の縮小する現在の社会的慣習にそぐわないどころか，後退すら引き起こすものであるのに，371-4条を設けることが当然のこととして捉えられているとして，これに疑問を呈している。とはいえ，マルシアシィ議員は，自身が祖父であることを取り上げ，祖父母の訪問権自体に反対はしないし，もし規定があれば個人的には利用するだろうという。それでも，こうした発言をしたのは，19世紀中頃から20世紀終わりにかけて，祖父母の訪問権が当然の権利として認識されるに至ったとはいえ，これを立法的に承認まですることは，現在の社会的慣習を後退させることにはならないか，ということを議論する必要があるからだとする。この見解については，立法委員でもあるジョゾー・マリネェ議員が，社会的慣習を後退させるものであるかどうかはわからないが，371-4条は，近年の判例が確立したことを立法化するだけであり，これは立法委員会でも大多数で可決されたと述べる。そして，パリ控訴院1965年4月8日判決を引用し，祖父母の訪問権は，その要素においても範囲においても例外的でなく，この権利が両親の特権と相容れない場合，または，その性質から子の最善の利益を害する場合にしか制限されないとする。この発言の後，元老院でも圧倒的多数の賛成により371-4条の法案は可決された。なお，父母の訪問権に関する373-2条の法案については，国民議会におけるのと同様に，何の議論もなく法案は可決され

ている。[67]

C) 学説の反応——社会的時宜性と「子の利益」の基準

　1970年法による民法典371-4条についての学説の反応はおおむね好意的なものであり，同条は「家族法の最も新しい傾向」を示すとさえいわれた。[68]しかし，元老院での審議において言及された社会的時宜性について，次のような批判もなされた。

　民法典371-4条の立法に関して，明確に反対の意思を表明した数少ない論者であるゴベール教授は，まず，議会での祖父母の訪問権の立法に関する議論が十分でないことを批判した。[69]そして，立法の社会的時宜性に関して，議会では社会的慣習に逆行するという指摘が元老院議員からなされたが，この点について，ゴベール教授は，子の利益という別の観点から批判した。すなわち，子の利益に関する判例が発展の途上にある1970年という時期に，判例を固定化させる立法的介入はしない方が賢明であったとしている。[70]

　子の利益に関しては，民法典371-4条1項の「重大な事由」との関係において，さらに立法の是非に関する議論が学説でなされた。前述のように，立法当初は，祖父母の訪問権を制限するための「重大な事由」は限定的に捉えられていた。これに対して，立法に批判的であったゴベール教授は，子の利益の観点から次のようにいう。まず，371-4条は，訪問権を求める祖父母と，それを阻止しようとする子の親との紛争の場面に適用されるが，とりわけ祖父母自身の子が死亡した場合，祖父母とその死亡した子の元の配偶者との対立が激化することがあり，こうした状況下での祖父母の訪問権の行使は子の利益に反する結果となる。なぜなら，子にとって教育的環境が安定かつ持続することが望ましいが，訪問権の行使によって，子は対立する祖父母と親の影響を交互に受けることになり，子は，その成長過程においてどちらを見習えばよいか混乱し，子の利益が損なわれる事態が生じうるからである。そして，ゴベール教授は，祖父母の訪問権を，離婚などにより父または母との離別を経験した子に追い打ちをかける無駄なものだとして批判する。[71]そのうえで，ゴベール教授は，祖父母の訪問権を制限するための「重大な事由」に，祖父母の人間性が問題となる

場合だけでなく，子の人間性，具体的には子の極端に低い年齢や外からの影響に対する抵抗力の弱さも含めて検討すべきだとしている[72]。

その後，1989年のギャレ論文は，ゴベール教授の指摘が杞憂であったことを示している[73]。ギャレ教授は，「重大な事由」と子の利益は密接な関係にあるため[74]，ゴベール教授の指摘のように子の利益が損なわれる危険がある場合には，実際の民法典371-4条の運用では，裁判官は裁量で祖父母の訪問権を否定または停止し，子を危険から遠ざけようとする傾向があるという[75]。この点について，すでにみたように，立法化以前の裁判例では，前述の破毀院民事部1931年7月6日判決，および，その原審であるエク・ザン・プロヴァンス控訴院1929年3月15日判決が，祖父母の節度ある態度を訪問権の正当化の根拠の1つとして挙げており，1970年以降では，立法化直後の，前述の破毀院民事部1972年5月17日判決が，祖父母が人格的に優れており，孫と面会した時，その親との不和に孫を巻き込まないよう配慮することができる場合のみ，祖父母に訪問権が認められるとしている。さらに，ギャレ教授は，ゴベール教授が祖父母の訪問権に否定的なことに対して，祖父母との関係を完全に断ってしまうのは，子にとってむしろ不利益であるとする。ギャレ教授は，教育は多様性を学習することを必要とする以上，子は，異なった環境に向き合い，様々なモデルを比較し，検討することこそが望ましいと強調する[76]。

以上のように，1970年の立法当初，ゴベール教授により，祖父母の訪問権は子の利益を損なう危険性があることが指摘されていたが，その後，ギャレ教授により，子の利益が損なわれる危険性がある場合には裁判官が裁量により祖父母の訪問権を制限することが可能であるため，むしろ祖父母の訪問権を原則的に認めることが子の利益に適うとの指摘がなされた。ギャレ教授の指摘の正しさは，その後の裁判例および法改正において証明されることとなる。

(3) 1970年法による訪問権の立法化直後の実態調査

父母以外の者の訪問権は，具体的にどのような場面において争われるのか。少し古いが，1970年の立法化直後における祖父母の訪問権に関する裁判例を分析したものがある。これは，1970年から1972年の間に，パリ大審裁判所家

族部 (chambre de la famille) に係属した事件を，当時のパリ大審裁判所のシュットン判事が分析したものである。対象となったのは，祖父母が孫に関する訪問権を請求した 17 件の訴訟および 7 件の急速審理の合計 24 件の事件である[77]。

  15 件/24 件：祖父母が夫婦で提訴
    ⎧ 14 件/15 件：祖母が主導的役割を果たした提訴
    ⎩ 1 件/15 件：祖父が主導的役割を果たした提訴
  9 件/24 件：単身で居住する祖母が提訴
    ⎧ 4 件/9 件：夫と死別した祖母が提訴
    ⎩ 5 件/9 件：夫と離婚した祖母が提訴 (4 件/5 件：祖母は再婚)

 この調査における限りでは，祖父が単独で提訴した事件はない。訪問権に関する事件では，祖父が主体となるより祖母が主体となる場合が多い[78]。これは，祖母の方が，現実に子の監護に携わることが多いという事実を反映した結果であると思われる。

  16 件/24 件：祖父母が 65 歳未満
    (2 件/16 件：50 歳と 48 歳，52 歳と 51 歳)
  6 件/24 件：祖父母が子の両親に経済的および子の監護の面で援助をした
    (3 件/6 件：子の両親は非婚関係にある)

 ここで注目すべき点は，24 件の事件のうち 3 分の 2 (16 件/24 件) において，祖父母が 65 歳未満であることである。このうち 2 件の祖父母の年齢は，50 歳と 48 歳，52 歳と 51 歳でしかなかった。そして，祖父母の若さゆえに，祖父母は「親世代」の現役であろうとする。このような状況に加え，婚姻した子の両親が未熟である場合には，特に婚姻して間もない時期に，自身の親である祖父母に経済的な援助，および，幼児の監護における援助を求めることが多い。家族関係の専門家は，若い夫婦が，その親，すなわち祖父母に過度に依存することが，後の紛争を紛糾させる原因となることを指摘する[79]。実際に，全体のうち 6 件 (うち 3 件は子の両親が非婚関係にある) において，子の両親が訪問権を請求した祖父母 (実親ないし義親の両方を含む) に依存した生活を送っていた過去がある[80]。孫の監護，および，孫の親世帯の家計に深く関わっていた祖父母が，

訪問権を請求することが多いのである。

 19件/24件：義理の親子間での紛争
  13件/19件：子の両親の一方の死亡による婚姻解消後の紛争
    （子の母を相手方とする訴え：7件，子の父を相手方とする訴え：6件）
   →9件/13件：子の生存親の再婚後の紛争
  6件/19件：子の両親の離婚による婚姻解消後の紛争

 5件/24件：実の親子間での紛争
  （息子を相手方とする訴え：4件，娘を相手方とする訴え：1件）

　また，訪問権が争われるのは，実の親子の間でなく，義理の親子の間である場合が24件のうち19件と圧倒的に多い。

　そして，祖父母の訪問権に関する紛争が表面化するのは，特に子の両親の一方の死亡による婚姻解消後であり，19件の義理の親子間での紛争うち13件と，多いことがわかる。なお，残りの6件は，子の両親の離婚後に提訴されたものである。さらに，子の両親の一方の死亡による婚姻解消後の，義理の親子間の紛争の13件のうち9件については，その後，子の生存親が再婚をしている[81]。このような場合には，実の子を失った祖父母が，その忘れ形見の孫に会うことを切望し，その一方で，かつての義理の息子あるいは娘は，すでに新しい家庭をもち，子が祖父母と交流することを避けようとする傾向にあるため，紛争が先鋭化する。

　他方，24件のうち5件は，祖父母がその実子を相手方として，孫への訪問権を請求したものである[82]。そして，5件のうち4件は息子に対するもので，息子の妻は実の親子間の紛争に巻き込まれている。残る1件は娘に対するものであるが，この娘は離婚しており配偶者はいなかった。5件の実の親子間の紛争うち3件は，祖父母とその実子との間に昔からあった確執が表面化したものである[83]。

 20件/24件：祖父母の訪問権に孫を自宅に滞在させることまで含むか否かの紛争
  （滞在の部分的な拒否：2件，滞在の全面的な拒否：18件）

　さらに，祖父母の訪問権に関する紛争では，その訪問権に孫を自宅に滞在さ

せることまで含むか否かが争点となっていることが多い。24件のうち20件は，祖父母が，一時的に孫と会うことだけでは満足せず，その自宅へ孫を定期的に滞在させることを要求し，それを拒否する子の両親（2件が部分的な拒否，18件が全面的な拒否）との間で紛争になっている[84]。

　以上の調査は，祖父母の訪問権に関する訴訟のほんの一部を分析したものに過ぎないが，祖父母の訪問権が問題となる実際の場面がみられるものとして興味深い。訪問権を請求するのは，孫の監護やその親の家計を援助した祖父母であることが多く，特に孫の監護に携わる祖母が主体となって孫との訪問を求めることが多い。また，祖父母の訪問権が係争される典型的な事案とは，決して数は多くないが，訪問者である祖父母と子の監護親との間に血縁がなく，さらに祖父母自身の子は死亡し，その配偶者であった子の監護親は再婚して新たな家庭を築いているという場合である。離婚による婚姻解消の場合には，祖父母は，自身の子の訪問権を通じて孫との関係を維持することも可能であるが，死別の場合には，もはや，そのような訪問権を援用する余地がないだけでなく，特に子の監護親が再婚した後は，監護親が死別した配偶者の血族との関係の継続を望まないこともあり，事態は深刻になる。このような場合にこそ，1970年法が定めた民法典371-4条は機能するのである[85]。

4　立法的承認が訪問権の法的性質と根拠にもたらした変化

　訪問権の法的性質および根拠に関する議論は，1970年に訪問権が立法的承認を受けて以降，訪問権を根拠づけるための実践的な意味を失いつつあるが，実定法化された訪問権の法的性質を説明するものとして論じられている。訪問権の立法化以降も維持されているのは，前述の自然権説と子の権利説である。

　自然権説については，1970年法以降は，訪問権の本質的な性質を表すと同時に，立法の理念を表すものになったといえるであろう。すなわち，近年の論者であるラコスト教授が，1970年法以前の論者であるギィオー教授を引用しつつ，訪問権は愛情の法的承認であるとし，自然権説を主張する。ラコスト教授は，訪問権を，子と血縁のある者については血縁関係に由来する自然権とし

ての性質を有し,血縁のない者については愛情関係に由来する自然権としての性質を有するものであるとする[86]。

子の権利説については,現在では実定法の規定の解釈基準としての意味をもつといえるであろう[87]。すなわち,1970年法により,訪問権は,父母,祖父母,第三者の権利として実定法上は規定されたのであるが,解釈においては,訪問権は子の権利である,あるいは,子の権利でもあるとされる[88]。近年の学説では,理念として訪問権を子の権利として捉えることに留まらず,子は訪問権の債権者であり,訪問者は債務者であるとし,債務者による訪問の欠如は,子の情緒的安定への侵害となり,そこから生じる精神的損害について,子は損害賠償請求をすることができるとする見解がある[89]。こうした見解に対しては,子が訪問権の債権者であるとすれば,子を紛争の中心に置くことにもなりかねず,本来,子は法的決定のなかでいかなる責任も負わされるべきではないとして批判するものがある[90]。さらに,近年では,実態をそのまま捉えて,訪問権は,子の権利であると同時に訪問者の権利でもあるとし,相互的権利の性質を有するものであると主張する説がある[91]。これは,後述するように,2002年の法改正において,規定上では,祖父母の訪問権を定める民法典371-4条1項の権利主体が子に改められたことにより登場した説である。

なお,以上の自然権説および子の権利説のいずれも,訪問権の機能として一般的に挙げられる2つの機能,すなわち,家族が機能せず危機に陥った時に子を保護するもの,および,愛情を法的に承認するもの,と連動するものである[92]。

5 小　括

以上にみてきたように,1970年の法改正において,親権は,改正以前の「父権」という表現から現在の表現に改められ,全面的に改正された。改正の主たる目的は父母の平等化および子の保護であり,親権については,婚姻中は父母に帰属するだけでなく,その行使も父母が平等にすることが定められた。そして,親権は,子の利益のためにあるべきことが明らかにされ,その目的を逸脱する場合の親権の失権および一部取上げの制度が民法典のなかに定められた。

離婚後の親権については，1970年以前は規定がなく解釈が分かれていたが，1970年の法改正時に，民法典旧373-2条が設けられ，同条1項により，離婚後は親権と監護権を連結させて父母のどちらか一方に付与することになった。そして，同条2項により，子の親権者および監護権者とならなかった父または母には監督権が付与され，さらに，訪問権を享受することが明文化された。1975年の離婚法の改正時に，父母の訪問権は民法典旧288条2項にも規定され，その内容に宿泊させる権利までが含まれること，および「重大な事由」がなければ拒否されないことが規定された。こうして訪問権の規定は，親権法と離婚法の両領域に跨って定められることになったが，1993年の法改正時に旧288条のみが残された。さらに，例外的ではあるが，育成扶助制度下での父母の訪問権が，1970年法により民法典375-7条において規定された。これにより，子が育成扶助の措置において一時的に親族あるいはそれ以外の個人や施設に委ねられている場合に，親は子に対する訪問権を行使することができることが明らかになった。なお，育成扶助の制度において従来の訪問権を享受するのは親のみである。そして，離婚後の共同親権制度については，1987年と1993年の法改正により段階的に導入され，最終的に，1989年の児童の権利条約に由来する「親であることの共同性」の考えから，離婚後も両親は原則として共同で親権を行使することになった。これに伴い，訪問権の規定は共同親権制度を前提としたものに改められた。なお，以上は嫡出子の親の親権についてであり，自然子の親の親権については，1970年の法改正時に母親優先の原則が採用されたが，その後は徐々に親権の共同行使の可能性が広げられた。

祖父母と第三者の訪問権も，父母の訪問権と同様に，1970年の法改正時に立法化された。立法の審議過程では，祖父母の訪問権を法的に定めることについて，家父長制の精神を彷彿させ，社会的慣習を後退させることを憂慮する見解もみられた。しかし，祖父母の訪問権は，自然権としての性質を有するだけでなく，子の利益に資するのであり，むしろ積極的に認めるべきとする意見が示され，最終的に，父母および第三者の訪問権と併せて圧倒的多数の賛成により法案は可決された。このようにして，祖父母の訪問権は，民法典371-4条1項に「重大な事由」がない限り認められることが定められた。そして，第三者

の訪問権は，同条2項に「例外的な状況」があれば認められることが定められた。両項における訪問権の認否の基準は規定上では異なるが，実際には「子の利益」がその基準であることが，後の学説および判例で明らかにされる。なお，学説においては，「子の利益」の内容について，子の安定性を重視するのか，子の多様な学習の機会を重視するのかで見解が分かれ，議論された。

また，立法化以前に祖父母の訪問権に関して争点となることが多かった「滞在」について，1970年法は祖父母の訪問権を「身上の関係」という表現を用いて表すことで，祖父母の訪問権には孫を自宅に滞在させることまで含みうることを明らかにした。さらに，訪問権を享受する者の範囲については，かねてから争いのあった自然子の祖父母の訪問権を，1970年法は1972年法とともに，これを認めることができるよう解決した。そして，第三者では，特に「育ての親」の訪問権について，1961年の破毀院判決以降は道がほぼ閉ざされたように思われたが，1970年法は再びこれを認めることを明らかにした。

そして，立法化直後に行われた祖父母の訪問権に関する実態調査があり，これによると，訪問権を請求するのは，実際に孫の監護やその親の家計を援助した祖父母であることが多く，特に孫の監護に携わる祖母が主体となって訪問権を求めることが多いことがわかる。さらに，祖父母の訪問権が係争される典型的な事案とは，祖父母と子の監護親との間に血縁がなく，さらに祖父母自身の子はすでに死亡し，その後，子の監護親が再婚して新たな家庭を築いているという場合であることがわかる。典型的な事案は数としては多くないが，こうした背景がありながら，訪問権が裁判所においてまで争われる場合，紛争は深刻であることが指摘される。民法典371-4条は，このような場合に本領を発揮し，また行き過ぎた祖父母を規制するためにも存在するのである。

さらに，1970年法は，それ以前の訪問権の法的性質および根拠に関する議論に変化を与えた。訪問権の立法化以降も維持されているのは自然権説および子の権利説であるが，これらは立法化以前とは別の意義を有している。すなわち，前者は特に訪問権の本質を説明するものとして，後者は実定法の解釈基準として存在することとなった。さらに，後者には，子を紛争の中心に置くこととなる懸念から批判はあるものの，訪問権の不行使の場合に子に損害賠償請求

を認めるなど積極的意味を付与しようとする説もみられる。

1) Hugues Fulchiron, *Autorité parentale*, Répertoire de droit civil, 1991, n°9. この点について、1970年法に関する国民議会の審議において、同議会の副議長のマゾー氏が子に対する父母による権威は、「父権」ではないと発言している。Pierre Mazeaud, *Débat de l'Assemblée Nationale, Séance du 7 avrril 1970*, JO, p. 813.
2) Fulchiron, *op. cit.*, 1991, n°1.
3) Fulchiron, *op. cit.*, 1991, n°28.
4) Fulchiron, *op. cit.*, 1991, n°57.
5) 親権は第一次的に父母に属し、父母間では平等に帰属することが1970年法により明らかになった。Fulchiron, *op. cit.*, 1991, n°s 19-21.
6) Fulchiron, *op. cit.*, 1991, n°141.
7) 田中通裕『親権法の歴史と課題』(信山社、1993年) 147頁。
8) Fulchiron, *op.cit.*, 1991, n°s 10, 11. 稲本洋之助『フランスの家族法』(東京大学出版会、1993年) 94頁。
9) 1804年の民法典302条の起草者は、同条を有責配偶者への制裁として捉えていたので、離婚後の子の監護者の決定は、夫婦間の問題を基準として行われており、子の利益とは矛盾するのではないかということが従来から指摘されていた。André Breton, *Divorce (Conséquences)*, Répertoire de droit civil, 1989, n°615.
10) Breton, *op. cit.*, n°722.
11) 1970年の民法典372-2条〔第三者の保護〕は「夫婦のそれぞれは、善意の第三者に対しては、夫婦の一方のみが子の身上に関して親権に属する行為を行う時も、他方との一致をもって行使するものとみなされる」と定める。1970年の民法典389条〔法定管理人〕は「両親が共同で親権を行使する場合には、父が法定管理人である。その他の場合には、法定管理は、両親のうち親権を行使する者に属する」と定める。
12) 育成扶助の措置下での訪問権は、破毀院第1民事部1998年5月5日判決が、その時間や場所および内容の面で制限的になることを認める。しかし、逆に、パリ控訴院1982年12月3日判決が、子を家庭に戻す準備のため、親子の情愛的な紐帯を強める目的で訪問権の拡張を認める。Jean-Florian Eschylle, *Autorité parentale, Assistance éducative, Modalité-Effets*, Juris-classeur civil code, 2002, n°s 84-92.
13) さらに、本文後述の2007年および2010年の法改正時に、民法典375-7条は改正されている。
14) 破毀院第1民事部2002年10月22日判決は、育成扶助に付されている孫への祖母からの訪問権の請求について、民法典375-7条は適用できないとしている。Cass. civ., 1re ch., 22 octobre 2002, n°01-05049
15) 家族事件裁判官 (jege aux affaires familiales) は、大審裁判所に置かれる専門の単独制判事であり、児童裁判官は、大審裁判所の判事である。山口俊夫編『フランス法辞典』(東京大学出版会、2002年) 312-314頁。
16) Laurent Gebler, *Le juge aux affaires familiales, le juge des enfants et les grands-*

parents : aspects procéduraux, La place des grands-parents, AJ fam., 2008, p. 145.
17) なお，1993年の法改正により，大審裁判所が管轄していた家族事件は，小審裁判所の家族事件裁判官（jege aux affaires familiales）のもとで係争されることになった。フランスの司法制度について，山本和彦『フランスの司法』（有斐閣，1995年）195頁。
18) Hugues Fulchiron, L'autorité parentale rénovée (Commentaire de la loi du 4 mars 2002 relative à l'autorité parentale(1)), Defrénois, 2002, n°15/16, 37580, pp. 959, 960.
19) 1970年の民法典372-1条と372-2条は，親権行使に関する規定である。民法典372-1条〔意見の不一致〕の1項は「父母が，子の利益が要求する事柄について意見の一致に至らなかった場合には，父母が，以前に同様の場合に従うことがあった慣行（pratique）は，それらの者にとって規則に代わる」，2項は「そのような慣行がない場合，または，その存在もしくはその根拠（bien-fondé）について争いが存在する場合には，夫婦の任意の一方は，後見裁判官に申し立てることができる。後見裁判官は，当事者を勧解することを試みた後に裁判をする」と定める。民法典372-2条については，前掲註11）。
20) 「監護」の概念が民法典において廃止されたことにより，従来は「監護者」で表されたことが，たとえば，「子が委ねられた第三者」，「子の居所が定められた親」，「親権行使が委ねられた親」などという表現が用いられることになった。これらは，表現としては回りくどいが，法的には明確である。そして，「監護」を「親権」に統一することで，「監護」の内容は縮小され，それは親権の属性の1つでしかないことが明らかになったとされる。Fulchiron, op. cit., 1991, n°61.
21) 監護権の内容で明らかであったのは，監護権が離婚後の親権の基本的使命を実現することを可能にするものであったという点だとされる。Irène Carbonnier, Autorité parentale, Exercice de l'autorité parentale, Juris-classeur civil code, 2003, n°14, 15.
22) Fulchiron, op. cit., 1991, n°22, 59, 60 ; Carbonnier, op. cit., 2003, n°14-17. なお，「監護」という表現自体は，2002年の法改正まで民法典371-2条2項に残っていた。
23) 1993年の民法典373-2条は，2002年の法改正により本文後述のとおり改正された。なお，2002年の法改正時に，父母の訪問権については，民法典373-2-1条が新設された。
24) Irène Théry, Couple, Filiation et parenté aujourd'hui, le droit face aux mutations de la famille et de la vie privée, Paris, 1998. pp.195-197.
25) 本文前述における1970年法以前の裁判例の検討でみたように，祖父母の訪問権の認否の基準については，早くはジョーム判決が示した「重大な事由」がしばしば祖父母の訪問権の認否の基準として用いられていたが，年代を下るにつれ子の利益に適うかどうかという視点が判例上で明確になっていった。
26) Thierry Garé, Les grands-parents dans le droit de la famille, Lyon, 1989, n°304.
27) これらの判決を紹介するものとして，Carbonnier, op. cit., 2003, n°105.
28) Raymond Legeais, L'autorité parentale, Defrénois, 1973, n°65.
29) Cass. civ., 1re ch., 13 décembre 1989, Bull. civ., I , n°389.
30) 逆に，本文後述の破毀院民事部1972年5月17日判決では，祖父母は孫を父母との不和に巻き込まないように配慮することができるとして訪問権が認められている。
31) この判決を紹介するものとして，Fulchiron, op. cit., 1991, n°76.
32) Rouen, 6 mai 1985, Gaz. Pal., 1986, 1, p. 33. ほかに，同じ理由で祖父母の訪問権を否定

した判決として，メッツ控訴院 1986 年 6 月 17 日判決をギャレ教授が紹介している。Garé, *op. cit.*, n°221.
33) Cass. civ., 1re ch., décembre 1982, Bull. civ., I , n°346 ; D, 1983, IR, p. 143.
34) Henri Capitant et François Terré et Yves Leauette, *Les grands arrêts de la jurisprudence civile*, 12e éd., vol. 1, 2007, p. 405.
35) Fulchiron, *op. cit.*, 1991, n°98.
36) Paris, 1re ch. suppl., 30 juin 1972, D, 1972, 2, p. 754.
37) Raymond Legeais, *L'autorité parentale*, Defrénois, 1973, n°68.
38) C. Colombet, *Commentaire de la loi du 4 juin 1970*, D, 1971, 1, pp. 1 et s. ; Geneviève Sutton, *Du droit des grands-parents aux relations avec leurs petits-enfants*, JCP, 1972, I, 2504, n°11. なお，判例においては，本文前述の破毀院民事部 1931 年 7 月 6 日判決が，遠隔地に住む祖父母に，その自宅に孫を滞在させることを認めて以来，祖父母の訪問権の内容に「滞在」を含ませることが一般化されていった。
39) Geneviève Viney, *Du «droit de visite»*, RTD civ., 1965, n°24.
40) Fulchiron, *op. cit.*, 1991, n°72.
41) Henri Roland et Laurent Boyer, *Adages du droit français*, 4e éd., Paris, 1999, n°453.
42) Garé, *op. cit.*, n°275.
43) 1972 年の民法典 334 条 1 項は「自然子は，その父母との関係において，一般に嫡出子と同一の権利および義務を有する」と定める。なお，334 条は自然子と嫡出子の区別の撤廃に伴い，2002 年の法改正時に廃止された。
44) 1972 年の民法典 334 条 2 項は「自然子はその親（auteur）の家族に入る」と定める。
45) 1972 年の民法典 757 条は「自然子は，その父母およびその他の尊属，ならびに，その兄弟姉妹およびその他の傍系血族の相続において，一般的に嫡出子と同一の権利を有する」と定める。
46) Colombet, *op. cit.*, p. 1 ; Garé, *op. cit.*, n°276.
47) Carbonnier, Jean Carbonnier, *Droit civil, 2, La famille*, Paris, 1997, n°305 - 307, 332, 333.
48) この判決を紹介するものとして，Garé, *op. cit.*, n°277.
49) Cass. civ., 1re ch., 17 mai 1972, Bull. civ., I, n°131 ; D, 1972, Somm., p.162.
50) Cass. civ., 1re ch., 18 janvier 2007, n° 06 - 11357.
51) Adeline Gouttenoire, *Le droit de l'enfant d'entretenir des relations personnelles avec ses grands-parents, La place des grands-parents*, AJ fam., 2008, p. 140.
52) Garé, *op. cit.*, n°279.
53) 1970 年法では，「第三者」は，「autres personnes」と表現されていたが，2002 法以降は，本文後述のとおり「tiers」と表現される。
54) Garé, *op. cit.*, n°°280, 281.
55) Fulchiron, *op. cit.*, 1991, n°88.
56) Cass. civ., 1re ch., 20 février 2007, n°06 - 15647.
57) André Tisserand, *Débats de l'Assemblée national, Séance du 7 avril 1970*, JO, p. 810.
58) *Ibid.*

59) Jacqueline Thome-Patenôtre, *Débats de l'Assemblée national, Séance du 7 avril 1970*, JO, p. 811.
60) André Tisserand, *Débats de l'Assemblée national, Séance du 8 avril 1970*, JO, p. 856.
61) Le garde des sceaux, *Débats de l'Assemblée national, Séance du 8 avril 1970*, JO, p. 857.
62) Michel de Grailly, *Débats de l'Assemblée national, Séance du 8 avril 1970*, JO, p. 857.
63) Le président, *Débats de l'Assemblée national, Séance du 8 avril 1970*, JO, p. 864.
64) René Pleven, *Débats du Sénat, Séance du 13 mai 1970*, JO, p. 385.
65) Pierre Marcilhacy, *Débats du Sénat, Séance du 13 mai 1970*, JO, p. 386.
66) Léon Jozeau-Marigné, *Débats du Sénat, Séance du 13 mai 1970*, JO, p. 386.
67) Le président, *Débats du Sénat, Séance du 13 mai 1970*, JO, p. 390.
68) Garé, *op. cit.*, n°261.
69) ゴベール教授は、国民議会でのティスラン氏の発言を取り上げ、議会ではお涙頂戴の議論しかなされていないと非難した。Michelle Gobert, *L'enfant et les adultes (à props de la loi du 4 juin 1970)*, JCP, 1971, I, 2421, n°14. このティスラン氏の発言について、シュットン判事は、「力強いが現実的でない胸打つもの」と形容したうえで、現実に祖父母の訪問権が問題となるのは、ティスラン氏の発言のように祖父母が年老いた時からではなく、それ以前の家族の不和の時からであり、この時からすでに問題は生じており、それは根深く、潜在的に存在し、離婚などの家庭の崩壊の危機とともに表面化すると指摘する。Sutton, *op. cit.*, n°3.
70) Gobert, *op. cit.*, n°15. これに対して、ギャレ教授は、立法的介入は1970年の状態に判例法理を固定することを目的とはしていないと反論する。Garé, *op. cit.*, n°262.
71) Gobert, *op. cit.*, n°16, 17.
72) Gobert, *op. cit.*, n°20.
73) Garé, *op. cit.*, n°265-267.
74) Garé, *op. cit.*, n°304-309. 子の利益は「重大な事由」を構成し、三面関係（子、訪問者、監護親）の調整の中で、裁判官に帰属する役割によって実現されると考えるからである。
75) Garé, *op. cit.*, n°266.
76) 子の利益の内容については、ギャレ教授は、世代間の交流により子へ学習の機会が与えられることを重視するが、ゴベール教授は、子の安定を重視し、祖父母の訪問権に消極的な態度を示す。Garé, *op. cit.*, n°302 ; Gobert, *op. cit.*, n°20. 一般的に子の利益を考慮する際に、親の膝下に子を置き、子の育成の完成に重きを置く伝統的立場と、子の利益を子の好みおよび希望と同一視し、親の膝下に子を置くことを重視しない新たな立場と、これらの折衷的な立場とがある。Viney, *op. cit.*, n°5.
77) Sutton, *op. cit.*, n°2.
78) Sutton, *op. cit.*, n°5.
79) Maurice Porot, *L'enfant et ralations familiales*, 1967, pp.175 et s. ; Jacques-Gerard Lemaire, *Les conflits conjugaux*, éd. sociales françaises, 1966, pp. 92 et s.
80) Sutton, *op. cit.*, n°6.
81) Sutton, *op. cit.*, n°7-9.

82) アメリカでは，州によっては実親子間での訪問権をめぐる訴訟は認められないこともある。鈴木隆史「祖父母の訪問権（visitation rights）——ニューヨーク州におけるその生成と展開を中心として」早稲田法学会誌35巻（1984年）115頁。
83) Sutton, *op. cit*, n°10.
84) Sutton, *op. cit.*, n°11-13.
85) Sutton, *op. cit*, n°31.
86) Valérie Lacoste, *Contribution à une théorie générale du droit de visite en droit civil*, RRJ, 1997-3, p. 959. なお，従来の自然権説には，ラコスト教授のように第三者の訪問権を意識して明確に血縁の有無に言及するものはなかったが，本文で検討したとおり，1970年法以前の裁判例にはラコスト教授のような見解がみられる。訪問権の立法後は，本文前述の破毀院民事部1982年12月1日判決が，子の血族でもある大おばに，愛情関係を根拠に訪問権を認めた。
87) Fulchiron, *op. cit.*, 1991, n°72.
88) 1970年法以降の学説で，訪問権を子の権利として捉えるものとしては，次のものがある。Hubert Bosse-Platière, *La présence des grands-parents dans le contentieux familial*, JCP, 1997, I, 4030, n°2 ; Jean-Faustin Kamdem, *L'enfant et le droit de visite*, Gaz. Pal., 1996, p. 6, n°28. 特に後者は，1990年にフランスも批准した1989年の児童の権利条約を根拠に，個人としての子の保護という考えを強調し，訪問権を子の権利として捉えるべきだとするものである。
89) Kamdem, *op.cit.*, p. 4 n°15. なお，損害賠償については，民法典1382条が「他人に損害を生じさせる人の行為は，いかなるものであってもすべて，過失（faute）によってそれをもたらした者に賠償する義務を負わせる」と定める。
90) このように，ゴミ教授は，訪問権を子の権利とすることについては反対するが，第4章註106）で述べているように，訪問者による訪問権の不行使は，子にとって償われるべき精神的損害であるとする。Marc Gomy, *Vers un devoir de visite et d'hébergement des parents*, JCP éd. N, 1999, n°8.
91) Nathalie Rexand-Pourias, *Les relations entre grands-parents et petits-enfants depuis la loi du 4 mars 2002 sur l'autorité parentale*, JCP, 2003, I, 100, n°5.
92) Lacoste, *op. cit.*, p. 958.

第4章
子の権利としての訪問権——2002年の法改正とその後

1　2002年法の概要

　親権に関する2002年3月4日法律第2002-305号は，1970年に始まった一連の親権法の改正をさらに補強するものとして位置づけられる。

　1970年の法改正では，前述のとおり，「父権」という表現が「親権」に改められた[1]。そして，親権行使については，婚姻中は母も父と共同して親権を行使できるように改められ，解釈の分かれていた離婚後の親権行使については新たな規定が設けられ，離婚後は，親権と監護権を連結させて父母の一方に付与することが定められた。1972年の法改正では，自然子に対する区別は大部分において廃止され，自然子は扶養や相続などの親族関係の効果の点において嫡出子と同様に扱われることになった。さらに，1987年および1993年の法改正において，共同親権制度が導入された。1987年に，離婚後の共同親権または単独親権が選択可能となり，1993年に，前述の「親であることの共同性」の考えから共同親権が原則となった。

　このような1970年から1993年までの法改正を通じて，家父長制からの既婚女性の自立と子の権利の確立が進められた[2]。とりわけ，1989年の児童の権利条約が1990年にフランスで批准されて以降は，子の権利に対する人々の関心はますます高まり，子をすべての基本と尺度とする動きさえあった。しかし，このような行き過ぎともいえる動きに対して，2002年法が，真の子の権利の追求を行うこと，すなわち子の人格の尊重を主眼とすることで，これは沈静化した。ドゥクヴェール・デフォッセ報告[3]では，子には子としての権利を認めること，すなわち親に対抗しうる権利を議論するのではなく，子の人格の尊重（民法典371-1条2項）を議論すべきということが指摘されている[4]。また，イレーヌ・

テリー報告でも，子を保護の対象とするのか，主体的存在とするのかという二者択一的な議論は無用であり，子の成長に合わせて，それは変化すると指摘されている。そして，子は，人格権を有することは確かであるが，保護の対象でもあり，家族の調和のなかで捉えられるべきであるとする[5]。こうした家族内での個人の役割と地位の均衡に配慮する見解は，子に新しい権利を認めることよりは，子の保護をより強化することを推し進めることとなる。そのための全般的な子の権利の向上とは，①嫡出・非嫡出の区別をしないという子の平等，②新しい権利の承認（祖父母と第三者の訪問権を定める民法典371-4条，子が保護を受ける権利を定める民法典371-1条3項），③子の保護の強化（養育義務の強化，売春の取締りの強化，国際的誘拐に対する子の保護，待機ゾーンの子の保護[6]）を目指すものである[7]。

こうした子の権利の向上のために，2002年法は，民法典において，子の利益を目的とする親権の強化を目指した[8]。すなわち，2002年法の立法者は，「親であることの共同性」の原則と子の人格の尊重という2本の改革の柱を打ち立て[9]，非嫡出家族が増加しているという現実に法律を適応させる必要性を強調し[10]，婚姻制度の枠に囚われない血縁による親子関係に基づいた新しい準則を提案した。その準則の方向性とは，両親の役割の重要性を再認識し，すべての子に適用可能な親権の共通規定を創ることで親権そのものの価値を高めること，親権の共同行使を両親の離別とは切り離して一般化すること[11]，離別後の事態に対応するための広い自由裁量を両親に認めること[12]，両親自身とそれ以外の者が親権の権利と義務をより尊重することで1993年法が示した「親であることの共同性」の原則を強化することである。この方向性に従って，2002年法は，すべての子に適用しうる統一的な親権法を創った。そして，両親の子に対する共同責任をよりよく実現させるために，子の居所に関して民法典373-2-9条が新たに設けられ，交替居所（résidence alternée, résidence en alternance）の制度が導入された[13]。

このような改革のもと，それまで離婚法の領域で処理されてきた両親の離別の際の親権行使に関する規定は，民法典の親権の章に編入され，統一された[14]。親権行使に関する新規定は，「一般原則」，「離別した両親による親権の行使」，「家

族事件裁判官の介入」,「第三者の介入」という4つの項目から構成されている。なお,2002年法では,離婚後の父母の親権行使に関する準則は,「離別した両親による親権の行使」として規定されることになったが,「離婚 (divorce)」ではなく「離別 (séparation)」という名目のもとに規定されたのは,嫡出家族における離別か,非嫡出家族における離別かを区別する必要をなくすためであり,婚姻による家族モデルの優位性を排除するためだとされる。[15]

(1) 親子の紐帯に対する法的保護の強化

A) 親権の共同行使

前述のとおり,離婚後の親権行使について,1987年法により選択的な共同親権制度が導入され,1993年法により児童の権利条約に由来する「親であることの共同性」の考えから,原則的な共同親権制度が導入された。共同親権制度を定める,1987年法および1993年法による民法典373-2条は,2002年法により次のように改正され,現在まで維持されている。

> 民法典 373-2 条 (2002 年 3 月 4 日法律第 2002-305 号による改正)
> 両親の離別は,親権行使の帰属に関する準則に影響することはない。
> 父母のそれぞれは,子との身上の関係を維持し,他方の親と子との関係を尊重しなければならない。
> 両親の一方の居所のあらゆる変更は,それが親権の行使の態様を変えるものである以上,事前かつ適宜に,他方の親に知らされるべき情報の対象となる。意見の不一致の場合には,最も適切な親が,家族事件裁判官に申し立て,家族事件裁判官は,子の利益の要求するところに従って決定を下す。裁判官は,子の移動費用を配分し,それに応じて子の養育および育成の分担額を調整する。

2002年法以前は,離婚の効果として離婚後の親権行使が規定されていたため,たとえ共同親権が選択されても離婚により父母の親権そのものが変わるような印象を与えていたとされる。[16] 2002年法は,こうしたことを解消するために,離婚後の親権行使については親権法の領域で扱うこととし,離婚後に共同親権となる場合,民法典373-2条において,両親の離別は親権行使の帰属に何ら影響を与えないことを明記したのである。さらに,ここで「離婚」ではなく,「離別」という表現を用いることで,嫡出家族か非嫡出家族かの区別をなくし,こ

れらの親権行使を同一に扱うことを明確にしたのである。

a) 自然子と嫡出子の区別の撤廃と親権の共同行使

　前述のように，かつての民法典は，子の出生時にその両親がいかなる関係にあったかということにより，子を区別していた。1972年の法改正により，このような子の出生による差別的取扱いは大部分において取り除かれ，嫡出子か自然子かという区別は残しつつも，従来の「乱倫子」は自然子に吸収され，「姦生子」は「懐胎の時にその父または母が他者との婚姻関係にあった自然子」と表現されることになった（民法典旧334条3項）。しかし，個別規定には，嫡出子に配慮した差別的取扱いが残された。すなわち，従来の姦生子に対しては相続分差別がなされ，また，姦生子および乱倫子に対しては任意認知は自由になったものの，捜索の訴えには制限が残された[17]。

　親権行使についての自然子と嫡出子の区別は，2002年の法改正まで存在した。1987年法および1993年法により導入された離婚後の共同親権制度は，嫡出子の父母にとっては原則となったが，自然子に関しては，1970年法による母親優先の原則が維持された（民法典旧374条1項）。前述のとおり，1987年法では，共同の申述により，例外的に自然子についても共同親権にすることが可能となったが（民法典旧374条2項），それがない場合には，原則どおり母親優先の単独親権となる。1993年法では，自然子についての共同親権化が進み，子が1歳になるまでの両親による認知と両親の共同生活により自動的に共同親権となることになった（民法典旧372条2項）。

　2002年法は，以上のような1972年法が積み残した子の出生による区別の撤廃をほぼ成し遂げ，また，自然子と嫡出子の親権行使については，すべての子に適用しうる統一的な親権法を創ることで区別をなくした。そして，民法典371-1条において，次のように親権を定義した。

　　民法典371-1条（2002年3月4日法律第2002-305号による改正）
　　　親権は，子の利益を目的とする権利および義務の総体である。
　　　親権は，その安全，健康および精神において子を保護するために，および，子の育成（éducation）を確保し，子の発達を可能とするために，その人格に払われる

べき敬意において，子の成年到達または未成年解放まで父母に属する。
　両親は，子に関する決定に，子の年齢および成熟度に応じて，子を関与させる。

　かつては，親権の属性がいかなるものであるのかという議論がなされたが，新しい親権法における親権は，民法典371-1条にみるように，その目的によって定義される[18]。そして，このような親権は，自然子と嫡出子の区別なく，原則として，婚姻中のみならず，離別後も父母により共同行使される。

　なお，自然子と嫡出子の区別の完全な撤廃は，親子関係に関する2005年7月4日オルドナンス第2005-759号により行われ，規定上から自然子と嫡出子の概念そのものがなくなり，すべての子は父母との関係で，原則として「平等」，「真実」，「安定」を主眼として扱われることになった[19]。

b) 例外的に単独親権となる場合
(i) 単独親権となる場合の具体例

　前述のように，2002年法は，「親であることの共同性」を強化し，両親の離別後においても親の双方と子との紐帯を法的に保護しようとするため，民法典373-2条において，原則として両親の離別後も共同親権がとられることを定める。しかし，裁判官は，子の利益のために必要であれば，例外的に両親の一方に親権の行使を委ねることができる，と後述の民法典373-2-1条1項に定められる。

　裁判官が例外的に単独親権を選択する場合とは，具体的に，いかなる場合であろうか。これについて，国民議会に提出された，家族と子の権利に関する報告書[20]において引用されている近年の裁判例が参考になる。アミアン控訴院2003年5月28日判決[21]では，父が子に対して性的暴行を繰り返し行っていたことが明白であったため，母が単独で親権を行使するとされた。破毀院第1民事部2004年6月8日判決[22]では，数カ月に渡って訪問権と宿泊権を行使しなかった父が，子の母の入院を切っ掛けに単独で親権を行使することになったものの，子を母から乱暴に引き離したりしたことなどから，子の監護においての配慮に欠けること，および，親権行使の能力について分別と正常さに欠けることが証明され，母が単独で親権を行使するとされた。

このように他方の親に子に対する性的暴行や親権者としての資質を著しく欠くことが認められる場合には，裁判官は子の利益のために単独親権を命ずる。なお，単独親権となった原因が離別ではなく，両親の一方の死亡または親権の取上げの場合では，民法典373-1条により，他方の親が当然に単独で親権を行使することになる。

(ii) 親権行使が停止された親の権限

前述のように，例外的に単独親権がとられることがあるが，この場合でも親権の取上げがなされない限りは，単独親権者とならなかった親は，親権行使が停止されるだけで，親権保持者であり続ける[23]。とはいえ，親権行使が停止されているため，単独親権者とならなかった親に残される権限は実際には制限的になる。

2002年法は，親権を，その属性からでなく目的から捉える。前述の民法典371-1条において，親権は，「子の利益を目的とする権利および義務の総体」と定義されるが，その本質的性質は，2002年の法改正時には「監護」という概念が完全に民法典上から消滅していたことを考慮して，子の身上に関しては，「監督 (surveillance)」と「育成 (éducation)」であると説明される。「監督」は，子の日常の世話に留まらず，子への医療行為や教育，宗教などに関する重要な決定も含む。「育成」は，子を指導し，社会的適応性を身につけさせ，子を大人の生活に導くことである。すなわち，子に社会生活において必要な学習をさせる前提として，日常的な扶養を与えることであり，また，その扶養を通じて，子に精神的な意味での生きる方法と理由を与えることである[24]。こうした「監督」と「育成」は，親権の共同保持者に属すると解されるが，現実には，子と同居しない親は，子と同居する親によるそれらを監視するというかたちでしか権利を行使できないという制限がある[25]。そして，単独親権の場合の，親権を行使しない親にとっても類似の状況が生じる。単独親権者による「監督」および「育成」を監視することを可能にするのが，監督権（民法典373-2-1条3項）と，後述の訪問権（民法典373-2-1条2項）である。

さらに，単独親権となった場合に親権行使をしない親にも，親権行使から独

立して，親権保持者としての資格で享受する特別の権限がある。すなわち，婚姻同意権（民法典148条），養子縁組同意権（民法典348条），子の解放の権利（民法典477条）である。これらの3つの権利は，その行使の時に親権を終了させる性質を有し，特別の権限であると解されている[26]。なお，これらの権利は，親権の取上げによってのみ消滅させられる[27]。

B）交替居所

1970年法により，親権法の領域では父母の平等化が進められた。この反射的効果で，父の権利が縮減するのではないかという危惧から交替監護（garde alternée）が試みられるようになった[28]。とりわけ，自然子の親権行使には母親優先の原則が採用されていたために，父に認知された自然子に関しては，一定期間ごとに父母が子を交替で監護することで，母による親権の単独行使を緩和させることが試みられた。交替監護は，民法典旧287条がそれを禁じていないという許容性[29]と，前述の必要性から次第に広まっていったが，その起源は古く，破毀院審理部1822年2月13日判決が交替監護を認めたことが始まりとされる[30]。しかし，破毀院第2民事部1984年5月2日判決[31]は，1年ごとの交替監護を認めた原審のニーム控訴院1982年11月3日判決を破棄し，「離婚の際の夫婦の間での合意を考慮して，父母の共通の子の監護を共同的に委ねることはできても，交互にすることはできない」として，共同監護の可能性は認めつつ，交替監護は明確に否定した[32]。このような動きを受けて，1987年法の立法者は，離婚後の父母による子の監護について検討したのであるが，交替監護には，子への心理的影響に対する懸念から強い抵抗があった[33]。しかしながら，1998年のイレーヌ・テリー報告は，離婚後，母に子の監護が委ねられるのは約85％から90％であり，これは，父の多くが子との接触において排除されていることを示すとしている。その結果，父には子に関する養育および育成の責任を放棄する傾向がみられ，父子関係は脆弱であることが指摘される。このように，父は子の監護者となる機会が少ないうえ，訪問権すら事実上阻害されている状況にあり，父の権利は著しく制限されており，家族における男女平等が実現されるべきであるとされる[34]。そして，父権擁護団体[35]を中心に，「父権の復権」が

叫ばれ、最終的には、2002年法は、1987年法が「監護」の概念を廃止していたため、交替監護を交替居所としてこれを認め、親権の共同行使を強化するものとして導入する。

a) 交替居所の概要

交替居所は、前述のとおり、2002年の法改正時に定められた制度である。この交替居所には非難もあったが、それでも、親の双方との関係を維持する子の権利の実現のために、そして、父母間の平等のために2002年法が制度として認めたものである。しかしながら、交替居所に関する訴訟から抽出されたサンプルについての調査から、実際には、約85％の場合には母の居所に子の常居所が定められることがわかっている。そして、父母がそれぞれ自己の居所に子の常居所を定めることを希望した場合には、父の居所に子の常居所が定められるのは約25％に留まる。

交替居所制度のもと、子の居所を両親のそれぞれの住所に交互に定めるか、両親の一方の住所に定めるか、選択が可能になった（民法典373-2-9条1項）。また、両親の間に意見の不一致がある場合には、裁判官は期間を定めて交替居所を命じ、子の居所に関する最終的な決定をすることができる（民法典373-2-9条2項）。交替居所に両親が同意しない場合に家族事件裁判官がそれを命じても、実現することは難しい。たとえ、強固に交替居所を定めたとしても、両親のそれぞれが互いに拒否するからである。そのために、2002年法は、裁判官に交替居所を暫定的に定めることを認めた。裁判官は、暫定的な交替居所の期間の終わりに、最終的に交替居所を定めるか、または両親の一方の住所に子の居所を定めるか決定できるのである。なお、交替居所は、子の健全な発育のために、とりわけ子の健康、安全、精神および教育の発展に資するものでなくてはならず、算数的な父母間の平等のために行われてはならないとされる。

b) 子の居所の決定に関する具体的基準

両親の離別後の子の居所に関する2002年法以降の裁判例をみると、子の居所の決定に関する具体的な基準がわかる。両親の一方の住所に子の居所が定め

られる場合には次のものがある。パリ控訴院 2003 年 9 月 25 判決は，父が家族への暴力行為で有罪判決を受けた場合，子の居所は母の居所に変更することが適当であるとし，ブルージュ控訴院 2003 年 2 月 11 日判決は，2 歳 4 カ月の幼児の場合，規則的な就労条件で働く母に対して，父は不規則な就労条件で働いているため，子の居所は母の住所に定めることが適当であるとした。ブザンソン控訴院 2003 年 2 月 7 日判決は，両親の離別前から，父が子の教育を主体的に行ってきた場合，母には広範な訪問権を付与しつつも，子の居所を父の住所に定めるのが適当であるとした。ナンシー控訴院 2002 年 2 月 4 日判決は，父または母による子の養育および育成環境は同等であるが，子の誕生以来，継続して子を監護しているのは母であり，たとえ子が希望しても子の居所を父のもとに変更することは認められないとした。ブルージュ控訴院 2003 年 1 月 21 日判決は，通信簿により子の自宅学習が不十分であることが明らかになった場合でも，すでに父と同居している子の居所を母の住所に変更するに足りる理由とはいえないとした。

　以上から，子の居所が父母の一方の住所に定められる場合には，まず，例外的に単独親権がとられる場合と同様に，他方の親が暴力行為で有罪判決を受けているような悪性の強い場合であることがわかる。しかし，子の居所に関する決定の場合には，子の年齢や，父母の就労条件のみが考慮事項となることもある。また，父母のどちらかが子の監護を主体的に継続して行っている場合には，その親のもとに子の居所が定められる傾向がみられる。

　さらに，交替居所が否定または停止される場合には次のものがある。ランス控訴院 2003 年 6 月 19 日判決は，子が交替居所に反対の意思表明をし，また，環境的にも子の生活に関する財産上および学業上の条件が綿密に整えられていない場合には，交替居所は否定されるとした。エク・ザン・プロヴァンス控訴院 2003 年 11 月 4 日判決は，両親の間に対話がほとんど成立しない場合には，交替居所は否定されるとした。エク・ザン・プロヴァンス控訴院 2003 年 6 月 24 日判決は，子の常居所を母の住所に定める決定をしたにもかかわらず，母子関係の重要性を無視し，父が子を自宅で養育したことは，交替居所の否定に繋がるとした。ディジョン控訴院 2003 年 4 月 10 日判決は，父母間に交替居所

への合意がなく，父母の住所が遠く離れており，子の年齢が低い場合には，交替居所は認められないとした。そして，ディジョン控訴院2003年4月30日判決は，交替居所が行われている14歳の子の学業成績の低下に加え，子が社会調査士に対して，交替居所の負担が重すぎることを訴えた場合には，交替居所は停止されるとした。

逆に，交替居所が肯定される場合には，グルノーブル控訴院2003年4月9日判決がある。この判決では，母の交替居所への反対にもかかわらず，子の利益を害する事由の証明がないとして，試験的に5カ月間の交替居所が認められた。

以上から，交替居所を一方が希望していても否定または停止される場合としては，交替居所自体が潜在的に子に負担を追わせる性質を内包しているため，子の生活に関する財産上および学業上の条件が綿密に整えられていない場合や父母の間に協力態勢が整っていない場合がある。また，父母の住所が遠く離れているなどの物理的な条件や子の年齢および子の意思なども考慮事項となる[44]。とはいえ，交替居所の導入の目的の1つには，親の双方との関係を維持する子の権利の実現ということがあるために，単に片方の親が反対しただけでは，交替居所の否定の理由とはならない。エク・ザン・プロヴァンス控訴院2004年5月4日判決，エク・ザン・プロヴァンス控訴院2004年6月15日判決は，「両親の不一致は，それだけでは交替居所を適用する障害とはなりえない」とする[45]。

(2)「第三者」の介入

2002年の法改正は，両親と子の関係の維持をより強固に保障する一方で，子の利益の観点から，一定の場合に親権行使に「第三者」（ここでの第三者には祖父母も含む）を介入させ，親権者と「第三者」の協同を可能にすることを認める。

ドゥクヴェール・デフォッセ報告では，このような「第三者」の法的地位を確立することを目指していた[46]。なぜならば，同報告によると，2002年法以前では，たとえば祖父母や継親が両親に代わって子の日常生活に関することを行う場合に，その権限を両親が付与することを可能にする明確な法的手段はな

く[47]、また、祖父母や継親が子の養育および育成を恒常的に行う場合に、日常生活における事実上の行為のみを行うか、あるいは子の育成が危険に瀕している場合の育成扶助の制度によるか、さらに後見または硬直的な親権の委譲の制度により親権を完全に代行させるしか実定法には用意されていなかったからである[48]。

このようなドゥクヴェール・デフォッセ報告を受けて、2002年法は、「第三者の介入」という項目を民法典のなかに設けた。「第三者の介入」の規定は、ドゥクヴェール・デフォッセ報告が目指した「第三者」の真の地位の確立からは後退し、従来の規定の寄せ集めと評される[49][50]。2002年法が定める「第三者」の親子関係への介入とは、①「第三者」に子を委ねる法的決定、②親権の委譲、③両親以外の者と子との関係（訪問権）、のかたちをとる。

①の「第三者」に子を委ねる法的決定には、次のような場合がある。両親の離別の場合に、とりわけ一方の親の親権行使が奪われている時には、血族を優先した「第三者」に例外的に子が委ねられる（民法典373-3条2項）。これは、民法典旧287-1条の内容を引き継いだものである。そして、この場合には、血族が優先するため、とりわけ祖父母に孫が委ねられることとなる。ここでいう子を「委ねる」とは、祖父母の自宅に孫を滞在させることを意味する[51]。このように、①の「第三者」に子を委ねる法的決定の場合には血族が優先するが、2002年法は、子の養育および育成の分担に関する事件一般における父母以外の者からの申立権について、血縁のみを根拠とするのではなくなった（民法典373-2-8条）[52]。これにより、子の監護の事実から生じた愛情関係を子との間に有する「育ての親」であるが子の血族ではない者も「第三者」に含まれることになり、その範囲が広がった。なお、子が「第三者」に委ねられる場合でも、依然として親が親権行使を行い、「第三者」は子の監督と育成に関連した日常行為のみを行うことになる（民法典373-4条）。そして、親権の取上げや両親の死亡により、親権を行使する親がいなくなった時には、後見が開始する（民法典373-5条、390条[53]）[54]。

なお、前述の育成扶助の制度（民法典375条から375-9条）も、①の「第三者」に子を委ねる法的決定の1つである。育成扶助には2つの方法があり、子を現

在の環境に留めながら専門家や専門機関が子の養育および育成状況を監督する方法と（民法典375-2条），子を親族またはそれ以外の個人や施設に預ける方法がある（民法典375-3条）。後者の方法による育成扶助の措置により，祖父母や継親などの「第三者」は子を自宅に受け入れることが可能であり，このような受入れは前述の「第三者の介入」における民法典373-3条2項の受入れよりも，育成扶助の要件が満たされるならば，より容易に行うことができる。しかし，この育成扶助制度による受入れは，実際にはあまり行われていなかったため，次のように，2002年法では親権の委譲についての改正が行われた。

　②の親権の委譲の制度（民法典376条から377-3条）は，2002年法により，次のように要件が緩和され，柔軟化された。この柔軟化とは，従来の委譲の制度が子の遺棄の場面，たとえば東欧からやってきた未成年者移民が親に遺棄されたような場面を念頭に置いたものであったことに対して，一時的な親権行使の困難の場合に生じうる「第三者」の介入までを念頭に置いて行われたものである。ドゥクヴェール・デフォッセ報告は，再構成家族の増加に伴い，配偶者の子の事実上の監護をする継親や孫の世話をする祖父母が増加した事実を考慮して，これらの「第三者」が効果的に子の監護を行いうるように委譲の制度を柔軟化する法改正が必要であるとした。なぜなら，祖父母や継親が親に代わって子を学校や病院に連れて行った場合に，緊急入院に同意したり，行政文書に署名したりすることが事実上行われているが，何らかの問題が生じれば，これらの者が法的権限を有しないことが問題となったからである。

　親権の委譲が行われる2つの場面として，民法典は，両親が率先して行う「任意的委譲（délégation volontaire）」と，「第三者」の請求により行われる「強制的委譲（délégation forcée）」を規定する。2002年法は，任意的委譲に関しては，対象を16歳以上の未成年子にも拡張し，さらに子の事前の「引渡し（remise）」の要件を削除した（民法典377条1項）。特に後者の改正の目的は，「第三者」が子をすでに監護している場合のような事実上の関係を法的に認めることにあるとされる。このように要件は緩和されたが，親権が共同行使されている場合には親の双方の合意がなければ委譲はできず，また，この措置自体が「状況がそれを要求するとき」のみに行われるため例外的である。強制的委譲に関しては，

2002年法は、両親による子の自発的引渡しと子への1年間の無関心の要件を削除し、「第三者」がすでに行っている子の「受入れ（recueil）」のみを要件とした（民法典377条2項）。この「引渡し」に代わる「受入れ」の要件は、両親の意思からは独立して、客観的事実により判断される[62]。

さらに、2002年法は、「部分的あるいは全体的な親権行使の不可能性」という新しい概念を委譲の要件に取り入れ（民法典377条2項）、従来の委譲制度が予定した子の遺棄の場合だけでなく、親権行使が一時的に困難な場合に「第三者」が介入してそれを補完することを可能にした。なお、委譲制度は、「第三者」に親権の一部もしくは全部の行使を移転させる効力をもつが、両親は親権の保持者であり続ける。したがって、「親であることの共同性」の原則、および、親権の非譲渡性の原則（民法典376条）には反しないとされる[63]。

以上のような委譲制度の利点は、親子関係は維持しながら、子の利益のために祖父母や継親のような「第三者」を親権行使に関与させ、親権者と「第三者」の親権行使の分担を可能にする点にある[64]。具体的には、たとえば、育成扶助の制度により施設に預けられている子に対して施設長が予防接種を受けさせるような場合でも、親権を委譲すれば、両親の許可を得ることなくできることになる[65]。

③の訪問権は、①、②のような状況において、一定期間、子を監護した「第三者」と子との関係の維持を法的に保護するものである。これは、広義の「第三者の介入」の場面であり、ドゥクヴェール・デフォッセ報告は、訪問権を「第三者」の地位の延長線上に位置づけ、その重要性を指摘する[66]。なお、祖父母や継親などの第三者の訪問権は、従来どおり、民法典第9章の「子の身上に関する親権」の節に定められているが、後述するように、2002年法は、祖父母を除く第三者の訪問権については、その認否の基準を「子の利益」とすることにより、拡張する方向で修正した。

2 子の権利としての訪問権

(1) 2002年法による共同親権制度のなかでの父母の訪問権

A) 例外的に単独親権となった場合の民法典373-2-1条

　父母の訪問権の規定は,離婚法と親権法の両領域に関係していたが,2002年法により,「離婚の諸効果」としての親権行使の規定が,親権の章に編入および統一され,訪問権の規定もこれに従った。すなわち,民法典旧287条と旧288条は廃止され,親権法の領域に訪問権の規定として民法典373-2-1条が[67]新たに設けられた。この規定は,内容的には旧287条と旧288条の一部を受け継いでいるものの,共同親権制度を前提とするものであるため,例外的に単独親権が行われる場合にのみ適用される。そして,この民法典373-2-1条は,その2項において,親権を行使しない親にも「重大な事由」がない限り訪問権と宿泊させる権利が残されることを定める。そして,同条は,その3項において,子の利益の観点から訪問権とは別に監督権を規定し,これは権利であると同時に義務でもあること,すなわち単独親権になっても子に対する義務を免れないことを明らかにする。[68]

> 民法典373-2-1条（2002年3月4日法律第2002-305号により新設）
> 　子の利益が命ずるならば,裁判官は,両親の一方に親権の行使を委ねることができる。
> 　訪問権および宿泊させる権利は,重大な事由によるのでなければ,他方の親に対して拒否できない。
> 　この親は,子の養育および育成を監督する権利と義務を保持する。この親は,子の生活に関する重要な選択を通知されねばならない。この親は,第371-2条により課される義務を遵守しなければならない。

　以上のように,共同親権制度のもとでは,父母の訪問権の規定は,例外的に単独親権となった時のみに適用される。そして,単独親権者とならなかった親が訪問権を行使する場合には,「重大な事由」がなければ,その親の訪問権は

否定されない。なお，後述するように，共同親権の場合には，子と同居しない親は，親権から当然に「訪問権」を享受することになる。共同親権の場合，民法典 373-2 条 2 項に，両親の離別後も父母のそれぞれが子との身上の関係を維持することが定められている。なお，育成扶助の場合の例外的な父母の訪問権は，2002 年法による改正の対象とはなっておらず，この時点では従来のままである。

B) 訪問権を否定する「重大な事由」の具体例

両親の離別後に単独親権となった場合，親権を行使しない親には原則として訪問権が付与される。その訪問権が例外的に否定されるのは，「重大な事由」が存在する時である（民法典 373-2-1 条 2 項）。リオン控訴院第 2 法廷 2003 年 5 月 13 日判決は，「重大な事由」とは「子の健康，道徳，安全を危うくする」こととしているが，さらに，その具体的内容については，2002 年法が施行されて以降の，次の裁判例が参考になる。なお，この裁判例は，国民議会に提出された家族と子の権利に関する報告書においても引用されている。

破毀院第 1 民事部 2004 年 3 月 2 日判決（X 婦人 対 Y 氏）
【事実の概要】
　子（Dabia）の両親の離別後，父（Y 氏）が単独親権者となり，母（X 婦人）には訪問権が与えられた。その後，母は，親権を共同行使にすること，父のもとにある子の居所を自己の住所に変更することを申し立てた。原審のヴェルサイユ控訴院 2002 年 5 月 23 日判決は，母の請求を棄却し，母の訪問権と宿泊権を一時的に停止し，子との関係を段階的に再開する態様を定めた。母は，これを不服として上告した。
【判　旨】（上告棄却）
　破毀院民事部は，次のように判断した。「原審は，聴聞の際に子によって表明された感情を正当に考慮する。また，原審は，2002 年 1 月から 5 月までの母の自宅での子の滞在は結局失敗に終わったこと，そして，母は子に対する衝動的な態度が改善できなかったうえ，父の悪口を子に吹き込んだこと，さらに，青年期の子が攻撃的な雰囲気に疲れている旨を明確に表明し，母と会うことを拒んでいることを指摘する。これらの事実の確認と陳述から，原審は，母の訪問権の停止を正当化する重大な事由が存在するとした。したがって，原判決は法的な根拠がある」。

　この破毀院判決は，単独親権者とならなかった母の訪問権を，母の衝動的な

態度や子の聴聞の結果から一時的に停止している。この判決からは、両親の離別後に例外的に単独親権となった場合には、訪問権の認否の判断には「重大な事由」の基準が用いられ、従来の訪問権と同様に扱われることがわかる。

さらに、未公刊の裁判例であるが、訪問権を否定した判決では次のものがある。ブザンソン控訴院2003年3月14日判決は、娘に対する暴力行為で有罪判決を受け、収監されている父からの訪問権の請求を棄却した。リオン控訴院2003年1月28日判決は、娘に対する性的暴力で有罪判決を受け、拘禁刑に処せられていた父が出所後に訪問権を請求したが、これを棄却した。ブルージュ控訴院2003年3月31日判決は、生後数週間の娘に暴力を振るい、6年間の拘禁刑に処せられていた父からの訪問権の請求を棄却した。[73]

これらの控訴院判決の事実の詳細はわからない。親権の取上げがなされている可能性もあるが、前述の例外的に単独親権となる場合の事由と共通する事由があるため、少なくとも両親の離別後は単独親権がとられるものと思われる。そして、これらの控訴院判決に共通する訪問権を否定する事由とは、訪問権を請求した親が、子に対して性的暴力を含む暴力行為を行ったことである。さらに、共通していることは、暴力行為を行った親が有罪判決を受けていることである。こうした悪性の強い親の訪問権は子の利益の観点から否定される。

C) 共同親権の場合の「訪問権」

交替居所を検討する際に、子の居所の決定に関する裁判例をみたが、そのなかの裁判例で、ブザンソン控訴院2003年2月7日判決は、子の居所を父の住所に定めながらも、母には広範な「訪問権」を付与した。この「訪問権」は、共同親権の場合の親権から導かれる「訪問権」であるのか不明であるが、子の居所が両親の一方の住所に定められる場合には、他方の親はいずれにせよ「訪問権」を享受する。このブザンソン控訴院判決の時点では、認められた「訪問権」の根拠が不明であったが、その後、後述するように、2007年の法改正において、民法典373-2-9条に3項がつけ加えられ、交替居所が終わり子の居所が両親の一方の住所に定められる場合の、他方の親の訪問権が明記された。

そして、前述のように、そもそも共同親権制度のもとでは、民法典373-2

条2項に，その離別後も両親は子との身上の関係を維持することが定められており，親権そのものとしての「訪問権」が存在する。両親の離別後，共同親権となりながらも，子と同居しない親にこうした「訪問権」が認められた裁判例として，次のものがある。

破毀院第1民事部 2004年4月27日判決[74]（X氏 対 Y婦人）
【事実の概要】
　子の両親の離別後，2人の子は，父（X氏）と母（Y婦人）の共同親権のもとに置かれ，子らの常居所は母の居所に定められた。そして，父には，宿泊権については保留とされたものの，中立の場所において毎月2回の土曜日に2時間の訪問権が認められた。これに対して，父は，子らの居所の変更と訪問権の拡張を求めて控訴を申し立てた。原審のパリ控訴院2002年3月14日判決は，子の1人が眼病を患っていることについて，子の健康上の問題には申し分のない方法で母が対処しており，また，父がこれに相応しくない介入をすることで，これまでに主治医との間に築かれた信頼関係のなかでの治療の継続を危うくするとして，引き続き子らの常居所は母の居所とし，父の訪問権は制限を受けるものとし，父の請求を棄却した。父は，これを不服として上告した。
【判　旨】（上告棄却）
　破毀院民事部は，次のように判断した。「原審は，父の訪問権および宿泊権は，子らの利益に重大な侵害をもたらすことがないよう，以前に定められたように，父と2人の子との接触は中立の場所でのみ行われる訪問権に限定して維持するほかはないとする。……父の申立ては，こうした原審の判断を蒸し返すためだけのものであり，受け入れられない」。

破毀院第1民事部 2005年2月22日判決[75]（X婦人 対 Y氏）
【事実の概要】
　子の両親の離別後，2人の子は，父（Y氏）の居所において，父により養育および育成されていた。その後，母（X婦人）は，子（Damien，17歳）の居所を自己の住所に変更すること，および，2人の子の養育費の分担義務を免除するよう申し立てた。原審のメッツ控訴院2003年4月8日判決は，子の居所を母の住所に変更し，養育費の分担義務の免除を認め，父の訪問権と宿泊権を，第三者の立会いのもとでの1時間のみのものに制限し，将来の訪問権については，もっぱら子が望む方法に従い裁判官がこれを付与するとした。父は，これを不服として上告した。
【判　旨】（上告棄却）
　破毀院民事部は，次のように判断した。「原審は，社会的調査の結果と聴聞の際に表された子の意見を考慮したうえで，訪問権および宿泊権の態様を子に強要することは子の利益に反すると判断している。したがって，父の請求は受け入れられない」。

これらの 2004 年と 2005 年の破毀院判決は，子と同居しない親の訪問権を，子の健康上の理由や社会的調査や子の聴聞の結果から制限的なものにしながらも，訪問権自体は認めている。これらの判決からは，共同親権の場合には「親であることの共同性」の原則から，子と同居しない親の，親権そのものである「訪問権」は，子の利益に反しない限りで，従来の訪問権よりも強固に認められる傾向があることがわかる。

(2) 2002 年法による祖父母と第三者の訪問権

祖父母と第三者の訪問権が，民法典 371 - 4 条において明文化されたのは 1970 年のことであるが，その後，特に 1989 年の児童の権利条約がフランスでも批准されたことが，同条に関する裁判所の運用に影響を与えている。児童の権利条約は，子が家族や家族以外の者と自由に交流することへの保障の裏づけとなる。すなわち，同条約 13 条は，子が表現の自由についての権利を有することを定め，この表現の自由には，あらゆる種類の情報，および考えを求め，それを受け，伝える自由を含む。さらに，同条約 16 条は，その私生活において，子は家族と住居あるいは通信に対して干渉されないことを定める。これらの規定を有する同条約の影響により，裁判官は，民法典 371 - 4 条による祖父母および第三者の訪問権を裁定する際に，子の人間関係に関する親の監督の権限を制限することに対して，以前にも増して躊躇しなくなったといわれる[76]。

祖父母と第三者の訪問権を定める民法典 371 - 4 条は，1970 年の立法当時から親権の一般原則の一部として規定されていることに変わりはないが，2002 年の親権法の改正時に，次のように改められた。

A) 子のための訪問権
a) 権利主体としての子

祖父母の訪問権を定める，これまでの民法典 371 - 4 条 1 項は，祖父母をもち上げる一方で子の権利を二次的な地位に追いやったと非難する論者もいた[77]。1970 年法による規定が，祖父母と孫の関係を想定していたとするならば，次の 2002 年法による規定は，孫と祖父母の関係を想定したといえる[78]。

民法典371-4条（2002年3月4日法律第2002-305号による改正）
　子は，その尊属と身上の関係を維持する権利を有する。重大な事由のみが，この権利を妨げることができる。
　子の利益に適うならば，家族事件裁判官は，血族または血族でない第三者（tiers, parents ou non）と子との関係の態様（modalités des relations）を定める。

　このように2002年法は，民法典371-4条1項の構成を逆さにした。すなわち，同条1項による訪問権の権利主体は，1970年法では「祖父母」となっていたが，2002年法では「子」となった。前述のとおり，祖父母の訪問権は，19世紀中頃から判例および学説により生成および形成されていったのであるが，1970年に立法化される直前では，祖父母の訪問権は祖父母の固有の権利であると考えられるに至っていた。その結果，子の利益は訪問権の中心にあるとしても，訪問権の受益者は祖父母であると考えられた。その後，1989年の児童の権利条約の影響により子の権利への関心が高まることとなる。このような状況下で，ドゥクヴェール・デフォッセ報告は，従来の訪問権は「祖父母の権利」として捉えられているが，これを「子」という観点から再構成する必要があることを指摘している。さらに，「子の権利」として再構成することで，祖父母の訪問権は，父母と対立して行使される権利でないことが明らかになるとしている[79]。これを受けて，2002年の法改正時に，祖父母の訪問権は，その権利主体が「子」となるように改正された。

　しかし，祖父母の訪問権を子の権利であると規定しても，それをどのように実現するのか，また，子の権利とした場合に祖父母が訪問権を「権利」として請求することは可能なのかという問題が残る。これらの点について，2002年法による民法典371-4条1項を解説する学説には，孫は，特別代理人を通じて祖父母との関係を求めて訴えを提起することが可能になるが，祖父母は，理論的には訴訟資格を失うとするものがある[80]。その一方で，民法典371-4条1項に定められる祖父母の訪問権は，規定上は，子が権利主体であると改正されたものの，実態としては，祖父母は依然として他の親族に比べると特権的地位にあることが明白であり，このことから訪問権は子と祖父母の相互的権利であると説明する説もある[81]。このように，2002年法による民法典371-4条の解釈

は分かれ，未だ議論の決着をみないところである。

b)「子の利益」の基準の採用

第三者の訪問権を定める民法典371-4条2項についても，祖父母の場合と同様に前述のとおり改正された。2002年法は，第三者の訪問権の認否の基準として，従来の「例外的状況」の代わりに「子の利益」の基準を採用した。これにより，第三者に訪問権を認めるか否かは，例外的状況があるかどうかではなく，訪問権が子の利益に適うかどうかである，ということが規定上でも明らかになった。さらに，「子の利益」を規定の中心に置くことは，第三者の訪問権の認否の基準を柔軟にする効果をもたらす。ドゥクヴェール・デフォッセ報告は，従来の「例外的状況」の立証が第三者の訪問権を過度に制限しかねないことを指摘していたが，これを「子の利益」の基準に置き換えることで，家族事件裁判官が柔軟に第三者の訪問権の態様を決定することができるようになるとした。そもそも第三者の訪問権の拡張は，とりわけ子の親の再婚により継親が子を一定期間養育したような場合を念頭に置いているためであり，こうした継親などに対する過度な訪問権の制限は従来から好ましくないと考えられていたのである。そして，2002年法により，第三者の訪問権が子との「関係の態様」という表現に改められたことと併せて，「子の利益」の基準が採用されたことで，裁判官による柔軟な対応が可能になり，それまで継親には認めることが難しかった宿泊権についても，子の利益のために必要であれば訪問権の内容に含めることが容易になった。

c)「重大な事由」の維持

2002年法により，民法典371-4条2項では「子の利益」の基準が採用されたにもかかわらず，同条1項では「重大な事由」の基準が維持された。前述のとおり，判例上では，すでに「子の利益」が祖父母の訪問権を認める基準として採用されており，「重大な事由」は二次的なものに格下げされていたにもかかわらず，2002年法は，これを反映しなかった。学説からも「重大な事由」を主張することは無益であることが指摘されている。なぜなら，「重大な事由」

がなくとも，実際の裁判では，たとえば新しい家庭での子の安定した生活を乱す虞がある場合には，祖父母の訪問権は子の利益に反すると判断されうるからである。結局のところ，「子の利益」が，民法典371-4条を適用する際の決定的基準となるのである。また，「重大な事由」よりも，「子の利益」により訪問権を否定する方が，子あるいは祖父母に精神的ダメージを残さないことが指摘される。さらに，「重大な事由」により祖父母の訪問権を判断することは，祖父母と子の親との間の紛争を激化させる虞があり，子を大人の紛争に巻き込む危険性があるとも指摘されている。したがって，同条1項の「重大な事由」の基準については，これを祖父母の訪問権の認否の基準として維持することの意味はなく，「重大な事由」があれば訪問権は認められないとするのではなく，同条2項の基準のように，子の利益に適うならば訪問権は認められると規定すべきであったとの批判がなされている[87]。

なお，祖父母と孫の関係を維持することは原則として子の利益になるとの考えは判例および学説において認められ，1970年法の審議過程においても確認されており，2002年の法改正を経ても変わらずに維持されている。2002年法以降の祖父母の訪問権に関する裁判例においても，こうした考えはみられる。下級審レベルでは，パリ控訴院2005年3月2日判決[88]が，孫への祖父母の訪問権について，「世代間の結びつきは，あらゆる個人の人格の形成に寄与し，愛情的，教育的支えを与えるであろう。2つの系の祖父母との関係を維持することは，一般的に子の利益になる」とする。破毀院レベルでは，破毀院第1民事部2005年11月8日判決[89]が，祖父母と孫との関係の維持を可能にする訪問権には「子の利益」の推定が働くとする。

d）祖父母の訪問権の認否に関する具体的基準

祖父母の訪問権の認否の基準は，前述のように，実際の裁判例におけるのと，規定上では齟齬が生じている。具体的に祖父母の訪問権の認否の基準はどうなっているのか，2002年の法改正前後の裁判例から検討する。

2002年法以降で公表された裁判例では，前述の破毀院民事部2005年11月8日判決が，祖父母の訪問権を否定する「重大な事由」とは，子の精神上または

肉体上の健康，安全を危うくする場合であるとする。「重大な事由」の判断は，前述のように，「子の利益」とは切り離すことはできず，この破毀院判決は，結局のところは，「子の利益」が祖父母の訪問権の認否に関する判断の根拠になるという。この破毀院判決は，原審のパリ控訴院 2003 年 6 月 26 日判決が，祖父母と子の両親との間の激しい対立は民法典 371-4 条 1 項の訪問権を否定する「重大な事由」を構成しないと判断し，祖父母に訪問権を認めたため，これを不服として子の両親が上告したものである。この破毀院判決は，祖父母と子の両親とが激しく対立している最中に祖父母の訪問権を認めることは，幼い子の安定を害する虞があり，子の利益に反するとした。そして，原審は子の利益の判断を誤っており，結果として民法典 371-4 条に関する法的根拠を欠くとして，原判決を破棄した。ほかに，2002 年法以前ではあるが近年のもので，「子の利益」を祖父母の訪問権の認否の基準とする裁判例として，次のものがある。リヨン控訴院 2000 年 3 月 14 日判決は，祖母が孫に会うことで子の母と祖母との確執を蘇らせる場合には祖母の訪問権は制限されるとし，リヨン控訴院 2001 年 3 月 27 日判決は，子の母の精神病治療へ悪影響を及ぼしうるとして祖母の訪問権を停止し，レンヌ控訴院 2002 年 2 月 18 日判決は，祖父母が子の母を中傷し，また，祖父母の自宅では暴力とアルコール中毒が常習化している状態であるとして祖父母の訪問権を否定した。[90]

　これらの近年の裁判例にはいずれも，祖父母と子の親との間に確執や不和が存在する。さらに，子の親を中傷するなどの祖父母の人格上の問題，孫を受け入れる祖父母の自宅で暴力やアルコール中毒が常習化しているなどの環境上の問題も存在する。こうした状況下で祖父母の訪問権を実行することは，子の精神や安全，その育成に悪影響を及ぼすことがあるため，子の利益の観点から，場合によっては祖父母の訪問権は制限あるいは否定されることになる。逆に，祖父母と子の親との間に不和がある場合でも，子を大人の紛争に巻き込まない分別を持った祖父母に訪問権を認めた裁判例がある。前述のパリ控訴院 2005 年 3 月 2 日判決は，両親の反対だけでは祖父母の訪問権の否定を正当化する根拠にはなりえず，また，両親との紛争とは別に祖父母が孫と平穏な関係を築く分別をもっている場合には，こうした紛争も訪問権の否定を正当化する根拠に

はならず，さらに，孫にとって祖父母との関係を維持することは子の利益になるとして，祖父母に訪問権を認めた。

このように祖父母の訪問権の認否の判断において，家族事件裁判官は自由裁量で柔軟に対応している。それは，裁判官が，訪問権自体の認否のレベルでは，「重大な事由」を構成するような客観的な祖父母の非がなくとも，子の利益を理由に訪問権自体を否定しうることであり，訪問権の行使や態様のレベルでは，たとえ訪問権を認めるとしても，その行使方法や態様などにおいて制限しうるということである。次の裁判例は，祖父母に訪問権は認められるが，訪問権の行使方法や態様に工夫や制限がみられるものである。少し古い裁判例であるが，パリ控訴院 1981 年 4 月 17 日判決[91]は，両親の別居の場合に，訪問権の重複を避けるために，親の訪問権の枠内で祖父母の訪問権も行使されるよう，祖父母の訪問権の行使方法を制限した。近年の裁判例であるパリ控訴院 2003 年 5 月 28 日判決[92]は，孫と 10 年間一緒に暮らしてきた祖父母の訪問権について，孫の学校のあらゆる長期休暇や全週末に，祖父母の自宅に孫を滞在させる訪問権の行使は過度であるとして一部を制限した。

なお，「子の利益」が，祖父母の訪問権の認否の実質的な判断基準となっていることは，以上の裁判例からも明らかであるが，これらの裁判例の多くは子の意見の聴聞を実施しており，子の意思が判断の重要な要素になっていることが窺える。これは学説からも指摘されていることである[93]。

B) 民法典 371-4 条の用語上の変化

2002 年の法改正において，民法典 371-4 条 1 項の「祖父母 (grands-parents)」という表現は，「尊属 (ascendants)」という表現に修正された。この「尊属」という表現は，元老院で可決された修正案によるものである。国民議会が示した法案では，「子は系 (lignée) の各構成員と身上の関係を保つ権利を有する」となっていた[94]。これに関する元老院での審議の際に，弁護士でもある元老院のベタイユ議員は，「系」という言葉は，「直系の卑属 (descendance)」を意味し，この規定に適合しないことを指摘し，「尊属」という表現に修正すること提案した[95]。この修正案は元老院で可決され，最終的に民法典 371-4 条 1 項におい

て採用されることになった。

　曾祖父母については，1970年法以来，解釈により民法典371-4条1項の「祖父母」に含まれるとされていたが，2002年法により，同条1項の「祖父母」という表現が「尊属」に改められ，曾祖父母が同条1項の訪問権の受益者であることが明らかになった[96]。なお，父母は，ここでの「尊属」には入らないと解されている。しかし，この改正については，形式に関する不手際を指摘するものがある。すなわち，「尊属」という言葉には「両親（parents）」も含まれるため，表現としては不正確であるからである[97]。

　そして，民法典371-4条2項については，1970年法は「例外的な状況（situations exceptionnelles）」があれば第三者に訪問権が認められることを規定していたが，前述のとおり，2002年法は，これを修正して「子の利益（intérêt de l'enfant）」に適うならば第三者に訪問権が認められるとした。さらに，同条2項における「通信権または訪問権（droit de correspondance ou de visite）」という表現は，2002年法により，子との「関係の態様（modalités des relations）」という表現に改められ，その態様については家族事件裁判官が定めることになった。この結果，前述の「子の利益」の基準を採用したことの効果と併せて，とりわけ第三者が「育ての親」であったような場合に，その訪問権の内容に子の滞在まで含めることが容易になったとされる[98]。なお，同条2項にいう第三者は，1970年法では「他の者（autres personne）」と表現されていたが，2002年法では「第三者（tiers）」という表現に改められた。

C) 祖父母と第三者の区別の維持

　民法典371-4条における祖父母と第三者の訪問権の区別は，2002年の法改正を経ても維持された。すなわち，祖父母の訪問権は原則として重大な事由がない限り認められるが，第三者の訪問権は例外的に子の利益に適う時のみに認められるという区別である。1970年法による民法典371-4条は，1項が「重大な事由がない限り」子と祖父母との「身上の関係」を妨げることができない，2項が「例外的な状況を考慮して」祖父母以外の第三者に「通信権または訪問権」を付与することができると定めており，こうした規定の仕方や表現から祖父母

と第三者の区別は明らかであった。前述のとおり，2002年法による民法典371-4条は，2項において「子の利益」の基準を新しく採用したことにより，祖父母と比べ第三者の訪問権は「例外的」であるという明文はなくなったが，実際には，「子の利益」が両者に差をつけた取扱いを許すため祖父母と第三者の区別は維持される。2002年法の立法者は，1970年法の場合と同様に，孫が祖父母もしくは曾祖父母に会うことは，愛情面と教育面の両方において子の利益になると考えていたとされる。こうした子の利益の推定は，祖父母には働くが第三者には働かないのである[99]。

(3) 兄弟姉妹の訪問権

兄弟姉妹の訪問権は，「子ども国会（Parlement des enfants）[100]」により提案され，1996年12月30日法律第96-1238号による法改正時に民法典371-5条が新しく設けられ，規定された。ドゥクヴェール・デフォッセ報告は，その兄弟姉妹との訪問権は子の権利であることを指摘する[101]。したがって，2002年の法改正時に設けられた規定ではないが，子の権利としての訪問権として，ここで検討する。

> 民法典371-5条（1996年12月30日法律第96-1238号により新設）
> 　子は，その兄弟姉妹から離されてはならない。ただし，それが不可能な時，または子の利益が異なる解決を命ずる時はこの限りでない。必要があれば，裁判官が，兄弟姉妹間の身上の関係について決定する。

このように民法典371-5条は，子がその兄弟姉妹から離されてはならないことを定める。これに反して，子がその兄弟姉妹から引き離された場合には，民法典389-3条[102]により特別代理人を選任し，子は異議を申し立てることができる。それでも子がその兄弟姉妹と引き離される場合には，必要に応じて，子はその兄弟姉妹との訪問権を求めることができる。子の観点から訪問権を捉えれば，兄弟姉妹の訪問権も子の利益に合致する限り認められなくてはならない。ドゥクヴェール・デフォッセ報告は，両親の離別の増加と家族の再構成の増加により，ますます多くの子がその兄弟姉妹から引き離される事態を思慮し，兄弟姉妹の訪問権を祖父母の訪問権と同じレベルで扱うことを提案している[103]。し

かしながら、現実には、1996年法による兄弟姉妹の訪問権は、未成年子が特別代理人を選任してまで実行することは難しく、また、実行したとしても、裁判官は、せいぜい子の両親に対して子を兄弟姉妹から引き離したことを再考するよう促す程度のことしかできないことが指摘されている。[104]

3 訪問権の実効性の確保

(1) 親に対する措置

　訪問権に関する議論の中心は、訪問権の実効性の確保に移りつつある。とりわけ、近年の学説において高い関心を集めている問題として、①訪問権者が訪問権を行使しない場合にいかにして実効性を確保するべきか、ということがある。さらに、従来からの問題でもあるが、②訪問権者が子を訪問しようとするのに子と同居する親がそれを拒む場合である。このような場合に訪問権の実効性を確保するために、いくつかの有効な手段が整備されつつある。

　①について、例外的な場合においては、育成扶助の措置により第三者に預けられている子に対して、親が民法典375-7条2項による訪問権を意図的に2年間に渡り行使しなかった時は、民法典378-1条により親権を取り上げられることが予定されている。[105] しかし、通常の場合においての訪問権の不行使の時には、訪問権を直接強制する手段もなく、現在のところ制裁の意味を込めて訪問権を一時的に停止させるなどの方法しかない。[106]

　②については、まず、刑罰規定が用意されている。子と同居する親が「不当に (indûment)」訪問権を拒否した場合には、子の引渡し拒否罪を定める刑法典227-5条が適用されれば、「1年の拘禁刑および1万5000ユーロの罰金が科される」。さらに、刑法典227-9条および227-10条は、子の引渡し拒否罪に対する刑罰が加重されることを定める。227-9条は、「子に関して権利を要求しうる者が子の所在を知らず、1 子が5日間を越えて留められる場合、2 子がフランス領の外に不当に留められる場合」には、違反者には「3年の拘禁刑および4万5000ユーロの罰金が科される」とする。227-10条は、違反者が「親

権を失権している場合」には，違反者には「3年の拘禁刑および4万5000ユーロの罰金が科される」とする。

　また，訪問権の行使を困難にすることを避けるために，子の国外への移動および住所変更は制限される。民法典では，2002年法により民法典373-2-6条が設けられた。同条は，「両親の許可なく子をフランス領から連れ出すことを禁じ」，その渡航の禁止は「両親の旅券に記載される」ことを定める。そして，刑法典では，妨害罪を規定する刑法典227-6条が，子を転居させた親が，判決あるいは法的拘束力のある合意により子に関する訪問権および宿泊権を行使しうる他方の親に対して，「子の住所変更を1カ月以内に通知しない場合」には，「6カ月の拘禁刑および7500ユーロの罰金が科される」ことを定める。

　さらに，2002年の法改正の象徴的なものとして，調停および勧解の手続が，民法典373-2-10条において親権法の領域に設けられたことがある。これにより裁判官の介入のもとでの当事者間の互譲が可能になった。この手続は親権の一般規定の領域に定められるため訪問権に関する紛争にも用いることができる。373-2-10条1項は「意見の不一致の場合，裁判官は，当事者の勧解に努める」，2項は「合意による親権の行使の両親による探求を容易にするために，裁判官は，調停の措置を提案し，両親の同意を得た後，調停の措置を行うための家族調停者（médiateur familial）を指名することができる」，3項は「裁判官は，この措置の目的と進行を知らせる家族調停者と会うことを両親に命ずることができる」ことを定める。

(2) 子に対する措置

　子は，民法典389-3条により，あらゆる民事上の行為について特別代理人を選任することができるため，訪問権行使の場面においてもこれを活用しうる。

　また，子は，自己に関するあらゆる訴訟において，その意見を表明することが保障されている。子の意見表明については，当初，民法典に「子に対する離婚の諸効果」の規定として設けられていた旧290条に，1975年の離婚法の改正時に3項がつけ加えられ，離婚後の子に関する決定の際に裁判官が子の感情を聴聞することが定められた。そして，1987年法により同条3項は改正され，

13歳以上の子については、離婚の際の親権者や親権行使などの親権に関する決定ついて、子の感情を聴聞することが裁判官に義務づけられた。子が13歳以上の場合には、聴聞は特別な理由のある決定によってしか排斥されないが、13歳未満の場合には、必要かつ子に不都合をもたらさない時にしか聴聞は行われないと定められていた。その後、1993年の法改正において、未成年者一般に関する規定の中に、民法典388-1条が新設され、子は自己に関するあらゆる訴訟において意見を表明することが可能になった。

> 民法典388-1条（1993年1月8日法律第93-22号により新設[109])
> 　意思能力のある未成年者（mineur capable de discernement）は、この者に関わるすべての訴訟において、その発言または同意について定める諸規定に反しない限り[110]、裁判官により、または、裁判官がこのために指名する者により、意見を聴取される。
> 　未成年者が、実際にこれを請求する時は、この者の聴聞（audition）は、特に理由を付した決定によらない限り、排斥されることはない。未成年者は、単独でも、弁護士またはこの者が選ぶ者とともにでも、聴取されることができる。この人選が未成年者の利益に合致しないと思われるならば、裁判官は、他の者の指名を行うことができる。
> 　未成年者の聴聞は、この者に訴訟参加の資格を与えるものではない。

民法典388-1条が新設されたことに伴い、民法典旧290条3項も改正され、13歳という年齢による区別はなくなり、「第388-1条に予定される条件における未成年の子の感情の表明」が定められ、これを裁判官が自由裁量で考慮することになった。このような改正は、1989年の児童の権利条約12条が、子が自己に関わるすべての事項について意見を表明する権利を定めることから、子にはその意見を聴取される機会が保障されるべきであると考えられたことが嚆矢になったとされる[111]。なお、民法典338-1条は、後述の2007年法により改正される。2007年法による同条2項では、「子が、実際に、これを請求する時に聴聞は権利の性質を有する」ことが定められ、聴聞は子の権利であることがより強調されることとなった[112]。以上のように、裁判官は子を聴聞することができるようになり、訪問権に関する決定にも子の意見を反映させることが可能になった。なお、2002年の法改正において、旧290条は削除されるが、その内容は

民法典 373-2-11 条[113]において引き継がれている。

4 2007年法および2010年法による訪問権の改正

近年，児童保護に関する 2007 年 3 月 5 日法律第 2007-293 号[114]，および，妻への固有の暴力とカップル間の暴力と子が影響を受ける暴力に関する 2010 年 7 月 9 日法律第 2010-769 号による法改正があり，これに伴い，父母の訪問権と祖父母および第三者の訪問権の規定も改正された。

(1) 父母の訪問権

A) 従来の訪問権

父母の訪問権を定める，2002 年法による民法典 373-2-1 条は，2007 年と 2010 年の法改正時に，次のように修正された。2007 年法は，民法典 373-2-1 条に，次のような3項を新たにつけ加えた。これにより，裁判官は，訪問権の場所として「面会場」を指定することが可能になった。2010 年法は，さらに新たな3項を設けた。これにより，裁判官が第三者の立会いのもとでの訪問権の行使を命ずることも可能になった。なお，2007 年と 2010 年のいずれの法改正を経ても，従来の1項，2項および旧3項——旧3項は 2007 年法では4項，2010 年法では5項となった——の内容は，修正されていない。

> 民法典 373-2-1 条（2007 年 3 月 5 日法律第 2007-293 号による改正）
> 　子の利益が命ずるならば，裁判官は，両親の一方に親権の行使を委ねることができる。
> 　訪問権および宿泊させる権利は，重大な事由によるのでなければ，他方の親に対して拒否できない。
> 　この親と子との関係が，連続的で実質的であり，かつ，それを要求する場合には，家族事件裁判官は，このために指定された面会場（espace de rencontre）における訪問を命ずることができる。
> 　この親は，子の養育および育成を監督する権利と義務を保持する。この親は，子の生活に関する重要な選択を通知されねばならない。この親は，第 371-2 条により課される義務を遵守しなければならない。

民法典373-2-1条（2010年7月9日法律第2010-769号による改正）
　子の利益が命ずるならば，裁判官は，両親の一方に親権の行使を委ねることができる。
　訪問権および宿泊させる権利は，重大な事由によるのでなければ，他方の親に対して拒否できない。
　親権の行使を有しない親と子との関係が，連続的で実質的であり，かつ，それを要求する場合には，家族事件裁判官は，子の利益に従って，このために指定された面会場における訪問を命ずることができる。
　子の利益が命ずるか，一方の親に対する子の直接の引渡しが子と他方の親のどちらかに危険をもたらす場合，裁判官は，訪問権の態様を定めるにあたって，必要なあらゆる保障を与えなければならない。裁判官は，訪問権が，指定された面会場において，または，信頼できる第三者あるいは資格のある法人の代表の立会いのもとで，実行されることを命ずることができる。
　親権の行使を有しない親は，子の養育および育成を監督する権利と義務を保持する。この親は，子の生活に関する重要な選択を通知されねばならない。この親は，第371-2条により課される義務を遵守しなければならない。

　2007年法および2010年法による民法典373-2-1条3項が定める「面会場」は，両親の離別後，例外的に単独親権となった場合に，親権を行使しない親にも平等に子と面会させるために，裁判官が指定するものである[115]。

　この「面会場」は，前述の交替居所の際の訪問権にも利用される。2007年法以降は，交替居所を定める民法典373-2-9条においても訪問権が明記され，これに伴い「面会場」についての定めが置かれたため，これを適用することができる。両親の別離後，共同親権となり，暫定的な交替居所が定められている場合には，その期間終了後に終局的な子の居所が決定されることになるが，その際に子の居所が両親の一方の住所に定められるならば，他方の親には訪問権および宿泊権が認められる。これらの訪問権および宿泊権の行使の際に，子の利益のために必要があれば，「面会場」が利用されることになる（民法典373-2-9条3項）。

　以上のように，改正された民法典373-2-1条3項により，「面会場」の指定について裁判官に訴えることが可能になったが，これは結果として，訪問権の態様に関するあらゆる問題について裁判官に訴えることを許すこととなり，また，これが同条の改正の真の目的だとされる[116]。

B) 育成扶助における訪問権

　例外的な場面で機能する，育成扶助制度下での父母の訪問権を定める民法典375-7条も，2007年および2010年の法改正時に改正された。まず，2007年法により，次のように改正された。1970年法および1998年法による民法典375-7条の1項はそのまま維持されたが，2007年法では，民法典375-7条に，新たに2項，3項，5項，6項がつけ加えられた。そして，旧2項は新しく4項として規定された。2007年法による民法典375-7条4項により，訪問権が行使される際に，子の利益のために必要と思われる場合には，児童裁判官は「第三者の立会い」を命ずることができるようになった。そして，同条5項により，裁判官は，訪問権の態様について，子が預けられている施設と両親に定めさせることが可能になった。しかし，意見の不一致の場合には，裁判官が介入する。このように，2007年の法改正により，訪問権の行使の方法と態様の決め方について，裁判官が柔軟に対応することが可能になった。

民法典375-7条（2007年法律第2007-293号による改正）
　育成扶助の措置を享受する子の父母は，適用される措置と矛盾しない親権のあらゆる属性を引き続き行使する。父母は，育成扶助の措置が適用されている間は，児童裁判官の許可なく子の解放を行うことはできない。
　第373-4条，および，親権保持者の同意なく第三者に日常でない行為を遂行することを許す個別規定にもかかわらず，児童裁判官は，例外的に，子の利益がそれを正当化するあらゆる場合において，子が委ねられた個人，機関，施設に対して，親権保持者の濫用的あるいは不当な拒否や懈怠の場合に，親権に関する行為を行うことを許可することができる。措置の必要性を証明するのは申立人の責任に属する。
　子の受入れの場所は，子の利益おいて探求されるべきであり，また，両親またはその一方による訪問権および宿泊させる権利の行使を容易にするために，かつ，第371-5条に規定される兄弟姉妹との関係の維持のために探求されるべきである。
　子を個人あるいは施設に委ねる必要があった場合でも，両親は，訪問権および宿泊させる権利とともに通信権も保持する。裁判官は，その態様を定め，子の利益が要求するならば，これらの権利またはその1つの行使を一時的に停止することを決定できる。同様に，裁判官は，両親またはその一方による訪問権が，子が委ねられている施設や機関が指定した第三者の立会いのもとでのみ行使されるべきことを定めることができる。
　子の状況がそれを許す場合，裁判官は，訪問権および宿泊させる権利の性質と頻

度を定め，かつ，これらの権利の行使の態様が親権保持者と子を委ねられた個人，機関，施設の間で共同して，裁判官に交付される文書中に定められるよう決定することができる。意見の不一致の場合は，裁判官が定める。

　裁判官は，子の利益を考慮して，子の受入れの態様を定めることができる。子の利益が必要とする場合，あるいは危険がある場合には，裁判官は受入れの場所の秘匿を決定する。

　さらに，2010年法により，民法典375-7条に，最後の項，すなわち7項がつけ加えられた。同条7項は，「第375-3条，第375-4条，第375-5条が適用される場合に，裁判官は，子のフランス領外への渡航の禁止を命ずることができる。決定は，2年を超えない範囲で禁止の期間を定める。フランス領外への渡航の禁止は，大審裁判所検事正（procureur de la République）による捜査対象者の資料に登録される」と定める。

　なお，すでに述べたように，この育成扶助制度下での訪問権を定める民法典375-7条は，祖父母や第三者の訪問権の根拠とすることはできない。たとえ育成扶助制度下にある子についての訪問権を請求する場合でも，祖父母や第三者の訪問権は民法典371-4条を根拠とし，家族事件裁判官が管轄することになる。祖父母や第三者が，育成扶助の措置に付されている子に対する訪問権を児童裁判官に直接に請求することを認める規定はない[117]。しかしながら，祖父母や第三者が，児童裁判官に直接に訪問権を請求することが手続的には簡便であるため，とりわけ祖父母の訪問権については，2007年法の立法過程において審議されたが，仮にこのような請求を認めるならば，日常的な家族関係の紛争に児童裁判官を巻き込むことになり管轄権から問題であるとして認められなかった[118]。近年の裁判例である破毀院第1民事部2010年6月9日判決は，この原則を確認した[119]。

(2) 祖父母と第三者の訪問権

　祖父母と第三者の訪問権に関する民法典371-4条も，前述の2007年法により改正された。同条は2002年の法改正を経ても，その1項では「重大な事由」が祖父母の訪問権の認否の基準として維持されてきたが，2007年の法改正に

おいて，ついに「子の利益」の基準が採用された。2007 年法による民法典 371 - 4 条 1 項は，「子の利益」のみが訪問権を妨げるとしている。この基準は，孫が祖父母との関係を維持することは原則として子の利益になると推定されることを表す。[120] そして，前述のとおり，実際に裁判例においても用いられてきたものである。

> 民法典 371 - 4 条（2007 年 3 月 5 日法律第 2007 - 293 号による改正）
> 　子は，その尊属と身上の関係を維持する権利を有する。子の利益のみが，この権利を妨げることができる。
> 　子の利益に適うならば，家族事件裁判官は，血族または血族でない第三者と子との関係の態様を定める。

　2007 年法の立法者は，民法典 371 - 4 条 1 項の改正の目的について，この領域における紛争を減らすことにあることを強調している。[121] 立法者は，これまで学説において指摘されてきたように，祖父母の訪問権の認否の基準には「重大な事由」ではなく，「子の利益」を用いる方が，家族内の紛争を悪化させることを回避できると考えた。[122] そして，2007 年法は，子の保護という観点から，家族紛争を減らすために，子の親と祖父母が激しく対立する場合には，子との関係では親に比べて二次的な地位にある祖父母の権利を制限的に扱うことを許したのである。これまで，祖父母は，孫との関係において，その紐帯の強さから訪問権や孫の監督および育成について第三者と比べて特権的地位にあった。しかし，2002 年法により，従来の祖父母の訪問権は，規定上においては「子の権利」とされ，祖父母の固有の権利ではなくなった。さらに，2007 年法により，祖父母の訪問権の認否の基準が名実ともに「子の利益」になったことにより，形式的には祖父母は第三者の地位に近づけられることとなった。そして，前述の「第三者の介入」でみたように，子の養育および育成の分担に関する事件一般の申立権は，もはや血族に限られなくなった。このように「子の利益」の視点が，着実に実定法上に実現されてきたことから，祖父母は第三者と比べ，特権的地位に留まることができなくなりつつある。とはいえ，祖父母と孫との関係には，原則として「子の利益」の推定が働くとされることに変わりはなく，実際には，子の養育および育成の場面では，祖父母が第三者に優先することが

多いのである。そして、2007年法による民法典371-4条1項においても、従来どおり、祖父母と孫の関係を尊重する精神は失われていないことが指摘されている。[123]

こうした「子の利益」の基準は、家族事件裁判官の自由裁量の範囲を広くする。[124] とりわけ、祖父母の訪問権が法廷において争われる場合には、祖父母と子の親との間に深刻な人間関係に関する紛争があり、祖父母の訪問権を認めるための障害は、「重大な事由」を構成するような祖父母の孫に対する有害な態度ではなく、むしろ子の親の閉鎖性にあることがある。このような場合に子を難しい立場に立たせることを避けるために、2007年法により、民法典371-4条1項に「子の利益」の基準が採用されたのである。これにより、裁判官は、子の利益のみを考慮して、祖父母の訪問権の認否について判断を下すことになる。

2007年法直後の実態調査では、2007年の1年間に、パリ控訴院で係争された家族事件は1623件であり、そのうち160件が子の居所の決定および訪問権と宿泊権に関わるものであった。[125] さらに、160件のうち19件は、祖父母と孫との「身上の関係」に関するものであり、祖父母と子の親が激しく対立している事案であったとされる。2007年法以降は、裁判官は「子の利益」の基準により紛争の激化を防ごうとしているにもかかわらず、19件の家族は、原判決に満足せず、控訴しているのである。この19件という数字は全体の1%にも満たないが、無視しがたい数字であることが指摘される。[126] 祖父母の訪問権に関する紛争は、孫と祖父母と親の三面関係におけるため、本来的に複雑な性質を有している。そのうえ、1970年法直後の実態調査から窺えるように、事案の特殊性がある。したがって、裁判所にまで紛争がもち込まれる場合には、紛争は複雑かつ先鋭化しているのである。こうした事情を考慮して、前述の2007年法による改正が行われたのであるが、実際の紛争の解決は依然として困難なようである。

5 小　括

以上にみてきたように、2002年の法改正は、1970年に始まった一連の親権

法の改正を補強し，非嫡出家族の増加という社会的状況を考慮して，婚姻制度の枠に囚われない新しい親権法を創った。新しい親権法は，すべての子に「親であることの共同性」の原則を適用し，両親の離別にかかわらず，子が親の双方との関係を維持するために，まず，親子の紐帯の法的保護を強化した。すなわち，親権の共同行使を両親の離別とは切り離して一般化し，その実行性を高めるために交替居所の制度を導入した。なお，親が子に暴力を振るうなど親権者としての資質を著しく欠く場合には，例外的に単独親権となるが，この場合でも，親権の取上げが行われない限り，単独親権者とならなかった親は，親権行使が奪われるのみであり，親権保持者であり続ける。

　従来の父母の訪問権の規定は，1987年法および1993年法により共同親権制度が導入されて以降，例外的に単独親権となった場合のみに機能することとなった。2002年法以降は，民法典373-2-1条が父母の訪問権を定めるが，同条により，単独親権者とならなかった親には，監督権および訪問権が付与される。また，こうした従来の訪問権とは別に，共同親権の場合には，子と同居しない親は，親権から当然に「訪問権」を享受する。裁判例をみると，このような共同親権の場合の「訪問権」は，その承認自体については，共同親権の趣旨から，従来の訪問権より強固に認められる傾向がある。これに対して，従来の訪問権は，これまでと同じく，「重大な事由」が訪問権の認否の基準となっている。そして，「重大な事由」を構成するのは，親が子に暴力を振るって有罪判決を受けたことなどである。なお，この民法典373-2-1条は，近年さらに改正されており，2007年法は，裁判官が訪問権の行使の場所として「面会場」を指定することを可能にし，2010年法は，裁判官が第三者の立会いのもとでの訪問権の行使を命ずることを可能にした。さらに，例外的な場合に機能する育成扶助制度下での父母の訪問権も，これらの2007年法および2010法により改正され，その態様の決め方や行使方法に裁判官が柔軟に対応できるようになった。

　そして，2002年法は，親子の紐帯の法的保護を強化する一方で，子の利益の観点から一定の場合に親権行使に第三者を介入させることを認める。これには，第三者に子を委ねる法的決定，親権の委譲，祖父母および第三者の訪問権

がある。特に祖父母および第三者の訪問権は、1989年の児童の権利条約の影響を受けて、2002年の法改正で重要な変化を遂げた。

まず、民法典371-4条1項の祖父母の訪問権は、「祖父母の権利」として規定されていたが、2002年法により、「子の権利」として再構成されることになった。これは、子の権利は祖父母の権利と比べて二次的なものではないこと、および、祖父母の訪問権は父母と対立して行使される権利ではないことを明らかにする意図でなされたものであった。しかし、この改正は解釈上の新たな問題を生じさせている。すなわち、子が祖父母と訪問権を通じて会うためには、理論的には、子が特別代理人を通じて訪問権の請求をすることになるが、実際には、改正後も祖父母からの訪問権の請求が受理されており、これはいかなる権利であるのか、ということが問題となる。この点について、規定を硬直的に解釈する説がある一方で、実態を捉えて訪問権は子と祖父母の相互的権利であるとする説もあるが、この規定の解釈について未だ議論の決着をみない。

民法典371-4条2項の第三者の訪問権については、2002年法により、その認否の基準に、従来の「例外的な状況」に代わり「子の利益」の基準が採用された。さらに、第三者の訪問権は、「通信」および「訪問」という表現で表されていたが、2002年法により、子との「関係の態様」という表現に改められた。そもそも法改正において念頭に置かれた第三者とは、「育ての親」のような者であったため、過度な訪問権の制限は好ましくないと考えられていた。こうした点を考慮して、これらの2002年法による改正が行われ、裁判官は第三者の訪問権に対して柔軟に対応できるようになった。さらに、第三者の訪問権として、1996年の法改正時に、民法典371-5条が設けられ、子の利益の観点から兄弟姉妹の訪問権が定められた。その後、両親の離別の増加と家族の再構成の増加という社会的状況を考慮して、兄弟姉妹の訪問権を強化することが提案されている。

さらに、2007年の法改正において、祖父母と第三者の訪問権を定める民法典371-4条は改正されている。そして、ついに同条1項において、祖父母の訪問権の認否の基準として、「重大な事由」に代わり「子の利益」の基準が採用された。「子の利益」の基準は、判例上では実質的な基準としてすでに用い

られていたものであり、また、学説においても家族間の紛争を減らすために「子の利益」の基準を採用すべきことが指摘されていた。2007年法は、これらを追認すべく、同条1項の改正を行ったのである。

なお、とりわけ2002年および2007年の法改正を通じて、子の利益の視点がますます強められてきた反面、祖父母の特権的地位は揺らいでいる。それでも、祖父母と孫は強い紐帯をもつことには変わりなく、子の人格の形成や健全な発育における祖父母と孫の関係の重要性に対する認識は変わるものではない。

そして、近年の訪問権に関する関心事は、訪問権の実効性の確保に移りつつある。まず、訪問権者が訪問権を行使しない場合に、いかにして実効性を確保するのか、という問題があるが、これに対しては、訪問権を直接強制することもできず、今のところ主だった有効な手段もなく、制裁の意味を込めて訪問権を一時的に停止させるなどの方法しかない。次に、訪問権者が子を訪問しようとするのに子と同居する親がそれを拒む場合には、刑法典には子の引渡し拒否罪および妨害罪が定められており、民法典には訪問権の実行を困難にしないために子を勝手にフランス領から連れ出すことを禁ずることが定められている。さらに、子については、民法典に裁判官により聴聞されることが定められており、1993年の法改正では、新たに民法典388-1条が設けられ、子は自己に関わるすべての訴訟において、意見を聴取される機会が保障されることになった。

1) 2002年法の立法過程において、「親権 (autorité parentale)」という表現すら民法典からなくすかどうかという議論がなされた。「親権」という表現は、力や権力という表現をなくそうとするヨーロッパの法令からは埒外にあり、さらに、立法者は、「権威 (autorité)」という語は、両親に属する権利と義務が不可分であるという性格をよりよく表しているとして、この表現を残した。Hugues Fulchiron, *L'autorité parentale rénovée (Commentaire de la loi du 4 mars 2002 relative à l'autorité parentale(1))*, Defrénois, 2002, n°15/16, 37580, pp. 962, 963.
2) とりわけ、子の身分の顕著な変容は1972年法以来の改革の証である。Valérie Lacoste, *Contribution à une théorie générale du droit de visite en droit civil*, RRJ, 1997-3, p. 961.
3) Françoise Dekeuwer-Défossez, *Rénover le droit de la famille Propositions pour un droit adapté aux réalités et aux aspirations de notre temps*, Paris, 1999, p. 17.
4) 子の権利は、子の成長段階における行為能力および意思能力の程度により、子が自由

を獲得していくことに裏づけられる。Hugues Fulchiron, *Autorité parentale*, Répertoire de droit civil, 1991, p. 961. n°42.
5) Irène Théry, *Couple, Filiation et parenté aujourd'hui, le droit face aux mutations de la famille et de la vie privée*, Paris, 1998, pp. 97, 98, 161, 162.
6) 2002年の法改正により、偶発的あるいは戦争などの災厄から逃れるため、親族の意思により、難民資格申請のための待機ゾーンまたはフランス領に単独で入った子には、代理人が保障されることになった。Fulchiron, *op. cit.*, 2002, pp. 996, 997.
7) Fulchiron, *op. cit.*, 2002, p. 982.
8) Nathalie Rexand-Pourias, *Les relations entre grands-parents et petits-enfants depuis la loi du 4 mars 2002 sur l'autorité parentale*, JCP, 2003, Ⅰ, 100, n°1.
9) *Ibid.*
10) Fulchiron, *op. cit.*, 2002, p. 959.
11) 2002年法は、本文後述のとおり、民法典373-2条において両親の離別は親権の行使と帰属に対して影響を与えないことを定める。
12) 2002年法は、民法典373-2-7条において両親の合意を紛争解決の主たる方法とした。同条は、両親は親権行使の態様に関して家族事件裁判官に審理を付託することができることを定め、民法典373-2-11条は、その際に裁判官はそれまで両親が従ってきた慣行あるいは以前に両親がした合意（accord）があればそれを考慮することを定める。なお、同条については、後掲註64）参照。
13) 2002年の民法典373-2-9条1項は「前2条が適用される場合に、子の居所は、両親の住所に交替で、あるいは、両親の一方の住所に定められる」、同条2項は「子の居所の様式に関して両親の一方の請求により、あるいは、両親の意見の不一致の場合に、裁判官は仮の措置として自ら期間を定めて交替居所を命ずることができる。期間終了時に裁判官は、子の居所について、両親の各々の住所での交替によるのか、あるいは、両親の一方の住所によるのか最終的な決定を下す」と定める。交替居所が適用されれば、子は法的に交互に2つの住所をもつことになる。その結果、税制上の問題が残ることとなるとの指摘がある。Fulchiron, *op. cit.*, 2002, pp. 968-970.
14) 民法典第1編、第6章、第3節「離婚の諸効果」に規定されていた民法典旧286条から295条は、286条を残して廃止され、離婚後の親権行使について定めていた規定は、第9章、第1節「子の身上に関する親権」、第1款「親権の行使」に編入、統一された。
15) Fulchiron, *op. cit.*, 2002, p. 962.
16) Irène Carbonnier, *Autorité parentale, Exercice de l'autorité parentale*, Juris-classeur civil code, 2003, n°3.
17) 相続分差別については、2001年12月3日法律第2001-1135号による法改正で、子の相続上の権利の平等化が実現され、親子関係の捜索については、第2章註150）のとおり、1982年の法改正で、民法典旧334-8条において身分占有による自然親子関係の立証が認められることになり、問題は事実上解決された。
18) Fulchiron, *op. cit.*, 2002, p. 964.
19) 羽生香織「親子―親子関係の改正に関する2005年7月4日のオルドナンス第759号(立法紹介)」日仏法学24号（2007年）119頁、Andrew Bainham and Bart Rwezaura,

International Survey of Family Law 2006, 2006, pp. 203‐216.
20) Valérie Pecresse, *Rapport, sur la famile et les droits des enfants (n°2832), Enregistré à la Présidence de l'Assemblée nationale le 25 janvier 2006*, p. 214. http://www.assemblee-nationale.fr/12/rap-info/i2832.asp（2010年10月現在）
21) Amiens, 28 mai 2003, n°02/02664.
22) Cass. civ., 1re ch., 8 juin 2004, n°01‐13840.
23) 2010年7月9日法律第2010‐769号による改正により，親権の一部または全部の「取上げ（retrait）」は，現在では，民法典378条から381条に規定される。親権の取上げは，親の非行（故意・過失）が要件となる。なお，「取上げ」は，1996年までは「失権（déchéance）」として規定されていた。その起源は，1889年7月24日法律により失権制度が認められたことに遡る。そして，1970年の法改正時に民法典に規定された。田中通裕「フランスの親権法」民商136巻4・5号（2007年）49,50頁。
24) 育成は権利であると同時に義務でもあり，また，親権の存在理由であり，最大の目的である。父母がこの義務を果たさない場合には，国家は育成扶助の措置を通じて介入する。Fulchiron, *op. cit.*, 1991, n°99.
25) Carbonnier, *op. cit.*, 2003, n°12‐23.
26) Carbonnier, *op. cit.*, 2003, n°100.
27) Fulchiron, *op. cit.*, 1991, n°136.
28) 本文後述のように，実際に離婚した夫婦の8割以上が子の常居所を母の居所に定めており，この場合，父は単に訪問権を有することになる。そして，実際に，子について交替居所を導入したのは，両親が離婚した子のわずか1%だったそうである。力丸祥子「離婚後の子の居所に関するフランスの交替居所（résidence alternée）制度について」比較法雑誌41巻1号（2007年）10‐14頁。なお，ここでは，次の文献が引用されている。L. Gareil, *L'exercice de l'autorité parentale*, 2004, p. 104, n°199.
29) 交替監護は，本文後述のように，2002年法により交替居所として導入されるのであるが，交替居所について，フランスでのガレイユによる1999年の調査によると，質問状を送って回答のあった33の大審裁判所の過半数を少し超える裁判官が，民法典旧287条は明確に交替居所を禁じておらず，さらに，1993年法による同条が子の居所について両親の合意がない場合に裁判官の関与を許しており，交替居所を採用することを両親の合意によってなす余地があると考えていたようである。力丸・前掲註28）11頁，Gareil, *op. cit.*, p. 94, n°183.
30) André Breton, *Divorce (Conséquences)*, Répertoire de droit civil, 1989, n°643.
31) Cass. civ., 2e ch., 2 mai 1984, n°83‐11071.
32) しかしながら，子が同時に父と母の居所に住むことは不可能である以上，共同監護と交替監護の区別は，実際には難しいとされる。理論的には，共同監護では，事実上，子が父または母のいずれの居所で暮らしていたとしても，父母は同時に親権の保持者となり，交替監護では，父または母が交互に親権全体の保持者となり，一方の親がそうである間は，他方の親は監督権と訪問権のみを有することになる。Breton, *op. cit.*, n°641, 642. なお，破毀院第2民事部1983年3月21日判決は，子の両親が共同監護に合意し，それに伴い子の交替居所を行っていたが，子の利益の観点からこれを否定した。Cass.

civ., 2ᵉ ch., 21 mars 1983, n°82-11742.
33) 田中通裕『親権法の歴史と課題』(信山社，1993年) 223，224頁。ほかに，心理学者を中心とした批判的な見解を紹介するものがある。その見解とは，乳幼児には交替居所がその成長過程に悪影響を及ぼす可能性があることを指摘するものである。具体的には，父親の不代替性，すなわち子が3歳になるまでは母との間に特権的な関係が創られていること，そして父に乳幼児を世話することは不可能であること，さらに子の継続性の要求から6歳以下の子に交替居所を適用することは精神的に非常に危険であることである。そして，実際に，イタリアは幼年の子には交替居所を認めていないことを引き合いに出す。力丸・前掲註28) 13 - 16頁。
34) Théry, *op. cit.*, pp. 78, 79, 88, 89.
35) 父権擁護団体「SOS パパ」のサイトがある。http://www. sos-papa. net/ (2010年8月現在)
36) 力丸・前掲註28) 12頁。
37) Fulchiron, *op. cit.*, 1991, n°13, 14 ; Breton, *op. cit.*, n°635 - 640. パリ控訴院1999年2月10日判決は，従来の宿泊権および訪問権では同居しない親と子の関係は弱くなるとして，宿泊をさらに進展させることが望ましいとする。そして，これが「実質的な共同親権」にとって必要であるとする。Paris, 10 février 1999, JCP 1999, II, 10170. なお，このパリ控訴院判決は交替居所の導入についていうものであるとされる。力丸・前掲註28) 12頁。
38) Hubert Bosse-Platière, *La légalisation de la résidence alternée*, JCP, 2002, I, 165 ; Carbonnier, *op. cit.*, 2003, n°81 - 84.
39) Pecresse, *op. cit.*, 2006, p. 216. なお，同調査から，その80.7%において，交替居所は両親によって共同で請求されている。さらに，両親の合意がない場合でも，そのうち4分の1に交替居所が認められている。残りの4分の3には両親の一方の居所に子の常居所が定められているが，そのほとんどが母の居所である。そして，子の幼年は交替居所の共同の請求の障害とはならないようである。子の4分の3が10歳未満であり，その平均年齢は7歳である。Ministère de la Justice, *Études et Statistiques Justice n°23, La résidence en alternance des enfants de parents séparés*. http://www. justice. gouv. fr/budget-et-statistiques-10054/etudes-statistiques-10058/la-residence-en-alternance-des-enfants-de-parents-separes-11833.html (2010年8月現在)
なお，この調査結果には，その調査対象の抽出について批判がある。力丸・前掲註28) 17, 18頁。
40) 2002年の民法典373 - 2 - 9条の内容については，前掲註13) 参照。なお，同条は，本文後述の2007年および2010年の法改正時に，3項および4項がつけ加えられる改正がなされているが，同条1項および2項には変更はない。2007年法以降は，同条3項に，終局的な子の居所が両親の一方の住所に定められた場合の他方の親の訪問権が明記されている。
41) Pecresse, *op. cit.*, 2006, pp. 216, 217.
42) Pecresse, *op. cit.*, 2006, p. 217.
43) これらの裁判例を紹介するものとして，Irène Carbonnier, *Autorité parentale*,

Exercice de l'autorité parentale, Juris-classeur civil code, 2004, n°81.
44) 交替居所の認否の基準については，親の側の事情と子の側の事情に分けて，次のように整理して紹介するものがある。まず，親の側の事情については，①両親の間で子のことに関しては最低限のコミュニケーションが取れるかどうか，②子の負担を考慮して通学などに支障のない程度に両親の居所が近接しているかどうか，③両親のそれぞれの居所に子のための十分な宿泊条件が整っているかどうか，④両親が子の面倒をみることができるかどうか，などである。具体的に，②の近接性については，両親の互いの居所が20キロ以内にある場合には交替居所が認められる傾向にある。そして，子の側の事情については，①子の年齢，②子の精神状態，③子の意思，などである。具体的に，①の年齢に関しては，裁判所は交替居所の認否の決定的要因とはしていない。②子の精神状態に関しては，学業成績が1つの目安になる。③子の意思に関しては，子の意思をどの程度考慮するかは裁判官の自由であるが（民法典388-1条），子の意思に反してまで交替居所を強制することは，論考で検討対象となっている裁判所ではないとのことである。また，同裁判所では，6歳の子の意思の表明は考慮しなければならないが，4歳の子の意思は考慮できないとするとのことである。力丸・前掲註28）17-32頁。
45) これらの裁判例を紹介するのは，力丸・前掲註28）18頁。
46) Dekeuwer-Défossez, *op. cit.*, pp. 88 et s.
47) 事実上の委任によることもできるが，民法典には，子への教育や監督に関して親の権限を「委任（mandat）」することを認める規定はないうえ，民法典376条の親権の非譲渡性の原則と衝突する可能性がある。なお，2002年法の採択についての国会審議では，このような委任の制度を設けることが元老院から提案されたが，国民議会で否決されている。Muriel Rebourg, *La prise en charge de l'enfant par son beau-parent*, Paris, 2003, n° 14-17.
48) Dekeuwer-Défossez, *op. cit.*, p. 88.
49) 同報告は，次のような提案をしている。子への扶養義務を負う「第三者」の地位を創ること，とりわけ継親に関しては委任を通じて子の親と協同する制度を創ること，両親の死亡の場合に継親あるいは祖父母が子を扶養する可能性を広げること，日常生活の行為に限らず子を預かった「第三者」に家族事件裁判官が権限を与えることを可能にすること，親権の委譲の制度を柔軟にすること，裁判官が親権行使の調整を行うことで両親と親権を委譲された「第三者」との間の協同を可能にすることである。Dekeuwer-Défossez, *op. cit.*, pp. 90-96.
50) Adeline Gouttenoire-Cornut et Pierre Murat, *L'intervention d'un tiers dans la vie de l'enfant*, Dr. fam., janvier 2003, p. 4.
51) 祖父母または継親などの「第三者」が一時的ではなく，恒常的に子を預かる場合，その受入れの期間中の子の日常生活について監督および指導の義務を負うことになる。この場合に，子が他人に対して損害を与え，子を預かった者に監督および指導の義務違反が認められれば，民法典1384条1項の民事責任を負うことになる。両親については，民法典1384条4項の責任が課される。同条4項は父母のみに適用される。Frederique Fournel, *La responsabilite civile des grands-parents du fait de leurs petits-enfants*, AJ fam., 2008, pp. 150, 151.

52) 2002年法以降は，ここでいう「第三者」は血族に限られなくなったが，それ以前の旧法における289条，373-3条では，親権行使の態様について，家族の構成員は直接に家族事件裁判官に審理を付託できたのに，新法では検察官に付託できるに過ぎなくなった。この意味では新法は制約的であるとされる。Gouttenoire-Cornut et Murat, *op. cit.*, pp. 4, 5.
53) Gouttenoire-Cornut et Murat, *op. cit.*, pp. 4, 5.
54) 2002年の民法典390条は，本文前述の2005年のオルドナンスと，2009年1月16日法律第2009-61号により改正されている。
55) 2002年の民法典375-2条および375-3条は，本文後述の2007年の法改正時に改正されている。2007年の375-3条では，すでに子を保護している状況を想定して家庭環境からの「引渡し」の要件は削除されている。Sylvie Bernigaud, *Les enjeux de la réforme de la protection de lenfance*, Dr. fam., juin 2007, p. 10.
56) Laurent Gebler, *Le juge aux affaires familiales, le juge des enfants et les grands-parents : aspects procéduraux,La place des grands-parents*, AJ fam., 2008, p. 146.
57) Gouttenoire-Cornut et Murat, *op. cit.*, p. 5.
58) Dekeuwer-Défossez, *op. cit.*, pp. 94-96.
59) Rebourg, *op. cit.*, n° 3-5.
60) Dekeuwer-Défossez, *op. cit.*, pp. 94-96.
61) Gouttenoire-Cornut et Murat, *op. cit.*, p. 6.
62) *Ibid*.
63) 1970年6月4日法律により法的に定着した原則である。親権が譲渡不可能だとされるのは，親権は個人の身分の一部であり，公的次元に属すると考えられるからである。親権の委譲に関して，民法典376-1条を拡大解釈して，本来は家族事件裁判官が決定を行うところ，父母に合意があれば，第三者に子を委ねる約定（pacte）をすることができるとする考えもある。この場合, たとえば祖父母や継親に日常行為についての, 場合によってはそれ以上の親権行使の一部を委ねるという約定することになる。ただし，1970年法では親権そのものだけでなく，親権行使の譲渡も禁じているので，このような解釈の正当性については疑問が残るとされる。Rebourg, *op. cit.*, n° 6, 12.
64) 親権行使の分担については，家族事件裁判官に審理が付託される（民法典377-1条）。裁判官は，慣行および両親の合意，子の感情，他の権利を尊重する両親の適性，子の年齢，社会的調査および反対調査を考慮して決定する（民法典373-2-11条）。なお，2002年の民法典373-2-11条は，本文後述の2007年法により改正されており，この場合に裁判官は圧力あるいは暴力も考慮することになった。
65) Gouttenoire-Cornut et Murat, *op. cit.*, p. 7.
66) Dekeuwer-Défossez, *op. cit.*, pp. 96-98.
67) 2002年の民法典373-2-1条は，本文後述の2007年法および2010年法により改正されているが，同条1項および2項についての修正はなく，2007年の法改正時に3項がつけ加えられ，2010年の法改正時にさらに新たな3項がつけ加えられ，旧3項は5項となる修正を受ける。
68) Fulchiron, *op. cit.*, 2002, p. 974.

69) 単独親権の場合にも，親権者とならなかった親は，その親権行使が停止されているだけで，親権保持者であり続けるため，民法典 373-2-1 条に定められる訪問権も親権の属性ということはできるが，親権の行使も帰属も完全に享受する共同親権の場合の，親権そのものとしての「訪問権」とは区別しておくこととする。
70) Riom, 13 mai 2003, n°02/02165.
71) Pecresse, *op. cit.*, 2006, p. 214.
72) Cass. civ., 1re ch., 2 mars 2004, Bull. civ., n°66 ; n°03-17768.
73) これらの裁判例を紹介するものとして，Carbonnier, *op. cit.*, 2004, n°100.
74) Cass. civ., 1re ch., 27 avril 2004, n°02-16172.
75) Cass. civ., 1re ch., 22 février 2005, n°03-16258.
76) Fulchiron, *op. cit.*, 1991, n°66.
77) Michelle Gobert, *L'enfant et les adultes (à props de la loi du 4 juin 1970)*, JCP, 1971, I, 2421, n°15 ; François Boulanger, *Droit civil de la famille*, t. 2, Paris, 1994, p. 277 ; Rexand-Pourias, *op. cit.*, n°1.
78) Rexand-Pourias, *op. cit.*, n°15.
79) Dekeuwer-Défossez, *op. cit.*, p. 97.
80) 実際には，2002 年の法改正後も，祖父母の孫に対する訪問権の請求を認める判決が破毀院レベルでも下級審レベルでも出ている。Adeline Gouttenoire, *Le droit de l'enfant d'entretenir des relations personnelles avec ses grands-parents, La place des grands-parents*, AJ fam., 2008, p. 139.
81) Rexand-Pourias, *op. cit.*, n°5. なお，2002 年の法改正以前の学説であるが，同様の説明をするものがある。Dorothée Bourgault-Coudevylle, *Les relations de l'enfant avec l'autres personnes que ses père et mère*, Dr. et Patr., 2000, n°1.
82) Rexand-Pourias, *op. cit.*, n°4.
83) Dekeuwer-Défossez, *op. cit.*, p. 98.
84) Gouttenoire-Cornut et Murat, *op. cit.*, p. 6 ; Marc Dolez, *Rapport, sur la proposition de loi (n°3117), relative à l'autorité parentale, Enregistré à la Présidence de l'Assemblée nationale le 7 juin 2001*, p. 16. http://sospapa-normandie.assoc.pagespro-orange.fr/Autorite-Parentale/Rapport-Dolez-prop-de-loi-autorite-parentale.htm（2010 年 10 月現在）
後者はブザンソン大審裁判所 2000 年 1 月 6 日判決を引用している。そして，民法典 371-4 条 2 項は，実際には再構成家族に適用されることが多いことを指摘するものとして，田中・前掲註 23) 46 頁。なお，ここでは次の文献が引用されている。Patrick Courbe, *Droit de la famille*, 2005, n°1055.
85) なお，この点について，イレーヌ・テリー報告は，訪問権には「宿泊」が含まれることが前提であり，これは破毀院民事部 1977 年 3 月 10 日判決で確認されているが，多くの裁判官がこのことを知らないために，「宿泊」の明記が必要だとする。Théry, *op. cit.*, p. 217.
86) Rexand-Pourias, *op. cit.*, n°2.
87) Rexand-Pourias, *op. cit.*, n°10, 11.
88) Paris, 2 mars 2005, AJ fam., 2005, p. 231.

89) Cass. civ., 1re ch., 8 novembre 2005, n°03-17911.
90) これらの裁判例を紹介するものとして, Gouttenoire, op. cit., p. 140.
91) Paris, 17 avril 1981, D, 1981, IR, p. 260.
92) Paris, 28 mai 2003, AJ fam., 2003, pp. 346, 347.
93) Gouttenoire, op. cit., p. 140.
94) Dolez, op. cit., pp. 16, 29, 30.
95) Laurent Béteille, Débat du Sénat, Séance du 21 novembre 2001, JO, pp. 27, 28.
96) Rexand-Pourias, op. cit., n°1, 2.
97) Henri Capitant et François Terré et Yves Leauette, Les grands arrêts de la jurisprudence civile, 12e éd,. Vol. 1, 2007, p. 403.
98) Gouttenoire-Cornut et Murat, op. cit., p. 4.
99) Rexand-Pourias, op. cit., n°6.
100) 子ども国会は, 児童を代表する577名の子どもから構成され, 1994年に発足した。http://www.assemblee-nationale.fr/juniors/parlement-enfants.asp（2010年8月現在）
101) Dekeuwer-Défossez, op. cit., pp. 97, 98.
102) 子は, あらゆる民事上の行為について特別代理人を選任しうる。なお, 民法典389-3条は, 1964年12月14日法律第64-1230号により新設され, 直近では, 本文後述の2007年法により改正されている。
103) Dekeuwer-Défossez, op. cit., p. 97.
104) Bourgault-Coudevylle, op. cit., n°85.
105) 本文前述の1970年法により, 育成扶助制度における親の訪問権が設けられた。そして, 直近では, 後述の2010年法により改正がなされている。
106) 理論上では, 扶養料を増額することなどによる間接強制の手段が考えられる。また, 過失認定についての難しい問題は残るものの, 訪問権の不行使を子にとって償われるべき精神的損害と考える見解がある。Marc Gomy, Vers un devoir de visite et d'hébergement des parents, JCP éd. N, 1999, n°20-30. ほかにも, 前述のように, 訪問権の不行使の場合に子は損害賠償請求ができるとする見解がある。Jean-Faustin Kamdem, L'enfant et le droit de visite, Gaz. Pal., 1996, p. 4, n°15.
107) 破毀院第1民事部2010年3月3日判決は, カナダ人の母による子のフランス領外への渡航の請求について, 渡航を禁止し, この禁止を子の両親の旅券に記載する旨の原判決を支持した。Cass. civ., 1re ch., 3 mars 2010, n°08-21059. この判決の評釈において, こうした子の渡航の禁止には, 古めかしく, 制限的過ぎるとの批判がなされる。さらに, 2005年以降は, 子は, その旅券を自由に使うことができるようになったため, 子の両親の旅券に子の渡航の禁止を記載することの意味が薄れたとされる。そして, 真の問題は, 両親の同意なく子がフランス領外に渡航することであるとする。Félicité Mbala Mbala, Autorisation de sortie du territoire sans l'accord des deux parents, AJ fam., 2010, pp. 326, 327. こうした問題に対応すべく, 本文後述の2010年の法改正により, 民法典373-2-6条のフランス領外への子の渡航の禁止は, 「両親の旅券に記載」されるのではなく, 「大審裁判所検事正による捜査対象者の資料に登録」されることになった。
108) Fulchiron, op. cit., 2002, pp. 972, 973.

109) 民法典 388 - 1 条は, 子の意見表明に対する法的保護を定めるものである。なお, 同条は, 2007 年法により改正されており, その 1 項の後半部分に「子の利益が命ずる場合に」という文言がつけ加えられた。2 項は前半部分が修正され,「子が実際にこれを請求する時に聴聞は権利の性質を有する。未成年者が聴聞されることを拒否する時は, 裁判官は, この拒否が正当な根拠に基づくものか評価する」となった。そして, 4 項が新たにつけ加えられ,「裁判官は, 未成年者が弁護士により聴取され, 扶助される権利について知らされることを保障する」と定められた。
110) 親子関係を立証すること, または争うことを求める訴訟, あるいは扶養料の支払いを求める訴訟では, 子の発言または同意は否定されている。なぜなら, ここでは生物学的真実あるいは社会学的現実が解決の指標であり, 親子関係は私人の自由にはならないからである。Frédérique Granet-Lambrechts, *Droit de la filiation*, D, 2010, Panorama, pp. 1442 et s.
111) Fulchiron, *op. cit.*, 1991, n°116.
112) しかしながら, 聴聞の困難さも指摘されている。両親の面前で子が意にそぐわない発言をした場合の両親の反応や, 逆に両親を排除して子の聴聞を行った場合の両親からの批判, また, 何が本当の子の意思であるかの理解が必要であることなど, 子の聴聞には種々の困難が伴う可能性がある。力丸・前掲註 28) 30, 31 頁。
113) 2002 年の民法典 373 - 2 - 11 条 1 項 2 号に「第 388 - 1 条に予定される条件における未成年子の感情の表明」が定められており, 裁判官は, 両親の離別後の親権行使の定めをする際に, これを考慮することができる。なお, 同条は, 直近では, 後述の 2010 年法により改正がなされている。
114) 2007 年の法改正の経緯については, 力丸・前掲註 28) 26 - 28 頁。なお, 直近の 2010 年 7 月に行われた法改正の経緯については, 本書では検討が間に合わなかった。
115) 面会場は, 困難な家族紛争のなかにおいても, 子が親の双方との関係を維持することを可能にする役割を有する。面会場は, 1980 年代に司法官や社会福祉関係の専門家の提言が切っ掛けとなり生まれた。その後, 面会場は数のうえでも質のうえでも発展し, 2006 年には, 120 もの面会場の存在が確認されており, 2007 年には, 民法典 373 - 2 - 1 条および 373 - 2 - 9 条のなかに定められるに至る。面会場は, 紛争が深刻である場合, 時に家庭内暴力を伴うような場合に利用される。La Défenseure des enfants, *Enfants au cœur des séparations parentales conflictuelles*, 2008, pp.155 - 157. http://www.ladocumentationfrancaise.fr/rapports-publics/084000714/index.shtml(2010 年 10 月現在)
116) Le Gouvernement, *Amendement n°265, Protection de l'enfance* (n°3184), *Assemblée nationale, 9 janvier 2007*, p. 2. http://www.assemblee-nationale.fr/12/amendements/3184/318400265.asp(2010 年 10 月現在)
117) Gebler, *op. cit.*, p. 145.
118) Valérie Pecresse, *Débats de l'Assemblée national, 1re séance du 10 janvier 2007*, JO, pp. 131, 132.
119) Cass. civ., 1re ch., 9 juin 2010, n°09 - 13390. この破毀院判決は, 育成扶助の措置に付されている子への大おじ・おばによる訪問権の請求について, これを原審が認めなかったため, この部分について原判決を破棄した。その際に, 第三者の訪問権についての管轄

権は家族事件裁判官にあり，育成扶助についての管轄権は児童裁判官にあることを述べている。なお，この判決の評釈において，育成扶助の措置に付されている子に対する訪問権の態様を定めるのは，この措置の「一貫性」を保つという意味から，児童裁判官であることが指摘されている。しかしながら，児童裁判官は，育成扶助の措置を命じた後の家族の諸事情を考慮することはできないので，こうした児童裁判官の権限は制限的であるべきとされる。Édouard Durand, *Le droit de visite de la famille élargie et des tiers à l'égard d'un enfant placé en assistance éducative*, AJ fam., 2010, pp. 325, 326.

120) Gouttenoire, *op. cit.*, p. 138.
121) Pecresse, *op. cit.*, 2007, p. 132 ; Valérie Pecresse, *Proposition de loi (n°3226), relative au droit de l'enfant à entretenir des relations avec ses grands-parents, Enregistré à la Présidence de l'Assemblée nationale le 28 juin 2006*, p. 2. http://www.assemblee-nationale.fr/12/propositions/pion3226.asp（2010年10月現在）
122) Valérie Pecresse, *Débats de l'Assemblée national, 3ᵉ séance du 9 janvier 2007*, JO, p. 91.
123) Gouttenoire, *op. cit.*, p. 140.
124) Gebler, *op. cit.*, p. 144.
125) 別のものとして，2003年のフランスにおけるデータがある。親権行使および子の常居所または訪問権の指定に関する事件が7万1237件，親権行使の方法や子の常居所の変更に関する事件が1万9181件，訪問権の変更に関する事件が8879件，これ以外の親権の変更および復権に関する事件が3407件，祖父母や第三者の訪問権に関する事件は2692件である。Adeline Gouttenoire, *La justice familiale en chiffres*, Dr. fam., septembre 2005, p. 70.
126) Marie-Laure Robineau, *En chiffres, les grands-parents en appel*, AJ fam., 2008, p. 147.

フランス法まとめ

　これまでの「第Ⅱ部　フランス法」の検討でみてきたように，1970年の立法化以前は，訪問権は解釈により認められ，判例および学説において形成されていった。フランスでは，「子の利益」のために訪問権が認められることが，早くから判例および学説において認識されていたため，訪問権は，父母，祖父母，第三者と広い範囲で認められるに至っている。
　まず，父母の訪問権については，1970年の立法化以前は，民法典旧303条により離婚後に子の監護を得なかった親に付与される監督権の行使の一態様として訪問権が認められると解されていた。
　祖父母の訪問権については，1970年以前は，父母の場合と同様に解釈で認められていた。祖父母の「訪問」が初めて認められたのは1857年のジョーム判決においてであるが，この当時の父権は子に対する排他的な性格をまだ有しており，ジョーム判決以前は，父権への不可侵を理由に祖父母の訪問権は認められていなかった。ジョーム判決は，祖父母と孫との関係は相互的利益となること，また，これらの関係の維持のためには，たとえ父権であっても制限されることを認めた。その後，ジョーム判決の見解は踏襲され，祖父母と孫の相互的利益のために，とりわけ子の利益のために，「重大な事由」がなければ祖父母の訪問権は父権者であっても制限できない，という法理論が確立されていった。同時に，その権利性も認められていった。とはいえ，祖父母の訪問権は父母の訪問権に比べて制限的とされ，祖父母の訪問権の内容に「滞在」を含むことが破毀院において認められるまでには時間がかかった。さらに，自然子である孫の祖父母に原則的な訪問権が認められるには，1970年法および1972年法による解決を待たなければならなかった。
　第三者の訪問権も同じく，解釈により認められてきた。判例に第三者として主に登場したのは，おじ・おばや代父母などの「育ての親」，および，法的な親子関係の立証が禁じられていた姦生子の親である。これらの第三者の訪問権

は,「育ての親」に関しては子の監護の事実に,姦生子の親に関しては扶養料の支払いの事実に連動して,子の利益のために血縁や愛情関係を根拠に認められた。第三者の訪問権は拡張される傾向にあったが,この拡張傾向に歯止めをかけたのが,1961年の破毀院判決である。この破毀院判決以降は,第三者の訪問権を制限すべく方向転換がなされた。そして,1963年のリヨン控訴院判決が示した「訪問の職務」という概念が,この方向性を一層助長させた。しかしながら,姦生子の親には,1966年の破毀院判決において再び訪問権が承認される。この時期の第三者の訪問権に対する裁判所の態度は定まっていない。これには訪問権の法的性質および根拠に関する見解が定まっていなかったことも関係する。なお,実定法上では,父母の訪問権は父権の規定に,祖父母の訪問権はしばしば民法典371条に関連づけられていた。第三者の訪問権に関しては,姦生子の親の扶養料の支払いに関する規定以外には民法典には根拠となるような規定がなかったため,特別法が援用されることもあったが,裁判所は,実定法の規定よりもむしろ血縁や愛情関係を根拠に訪問権を承認していた。

　こうして確立されてきた父母,祖父母,第三者の訪問権は,1970年の法改正時に立法的承認を受ける。1970年法は,親権法を改正するものであるが,まず,父母については,父権という表現を親権に改め,規定を欠いていた離婚後の親権の帰属について,民法典旧373-2条を新たに設けた。同条1項は,離婚後は親権と監護権を連結させて父母のどちらか一方に付与することを定め,同条2項は,子の親権者および監護権者とならなかった親に監督権および訪問権を付与することを定めた。さらに,1975年法は,「離婚の諸効果」として民法典旧288条2項に父母の訪問権を定めた。その内容に宿泊させる権利までが含まれること,および重大な事由がなければ拒否されないことが新たに規定された。そして,1987年法により,選択的な共同親権制度が導入され,1993年法により,児童の権利条約に由来する「親であることの共同性」の考えに基づき原則的な共同親権制度が導入された。その結果,従来の訪問権は例外的に単独親権となった場合のみに機能することになった。例外的なものとしては,育成扶助制度下での父母の訪問権が,1970年の法改正時に民法典375-7条を新たに設けることで定められた。

祖父母と第三者については，1970年法により，民法典371-4条に訪問権の規定が設けられた。同条1項による祖父母の訪問権は「重大な事由」がない限り認められ，同条2項による第三者の訪問権は「例外的な状況」があれば認められるとされた。このように定められた祖父母と第三者の訪問権を承認するための基準は，規定上はともかくとして，実質は「子の利益」――子の安定性を重視するのか，子の多様な学習の機会を重視するのかで見解は分かれるものの――であることが，後に判例および学説で明らかにされる。なお，1970年法は，祖父母の訪問権を「身上の関係」と表現し，祖父母の訪問権の通常の内容として孫を自宅に滞在させることまで含むことを明らかにした。

そして，1970年の立法直後には祖父母の訪問権に関する実態調査が行われているが，この調査によれば，訪問権を請求するのは，実際に子の監護に携わり子の家庭に経済的な援助をした祖父母の場合が多く，さらに，典型的な事案とは，祖父母と子の監護親との間に血縁がないうえ，祖父母自身の子はすでに死亡し，子の監護親が再婚して新たな家庭を築いているという場合である。こうした事案の場合には紛争は深刻であり，法的な規制が必要であることが指摘される。

2002年法は，すべての子に適用しうる統一的な親権法を創った。2002年法は，真の子の権利の実現を目指し，子の利益を目的とする親権の強化を行った。まず，すべての子に適用しうるような親権法とするために，親権の共同行使を両親の離別とは別にして一般化し，その実行性を高めるために交替居所の制度を導入した。そして，それまで「離婚法の諸効果」として規定されていた親権行使に関係する諸規定は親権法の領域に編入および統合され，父母の訪問権については民法典373-2-1条が新設されるに至った。この従来の訪問権の規定は，共同親権が原則となって以降は，例外的に単独親権になる場合にのみに適用される。すなわち，単独親権者とならなかった親には民法典373-2-1条により監督権および訪問権が付与される。とはいえ，共同親権の場合でも子は父母の各々の居所に同時に居住することはできないのであり，従来の訪問権とは別に親権から直接に享受する「訪問権」が必要であり，これは裁判例において認められている。そして，共同親権の場合の「訪問権」は，共同親権の趣旨から従

来の訪問権よりその承認自体は受けやすい。これに対して，従来の訪問権は，これまでどおり「重大な事由」が認否の基準となる。なお，民法典 373-2-1 条は，2007 年法および 2010 年法により改正されており，子の利益の観点から必要に応じて，訪問権の行使を面会場や第三者を立会いのもとで行わせることが可能になった。また，2007 年法により，交替居所の終わりに子の居所を両親の一方の住所に定める場合の他方の親の訪問権が，民法典 373-2-9 条 3 項に定められた。そして，例外的な場面での，育成扶助制度下での父母の訪問権を規定する民法典 375-7 条も 2007 年法および 2010 年法により改正されており，その訪問権の行使態様の決め方に柔軟性がもたらされ，また，行使の際には子の利益のために第三者の立会いを求めることが可能になった。

さらに，2002 年法は，子の利益の観点から，必要な場合に第三者を親権行使に介入させることを認める。その延長線上に祖父母および第三者の訪問権がある。2002 年法は，まず，民法典 371-4 条 1 項の祖父母の訪問権について，子の権利に優先して行使される権利ではないこと，および，父母と対立して行使される権利ではないことを明らかにするために，子の権利として再構成した。しかし，規定上は子の権利であっても，実際には祖父母からの訪問権の請求が認められており，この改正は解釈上の疑義を生じさせている。こうした実態を捉えて，訪問権は子と祖父母の相互的権利であるとする見解が現れたが，いかなる性質の権利であるのか未だ決着していない。

民法典 371-4 条 2 項の第三者の訪問権については，その認否の基準に，2002 年法により，「例外的な状況」に代わり，「子の利益」の基準が採用された。そして，第三者の訪問権は「通信」および「訪問」という表現で表されていたが，2002 年法により，子との「関係の態様」という表現に改められた。そもそも，この改正で念頭に置かれた第三者とは「育ての親」のような者であったため，過度な訪問権の制限は好ましくないと考えられていた。こうした改正により，裁判官は，第三者の訪問権に対して，より柔軟に対応できるようになった。さらに，第三者の訪問権として，1996 年の法改正時に，民法典 371-5 条において兄弟姉妹の訪問権が定められている。兄弟姉妹の訪問権は，近年の両親の離別と家族の再構成に直面する子が増加していることを受けて，より充実

されるべきことが指摘される。なお，2007年にも民法典371-4条は改正され，同条1項の祖父母の訪問権の認否の基準に，「重大な事由」に代わり，「子の利益」の基準が採用された。

　近年の訪問権に関する議論は，その実効性の確保に移りつつある。訪問権者が訪問権を行使しない場合には，直接強制もできず，制裁の意味を込めての訪問権の一時停止くらいしかできず，今のところ有効な手段はない。そして，訪問権者の訪問を子と同居する親が妨げる場合には，刑法典には，これに対する刑罰規定が設けられており，民法典には，訪問権の実行を困難にしないために，フランス領から勝手に子を連れ出すことを禁ずる規定が設けられている。なお，子については，聴聞の規定が設けられており，1993年の法改正時には，新たに民法典388-1条が設けられ，子は自己に関わるすべての訴訟において，意見を聴取される機会が保障されることになった。

おわりに

1 日本法への示唆——比較法的検討

(1) 父母の「面接交渉権」の法的性質

　父母の「面接交渉権」に関して，いかなる性質の権利であるかという点について諸説があるが，私見としては，子の権利であり親の権利でもあるとする複合的権利と解したい。なぜなら，複合的権利説から指摘されていたように，ほかの説は片面的であり，また，近年有力に主張される子の権利説と比べ，現行法の解釈にあたっては，実際に子の権利をよりよく実現できるのは複合的権利説の方ではないかと思うからである。複合的権利説は，「面接交渉権」を親の権利の側面からいう場合には親権に関連づける。前述のとおり，親権には明治民法より一貫してその義務性が認識されてきた。親の「面接交渉権」を親権に関連づけることで，単に子の権利とするよりも親の義務の側面を観念でき，解釈論のレベルではあるが，子の権利としての「面接交渉権」の実効性を高めることができると思われる。具体的には，非監護親は，潜在的に親権を保持し続けるため，子に対する監護および教育の責任も負う。このため，非監護親は，たとえ子と離れて暮らすことになっても，「面接交渉」を通して子との愛情的な交流を続けることが義務づけられるとすることである。つまり，フランス法および児童の権利条約に倣って，離婚後に親権者とならなかった親が奪われるのは親権の行使だけであり，潜在的に親権保持者であり続け，子への責任を継続して負うと解したい。さらに，フランス法では，すでに述べたように，祖父母と子の関係において訪問権は子の権利であると規定されているにもかかわらず，実際の子の権利行使に伴う困難に対処するために，従来どおり，祖父母の権利としての訪問権が，実務上，認められている。これを参考にして，父母と

子の関係において「面接交渉権」は子の権利であると解しても、非監護親は監護親に対して子との「面接交渉」を求める権利を有すると解したい。このように解することは、非監護親に訴訟上のイニシアチブを取ることを可能にし、意義があると考える。また、すでに述べたように、監護親も、子のために非監護親に対して子と「面接交渉」するよう求める権利を有すると考える。このように解することで、子の「面接交渉権」はより実効性のあるものになると思われる。

(2) 祖父母と第三者の「面接交渉権」の法的性質

A) 祖父母

　父母以外の者である、祖父母や第三者の「面接交渉権」を認める場合には、フランス法に倣い、子の監護の事実や血縁から生ずる愛情関係の紐帯に裏づけられるものでなければならないと考える。祖父母は、特にこの両方の紐帯を孫との間に有することが多々あり、ゆえに、わが国でも祖父母の「面接交渉権」の問題は潜在的に多く存在していることがわかる。その一方で、現実には、これらの問題は「子の福祉」を等閑にしたまま事実上の問題として処理されている。フランス法では、父母の訪問権と同じく19世紀中頃から祖父母の訪問権は判例に登場し、訪問権の中心的な論題として議論されてきた。なぜなら、祖父母と孫との関係を維持することは相互的利益になる、とりわけ子の利益になる、ということが認識される一方で、祖父母の訪問権の法的根拠は不明確であり、そのうえ父権と対峙する性格を有していたからである。しかしながら、その有益性から祖父母の訪問権は判例および学説において次第に確立されていき、1970年には立法的承認を受けることとなった。なお、規定の仕方からも、実態からも祖父母の訪問権には子の利益の推定が働くと解されている。そして、立法直後の実態調査からは、祖父母の訪問権の紛争は、件数としては少ないが、その事案の特殊性から複雑かつ先鋭的であることが指摘されている。こうした実態調査からも祖父母の訪問権に関する規定を設け、規制することが必要であると認識されている。このようなフランス法の状況を参照すると、祖父母と孫の関係の維持は「子の福祉」のために必要であるが、逆に、時として、祖父母

自身に由来する問題や祖父母と子の親との激しい対立から祖父母と孫の関係の維持は「子の福祉」に反することも考えられる。したがって，祖父母の「面接交渉」を法的な規制に服させるためにも，これを実定法に「権利」として規定することが望ましいといえる。

B) 第 三 者

　第三者については，わが国では，継母が「面接交渉」を請求し，棄却された1件の裁判例があるが，フランスには同様の裁判例が複数ある。こうした「育ての親」は，フランスでは典型的な第三者の例として考えられている。「育ての親」には子の血族である場合とそうでない場合があるが，とりわけ血族でない継親のような第三者に子の宿泊を伴うような訪問権を認めることは難しく，こうした問題に対処するために，フランスでは，1970年に立法された規定を，さらに2002年に改正したのである。この2002年の改正とは，「子の利益」を第三者の訪問権の認否の基準に規定のうえでも据えたことであり，さらに，第三者の訪問権を子との「関係の態様」と表現したことである。こうすることで，裁判官が柔軟に個別の事案に対応できるようになるのである。いずれにせよ，「育ての親」の訪問権に関しては，子の監護の事実を通じて形成された子との間の愛情関係が重要であり，こうした関係を維持することが子の利益になると考えられる。なお，子との間に血縁がある場合には，これは愛情関係を証明する補足的な事実となる。こうしたフランス法の状況を参照すると，わが国における継母の事案では，継母はその配偶者の実子を5年余りに渡り育てていたのであり，こうした継母には「子の福祉」のためにも「面接交渉権」を認めるべきであったといえる。

C) 実定法の解釈と法的性質

　現行法の解釈の範囲では，父母の「面接交渉権」に関しては，民法766条を根拠とする法理論が形成されてきた。問題は，現行法では実定法上の唯一の根拠となるともいえる，この民法766条を根拠に祖父母と第三者にまで「面接交渉権」を認めることができるのか，である。すなわち，同条の申立権者および

適用場面の範囲を拡張しうるか，ということである。さらに，これを認めるとしても，祖父母と第三者の「面接交渉権」の法的性質，すなわち，子と面会者と監護親の三面関係のなかで「面接交渉権」をどのような権利として捉えるべきか，ということも問題となる。

　民法766条の適用範囲の問題については，前述のとおり，先行研究において民法766条を子のための規定として再構成する解釈などが示されている。また，裁判例からは，民法766条の申立権者および適用範囲を拡張することが許容される。したがって，祖父母および第三者に民法766条を根拠とする「面接交渉権」の申立てを認める解釈は可能であると考える。なお，子の申立権については，現行法の解釈ではこれを認めることが困難である。

　さらに，祖父母と第三者の「面接交渉権」の法的性質については，フランス法の祖父母の訪問権に関する実務を参考にして，父母の場合と同様に複合的権利であると解するのがよいと考える。そもそも，こうした権利の本質は，子の監護の事実や血縁から生ずる愛情関係を維持することが子の利益になる，あるいは相互的利益になると考えられるところにある。そして，フランス法では，祖父母の訪問権は，2002年の法改正時に，規定上は「子の権利」として再構成された。この改正の目的は，それまで子の権利が祖父母の権利と比べ二次的に捉えられていたことを解消するため，および，祖父母の訪問権は父母と対立して行使される権利ではないことを明らかにするためである。こうした観点からは，わが国での立法論としても父母以外の者の「面接交渉権」は，子の権利として規定されるべきであるかもしれない。しかし，2002年法以降のフランス法の状況をみると，現実には祖父母からの訪問権の請求が減ったわけでもなく，祖父母が訴訟資格を失ったわけでもないことがわかる。さらに，フランス法では，わが国におけるのとは異なり，子に自己に関するあらゆる訴訟における意思表明の機会が保障されており，また，子が特別代理人を選任して訴訟を起こすことも可能であるが，それでも子が特別代理人を立ててまで訪問権の訴えを提起することは現実には難しいことが指摘されている。こうした規定と現実の齟齬から，祖父母の訪問権について新たな解釈上の疑義が生じている。2002年法以降の学説では，このような実態を捉えて，これを祖父母と孫の相

互的権利であるとする見解が登場する。また，実務では，従来どおり，祖父母が訪問権を行使することが認められている。つまり，訪問権を「子の権利」と規定しても，実際の訴えの提起は困難なため，従来どおり，祖父母に訪問権を認めることで，祖父母に訴訟上のイニシアチブを取らせようとしているのである。このフランス法の実務を参考にして，父母以外の者の「面接交渉権」も複合的権利であると解したい。「面接交渉権」を大人の権利でもあるとすることにより，決して子の権利を等閑にしようとするわけではない。「面接交渉権」は，「子の福祉」を絶対的基準として行使されるべき権利であることを明確にし，「面接交渉権」を祖父母および第三者の権利としていう時でも，子のために行使されるべきものであると考え，父母との間で対立して行使される権利ではないと解したい。

以上から，「面接交渉権」は，必然的に三面関係のなかで行使される性質を有すること，かつ，自然権的な本質を有すること，さらに，訴訟上のイチシアチブの問題から「面接交渉権」を複合的権利として捉え，そのうえで，三面関係の調和のなかで——フランスでの2002年の法改正時に，真の子の権利の実現のために子を主体的存在として捉えつつも，家族の調和のなかでの子の権利の実現が肝要であることが指摘されたように——，子に最もよい方法で行使されるよう規定するのがよいように思われる。

(3) 複合的権利としての「面接交渉権」

以上に考察してきたように，「面接交渉権」は関係性のなかで捉えられる権利であり，子および面会者の複合的権利であると考える。「面接交渉権」の本質は，子の監護の事実や血縁から生ずる愛情関係を基礎とする自然権的なものである。親の場合は，これに加えて，「面接交渉権」を親権の義務的性質に由来するものでもあると考える。そして，これらの本質は同時に「面接交渉権」を認める理由にもなる。複合的権利とする場合の具体的内容は，①非監護親と子の間：従来の複合的権利説に倣って，子は親から監護および教育を受ける権利を有するため，この実現のために子は親に対する「面接交渉権」を有することになる。これに連動して，非監護親は監護および教育の義務を負うため，「面

接交渉」を通じて子と愛情をもって交流をする義務を負う。そして，訴訟上のイニシアチブのために，非監護親は監護親に対して子と「面接交渉」させるよう求める権利を有すると解する。なお，監護親も非監護親に対して子と「面接交渉」するよう求める権利を有すると考える。このように考えることで，子の「面接交渉権」はより実効性をもつことになる。②祖父母と孫の間：孫の監護の事実や血縁から生ずる愛情関係を根拠に，孫は祖父母に対して「面接交渉権」をもち，訴訟上のイニシアチブのために，祖父母は監護親に対して民法766条に基づく「面接交渉権」をもつ。③第三者と子との間：子の監護の事実や，場合によっては血縁から生ずる愛情関係を根拠に，子は第三者に対して「面接交渉権」をもち，訴訟上のイニシアチブのために，第三者は監護親に対して民法766条に基づく「面接交渉権」をもつ。

　前述したように，①から③の父母，祖父母，第三者の「面接交渉権」は「権利」とはいえ，「子の福祉」のために行使されるものである。そして，実際の「面接交渉」の認否やその内容は，子の監護の事実や，血縁がある場合には血縁から生ずる愛情関係の程度を主たる尺度として，「子の福祉」に適うかどうかを個別具体的に検討したうえで，決定される。なお，①の場合には監護親は「面接交渉権」の申立ての相手方となるだけでなく，申立権者となることがあるが，②，③の場合には監護親が常に「面接交渉権」の申立ての相手方となる。そして，子の監護者である親は，子と非監護親または祖父母や第三者との「面接交渉」が，子に愛情や学習の機会を与えるものであり，子の人格の健全な発育に資すると認められる限り，子に対する監護および教育の義務により，「面接交渉」を尊重し，「面接交渉」に協力する義務を負うとする。子は，監護親に対してこれを要求する権利を有すると考える。なお，子は「面接交渉」の義務を負わされることはなく，親のみが子や祖父母や第三者との関係で義務を負うものと解す。

　さらに，家事審判手続を行うために実定法上の根拠は民法766条とする。しかし，現行法におけるように，民法766条のみに依拠して「面接交渉権」を導く解釈論には限界があり，立法的解決が望まれるところである。

2 結　語

　これまで検討してきたように，わが国の「面接交渉権」には明文の規定がなく，そのため家事審判手続のための根拠となる民法 766 条との関連で，父母を中心とした権利として法理論が形成されてきた。近年の家族的および社会的状況の変化により，従来の面接交渉権論は再検討を必要とする時期にきているように思われる。しかし，1996 年の民法改正要綱では，「面接交渉権」の明文化の方向性は示されたものの，これは従来の法理論を踏襲したものであり，「子の福祉」の観点からは，権利主体の範囲などにつき問題があると思われる。その後，試案などが出され，そのなかでは権利主体の範囲などを広げるものもあるが，統一的な見解はない。

　フランス法における訪問権の変遷をみると，早くから訪問権は子の利益の観点から捉えられており，そのため父母だけでなく，祖父母，第三者へと訪問権は広がっていった。わが国では，「面接交渉権」に関する家事審判を行うためには，実定法上の唯一の根拠となる民法 766 条によらざるをえないという事情がある。フランスには，わが国におけるような制約がないために，訪問権は，1970 年の立法化以前，実定法の根拠というよりは，むしろ血縁や愛情関係を根拠に裁判所において認められてきたことが指摘されている。

　こうした事情の違いがあるとしても，フランスにおける家族法改正に伴う訪問権の改正には目覚ましいものがある。特に児童の権利条約の批准後の 2002 年の法改正においては，前述のとおり，子を主体的存在として捉えつつも，現実の家族関係を考慮し，その調和のなかで真の子の権利の実現を目指すために親権法の改正が行われた。そして，2007 年には児童保護に関する法改正が，2010 年には妻や子への暴力に関する法改正が行われている。

　訪問権の規定は，このような改正のなかで，子および子の利益を中心に据えたものに改められ，これにより裁判官の裁量の範囲が広がったとされる。そして，裁判官は，個々の事情を考慮したうえで，子を中心に考えた柔軟な対応をすることが期待されている。しかし，実際には，改正の目的どおりに現実は進

まないようであり，今後のフランス法の動向が注目されるところである。
　わが国でも1994年に児童の権利条約が批准されたが，その規定の多くはすでに既存の国内法で保障されているので，新たな国内立法措置は必要としないとするのが政府の見解であった。
　しかし，フランスと比較すると，この領域において，児童の権利条約は国内法で保障されているといえるのだろうか。フランスでは，同条約12条に定められる子の意見表明の機会の保障については，1993年法による民法典388-1条が子に自己に関するすべての訴訟において聴聞の機会が与えられることを保障することで国内法に実現された。そして，同条約9条の子が2人の親をもつ権利については，同じく1993年法により，「親であることの共同性」という概念が創られ，離婚後の共同親権制度の原則化と訪問権規定の整備により国内法に実現された。さらに，同条約13条および16条による子の表現の自由と子の家族および通信への不干渉については，祖父母や第三者の訪問権を強化することで実現されている。わが国においても，同条約を批准した以上は，フランスにおけるような法改正の実現が望まれる。
　わが国では，従来から「面接交渉」を「権利」とすることには否定的な見解がみられる。民法改正要綱でもこのような見解を汲んで「権利」という表現を避けている。権利性を否定する立場からは，家族間の紛争には「権利」をもち出すより，互譲による方が真の解決にとって望ましいことが指摘される。この指摘自体の正しさに反論の余地はない。しかし，これは互譲ができることが前提となる指摘であり，互譲ができない場合には，立法により「権利」を定めることが，むしろ紛争を減らすことになると考える。フランス法では訪問権の規定に対して，こうした視点がもたれている。わが国では，現行法を厳格に解釈すれば，父母以外の者の「面接交渉権」は事実上の問題として解決するしかないことになる。
　しかしながら，面会交流に関する新聞記事の相談や実態調査からは，特に祖父母に関して，親の意思次第で孫との交流が中止される現実や，逆に親の意向に反して祖父母が孫の滞在まで要求するような実態が垣間みえる。ここでは「子の福祉」は等閑にされている。「子の福祉」を考えると，望ましいのは父母だ

けでなく祖父母や第三者も含めた「面接交渉権」の明文の規定を設け，これを規制することであると考える。さらに，フランス法に倣えば，子の利益の視点を強化した親権法に改正し，親権法の領域に「面接交渉権」の規定を置くべきであると考える。

フランス法では共同親権制度が導入されたことで，従来の訪問権の位置づけが大きく変わった。従来の父母の訪問権の規定は例外的に単独親権となった場合のみに適用されることになったが，共同親権の場合にも親権から当然に「訪問権」が認められている。

わが国でも，共同親権あるいは共同監護の導入の可能性が議論されているところである。共同親権制度の導入によりフランス法上で実際に生じた変化に示唆を得ながら，父母については，今後の親権法の改正の動向を注視しながら，「面接交渉権」に関する法理論の更なる検討を行うつもりである。父母以外の者については，「面接交渉権」を親権に結びつけるのかどうかの態度も含めて，その法理論について更なる検討を行うつもりである。とりわけ，祖父母や第三者の「面接交渉権」を子の権利でもあるとした場合に，祖父母や第三者は子に対して「面接交渉」の義務を負うのか，負うとすればいかなる根拠に基づくのか，ということをフランス法を参照して今後検討したいと考えている。

最後に，解釈論や立法論と同じく重要なものとして，「面接交渉権」の実効性の確保の問題がある。子の意見を聴取することは，かえって「子の福祉」を害するとの批判もなされているが，その一方で，子を主体的存在として捉え，「子の福祉」を実現するために，そして問題の自主的解決を促すためには，子の意思を確認することが有効であるとの指摘もある。フランスでも同様の批判はあるものの，前述の児童の権利条約との関係においても，子の意見表明の機会が保障されている。わが国においても，実体法上および手続法上において，子の意見表明に対して，より充実した保障を与えるべきではないだろうか。さらに，フランスにおけるような特別代理人の制度を設け，子には自己に関する家事事件についての申立権を保持させておくことが望ましいと考える。

ここまでの検討をもって，本書における考察を終えることとしたい。残された課題は数多く，その膨大さを思えば，本書の探求は，ほんの緒に就いたばか

りであるといわねばならない。

【付記】本書は科研費（21730086）の助成による研究成果の一部である。

判例索引

日 本

【最高裁判所】

最決 1984(昭 59)年 7 月 6 日 …………… 37
最決 2000(平 12)年 5 月 1 日 ………… 38, 84

【高等裁判所】

東京高決 1965(昭 40)年 12 月 8 日 …… 38, 50
東京高決 1967(昭 42)年 8 月 14 日………… 37
大阪高決 1968(昭 43)年 12 月 24 日 …… 38
東京高決 1977(昭 52)年 12 月 9 日………… 76
大阪高決 1980(昭 55)年 9 月 10 日 …… 88
東京高決 1985(昭 60)年 6 月 27 日………… 53
東京高決 1990(平 2)年 2 月 19 日 …… 53, 57
高松高決 1992(平 4)年 8 月 7 日………… 83
仙台高決 2000(平 12)年 6 月 22 日 …… 81, 82
福岡高決 2002(平 14)年 9 月 13 日 …… 80
福岡高那覇支部決 2003(平 15)年 11 月 28 日
……………………………………… 60
大阪高決 2006(平 18)年 2 月 3 日 …… 51, 52
東京高決 2007(平 19)年 8 月 22 日………… 54
東京高決 2007(平 19)年 11 月 7 日………… 72

【家庭裁判所】

東京家審 1964(昭 39)年 12 月 14 日
……………………………… 16, 35, 39, 72
東京家審 1967(昭 42)年 6 月 25 日………… 81
大阪家審 1968(昭 43)年 5 月 28 日 …… 37, 50
東京家審 1969(昭 44)年 5 月 22 日 …… 37, 49
大阪家審 1974(昭 49)年 2 月 13 日………… 81
東京家審 1974(昭 49)年 11 月 15 日………… 77
大分家中津支部審 1976(昭 51)年 7 月 22 日
…………………………………… 37, 50
浦和家審 1981(昭 56)年 9 月 16 日………… 52

浦和家審 1982(昭 57)年 4 月 2 日 … 49, 63, 64
大阪家審 1982(昭 57)年 4 月 12 日………… 80
名古屋家審 1990(平 2)年 5 月 31 日 … 72, 88
岡山家審 1990(平 2)年 12 月 3 日………… 88
仙台家気仙沼支部審 1993(平 5)年 10 月 14 日
……………………………………… 88
大阪家審 1993(平 5)年 12 月 22 日…… 49, 58
岐阜家大垣支部審 1996(平 8)年 3 月 18 日
……………………………………… 58
横浜家審 1996(平 8)年 4 月 30 日 …… 54, 57
長野家上田支部審 1999(平 11)年 11 月 11 日
…………………………………… 59, 60
東京家審 2001(平 13)年 6 月 5 日 ………… 61
横浜家審 2002(平 14)年 1 月 16 日………… 61
東京家審 2002(平 14)年 5 月 21 日………… 62
神戸家審 2002(平 14)年 8 月 12 日………… 70
東京家審 2002(平 14)年 10 月 31 日………… 62
金沢家七尾支部審 2005(平 17)年 3 月 11 日
…………………………………… 80, 82
東京家八王子支部審 2006(平 18)年 1 月 31 日
…………………………… 55, 57, 58, 66
横浜家相模原支部審 2006(平 18)年 3 月 9 日
……………………………………… 64
京都家審 2006(平 18)年 3 月 31 日
…………………………… 51, 52, 58, 66
東京家審 2006(平 18)年 7 月 31 日
…………………………… 49, 56, 57, 69
さいたま家審 2007(平 19)年 7 月 19 日
…………………………… 56, 66, 85
岡山家津山支部決 2008(平 20)年 9 月 18 日
……………………………………… 70

フランス

【破毀院】

破毀院審理部 1822 年 2 月 13 日 ………… 241
破毀院民事部 1857 年 7 月 8 日 …… 125, 126
破毀院民事部 1870 年 7 月 26 日 …… 129, 133
破毀院審理部 1878 年 7 月 24 日 …… 109, 110
破毀院審理部 1888 年 7 月 16 日 …… 109, 110
破毀院民事部 1891 年 7 月 28 日 …… 130, 133
破毀院審理部 1894 年 2 月 12 日 …… 131, 133
破毀院民事部 1900 年 5 月 7 日 …111, 119, 122
破毀院審理部 1931 年 6 月 5 日 …… 141, 150
破毀院民事部 1931 年 7 月 6 日
　　　　　　………………… 141, 143, 223, 232
破毀院審理部 1932 年 6 月 20 日 …… 120, 122
破毀院審理部 1934 年 7 月 23 日 ………… 121
破毀院民事部 1937 年 4 月 13 日 ………… 112
破毀院審理部 1938 年 3 月 14 日 ………… 110
破毀院民事部 1938 年 7 月 27 日 …… 146, 148
破毀院審理部 1942 年 2 月 24 日 …… 142, 143
破毀院民事部 1955 年 11 月 2 日 ………… 143
破毀院民事部 1961 年 3 月 22 日
　　　　　　………………… 175, 177, 183, 184, 203
破毀院民事部 1964 年 1 月 3 日
　　　　　　………………… 180, 182, 183, 203
破毀院民事部 1964 年 10 月 27 日 ……… 184
破毀院民事部 1966 年 3 月 29 日
　　　　　　………………… 182-184, 202, 203
破毀院民事部 1972 年 5 月 17 日
　　　　　　………………… 199, 217, 223, 231
破毀院民事部 1977 年 3 月 10 日 ………… 277
破毀院民事部 1982 年 12 月 1 日
　　　　　　………………… 213, 215, 218
破毀院民事部 1983 年 3 月 21 日 ………… 273
破毀院民事部 1984 年 5 月 2 日 ………… 241
破毀院民事部 1987 年 7 月 21 日 …… 149, 218
破毀院民事部 1989 年 12 月 13 日 ……… 213

破毀院民事部 1998 年 5 月 5 日 ………… 230
破毀院民事部 2002 年 10 月 22 日 ……… 230
破毀院民事部 2004 年 3 月 2 日 ………… 249
破毀院民事部 2004 年 4 月 27 日 ………… 251
破毀院民事部 2004 年 6 月 8 日 ………… 239
破毀院民事部 2005 年 2 月 22 日 ………… 251
破毀院民事部 2005 年 11 月 8 日 ………… 255
破毀院民事部 2007 年 1 月 18 日 ………… 217
破毀院民事部 2007 年 2 月 20 日 …… 199, 218
破毀院民事部 2010 年 3 月 3 日 ………… 278
破毀院民事部 2010 年 6 月 9 日 ………… 266

【控訴院】

パリ控訴院 1853 年 4 月 21 日 …………… 124
ボルドー控訴院 1860 年 6 月 13 日 ……… 134
パリ控訴院 1869 年 8 月 14 日 ……… 136, 140
ルーアン控訴院 1899 年 6 月 7 日 … 113, 119
グルノーブル控訴院 1901 年 7 月 30 日 … 116
シャンベリー控訴院 1908 年 2 月 18 日 … 119
パリ控訴院 1913 年 7 月 9 日 …………… 114
エク・ザン・プロヴァンス控訴院 1929 年
　　3 月 15 日 ………………… 136, 140, 143, 223
ルーアン控訴院 1930 年 7 月 30 日 … 119, 122
ディジョン控訴院 1933 年 1 月 17 日
　　　　　　………………… 154, 161, 162
アミアン控訴院 1949 年 2 月 22 日 ……… 148
アミアン控訴院 1953 年 7 月 7 日
　　　　　　………………… 155, 161, 162
パリ控訴院 1954 年 6 月 4 日 …………… 170
パリ控訴院 1957 年 4 月 2 日 … 165, 167, 168
パリ控訴院 1958 年 10 月 9 日 …………… 173
パリ控訴院 1959 年 3 月 5 日 ……… 157, 161
パリ控訴院 1959 年 4 月 30 日 ……… 158, 162
リヨン控訴院 1963 年 10 月 17 日 … 176-178
パリ控訴院 1963 年 10 月 24 日 ………… 178

判例索引　299

パリ控訴院 1964 年 4 月 14 日 ……… 181, 182
パリ控訴院 1965 年 4 月 6 日 ……… 139, 140
パリ控訴院 1965 年 4 月 8 日 …………… 221
パリ控訴院 1968 年 11 月 8 日 ……… 147, 148
パリ控訴院 1972 年 6 月 30 日 ……… 201, 215
パリ控訴院 1981 年 4 月 17 日 …………… 257
ニーム控訴院 1982 年 11 月 3 日 ………… 241
リヨン控訴院 1985 年 1 月 29 日 ………… 217
ルーアン控訴院 1985 年 5 月 6 日 ……… 213
メッツ控訴院 1986 年 6 月 17 日 ………… 232
パリ控訴院 1994 年 6 月 8 日 …………… 212
ボルドー控訴院 1994 年 6 月 27 日 ……… 212
パリ控訴院 1999 年 2 月 10 日 …………… 274
リヨン控訴院 2000 年 3 月 14 日 ………… 256
リオン控訴院廷 2001 年 3 月 27 日 ……… 256
ナンシー控訴院 2002 年 2 月 4 日 ……… 243
レンヌ控訴院判決 2002 年 2 月 18 日 …… 256
ブルージュ控訴院 2003 年 1 月 21 日 …… 243
リオン控訴院 2003 年 1 月 28 日 ………… 250
ブザンソン控訴院 2003 年 2 月 7 日 …243, 250
ブルージュ控訴院 2003 年 2 月 11 日 …… 243
ブザンソン控訴院 2003 年 3 月 14 日 …… 250
ブルージュ控訴院 2003 年 3 月 31 日 …… 250
グルノーブル控訴院 2003 年 4 月 9 日 … 244
ディジョン控訴院 2003 年 4 月 10 日 …… 243
ディジョン控訴院 2003 年 4 月 30 日 …… 244
リオン控訴院 2003 年 5 月 13 日 ………… 249

アミアン控訴院 2003 年 5 月 28 日 ……… 239
パリ控訴院 2003 年 5 月 28 日 …………… 257
ランス控訴院 2003 年 6 月 19 日 ………… 243
エク・ザン・プロヴァンス控訴院 2003 年
　6 月 24 日 …………………………… 243
パリ控訴院 2003 年 6 月 26 日 …………… 256
パリ控訴院 2003 年 9 月 25 日 …………… 243
エク・ザン・プロヴァンス控訴院 2003 年
　11 月 4 日 …………………………… 243
エク・ザン・プロヴァンス控訴院 2004 年
　5 月 4 日 ……………………………… 244
エク・ザン・プロヴァンス控訴院 2004 年
　6 月 15 日 …………………………… 244
パリ控訴院 2005 年 3 月 2 日 ……… 255, 256

【大審裁判所】
ポントワーズ大審裁判所 1972 年 7 月 7 日
　……………………………………… 213
ブザンソン大審裁判所 2000 年 1 月 6 日 … 277

【民事裁判所】
アベーヌ民事裁判所 1931 年 1 月 15 日
　………………………………… 137, 140
セーヌ民事裁判所 1946 年 12 月 14 日
　………………………………… 162, 167
セーヌ民事裁判所 1957 年 1 月 17 日
　………………………………… 163, 167

事項・人名索引

あ 行

愛情関係（liens d'affection, liens affectifs, rapports d'affection, relations d'affection）
　……　125, 137, 140, 143, 152, 158, 160-163, 165-167, 174, 175, 188, 191, 203, 204, 215, 234, 282, 288, 291-293
（子と）会う権利（droit de voir, faculté de voir）→訪問権
「家」制度 …………　5, 15, 22, 27, 29, 32, 68
育成扶助（assistance éducative）… 104, 164, 177, 202, 206, 208-210, 213, 228, 230, 245-247, 260, 265, 269, 273, 278, 279, 282, 284
遺贈……………………………………… 169
一方的債務負担行為（engagement unilatéral）
　………………………………………… 179
委任（mandat）………………………… 275
イレーヌ・テリー報告…… 100, 235, 241, 277
（子を）受け入れる権利（droit de recevoir）
　→訪問権
親子関係
　――の自白 ……………… 176, 180, 183
　――の捜索 ………… 169, 176, 238, 272
　――の立証…… 98, 169, 187, 191, 202, 218, 281
　事実上の―― →自然親子関係
　自然――…… 171, 174, 187, 191, 197, 201, 202, 272
　嫡出 ………………………………… 171
親であることの共同性（coparentalité）… 9, 209, 228, 235-237, 239, 247, 252, 269, 282, 294
オルドナンス

か 行

1945 年 9 月 1 日 ……………………… 104
1958 年 12 月 23 日 …………………… 104
2005 年 7 月 4 日 ……………………… 239

（子の）解放（émancipation）… 106, 124, 129, 131, 205, 208, 239, 241
家族
　――イデオロギー ……………… 22, 32
　――会（conseil de famille）…… 198, 201
　――事件裁判官（jege aux affaires familiales）
　　… 209, 231, 237, 242, 253, 257, 258, 264, 266-268, 272, 275, 276, 279
　――調停者（médiateur familial）…… 261
　――の社会的利益（intérêt social de la famille）………………………… 156, 188
　――の紐帯 ……………… 139, 175, 188
　――の調和 ……………………… 236, 291
　――モデル ……………… 15, 21, 22, 30
　核――（nuclear family）…… 2, 22, 23, 32
　拡大―― ………………………………… 23
　個としての――関係………………… 23
　婚姻――（conjugal family）… 2, 22, 23, 32
　再構成――…… 71, 100, 152-154, 246, 259, 270, 277, 284
　直系―― ……………………………… 21, 32
　家父長（paterfamilias）…………… 102, 124
　――制 ………………… 32, 221, 228, 235
カルボニエ，ジャン……………… 5, 97, 217
勧解（conciliation）…… 118, 195, 231, 261
（子との）関係の態様（modalités des relations）
　→第三者の訪問権
監護…… 1, 2, 5, 17, 18, 21, 23-29, 35, 53, 59, 75, 76, 79, 82-84, 86, 90, 93

事項・人名索引　301

―――権の分割…………………… 39
―――者の指定……………… 76, 79-81, 86
―――者の変更…………………… 70
事実上の―――……… 2, 5, 19, 77, 80, 81
孫の―――…………… 18, 75, 78, 80, 89
監護（garde）……… 98, 105, 107, 109-112, 114-116, 119-121, 131, 132, 140, 141, 150, 163, 171, 172, 185, 193, 196, 202, 206, 210, 211, 221, 224, 231, 241, 246, 281, 292
―――者の指定………………… 109
―――の事実，事実上の―――……98, 154, 166-168, 175, 182, 191, 213, 215, 245, 246, 282, 288, 289, 292
共同―――………………… 241, 273, 295
交替―――……………………… 241, 273
孫の―――… 140, 141, 224, 226, 229, 246, 292
慣行（pratique）…………………… 231, 276
監護権（droit de garde）……8, 105, 106, 108, 112-114, 122, 137, 138, 142, 143, 154, 156, 166, 171, 176, 180, 183, 185, 189, 193, 196, 203, 207, 210, 228
―――の侵害…………………… 133
―――の分割…………………… 150
感謝の（を示す）義務……… 161, 162, 175
慣習法……………………………… 102-104
姦生子（enfant adultérin）… 9, 98, 100, 107, 145, 146, 153, 169, 172, 174, 176, 179, 182, 187, 191, 201, 202, 218, 238, 282
父方―――………… 146, 169, 175, 178, 182
母方―――……………… 169, 170, 175, 180
間接強制………… 49, 67, 69, 70, 72, 74, 278
監督権（droit de surveillance）… 9, 98, 105, 108-113, 122, 132, 137, 138, 142, 189, 194, 207, 210, 211, 221, 228, 240, 269, 282, 283
―――の行使の一態様……… 98, 102, 185, 189, 218, 281

カンバセレス……………………………… 103
（子の）虐待……… 16, 31, 78, 80, 82, 220
急速審理……… 116, 143, 154, 155, 157, 166
教育権（droit d'éducation）…………… 137
教育を指導する権利（droit de diriger l'éducation）……… 105, 106, 113, 115, 194
矯正権→懲戒権
共同の申述（déclaration conjointe）… 209, 210, 238
敬意と尊敬の（を示す）義務… 137, 138, 186
血族関係（pareté）… 98, 147, 150, 155, 160, 163, 166, 167, 175, 176, 181
自然―――……………………… 147, 148
宗教上（spirituelle）の―――…… 159, 162, 175, 191
検察官（procureur impérial, ministère public）……………………………… 123, 209
後見……………… 107, 151, 187, 199, 245
―――会（conceil des tutelles）…………………………… 177, 178, 201
―――監督人………………… 148, 181, 182
―――裁判官（Juge des tutelles）… 209, 231
―――人（tuteur）………………… 198
交渉通行権→面接交渉権
公証人………………………………… 163, 165
交替居所（résidence alternée, résidence en alternance）……… 6, 9, 153, 236, 242-244, 250, 264, 269, 272-275, 283, 284
合同面接……………………………… 67, 71
幸福追求権…………………………… 37, 68
子
―――の意見表明（権）… 65-67, 71, 73, 94, 261, 278, 294, 295
―――の意思………………………… 50, 54, 57-59, 65, 66, 92, 94, 244, 257, 275, 295
―――の奪い合い…………………… 73, 78
―――の権利…… 9, 40, 43-45, 48, 49, 58, 67, 68, 71, 84, 85, 87, 92-94, 189, 226, 227,

229, 234-236, 245, 249, 253, 259, 262, 267, 270, 283, 284, 287, 288, 290, 291, 293
──の人格の尊重……………………… 236
──の成熟度… 50, 54, 57, 58, 65, 92, 118
──の平等…………………… 99, 217, 236
──の福祉… 36, 37, 39, 40, 45, 49-55, 58, 60-66, 68, 70-72, 76-78, 80, 88, 92-94, 288, 289, 292, 294, 295
──の保護… 203, 206, 219, 227, 234, 236, 267
──の申立権…………… 4, 85-87, 94, 290
──の利益… 1, 3, 8, 25, 37, 43, 46, 61, 78, 82, 295
──の利益（intérêt de l'enfant）…… 6, 9, 105, 109-115, 117-122, 129, 130, 133, 135, 136, 139, 144, 145, 147-149, 153, 156, 158-162, 165-168, 174, 175, 177, 182, 183, 189, 191, 196, 199, 205, 208, 210, 212-215, 219-223, 228, 231, 233, 236, 238-240, 244, 247, 248, 250, 252-259, 263-270, 279, 281-285, 289, 290, 293
──を膝下に置く権利（droit de retenir l'enfant）→監護権（droit de garde）
──を自由にする権利（droit de disposer）………………………………… 124
子ども国会（Parlement des enfants）… 259, 278
婚姻同意（権）… 27, 106, 107, 151, 187, 193, 199, 205, 241
コンセイユ・デタ……………………… 104

さ 行

再調停…………………………… 69, 70, 72
債務名義性………………………… 69, 70
自我同一性（アイデンティティ）… 152, 153, 199
事実上の親子関係→自然親子関係

自然権…… 37, 41, 42, 75, 184, 188, 204, 219, 226-229, 234, 291
自然債務（dette naturelle, obligation naturelle）……………… 171, 173, 176
自然子（enfant naturel：婚外子，非嫡出子）… 100, 108, 123, 145, 147, 169, 180, 197, 200, 232, 235, 241
──の親権………… 206, 209, 238, 241
単純──…… 100, 107, 145, 154, 163, 169, 170
指導権（droit de direction）……… 142, 166
児童裁判官（juge des enfants）…… 177, 178, 201, 208, 209, 265, 266, 279
児童の権利条約……… 6, 9, 40, 44, 45, 65, 67, 209, 228, 234, 235, 252, 253, 262, 270, 282, 287, 293-295
社会的調査（enquête sociale）…… 181, 252
宿泊させる権利（droit d'hébergement：宿泊権）… 97, 100, 105, 159, 161, 175, 179-182, 190, 207, 214, 228, 248, 251, 254, 261, 263, 265, 268, 274, 282
出生率の低下……………………………… 99
準正（légitimation）……… 146-148, 159, 175
召喚………………………………… 164, 197
──状（assignation）………………… 166
少子化……………………………………… 5, 17
ジョーム判決…… 124-127, 189, 190, 231, 281
女性の自立……………………………… 235
親権
──喪失………………………… 80, 82, 86
──と監護権の分離………………… 26, 81
共同──………………………… 22, 45, 295
潜在的な──…… 29, 42, 43, 45, 71, 93
親権（autorité parentale）
──と監護権の自動的連結… 206, 207, 228, 235, 282
──の委譲（délégation）… 134, 153, 206, 245-247, 269, 275

──の失権（déchéance）… 203, 206, 219, 220, 227, 273
　　──の取上げ（retrait）…… 104, 206, 227, 240, 245, 250, 273
　　──の非譲渡性の原則………… 247, 275
　　共同── 6, 9, 209, 211, 228, 235, 237, 238, 242, 247-250, 269, 277, 282, 283, 295
　　単独──……… 239, 240, 248-250, 264, 269, 277, 282, 283
（子との）身上の関係（relations personnelles）
　　→訪問権
生殺与奪の権利（jus vitae necisque）… 102
成年到達………………… 124, 129, 131, 239
成文法……………………………… 102, 103
訴訟上のイニシアチブ………… 288, 291, 292
祖父母と孫の関係… 126, 127, 134, 152, 190, 252, 255, 271
　　──の相互的利益… 98, 124, 125, 127, 145, 189, 190, 281, 290

た　行

滞在させる権利（droit de séjour：滞在権）
　　……………… 100, 119, 121, 139, 142
第三者の立会い…… 57, 72, 157, 251, 263-265, 269, 284
大審裁判所検事正（procureur de la République）
　　……………………………………… 266
男女平等……………………… 219, 241
嫡出否認………………………… 176
中間法…………………………… 103
忠誠心の葛藤（loyalty conflict）… 39, 40, 54, 67
懲戒権（droit de correction）… 103-107, 192, 194, 205, 206
調停（médiation）……………… 166, 261
（子の）聴聞 ……… 4, 66, 67, 71, 73
（子の）聴聞（audition）… 250, 252, 257, 261, 262, 271, 279, 285, 294
通信権（droit de correspondance）… 97, 105, 113-115, 149, 212, 214, 258, 265
（子を）連れ出す権利（droit de faire sortir）
　　→訪問権
デクレ
　　1790年8月16-24日 ………………… 103
　　1792年8月23日 ……………………… 103
　　1792年9月20日 ……………………… 103
デクレ・ロワ
　　1935年10月30日 …………………… 104
　　1939年7月29日 ……………………… 201
DV（ドメスティックバイオレンス）… 11, 20, 62
ドゥクヴェール・デフォッセ報告… 100, 235, 244-247, 253, 254, 259
同席調停…………………………… 67, 71
特別代理人…… 86, 87, 94, 253, 259, 261, 270, 290, 295

な　行

内縁関係……………… 170, 171, 176, 178
ナポレオン法典…………………… 126, 129
認知………………………………… 210, 213
　　──の無効… 171, 173, 176, 177, 179, 180, 201
任意── ………………………… 169, 238

は　行

母親優先の原則… 206, 209, 210, 228, 238, 241
PACS（pacte civil de solidarité：民事連帯契約）……………………… 11, 99, 101
封印状（letter de cachet）……………… 192
父権（puissance paternelle）
　　──の失権（déchéance）… 104, 123, 124, 184, 197
　　──の侵害… 130, 137, 140, 175, 176, 181, 182, 187, 189-191, 203, 281

304　事項・人名索引

　　——の分割………… 129, 134, 141, 166, 194
　　——の濫用………… 127, 134, 179, 186, 196
　　自律的な——………………… 107, 187
父母の平等………… 27, 205, 227, 241, 242
扶養債権者…………………………… 179
扶養債務者………………………… 177, 178
扶養定期金（pension alimentaire）… 171-173
扶養料の支払い… 98, 170, 172, 174, 182, 187,
　　191, 201, 202, 215, 279, 282
フランス古法……………………………… 103
平均寿命の延び………………………… 16, 99
奉仕（services）→監護の事実
法定収益権（droit de jouissance légale）
　　……………………… 103, 104, 106, 194
法的な関係に準じる関係（lien quasi légal）
　　…………………………………… 157, 161
法典論争………………………………… 25
訪問権（droit de visite）… 5, 6, 8, 9, 97, 98,
　　105, 108-116, 118, 119, 121-123, 127, 133,
　　140, 144, 145, 159, 162, 170, 178, 182,
　　186-188, 190, 212, 213, 216, 221, 226,
　　229, 234, 237, 248, 249, 251, 253, 258,
　　260, 267, 278, 282
　　——の実効性の確保………… 9, 260, 271
　　おじ・おばの——………… 164-168, 181, 182,
　　191, 214, 218, 234, 279, 281
　　姦生子の親の——… 98, 153, 168, 170-174,
　　176, 177, 179, 180, 182, 183, 191, 192,
　　215
　　兄弟姉妹の——…… 10, 100, 259, 265, 270,
　　284
　　継親の——………… 157, 158, 162, 254
　　自然子の祖父母の——……… 145-148, 170,
　　174, 216, 217, 229
　　社会学的な祖父母の——…………… 217
　　育ての親の——……… 9, 98, 155, 157, 161, 162,
　　168, 174, 182, 191, 229, 258, 284, 289
　　祖父母の——………… 6, 8, 9, 97, 98, 114,

　　123-125, 127-133, 135-153, 184-188, 190,
　　203, 212-217, 219-229, 231, 232, 252-258,
　　266-268, 270, 280-285, 287, 288, 290, 294
　　第三者の——… 6, 8, 9, 97, 149, 153, 154,
　　174, 177, 180, 182-184, 187, 188, 191,
　　192, 212, 215, 216, 218, 220, 228, 247,
　　252, 254, 258, 259, 266, 267, 270, 279-
　　284, 289, 294
　　代父母の——………… 159, 161, 162, 175, 177,
　　181, 182, 191
　　父母（親）の……… 9, 97, 108, 110-112,
　　114-122, 185, 188, 189, 206-208, 211, 221,
　　228, 240, 248-250, 261, 263-265, 269, 274,
　　277, 281-284
訪問の職務（mission de visite）…… 175, 177,
　　178, 191, 209, 282
母権……………………………………… 25
法律
1872 年 7 月 27 日法律 ………………… 197
1889 年 7 月 24 日法律 … 104, 123, 157, 162,
　　191, 196, 197, 200, 203, 273
1896 年 3 月 25 日法律 ………………… 169
1907 年 7 月 2 日法律 ………………… 108
1910 年 4 月 6 日法律 ………………… 106
1912 年 11 月 16 日法律 ……………… 169
1916 年 8 月 5 日法律 ………………… 196
1955 年 7 月 15 日法律 …… 170, 172, 179
1970 年 6 月 4 日法律 …… 205, 207, 208,
　　212, 276
1972 年 1 月 3 日法律 ………………… 170
1975 年 7 月 11 日法律 ………………… 207
1977 年 12 月 28 日法律 ……………… 198
1982 年 6 月 25 日法律 ………………… 201
1987 年 7 月 22 日法律 ………… 210, 211
1993 年 1 月 8 日法律 ………………… 210
1996 年 12 月 30 日法律 ……………… 259
1998 年 7 月 29 日法律 ………………… 208
2001 年 12 月 3 日法律 ………………… 272

2002 年 3 月 4 日法律 ……………… 235
2007 年 3 月 5 日法律 …………… 199, 263
2009 年 1 月 16 日法律 ……………… 276
2010 年 7 月 9 日法律 ……………… 264

ま　行

孫の世話→孫の監護
身分占有…………………………………… 272
民法改正要綱………… 1, 3, 4, 20, 21, 93, 293
面会交流……… 1-4, 10, 11, 15, 70, 76, 78, 93
面会場（espace de rencontre）…… 263, 264, 269, 279, 284
面接交渉（権）………… 3-8, 10, 15-17, 19-21, 23, 25, 26, 28-30, 35-46, 49-73, 75-80, 83-89, 92-94, 287-295
　　――の権利性……… 3, 7, 35, 37-41, 45, 49, 92, 93
　　――の実効性…… 7, 49, 67, 68, 72, 93, 287
　　継母の――………………………… 77, 289
　　宿泊を伴う――……………… 51, 56, 77, 88
　　祖父母の―― 21, 29, 30, 41, 46, 76, 77, 89, 288, 292, 295
　　第三者の―― 21, 29, 30, 41, 46, 77, 288, 292, 295
モーゼの十戒………………………………… 198

や　行

養育費（frais d'entretien）………… 155, 162
養子縁組（adoption）
　　――同意（権）……………… 106, 205, 241
　　完全―― ………… 145, 149, 150, 198, 218
　　単純―― ………… 148, 149, 198, 216, 218

ら　行

乱倫子（enfant incestuese）… 100, 107, 145, 153, 169, 174, 188, 201, 238
履行勧告…………………………… 49, 69, 72
離婚後の共同親権…… 45, 209, 211, 235, 295
離婚後の子の監護……… 107, 193, 241, 295
離婚・離別の増加………… 16, 17, 99, 259, 270
立証責任…………………………… 213, 215
留置権（droit de rétention）…………… 155
ローマ法………………………… 102, 103, 124

■著者紹介

栗林　佳代（くりばやし・かよ）

2001年　大阪大学法学部卒業
2003年　九州大学大学院法学府修士課程修了
2004-2005年　リヨン第3大学法学研究科・家族法研究所留学（日仏共同博士課程）
2006年　九州大学大学院法学府博士課程単位取得退学
同　年　佐賀大学経済学部法政策講座講師
2007年　佐賀大学経済学部法政策講座准教授（現職）
2009年　博士号（法学，九州大学）

Horitsu Bunka Sha

佐賀大学経済学会叢書 19

2011年7月15日　初版第1刷発行

子の利益のための面会交流
――フランス訪問権論の視点から――

著　者　　栗　林　佳　代

発行者　　田　靡　純　子

発行所　株式会社 法律文化社
〒603-8053　京都市北区上賀茂岩ヶ垣内町71
電話 075(791)7131　FAX 075(721)8400
URL:http://www.hou-bun.com

©2011 Kayo Kuribayashi Printed in Japan
印刷：西濃印刷㈱／製本：㈱藤沢製本
装幀：白沢　正
ISBN 978-4-589-03354-3

生野正剛・二宮孝富・緒方直人・南方 暁編
変貌する家族と現代家族法
―有地亨先生追悼論文集―
A5判・390頁・6825円

戦後民主主義と家族の民主化を生涯追究された有地先生の薫陶を受けた研究者による16論文。対応の多様化や制度改革が進む子どもや夫婦，高齢者についての法的問題を家族の変容との関係で論究。第4部で有地法学を領域別に総括。

有地 亨著
新版 家族法概論〔補訂版〕
A5判・510頁・3990円

激変する家族とそれをめぐる状況に対応した家族法テキストの決定版。法社会学的な手法を取り入れ，家族周辺の諸制度や諸法との関連に留意し，判例や主要な学説を解説・批評する。最新の判例や諸法を増補し，民法現代語化にも対応。

中村義孝編訳
フランス憲法史集成
A5判・248頁・5250円

客観的な研究対象（＝資料）の提供という観点から，大革命以降の全憲法と関連法律を翻訳・解説。歴史的に重要な一次資料であるフランスの歴代憲法とそれに関連する主要法律・決定を訳出し，できるだけ主観の入らない解説を付した，研究者待望の資料集。

山下健次・中村義孝・北村和生編
フランスの人権保障
―制度と理論―
A5判・288頁・4515円

めざましい進展をとげるフランスの憲法研究。その人権保障について，憲法裁判，選挙と平等，男女平等，宗教的自由，インターネット規制などの制度と理論をめぐって歴史的展開と「現在」を鋭く解明。共同研究の成果。

廣澤孝之著
フランス「福祉国家」体制の形成
A5判・240頁・4935円

社会保障に関しては独自の道を歩んできたフランス。「社会連帯」の理念を媒介に，形成・変容してきた福祉国家の特質と見取り図を提示。フランス福祉国家の構造的特性の一断面を解明する。〔第7回損保ジャパン記念財団賞受賞〕

畑山敏夫著
現代フランスの新しい右翼
―ルペンの見果てぬ夢―
A5判・238頁・3780円

欧州で新たな右翼政党が台頭している。ネオナチとは一線を画し，主流政党とみまがうほどの柔軟さをもっている。本書は，フランスの国民戦線（FN）のイデオロギーと運動を検証し，グローバル化時代のポピュリズム政党の本質的意味を解読する。

――法律文化社――

表示価格は定価（税込価格）です